enVision® Matemáticas

Autores

Randall I. Charles
Professor Emeritus
Department of Mathematics
San Jose State University
San Jose, California

Jennifer Bay-Williams
Professor of Mathematics Education
College of Education and Human Development
University of Louisville
Louisville, Kentucky

Robert Q. Berry, III
Professor of Mathematics Education
Department of Curriculum, Instruction and Special Education
University of Virginia
Charlottesville, Virginia

Janet H. Caldwell
Professor Emerita
Department of Mathematics
Rowan University
Glassboro, New Jersey

Zachary Champagne
Assistant in Research
Florida Center for Research in Science, Technology, Engineering, and Mathematics (FCR-STEM)
Jacksonville, Florida

Juanita Copley
Professor Emerita
College of Education
University of Houston
Houston, Texas

Warren Crown
Professor Emeritus of Mathematics Education
Graduate School of Education
Rutgers University
New Brunswick, New Jersey

Francis (Skip) Fennell
Professor Emeritus of Education and Graduate and Professional Studies
McDaniel College
Westminster, Maryland

Karen Karp
Professor of Mathematics Education
School of Education
Johns Hopkins University
Baltimore, Maryland

Stuart J. Murphy
Visual Learning Specialist
Boston, Massachusetts

Jane F. Schielack
Professor Emerita
Department of Mathematics
Texas A&M University
College Station, Texas

Jennifer M. Suh
Associate Professor for Mathematics Education
George Mason University
Fairfax, Virginia

Jonathan A. Wray
Mathematics Supervisor
Howard County Public Schools
Ellicott City, Maryland

Matemáticos

Roger Howe
Professor of Mathematics
Yale University
New Haven, Connecticut

Gary Lippman
Professor of Mathematics and Computer Science
California State University, East Bay
Hayward, California

Asesores de ELL

Janice R. Corona
Independent Education Consultant
Dallas, Texas

Jim Cummins
Professor
The University of Toronto
Toronto, Canada

Revisores

Katina Arnold
Teacher
Liberty Public School District
Kansas City, Missouri

Christy Bennett
Elementary Math and Science Specialist
DeSoto County Schools
Hernando, Mississippi

Shauna Bostick
Elementary Math Specialist
Lee County School District
Tupelo, Mississippi

Samantha Brant
Teacher
Platte County School District
Platte City, Missouri

Jamie Clark
Elementary Math Coach
Allegany County Public Schools
Cumberland, Maryland

Shauna Gardner
Math and Science Instructional Coach
DeSoto County Schools
Hernando, Mississippi

Kathy Graham
Educational Consultant
Twin Falls, Idaho

Andrea Hamilton
K-5 Math Specialist
Lake Forest School District
Felton, Delaware

Susan Hankins
Instructional Coach
Tupelo Public School District
Tupelo, Mississippi

Barb Jamison
Teacher
Excelsior Springs School District
Excelsior Springs, Missouri

Pam Jones
Elementary Math Coach
Lake Region School District
Bridgton, Maine

Sherri Kane
Secondary Mathematics Curriculum Specialist
Lee's Summit R7 School District
Lee's Summit, Missouri

Jessica Leonard
ESOL Teacher
Volusia County Schools
DeLand, Florida

Jill K. Milton
Elementary Math Coordinator
Norwood Public Schools
Norwood, Massachusetts

Jamie Pickett
Teacher
Platte County School District
Kansas City, Missouri

Mandy Schall
Math Coach
Allegany County Public Schools
Cumberland, Maryland

Marjorie Stevens
Math Consultant
Utica Community Schools
Shelby Township, Michigan

Shyree Stevenson
ELL Teacher
Penns Grove-Carneys Point Regional School District
Penns Grove, New Jersey

Kayla Stone
Teacher
Excelsior Springs School District
Excelsior Springs, Missouri

Sara Sultan
PD Academic Trainer, Math
Tucson Unified School District
Tucson, Arizona

Angela Waltrup
Elementary Math Content Specialist
Washington County Public Schools
Hagerstown, Maryland

Savvas Learning Company LLC, 15 East Midland Avenue, Paramus, NJ 07652

ISBN-13: 978-0-13-496284-9
ISBN-10: 0-13-496284-2
4 21

Recursos digitales

¡Usarás estos recursos digitales a lo largo del año escolar!

Visita SavvasRealize.com

Libro del estudiante

Tienes acceso en línea y fuera de línea.

Aprendizaje visual

Interactúa con el aprendizaje visual animado.

Cuaderno de práctica adicional

Tienes acceso en línea y fuera de línea.

Amigo de práctica

Haz prácticas interactivas en línea.

Herramientas matemáticas

Explora las matemáticas con herramientas digitales.

Evaluación

Muestra lo que aprendiste.

Glosario

Lee y escucha en inglés y en español.

SAVVAS realize™ Todo lo que necesitas para las matemáticas a toda hora y en cualquier lugar.

¡Hola! Estamos aquí para ayudarte. ¡Que tengas un buen año escolar!

Contenido

Recursos digitales en SavvasRealize.com

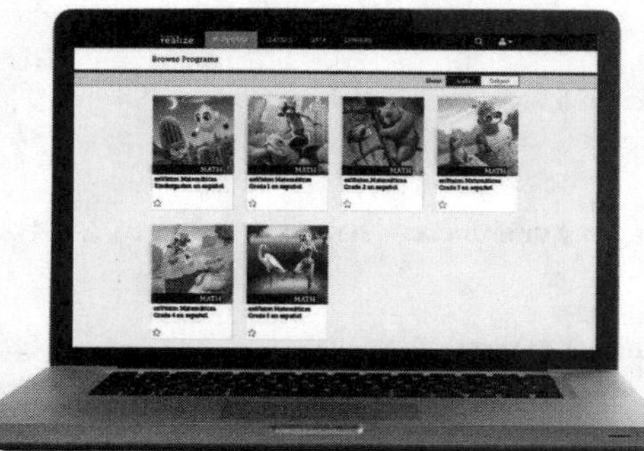

¡Recuerda que tu Libro del estudiante está disponible en SavvasRealize.com!

TEMAS

TEMA 1 en el volumen 1

Hacer generalizaciones sobre el valor de posición

TEMA 2 en el volumen 1

Sumar y restar números enteros de varios dígitos con fluidez

TEMA 3 en el volumen 1

Usar estrategias y propiedades para multiplicar por números de 1 dígito

TEMA 4 en el volumen 1

Usar estrategias y propiedades para multiplicar por números de 2 dígitos

TEMA 5 en el volumen 1

Usar estrategias y propiedades para dividir por números de 1 dígito

TEMA 6 en el volumen 1

Usar operaciones con números enteros para resolver problemas

TEMA 7 en el volumen 1

Factores y múltiplos

Aquí se muestra de qué manera las tiras de fracciones se pueden usar para hallar fracciones equivalentes.

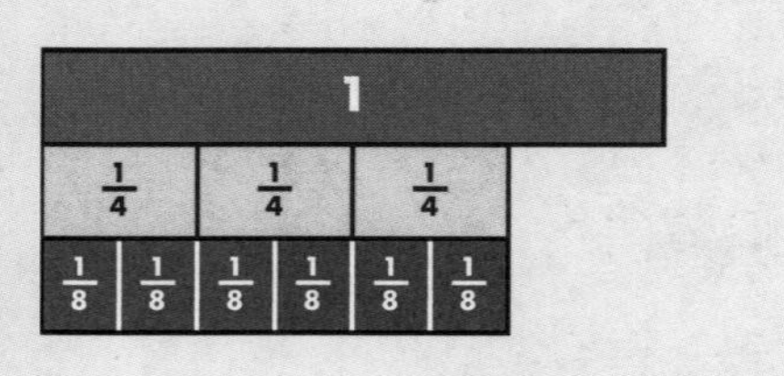
1
1/4
1/4
1/4
1/8
1/8
1/8
1/8
1/8
1/8

TEMA 8 Ampliar el conocimiento de la equivalencia y el orden de las fracciones

Aquí se muestra cómo puedes usar tiras de fracciones para representar la suma de fracciones.
1
1/10 1/10 1/10 1/10 1/10
1/10 1/10

TEMA 9 Suma y resta de fracciones

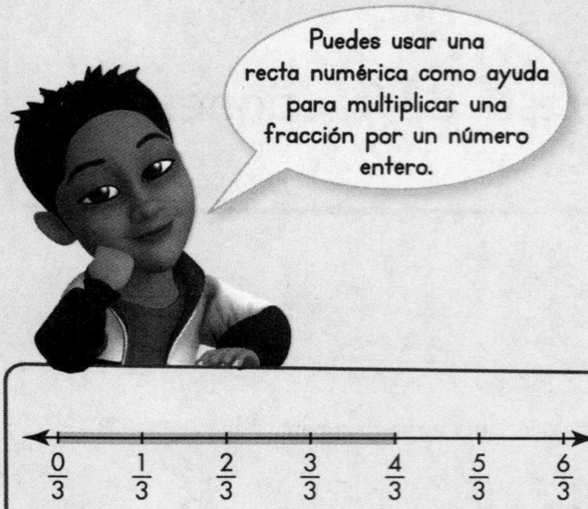

$$4 \times \frac{1}{3} = \frac{4}{3}$$

TEMA 10 Aplicar los conceptos de la multiplicación a las fracciones

Aquí se muestra cómo crear y usar un diagrama de puntos para resolver problemas.
5
10
15
20

TEMA 11 Representar e interpretar datos en diagramas de puntos

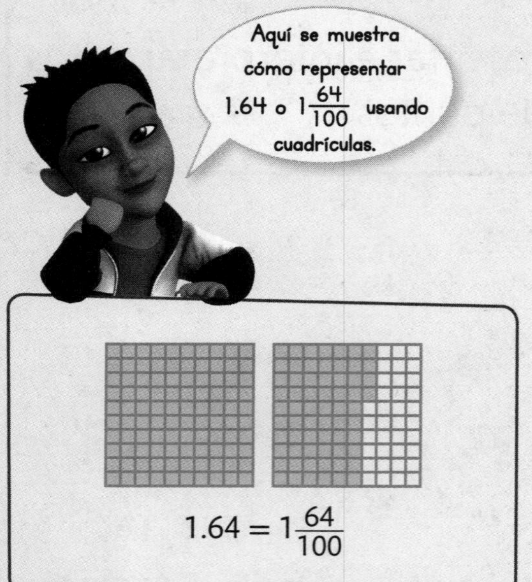
Aquí se muestra cómo representar 1.64 o $1\frac{64}{100}$ usando cuadrículas.
$1.64 = 1\frac{64}{100}$

TEMA 12 Comprender y comparar números decimales

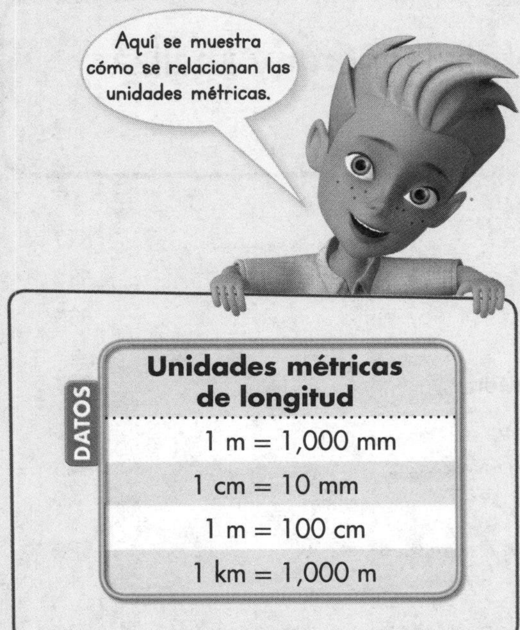

TEMA 13 Medición: Hallar equivalencias en las unidades de medida

TEMA 14 Álgebra: Generar y analizar patrones

Aquí se muestra cómo medir y dibujar ángulos.

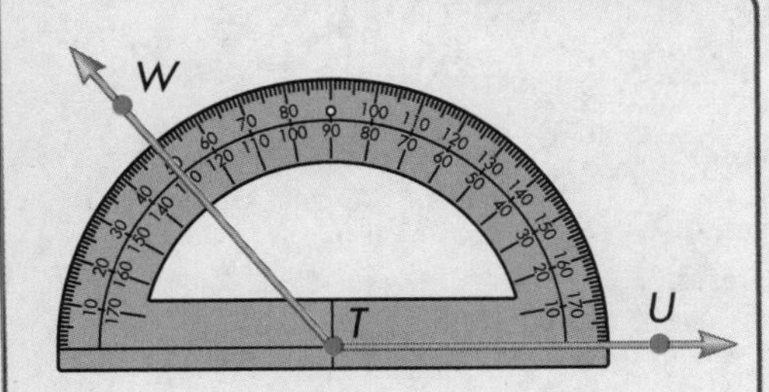
W
T
U

TEMA 15 Medición geométrica: Conceptos y medición de ángulos

Aquí se muestra cómo trazar ejes de simetría en una figura.

TEMA 16 Rectas, ángulos y figuras

Manual de Prácticas matemáticas y resolución de problemas

El **Manual de Prácticas matemáticas y resolución de problemas** está disponible en SavvasRealize.com.

1 Entender problemas y perseverar en resolverlos.

Los que razonan correctamente en matemáticas entienden los problemas y piensan en maneras de resolverlos.

Si se encuentran en aprietos, no se dan por vencidos.

María compró 2 camisetas a $7 cada una y un vestido que cuesta $15. Usó un cupón de descuento de $4 y pagó con $40. ¿Cuánto cambio recibió María?

Aquí hice una lista de lo que sé y de lo que intento hallar.

Lo que sé:
- María tiene $40 y un cupón de descuento de $4.
- María compró 2 camisetas a $7 cada una.
- María compró un vestido por $15.

Lo que necesito hallar:
- La cantidad de cambio que recibió María.

Hábitos de razonamiento

¡Razona correctamente! Estas preguntas te pueden ayudar.
- ¿Qué necesito hallar?
- ¿Qué sé?
- ¿Cuál es mi plan para resolver el problema?
- ¿Qué más puedo intentar si no puedo seguir adelante?
- ¿Cómo puedo comprobar si mi solución tiene sentido?

Manual de resolución de problemas 21

Prácticas matemáticas

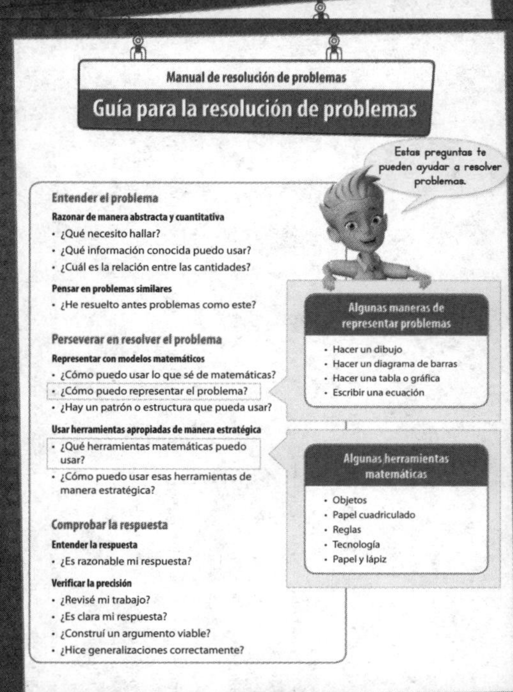

Manual de resolución de problemas

Guía para la resolución de problemas

Estas preguntas te pueden ayudar a resolver problemas.

Entender el problema

Razonar de manera abstracta y cuantitativa
- ¿Qué necesito hallar?
- ¿Qué información conocida puedo usar?
- ¿Cuál es la relación entre las cantidades?

Pensar en problemas similares
- ¿He resuelto antes problemas como este?

Perseverar en resolver el problema

Representar con modelos matemáticos
- ¿Cómo puedo usar lo que sé de matemáticas?
- ¿Cómo puedo representar el problema?
- ¿Hay un patrón o estructura que pueda usar?

Usar herramientas apropiadas de manera estratégica
- ¿Qué herramientas matemáticas puedo usar?
- ¿Cómo puedo usar esas herramientas de manera estratégica?

Comprobar la respuesta

Entender la respuesta
- ¿Es razonable mi respuesta?

Verificar la precisión
- ¿Revisé mi trabajo?
- ¿Es clara mi respuesta?
- ¿Construí un argumento viable?
- ¿Hice generalizaciones correctamente?

Algunas maneras de representar problemas
- Hacer un dibujo
- Hacer un diagrama de barras
- Hacer una tabla o gráfica
- Escribir una ecuación

Algunas herramientas matemáticas
- Objetos
- Papel cuadriculado
- Reglas
- Tecnología
- Papel y lápiz

Manual de resolución de problemas F29

Guía para la resolución de problemas

Resolución de problemas: Hoja de anotaciones

Diagramas de barras

TEMA 8

Ampliar el conocimiento de la equivalencia y el orden de las fracciones

Preguntas esenciales: ¿Cuáles son algunas maneras de nombrar las mismas partes de un entero? ¿Cómo se comparan fracciones con distintos numeradores y denominadores?

Recursos digitales

Libro del estudiante

Aprendizaje visual

Práctica

Evaluación

Herramientas

A-Z
Glosario

Algunos animales usan los sentidos de manera diferente que los seres humanos. Todo el cuerpo de un bagre está recubierto de células gustativas.

El bagre usa el sentido del gusto para localizar alimento que está lejos.

Muchos animales tienen maneras especiales de recibir información. Este es un proyecto sobre los sentidos.

Proyecto de enVision STEM: Los sentidos

Investigar Usa la Internet u otros recursos para hallar información sobre cómo los animales usan sentidos especiales, como la ecolocación, la electricidad o el magnetismo. Incluye información sobre el lugar en el que vive el animal y cómo usa el sentido especial.

Diario: Escribir un informe Incluye lo que averiguaste. En tu informe, también:

- dibuja una araña con muchos ojos. Haz círculos para los ojos, colorea algunos y deja otros en blanco. Ten en cuenta que algunas arañas se valen de la vista para recibir información sobre el alimento. La mayoría tiene 8 ojos.
- escribe una fracción que represente los ojos de la araña coloreados en relación con el total de ojos de la araña. Escribe tres fracciones equivalentes.

Nombre ______________________________

Repasa lo que sabes

Vocabulario

Escoge el mejor término del recuadro. Escríbelo en el espacio en blanco.

- denominador
- fracción unitaria
- fracción
- numerador

1. Un símbolo, como $\frac{2}{3}$ o $\frac{1}{2}$, que se usa para nombrar parte de un entero, parte de un conjunto o una ubicación en una recta numérica se llama __________.

2. El número que está arriba de la barra de fracción en una fracción se llama __________.

3. Una fracción que tiene un 1 como numerador se llama ______________.

Fracciones unitarias

Escribe una fracción para los enunciados.

4. 2 copias de $\frac{1}{6}$ es _____.

5. 3 copias de $\frac{1}{3}$ es _____.

6. 4 copias de $\frac{1}{5}$ es _____.

7. 2 copias de $\frac{1}{10}$ es _____.

8. 7 copias de $\frac{1}{12}$ es _____.

9. 3 copias de $\frac{1}{8}$ es _____.

Conceptos de fracciones

Escribe la fracción que muestran las figuras.

10. 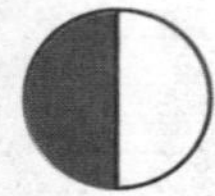

11. 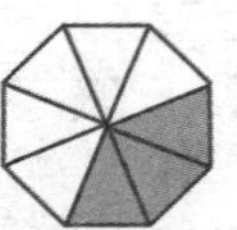

12. 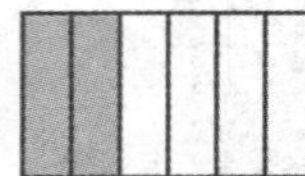

13.

14. 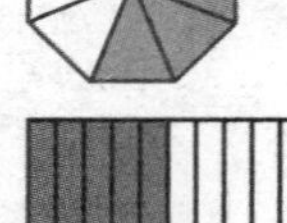

15. 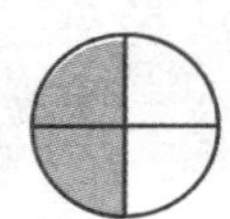

Partes de enteros

16. **Construir argumentos** ¿Es $\frac{1}{4}$ de la siguiente figura verde? Explícalo.

17. Este dibujo muestra un cuadrado. Colorea $\frac{3}{4}$ del cuadrado.

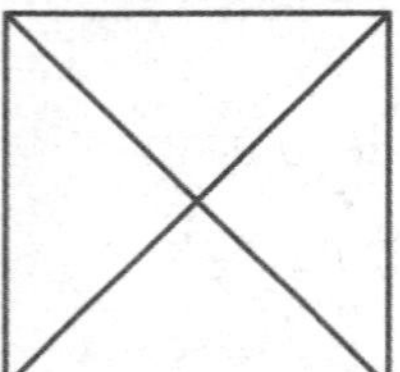

Nombre ______________________

Escoge un proyecto

¿Cuánto sabes acerca del autódromo de Indianápolis?

Proyecto: Crea un juego de fracciones

¿Quién está a cargo de armar el escenario en una obra de teatro o un musical?

Proyecto: Construye un modelo

¿Cuál es tu pizza favorita?

Proyecto: Escribe y representa una escena de comedia

PROYECTO
8D

¿Cómo se hace la ropa para que se la pueda poner cualquier persona?

Proyecto: Crea un juego

Nombre ______________________________

Resuélvelo y coméntalo

Lena tiene baldosas amarillas en $\frac{1}{4}$ del piso de su cocina. Escribe una fracción equivalente a $\frac{1}{4}$. ***Resuelve este problema de la manera que prefieras.***

Lección 8-1
Fracciones equivalentes: Modelos de área

Puedo...
reconocer y generar fracciones equivalentes.

También puedo escoger y usar una herramienta matemática para resolver problemas.

Escoge herramientas apropiadas estratégicamente. Puedes usar modelos de área o tiras de fracciones para resolver este problema.

¡Vuelve atrás! ¿Cómo sabes que tu fracción es equivalente a $\frac{1}{4}$?

¿Cuáles pueden ser algunas maneras de representar la misma parte de un entero?

A

James comió la parte de la pizza que se muestra en el dibujo de la derecha. Dijo que quedan $\frac{5}{6}$ de la pizza. Cardell dijo que quedan $\frac{10}{12}$ de la pizza. ¿Quién tiene razón?

Las fracciones equivalentes representan la misma parte del mismo entero.

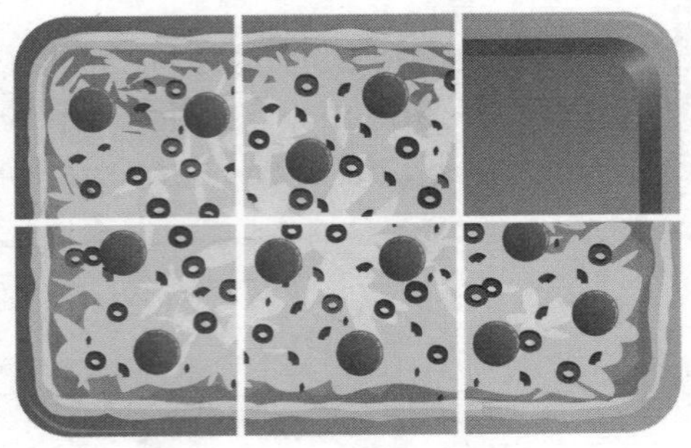

fracción $\begin{cases} 5 \leftarrow \text{numerador} \\ 6 \leftarrow \text{denominador} \end{cases}$

B Una manera

Usa un modelo de área. Dibuja un rectángulo y divídelo en sextos. Colorea $\frac{5}{6}$. Luego, divide el rectángulo en doceavos.

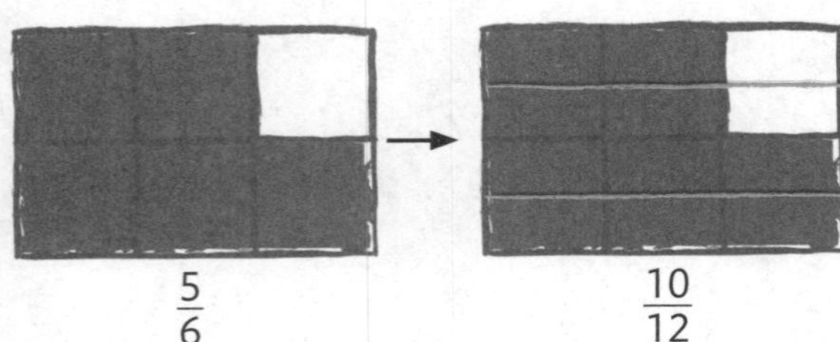

$\frac{5}{6}$ $\frac{10}{12}$

La cantidad y el tamaño de las partes cambian, pero la parte coloreada de cada rectángulo es la misma. $\frac{5}{6}$ y $\frac{10}{12}$ son fracciones equivalentes.

C Otra manera

Usa un modelo de área diferente. Dibuja un círculo y divídelo en sextos. Colorea $\frac{5}{6}$. Luego, divide el círculo en doceavos.

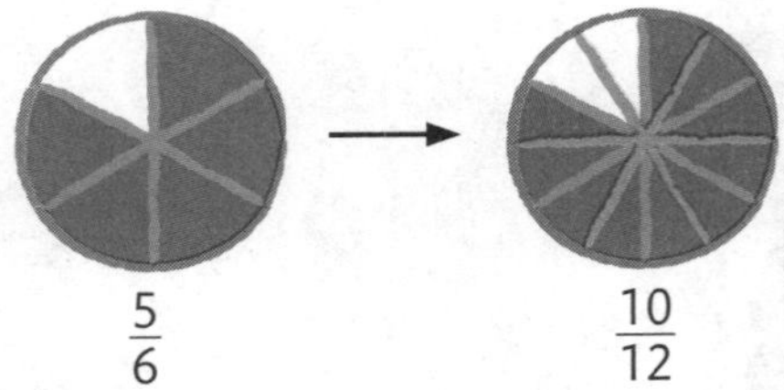

$\frac{5}{6}$ $\frac{10}{12}$

La cantidad y el tamaño de las partes cambian, pero la parte coloreada de cada círculo es la misma. $\frac{5}{6}$ y $\frac{10}{12}$ son fracciones equivalentes.

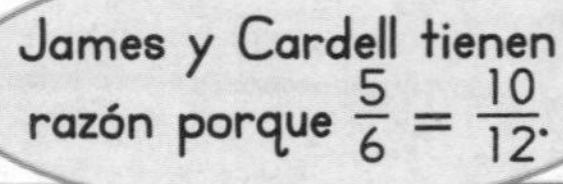

James y Cardell tienen razón porque $\frac{5}{6} = \frac{10}{12}$.

¡Convénceme! **Razonar** María comió $\frac{1}{4}$ de una pizza. Matt comió $\frac{2}{8}$ de otra pizza. ¿Comieron María y Matt la misma cantidad de pizza? Explícalo.

Nombre ______________________________

Práctica Herramientas Evaluación

Práctica guiada

¿Lo entiendes?

1. Usa el modelo de área para explicar por que $\frac{3}{4}$ y $\frac{9}{12}$ son equivalentes.

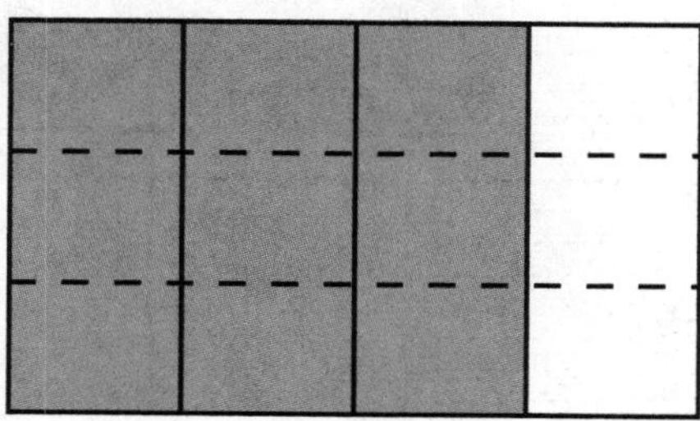

¿Cómo hacerlo?

Para **2** y **3**, usa el modelo de área para resolver cada problema.

2. Halla el numerador que falta.

$\frac{2}{4} = \frac{\square}{8}$

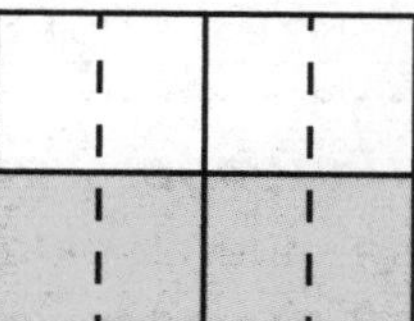

3. Halla el numerador que falta.

$\frac{1}{3} = \frac{\square}{6}$

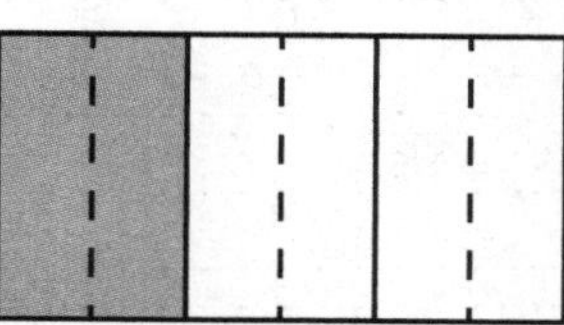

Práctica independiente

4. Escribe una fracción equivalente a $\frac{1}{5}$.

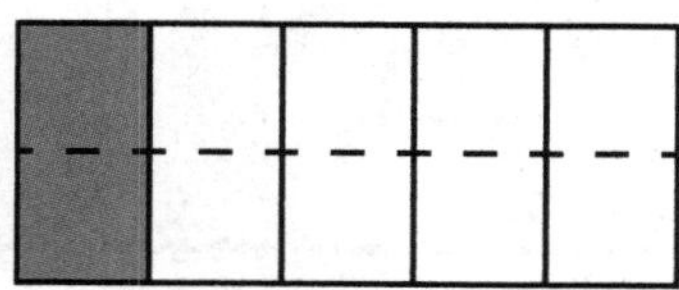

5. Escribe dos fracciones equivalentes a $\frac{4}{12}$.

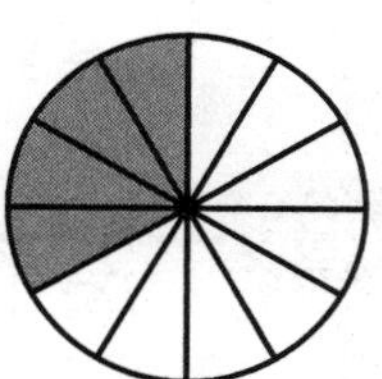

6. Escribe una fracción equivalente a $\frac{2}{6}$.

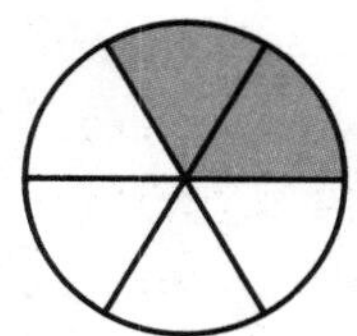

7. Escribe dos fracciones equivalentes a $\frac{2}{3}$.

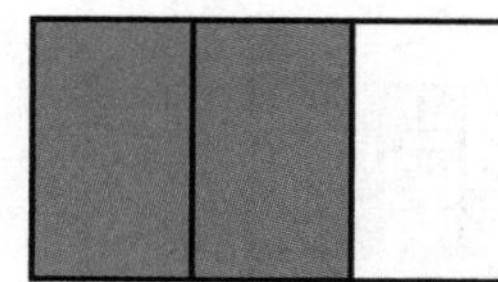

Para **8** a **15**, dibuja un modelo de área o usa tiras de fracciones para resolver los problemas.

8. $\frac{2}{8} = \frac{\square}{4}$

9. $\frac{2}{4} = \frac{\square}{8}$

10. $\frac{1}{2} = \frac{\square}{6}$

11. $\frac{3}{3} = \frac{6}{\square}$

12. $\frac{1}{5} = \frac{\square}{10}$

13. $\frac{5}{6} = \frac{10}{\square}$

14. $\frac{8}{12} = \frac{2}{\square}$

15. $\frac{4}{5} = \frac{8}{\square}$

Resolución de problemas

16. **enVision® STEM** Las mariposas monarca migran cuando sienten que las horas de luz solar son más cortas y las temperaturas son más frías. Escribe dos fracciones equivalentes que representen la parte de la migración que puede completar una mariposa monarca en 1 semana.

Recorre $\frac{1}{5}$ del total de la migración en 1 semana.

17. **Entender y perseverar** Garrett compra un almuerzo para él y su amigo. Compra 2 sándwiches, 2 paquetes de papas fritas y 2 batidos de malta. ¿Cuánto gastó Garret en el almuerzo?

DATOS

Menú	
Sándwich	$8
Hot Dog	$2
Papas fritas	$3
Gaseosa	$2
Batido de malta	$4

18. Connor dijo: "Si redondeo a la centena más cercana, fui a la escuela 800 días de mi vida". Escribe tres números que puedan ser la cantidad real de días que Connor fue a la escuela.

19. **Razonamiento de orden superior** Josh, Lisa y Vicki comieron cada uno $\frac{1}{4}$ de sus pizzas individuales. Todas las pizzas tenían el mismo tamaño, pero Josh comió 1 porción, Lisa comió 2 porciones y Vicki comió 3 porciones. ¿Cómo es posible?

Práctica para la evaluación

20. Marca todas las fracciones que son equivalentes a $\frac{2}{3}$. Usa los modelos de área como ayuda para resolver el problema.

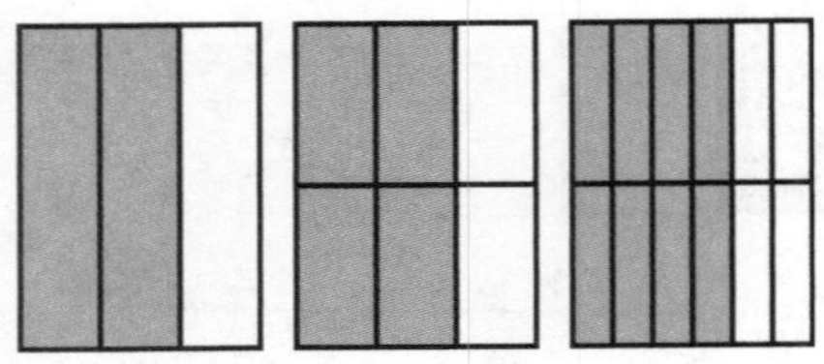

- ☐ $\frac{3}{6}$
- ☐ $\frac{8}{12}$
- ☐ $\frac{4}{8}$
- ☐ $\frac{4}{6}$
- ☐ $\frac{1}{2}$

21. Marca todos los pares que son fracciones equivalentes. Usa los modelos de área como ayuda para resolver el problema.

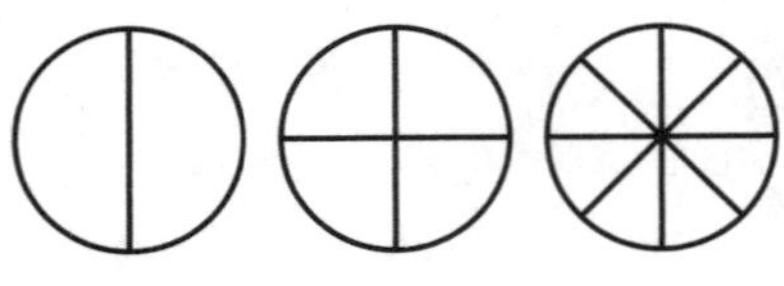

- ☐ $\frac{1}{4}, \frac{2}{8}$
- ☐ $\frac{3}{4}, \frac{6}{8}$
- ☐ $\frac{7}{8}, \frac{3}{4}$
- ☐ $\frac{8}{8}, \frac{4}{4}$
- ☐ $\frac{1}{2}, \frac{2}{2}$

Nombre ___________________________

Resuélvelo y coméntalo Supón que tienes una regla que muestra cuartos. Usa esa regla para nombrar una fracción que sea equivalente a $\frac{2}{4}$. Indica cómo sabes que la fracción es equivalente.

Lección 8-2
Fracciones equivalentes: Rectas numéricas

Puedo...
representar el mismo punto en una recta numérica usando fracciones equivalentes.

También puedo escoger y usar una herramienta matemática para resolver problemas.

Puedes usar reglas o rectas numéricas como ayuda para resolver problemas.

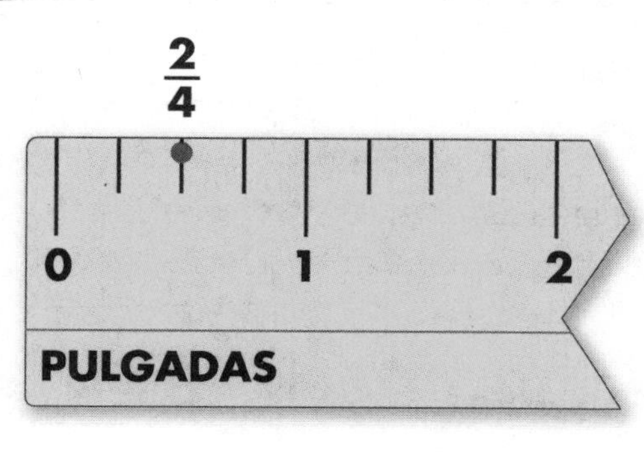

¡Vuelve atrás! Representar con modelos matemáticos
¿Piensas que hay más de una fracción equivalente a $\frac{2}{4}$? Haz un dibujo para explicarlo.

Pregunta esencial ¿Cómo se puede usar una recta numérica para explicar por qué las fracciones son equivalentes?

A

Silvio montó en su bicicleta $\frac{3}{4}$ de milla a la escuela. Identifica dos fracciones que sean equivalentes a $\frac{3}{4}$.

Una recta numérica es otra herramienta apropiada para hallar fracciones equivalentes.

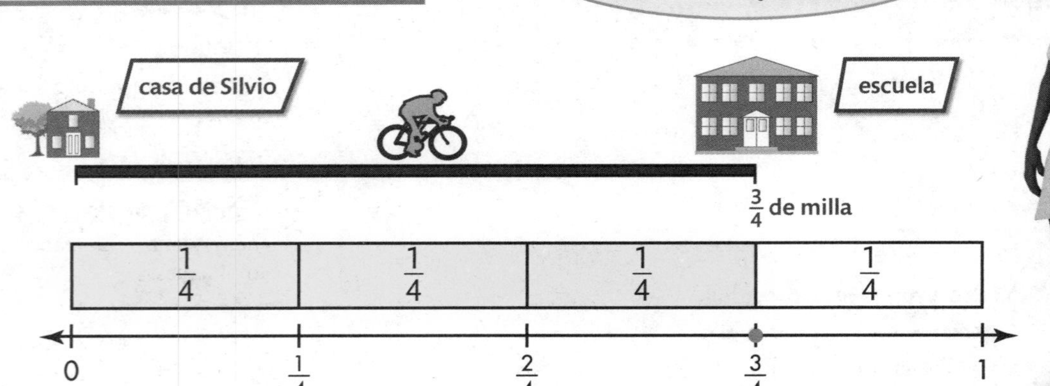

B

Representa $\frac{3}{4}$ en la recta numérica.

Divide cada cuarto en dos partes iguales para representar octavos.

Divide cada cuarto en tres partes iguales para representar doceavos.

$\frac{3}{4}$, $\frac{6}{8}$ y $\frac{9}{12}$ están en el mismo punto de las rectas numéricas que tienen la misma longitud. $\frac{6}{8}$ y $\frac{9}{12}$ son equivalentes a $\frac{3}{4}$.

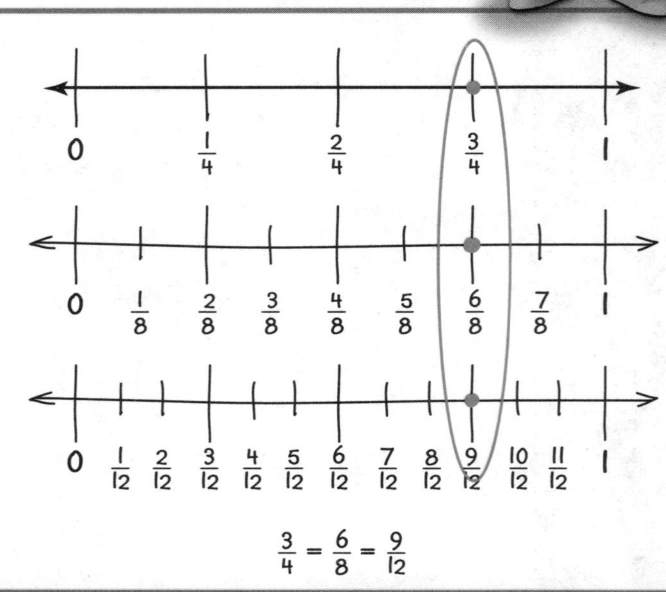

¡Convénceme! La cantidad de partes y el tamaño de cada parte son diferentes en dos rectas numéricas. ¿Pueden las rectas numéricas mostrar fracciones equivalentes? Usa las rectas numéricas anteriores para explicarlo.

Nombre ______________________

Práctica Herramientas Evaluación

Otro ejemplo

Puedes usar una recta numérica para hallar fracciones equivalentes que sean mayores que o iguales a 1.

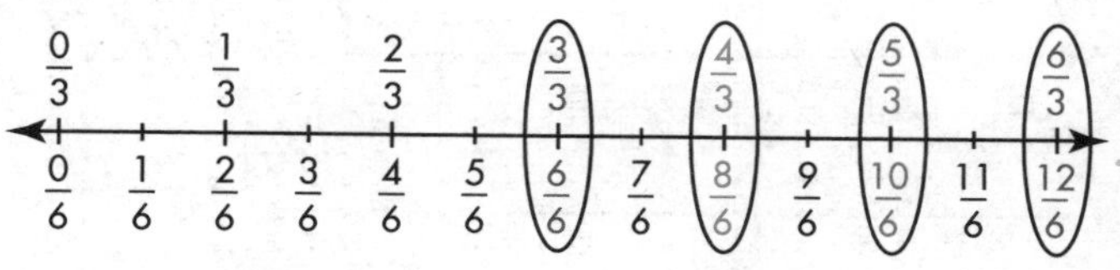

Práctica guiada

¿Lo entiendes?

1. Usa la recta numérica que está arriba para escribir una fracción equivalente a $\frac{9}{6}$. ¿Por qué son equivalentes las fracciones? Explícalo.

¿Cómo hacerlo?

Para **2** y **3**, usa la siguiente recta numérica.

2. Escribe una fracción equivalente a $\frac{1}{3}$.

3. Escribe una fracción equivalente a $\frac{1}{2}$.

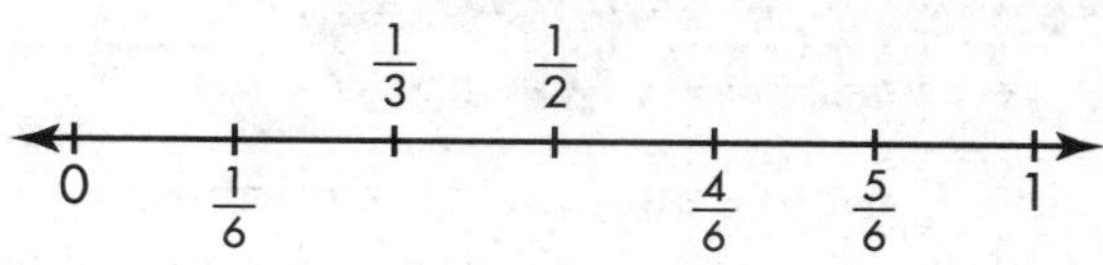

Práctica independiente

Para **4** a **7**, usa la recta numérica para hallar fracciones equivalentes. Encierra en un círculo las respuestas correctas.

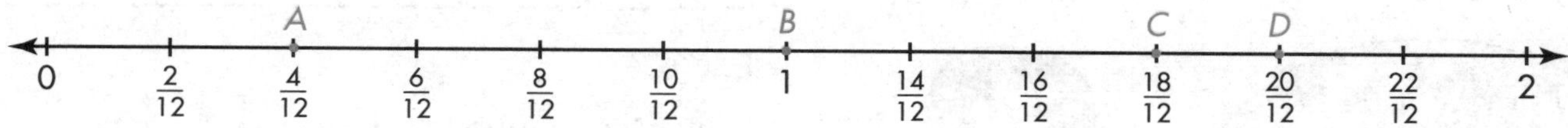

4. ¿Qué opción es una fracción equivalente para el punto *A*?

   $\frac{1}{4}$ $\frac{1}{3}$ $\frac{2}{3}$ $\frac{1}{6}$ $\frac{2}{6}$

5. ¿Qué opción es una fracción equivalente para el punto *B*?

   $\frac{11}{12}$ $\frac{12}{12}$ $\frac{13}{12}$ $\frac{7}{6}$ $\frac{6}{6}$

6. ¿Qué opción es una fracción equivalente para el punto *C*?

   $\frac{8}{6}$ $\frac{2}{3}$ $\frac{1}{2}$ $\frac{3}{2}$ $\frac{6}{4}$

7. ¿Qué opción es una fracción equivalente para el punto *D*?

   $\frac{6}{5}$ $\frac{10}{6}$ $\frac{3}{2}$ $\frac{6}{10}$ $\frac{5}{3}$

Resolución de problemas

8. ¿Qué fracciones equivalentes observas en estas dos rectas numéricas?

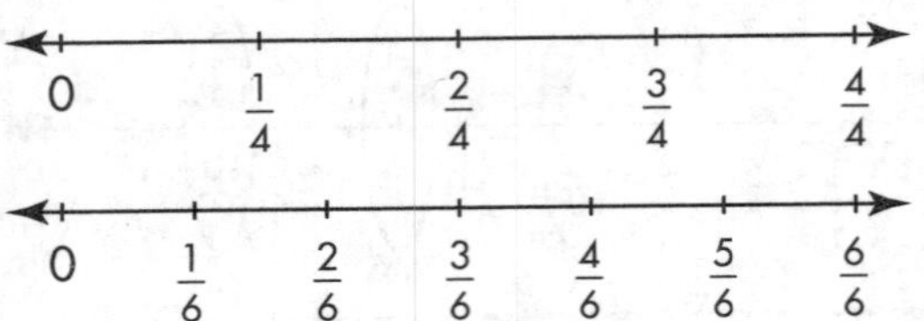

9. Entender y perseverar A Randy y a Carla les gusta caminar por el sendero que rodea el parque de su ciudad. El sendero mide 2 millas de longitud. El mes pasado, Randy caminó alrededor del parque 13 veces y Carla caminó alrededor del parque 22 veces. ¿Cuántas millas más que Randy caminó Carla el mes pasado?

10. Razonamiento de orden superior Jarred dice que estas rectas numéricas muestran que $\frac{3}{4}$ es equivalente a $\frac{2}{3}$. ¿Tiene razón Jarred? Explícalo.

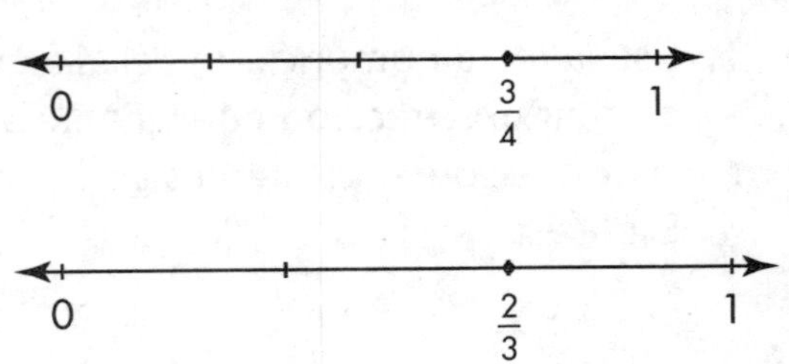

Práctica para la evaluación

11. Kevin y Gabbie usan una recta numérica para hallar fracciones equivalentes a $\frac{4}{10}$.

Kevin dice que puede hallar una fracción equivalente con un denominador mayor que 10. Gabbie dice que puede hallar una fracción equivalente con un denominador menor que 10.

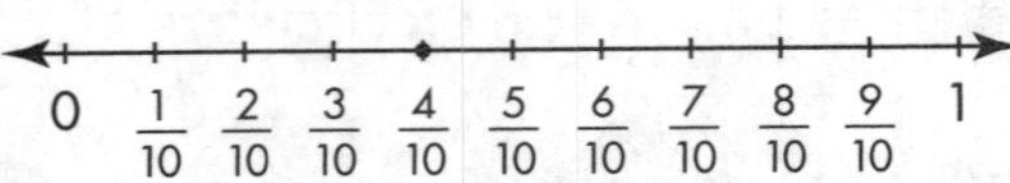

Muchas fracciones pueden representar el mismo punto en una recta numérica. ¿Qué fracciones podrían representar 0 y 1 en la recta numérica anterior?

Parte A

Explica cómo puede Kevin usar la recta numérica para hallar su fracción equivalente.

Parte B

Explica cómo puede Gabbie usar la recta numérica para hallar su fracción equivalente.

Nombre ______________________________

Resuélvelo y coméntalo

Wayne compró una caja de pastelitos. Cuatro sextos de los pastelitos son de arándanos azules. Escribe una fracción equivalente a $\frac{4}{6}$. ***Resuelve este problema de la manera que prefieras.***

Lección 8-3
Generar fracciones equivalentes: Multiplicación

Puedo...
usar la multiplicación para hallar fracciones equivalentes.

También puedo representar con modelos matemáticos para resolver problemas.

¿Qué puedes dibujar para representar con modelos matemáticos el problema? *Muestra tu trabajo en el espacio que sigue.*

¡Vuelve atrás! ¿Cómo se relacionan el numerador y el denominador de tu fracción con el numerador y el denominador de $\frac{4}{6}$?

¿Cómo se puede usar la multiplicación para hallar fracciones equivalentes?

Puente de aprendizaje visual

A

Un bibliotecario dijo que $\frac{1}{2}$ de los libros que se prestaron ayer eran de no ficción. ¿Cuáles son algunas de las fracciones equivalentes a $\frac{1}{2}$?

Para hallar fracciones equivalentes, multiplica por una fracción que sea igual a uno.

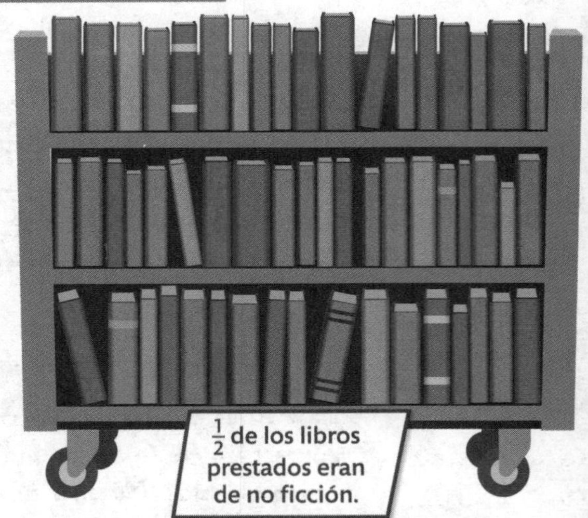

$\frac{1}{2}$ de los libros prestados eran de no ficción.

B

Multiplica por $\frac{2}{2}$.

Multiplica el numerador y el denominador por 2.

$$\frac{1 \times 2}{2 \times 2} = \frac{2}{4}$$

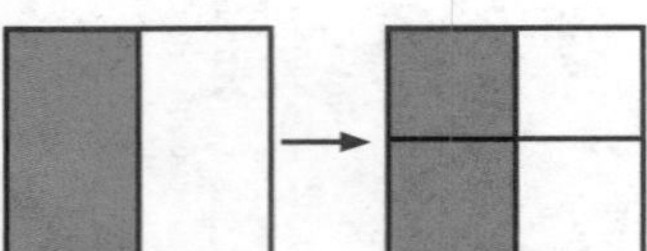

C

Multiplica por $\frac{3}{3}$.

Multiplica el numerador y el denominador por 3.

$$\frac{1 \times 3}{2 \times 3} = \frac{3}{6}$$

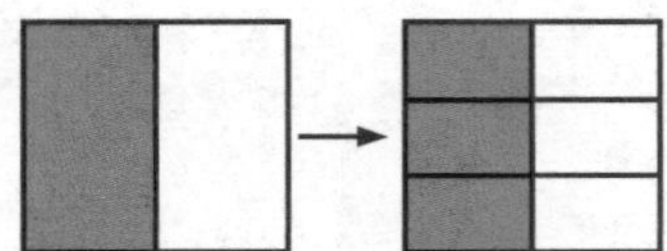

D

Multiplica por $\frac{4}{4}$.

Multiplica el numerador y el denominador por 4.

$$\frac{1 \times 4}{2 \times 4} = \frac{4}{8}$$

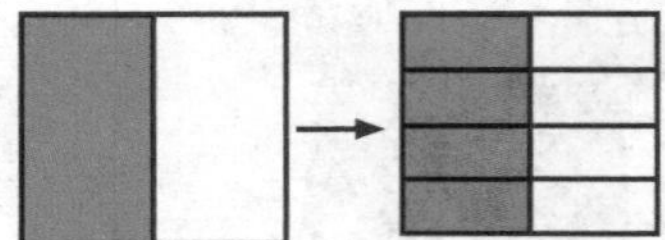

Las fracciones $\frac{2}{2}$, $\frac{3}{3}$ y $\frac{4}{4}$ son equivalentes a 1. Multiplicar por 1 da el mismo número.

$\frac{1}{2}$, $\frac{2}{4}$, $\frac{3}{6}$ y $\frac{4}{8}$ son fracciones equivalentes.

¡Convénceme! **Evaluar el razonamiento** Kevin dijo: "En cada uno de los ejemplos anteriores, lo único que se hace es multiplicar por uno. Cuando se multiplica por 1, el valor no cambia". ¿Tiene razón Kevin? Explícalo.

Nombre ______________________________

Práctica Herramientas Evaluación

Práctica guiada

¿Lo entiendes?

1. Usa un modelo de área y multiplica para demostrar por qué $\frac{5}{6}$ y $\frac{10}{12}$ son fracciones equivalentes.

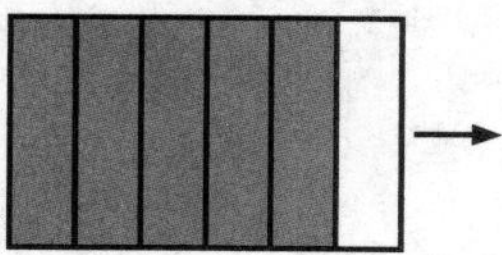

2. Usa la multiplicación para explicar por qué $\frac{3}{4}$ y $\frac{8}{12}$ **NO** son fracciones equivalentes.

¿Cómo hacerlo?

Para **3** a **7**, multiplica para hallar fracciones equivalentes.

3.

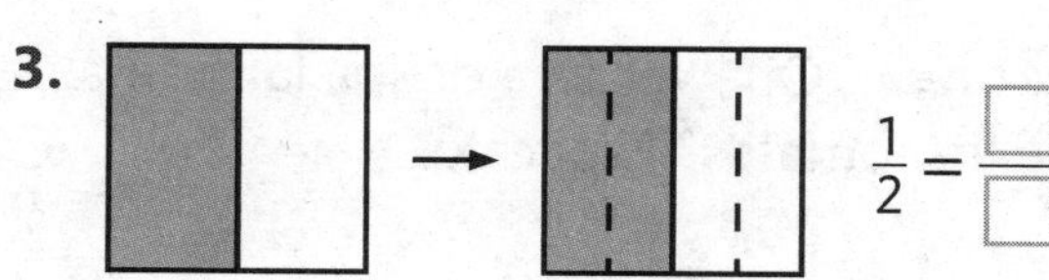

$\frac{1}{2} = \frac{\square}{\square}$

4. $\frac{3}{4} = \frac{\square}{12}$

5. $\frac{5}{5} = \frac{10}{\square}$

6. $\frac{3}{2} = \frac{6}{\square}$

7. $\frac{1}{6} = \frac{\square}{12}$

Práctica independiente

Práctica al nivel Para **8** a **13**, completa con los números que faltan para hallar fracciones equivalentes.

8.

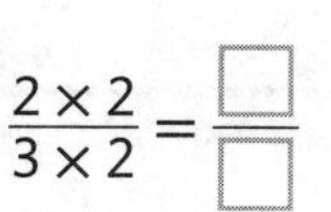

$\frac{2 \times 2}{3 \times 2} = \frac{\square}{\square}$

9.

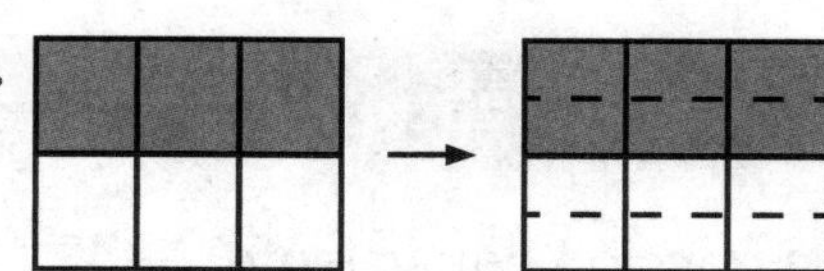

$\frac{3 \times 2}{6 \times 2} = \frac{\square}{\square}$

10. $\frac{1 \times \square}{5 \times \square} = \frac{\square}{10}$

11. $\frac{5 \times \square}{4 \times \square} = \frac{\square}{100}$

12. $\frac{7 \times \square}{4 \times \square} = \frac{\square}{12}$

13. $\frac{3 \times \square}{4 \times \square} = \frac{9}{\square}$

Para **14** a **21**, escribe dos fracciones equivalentes para las fracciones dadas.

14. $\frac{1}{10}$

15. $\frac{4}{2}$

16. $\frac{5}{6}$

17. $\frac{1}{3}$

18. $\frac{2}{5}$

19. $\frac{3}{4}$

20. $\frac{9}{2}$

21. $\frac{7}{12}$

Resolución de problemas

Para **22** y **23**, usa la tabla de la derecha.

Verdura	Fracción del huerto plantado
Zanahorias	$\frac{1}{6}$
Tomates	$\frac{1}{4}$
Pimientos	$\frac{4}{12}$
Habichuelas	$\frac{3}{12}$

22. Escribe tres fracciones equivalentes para describir la porción del huerto plantado con zanahorias.

23. **Razonar** ¿Qué verdura ocupa la misma parte del huerto que los tomates? Explícalo.

24. Jeena tiene 5 paquetes de semillas. Cada paquete tiene 12 semillas. Jeena quiere dividir las semillas en partes iguales para plantarlas en 10 macetas. ¿Cuántas semillas puede plantar en cada maceta?

25. **Razonamiento de orden superior** Jen dice, "Puedo usar esta ecuación para hallar fracciones equivalentes, pero *n* no puede ser cero".

$$\frac{a}{b} = \frac{(n \times a)}{(n \times b)}$$

¿Estás de acuerdo con Jen? Explícalo. Da ejemplos que apoyen tu razonamiento.

Práctica para la evaluación

26. Selecciona la fracción equivalente.

	Fracciones equivalentes a $\frac{1}{4}$	Fracciones equivalentes a $\frac{2}{3}$
$\frac{4}{6}$	☐	☐
$\frac{2}{8}$	☐	☐
$\frac{8}{12}$	☐	☐
$\frac{3}{12}$	☐	☐

27. Nia halló una fracción que es equivalente a $\frac{3}{8}$. ¿Es correcto el trabajo de Nia que se muestra a continuación? Explícalo.

$$\frac{3 \times 4}{8 \times 3} = \frac{12}{24}$$

Nombre ______________________________

Resuélvelo y coméntalo

Sara compró un trozo de cinta. La longitud de la cinta se da en décimos. Escribe la longitud como otras dos fracciones equivalentes. ***Resuelve este problema de la manera que prefieras.***

Lección 8-4

Generar fracciones equivalentes: División

Puedo...
usar la división para hallar fracciones equivalentes.

También puedo hacer mi trabajo con precisión.

Recuerda que cuando respondes a la pregunta, debes hacerlo con precisión. Usa rótulos apropiados.

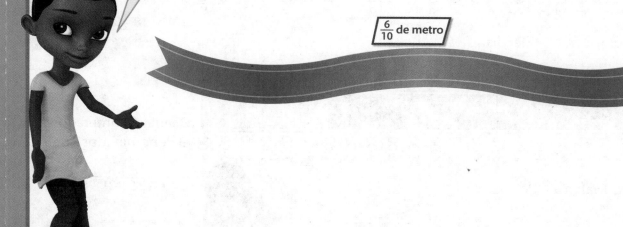

$\frac{6}{10}$ de metro

¡Vuelve atrás! Sara escribió las siguientes fracciones equivalentes: $\frac{6}{10} = \frac{3}{5}$. ¿Qué dos operaciones pudo haber usado Sara para hallar las fracciones equivalentes? Explícalo.

Pregunta esencial ¿Cómo se puede usar la división para hallar fracciones equivalentes?

A

A comienzos de mayo, en Fairbanks, Alaska, hay luz solar $\frac{18}{24}$ del día. ¿Cuáles son algunas fracciones equivalentes a $\frac{18}{24}$?

Para hallar fracciones equivalentes, divide el numerador y el denominador por un factor común mayor que 1.

Un factor común es un factor que dos o más números tienen en común.

Fairbanks

18 horas de luz solar en mayo

B Dos factores comunes de 18 y 24 son 2 y 3.

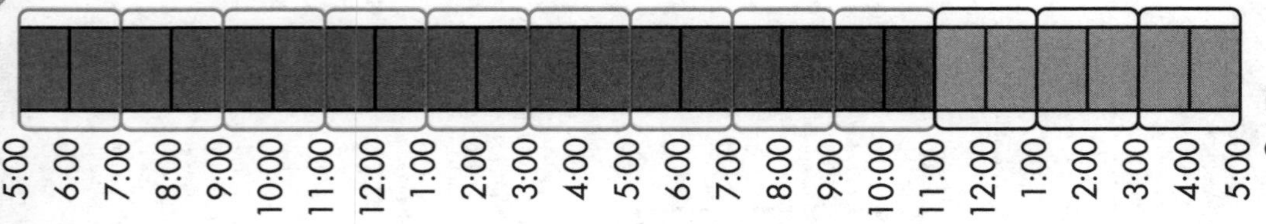

Divide el numerador y el denominador por 2.

$$\frac{18 \div 2}{24 \div 2} = \frac{9}{12}$$

$\frac{18}{24}$ del día equivalen a $\frac{9}{12}$ del día.

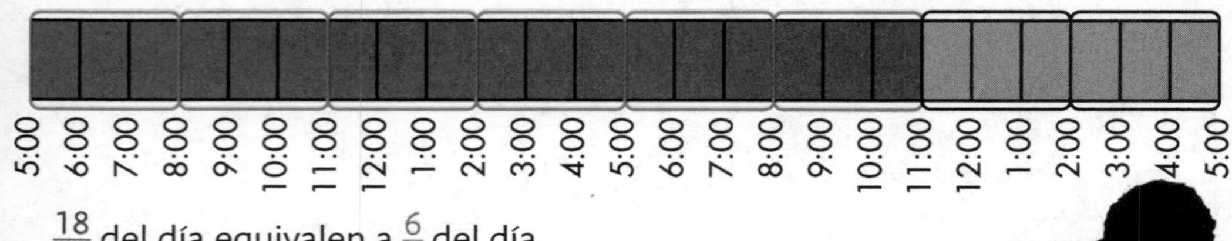

Divide el numerador y el denominador por 3.

$$\frac{18 \div 3}{24 \div 3} = \frac{6}{8}$$

$\frac{18}{24}$ del día equivalen a $\frac{6}{8}$ del día.

$\frac{18}{24}$, $\frac{9}{12}$ y $\frac{6}{8}$ son fracciones equivalentes.

¡Convénceme! Representar con modelos matemáticos Dibuja una recta numérica y rotúlala con fracciones equivalentes para demostrar que $\frac{18}{24} = \frac{9}{12} = \frac{6}{8} = \frac{3}{4}$.

Nombre ______________________________

Práctica Herramientas Evaluación

Práctica guiada

¿Lo entiendes?

1. Usa la división para demostrar que $\frac{9}{12}$ y $\frac{3}{4}$ son fracciones equivalentes.

2. ¿Existe una fracción equivalente a $\frac{4}{12}$ con un numerador y un denominador más pequeños? Explícalo.

¿Cómo hacerlo?

Para **3** a **8**, divide para hallar fracciones equivalentes.

3. $\frac{6}{10} = \frac{\square}{\square}$

4. $\frac{8}{12} = \frac{\square}{\square}$

5. $\frac{8}{12} = \frac{\square}{3}$

6. $\frac{10}{12} = \frac{5}{\square}$

7. $\frac{2}{10} = \frac{\square}{5}$

8. $\frac{10}{100} = \frac{\square}{10}$

Práctica independiente

Práctica al nivel Para **9** a **16**, completa con los números que faltan para hallar fracciones equivalentes.

9. $\frac{6 \div 6}{12 \div 6} = \frac{\square}{\square}$

10. $\frac{70 \div 5}{10 \div 5} = \frac{\square}{\square}$

11. $\frac{2 \div 2}{6 \div 2} = \frac{\square}{\square}$

12. $\frac{50 \div 10}{100 \div 10} = \frac{\square}{\square}$

13. $\frac{9 \div \square}{6 \div \square} = \frac{3}{\square}$

14. $\frac{10 \div \square}{4 \div \square} = \frac{\square}{2}$

15. $\frac{4 \div \square}{12 \div \square} = \frac{\square}{6}$

16. $\frac{2 \div \square}{8 \div \square} = \frac{\square}{4}$

Para **17** a **24**, divide para hallar dos fracciones equivalentes.

17. $\frac{20}{100}$

18. $\frac{40}{10}$

19. $\frac{16}{12}$

20. $\frac{12}{8}$

21. $\frac{24}{12}$

22. $\frac{10}{100}$

23. $\frac{90}{10}$

24. $\frac{80}{100}$

Resolución de problemas

Para **25** a **27**, usa la tabla de la derecha.

25. Completa la tabla de la derecha escribiendo la fracción del día que duermen los animales y una fracción equivalente. Recuerda que un día tiene 24 horas.

26. Supón que la vaca durmiera 4 horas más. ¿Qué fracción del día pasaría durmiendo la vaca?

27. ¿Cuántas horas duerme un tigre en 7 días?

Animal	Cantidad de horas que duerme	Fracción del día que duerme	Fracción equivalente
Gato	12		
Vaca	4		
Ardilla	15		
Tigre	16		

28. Usar la estructura Ethan comió $\frac{4}{8}$ de un sándwich. Andy comió $\frac{1}{2}$ de otro sándwich. Los dos sándwiches tenían el mismo tamaño.

a. ¿De quién era el sándwich que tenía más partes iguales?

b. ¿De quién era el sándwich que tenía partes iguales más grandes?

c. ¿Quién comió más? Explícalo.

29. Razonamiento de orden superior Si el numerador y el denominador de una fracción son números impares, ¿puedes escribir una fracción equivalente con un numerador y un denominador menores? Da un ejemplo para explicarlo.

Práctica para la evaluación

30. Selecciona todas las ecuaciones que son correctas.

- ☐ $\frac{12 \div 3}{3 \div 3} = \frac{3}{1}$
- ☐ $\frac{4 \div 2}{8 \div 2} = \frac{2}{4}$
- ☐ $\frac{5 \div 5}{10 \div 5} = \frac{1}{5}$
- ☐ $\frac{10 \div 2}{4 \div 2} = \frac{5}{2}$
- ☐ $\frac{12 \div 4}{8 \div 4} = \frac{3}{2}$

31. Hay 12 estudiantes en la clase de DeLynn. Ocho estudiantes tienen mascotas. ¿Qué par de fracciones muestra la fracción de la clase que tiene mascotas?

Ⓐ $\frac{8}{12}, \frac{2}{3}$

Ⓑ $\frac{1}{2}, \frac{2}{3}$

Ⓒ $\frac{6}{4}, \frac{3}{2}$

Ⓓ $\frac{12}{8}, \frac{3}{2}$

Nombre ______________________________

Resuélvelo y coméntalo

Colorea una parte de cada una de las siguientes tiras de papel. Estima qué fracción de papel está coloreada. Explica cómo hiciste la estimación. ***Resuelve este problema de la manera que prefieras.***

Lección 8-5
Usar puntos de referencia para comparar fracciones

Puedo...
usar puntos de referencia, modelos de área y rectas numéricas para comparar fracciones.

También puedo razonar sobre las matemáticas.

Compara las partes que coloreaste con $\frac{1}{4}$, $\frac{1}{2}$ y $\frac{3}{4}$.

¡Vuelve atrás! Generalizar ¿Cómo puedes saber si una fracción es mayor que, menor que o igual a $\frac{1}{2}$ con solo mirar el numerador y el denominador?

¿Cómo se pueden usar puntos de referencia para comparar fracciones?

A

Robert necesita $\frac{3}{8}$ de barra de mantequilla para hacer pastelitos y $\frac{2}{3}$ de barra de mantequilla para hacer galletas. ¿Qué receta lleva más mantequilla?

MANTEQUILLA

Puedes usar fracciones de referencia para comparar fracciones. Las fracciones de referencia son fracciones que se usan con frecuencia como

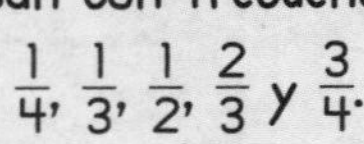

B Compara $\frac{3}{8}$ con la fracción de referencia $\frac{1}{2}$.

Pastelitos

$\frac{1}{2}$ 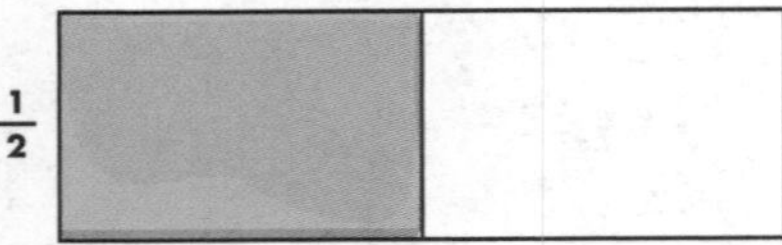

$\frac{3}{8}$ 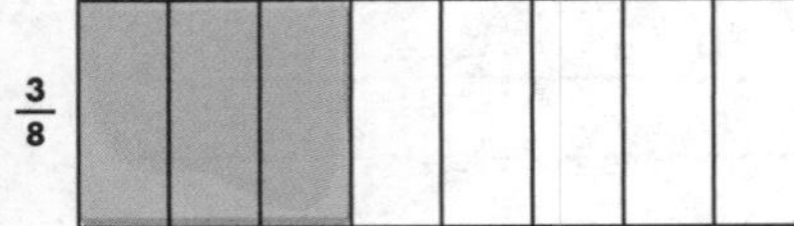

$\frac{3}{8} < \frac{1}{2}$

C Compara $\frac{2}{3}$ con la fracción de referencia $\frac{1}{2}$.

Galletas

$\frac{1}{2}$ 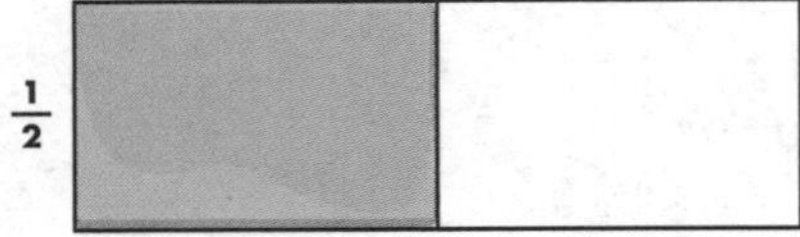

$\frac{2}{3}$ 

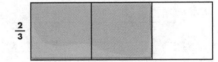

$\frac{2}{3} > \frac{1}{2}$

$\frac{3}{8} < \frac{1}{2}$ y $\frac{2}{3} > \frac{1}{2}$; por tanto, $\frac{3}{8} < \frac{2}{3}$.

La receta de galletas lleva más mantequilla.

Puedes comparar estas fracciones porque se refieren al mismo entero: una barra de mantequilla.

¡Convénceme! Evaluar el razonamiento Ernesto dijo: "Sé que $\frac{3}{8}$ es menor que $\frac{2}{3}$ porque $\frac{3}{8}$ está más cerca de 0 que de 1 y $\frac{2}{3}$ está más cerca de 1 que de 0". ¿Tiene sentido el razonamiento de Ernesto? Dibuja dos rectas numéricas para apoyar tu respuesta.

Nombre ______________________________

Otro ejemplo

Compara $\frac{9}{10}$ y $\frac{7}{6}$. Usa 1 entero como punto de referencia.

$\frac{9}{10} < 1$ y $\frac{7}{6} > 1$; por tanto, $\frac{9}{10} < \frac{7}{6}$.

Práctica guiada

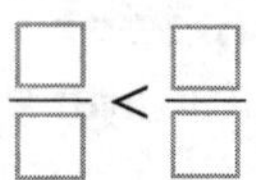

¿Lo entiendes?

1. Carl halló que $\frac{4}{8}$ es igual a $\frac{1}{2}$ y que $\frac{1}{3}$ es menor que $\frac{1}{2}$. ¿Cómo puede comparar Carl $\frac{4}{8}$ con $\frac{1}{3}$? Explícalo.

2. Escribe una fracción que esté más cerca de 0 que de 1. Escribe otra fracción que esté más cerca de 1 que de 0. Usa tus fracciones para completar la comparación.

$\frac{\square}{\square} < \frac{\square}{\square}$

¿Cómo hacerlo?

Para **3** y **4**, compara. Escribe <, > o =.

3. $\frac{2}{6} \bigcirc \frac{4}{5}$

4. $\frac{11}{12} \bigcirc \frac{9}{8}$

5. Encierra en un círculo las fracciones que sean menores que $\frac{1}{2}$.

$\frac{5}{4}$ $\frac{1}{4}$ $\frac{1}{5}$ $\frac{2}{3}$ $\frac{2}{12}$ $\frac{51}{100}$

6. Encierra en un círculo las fracciones que sean mayores que 1.

$\frac{99}{100}$ $\frac{6}{5}$ $\frac{7}{8}$ $\frac{14}{8}$ $\frac{11}{10}$ $\frac{11}{12}$

Práctica independiente

Para **7** a **10**, encierra en un círculo todas las fracciones que coincidan con los enunciados.

7. Fracciones menores que $\frac{1}{2}$

$\frac{3}{4}$ $\frac{1}{6}$ $\frac{6}{12}$ $\frac{4}{10}$ $\frac{5}{8}$ $\frac{5}{2}$

8. Fracciones mayores que $\frac{1}{2}$

$\frac{5}{8}$ $\frac{1}{4}$ $\frac{6}{3}$ $\frac{7}{10}$ $\frac{5}{12}$ $\frac{6}{12}$

9. Fracciones mayores que 1

$\frac{5}{4}$ $\frac{2}{3}$ $\frac{6}{6}$ $\frac{1}{10}$ $\frac{15}{12}$ $\frac{7}{8}$

10. Fracciones más cerca de 0 que de 1

$\frac{3}{4}$ $\frac{1}{8}$ $\frac{1}{4}$ $\frac{7}{5}$ $\frac{2}{4}$ $\frac{3}{10}$

Para **11** a **18**, compara usando fracciones de referencia o 1. Luego, escribe >, < o =.

11. $\frac{1}{3} \bigcirc \frac{4}{6}$ **12.** $\frac{4}{8} \bigcirc \frac{2}{4}$ **13.** $\frac{7}{5} \bigcirc \frac{7}{8}$ **14.** $\frac{6}{12} \bigcirc \frac{4}{5}$

15. $\frac{4}{5} \bigcirc \frac{2}{5}$ **16.** $\frac{6}{6} \bigcirc \frac{13}{12}$ **17.** $\frac{8}{10} \bigcirc \frac{1}{8}$ **18.** $\frac{4}{4} \bigcirc \frac{10}{10}$

Resolución de problemas

19. Razonar Jordan tiene $\frac{5}{8}$ de lata de pintura verde y $\frac{3}{6}$ de lata de pintura azul. Si las latas tienen el mismo tamaño, ¿tiene Jordan más pintura verde o más pintura azul? Explícalo.

20. A-Z **Vocabulario** Escribe dos ejemplos de una *fracción de referencia*.

21. Cuatro vecinos tienen huertos del mismo tamaño.

a. ¿Qué vecinos plantaron verduras en menos de la mitad de sus huertos?

b. ¿Qué parte de las verduras en los huertos es más grande, la de Margaret o la de Wayne?

DATOS

Vecino	Fracción del huerto plantado con verduras
James	$\frac{5}{12}$
Margaret	$\frac{5}{10}$
Claudia	$\frac{1}{6}$
Wayne	$\frac{2}{3}$

22. Gavin compró 3 pizzas para una fiesta. Cada pizza tenía 8 porciones. Había 8 personas más en la fiesta. Todos comieron la misma cantidad de porciones. ¿Cuántas porciones comió cada uno? ¿Cuántas porciones quedaron?

23. Razonamiento de orden superior ¿Cómo puedes saber con solo mirar el numerador y el denominador si una fracción está más cerca de 0 o de 1? Da algunos ejemplos en tu explicación.

Práctica para la evaluación

24. Donna comió $\frac{7}{12}$ de una caja de palomitas de maíz. Jack comió $\frac{4}{10}$ de una caja de palomitas de maíz. Las cajas de palomitas de maíz tienen el mismo tamaño. Explica cómo usar una fracción de referencia para determinar quién comió más palomitas de maíz.

Nombre ______________________________

Lección 8-6
Comparar fracciones

Puedo...
usar fracciones equivalentes para comparar fracciones.

También puedo escoger y usar una herramienta matemática para resolver problemas.

Resuélvelo y coméntalo Juan leyó $\frac{5}{6}$ de una hora. Larissa leyó $\frac{10}{12}$ de una hora. ¿Quién leyó más tiempo? Explícalo. ***Resuelve este problema de la manera que prefieras.***

Puedes seleccionar y usar herramientas apropiadas como dibujos, rectas numéricas o tiras de fracciones para resolver el problema. *¡Muestra tu trabajo en el espacio que sigue!*

¡Vuelve atrás! Carlos leyó $\frac{8}{12}$ de una hora. ¿Leyó más o menos tiempo que Juan? Escribe tu respuesta como una oración numérica usando $>$, $<$ o $=$.

¿Cómo se pueden comparar fracciones con distinto denominador?

A

El padre de Isabella construye un modelo de dinosaurio con pequeñas piezas de madera. Compara las longitudes de las piezas. Compara $\frac{1}{4}$ de pulgada y $\frac{5}{6}$ de pulgada. Luego, compara $\frac{4}{5}$ de pulgada y $\frac{4}{10}$ de pulgada.

Puedes comparar estas fracciones porque se refieren al mismo entero: una pulgada.

$\frac{4}{10}$ de pulgada

$\frac{1}{4}$ de pulgada

$\frac{5}{6}$ de pulgada

$\frac{4}{5}$ de pulgada

B Compara $\frac{1}{4}$ y $\frac{5}{6}$ volviendo a expresar las fracciones de modo que las dos tengan el mismo denominador.

$\frac{1}{4} = \frac{1 \times 3}{4 \times 3} = \frac{3}{12}$ $\quad\quad$ $\frac{5}{6} = \frac{5 \times 2}{6 \times 2} = \frac{10}{12}$

Compara los numeradores de las fracciones que volviste a expresar.

$\frac{3}{12} < \frac{10}{12}$

Por tanto, $\frac{1}{4} < \frac{5}{6}$.

C Compara $\frac{4}{5}$ y $\frac{4}{10}$ en una recta numérica.

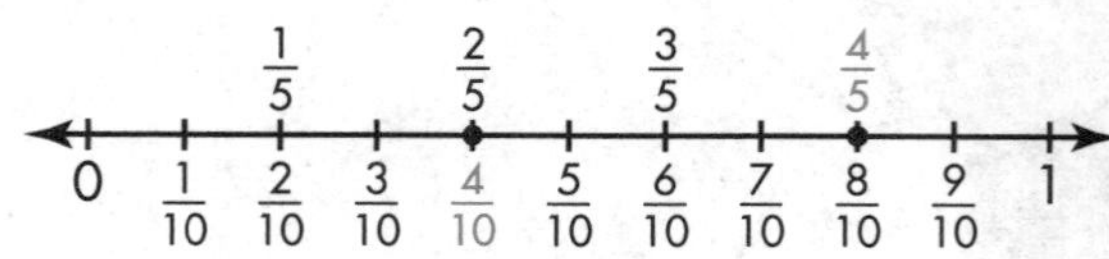

Por tanto, $\frac{4}{5} > \frac{4}{10}$.

¡Convénceme! Evaluar el razonamiento Las fracciones que están a la derecha hacen referencia al mismo entero. Kelly dijo: "Es fácil comparar estas fracciones. Solo pienso en $\frac{1}{8}$ y $\frac{1}{6}$." Encierra en un círculo la fracción mayor. Explica lo que pensó Kelly.

$\frac{5}{8}$ $\quad\quad$ $\frac{5}{6}$

Nombre ______________________________

Práctica Herramientas Evaluación

Otro ejemplo

Compara $\frac{3}{4}$ y $\frac{6}{10}$.

Busca una fracción equivalente a $\frac{3}{4}$ o $\frac{6}{10}$ para que los numeradores sean iguales.

$\frac{6 \div 2}{10 \div 2} = \frac{3}{5}$

$\frac{3}{4} > \frac{3}{5}$, cuando divides un entero en 4 partes iguales, cada parte es más grande que cuando lo divides en 5 partes iguales.

> Cuando dos fracciones tienen los mismos numeradores, la fracción con el denominador más pequeño es mayor.

1		
$\frac{1}{4}$	$\frac{1}{4}$	$\frac{1}{4}$
$\frac{1}{5}$	$\frac{1}{5}$	$\frac{1}{5}$

Práctica guiada

¿Lo entiendes?

1. Mary dice que $\frac{1}{8}$ es mayor que $\frac{1}{4}$ porque 8 es mayor que 4. ¿Es correcto el razonamiento de Mary? Explícalo.

¿Cómo hacerlo?

Para **2** a **5**, escribe >, < o =. Usa rectas numéricas, tiras de fracciones, fracciones de referencia o fracciones equivalentes.

2. $\frac{3}{4} \bigcirc \frac{6}{8}$

3. $\frac{1}{4} \bigcirc \frac{1}{10}$

4. $\frac{3}{5} \bigcirc \frac{5}{10}$

5. $\frac{1}{2} \bigcirc \frac{4}{5}$

Práctica independiente

Práctica al nivel Para **6** a **15**, halla fracciones equivalentes para comparar. Luego, escribe >, < o =.

6. $\frac{7}{8} \bigcirc \frac{3}{4}$

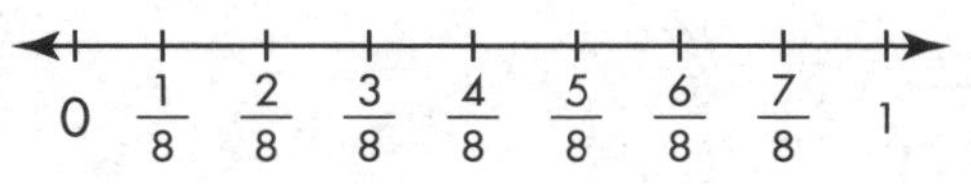

7. $\frac{5}{6} \bigcirc \frac{10}{12}$

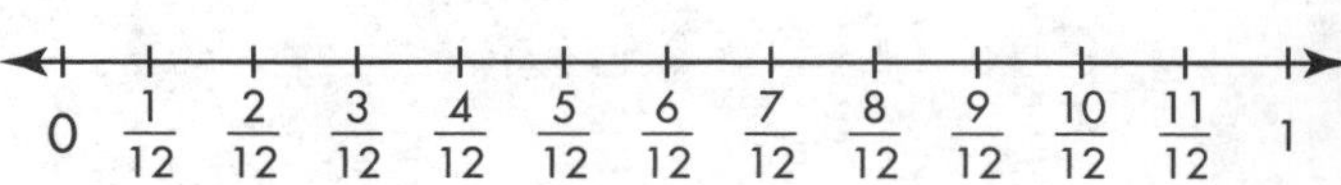

8. $\frac{7}{10} \bigcirc \frac{4}{5}$

9. $\frac{7}{12} \bigcirc \frac{1}{3}$

10. $\frac{5}{12} \bigcirc \frac{4}{5}$

11. $\frac{2}{6} \bigcirc \frac{3}{12}$

12. $\frac{6}{8} \bigcirc \frac{3}{4}$

13. $\frac{6}{10} \bigcirc \frac{3}{6}$

14. $\frac{2}{10} \bigcirc \frac{1}{6}$

15. $\frac{5}{6} \bigcirc \frac{2}{3}$

Resolución de problemas

16. Felicia hizo los dibujos de la derecha para mostrar que $\frac{3}{8}$ es mayor que $\frac{3}{4}$. ¿Cuál fue el error de Felicia?

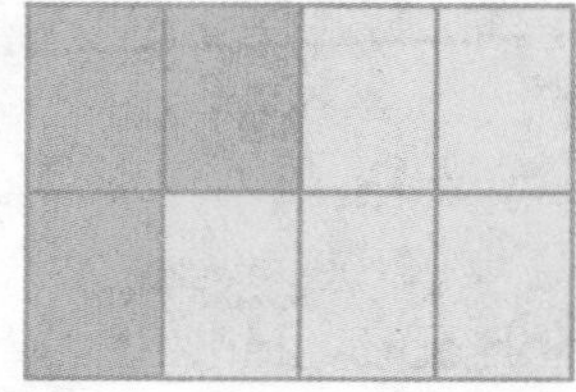

17. Evaluar el razonamiento Jake dijo que se pueden comparar dos fracciones con el mismo denominador comparando solamente los numeradores. ¿Tiene razón Jake? Explícalo.

18. Nati terminó $\frac{2}{3}$ de su tarea. George terminó $\frac{8}{9}$ de su tarea. Nati y George tienen la misma cantidad de tarea. ¿Quién terminó una fracción mayor de la tarea?

19. Si $34 \times 2 = 68$, entonces ¿a qué es igual 34×20?

20. ¿Qué conclusión puedes sacar sobre $\frac{3}{5}$ y $\frac{60}{100}$ si sabes que $\frac{3}{5}$ es equivalente a $\frac{6}{10}$ y que $\frac{6}{10}$ es equivalente a $\frac{60}{100}$?

21. Jackson jugó un videojuego $\frac{1}{6}$ de hora. Hailey jugó un videojuego $\frac{1}{3}$ de hora. ¿Quién jugó más tiempo al videojuego? Explícalo.

22. Pensamiento de orden superior Escribe una fracción que sea mayor que $\frac{3}{12}$, menor que $\frac{75}{100}$ y tenga 6 como denominador.

Práctica para la evaluación

23. Selecciona todas las fracciones que harían verdadera la comparación.

$\frac{3}{4} = \square$

- ☐ $\frac{5}{12}$
- ☐ $\frac{75}{100}$
- ☐ $\frac{9}{12}$
- ☐ $\frac{7}{10}$
- ☐ $\frac{6}{8}$

24. Marca todas las opciones de respuesta que muestran una comparación correcta.

- ☐ $\frac{5}{6} > \frac{7}{12}$
- ☐ $\frac{1}{2} > \frac{10}{10}$
- ☐ $\frac{4}{10} > \frac{2}{6}$
- ☐ $\frac{1}{5} < \frac{2}{3}$
- ☐ $\frac{2}{3} > \frac{9}{12}$

Nombre ____________________

Resuélvelo y coméntalo Sherry y Karl empezaron su caminata con una botella pequeña llena de agua cada uno. Nati comenzó su caminata con una botella grande llena hasta $\frac{1}{2}$. Al final de la caminata, las botellas de Sherry y Nati estaban llenas de agua hasta la mitad. La botella de Karl estaba $\frac{1}{3}$ llena de agua. ¿A quién le queda más agua? Construye un argumento matemático para apoyar tu respuesta.

Resolución de problemas

Lección 8-7

Construir argumentos

Puedo... construir argumentos matemáticos usando lo que sé sobre fracciones.

También puedo usar fracciones equivalentes para resolver problemas.

Hábitos de razonamiento

¡Razona correctamente! Estas preguntas te pueden ayudar.

- ¿Cómo puedo usar números, objetos, dibujos o acciones para justificar mi argumento?
- ¿Estoy usando los números y los símbolos correctamente?
- ¿Es mi explicación clara y completa?

¡Vuelve atrás! Construir argumentos Si la botella de Nati estuviera llena de agua hasta $\frac{1}{3}$ al final de la caminata, ¿podrías determinar a quién le quedaría más agua? Construye un argumento para apoyar tu respuesta.

¿Cómo se pueden construir argumentos?

Puente de aprendizaje visual

A

Erin dijo que $\frac{1}{2}$ es la misma cantidad que $\frac{2}{4}$.
Matt dijo que $\frac{1}{2}$ y $\frac{2}{4}$ pueden ser cantidades diferentes.
¿Qué estudiante tiene razón?

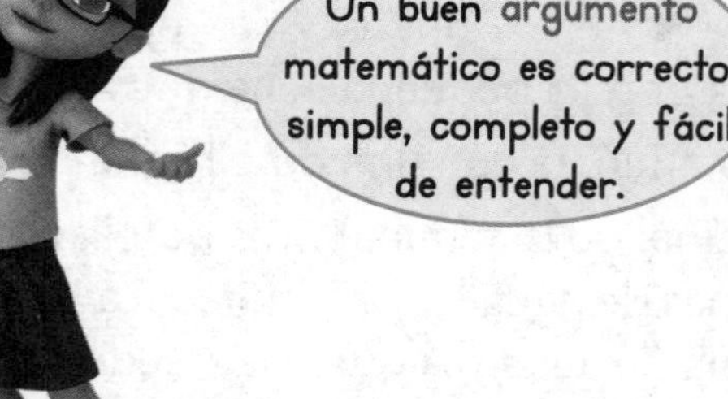

Un buen argumento matemático es correcto, simple, completo y fácil de entender.

¿Qué tengo que hacer para resolver este problema?

Tengo que construir un argumento con lo que sé sobre modelos de fracciones y las maneras de representar $\frac{1}{2}$ y $\frac{2}{4}$.

B

¿Cómo puedo construir un argumento?

Puedo

- usar números, objetos, dibujos o modelos para justificar mis argumentos.
- usar un contraejemplo en mi argumento.
- dar una explicación de mi argumento que sea clara y completa.

C

Este es mi razonamiento.

Voy a usar dibujos para mostrar qué estudiante tiene razón.

Los dos enteros tienen el mismo tamaño. Las fracciones $\frac{1}{2}$ y $\frac{2}{4}$ representan la misma parte del entero.

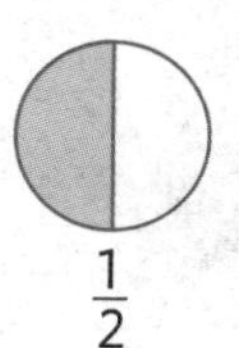

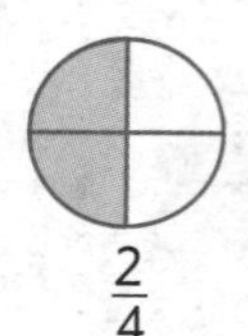

Estos enteros no son del mismo tamaño. Por tanto, $\frac{2}{4}$ del círculo grande representa más que $\frac{1}{2}$ del círculo pequeño.

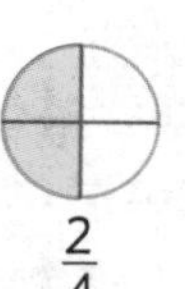

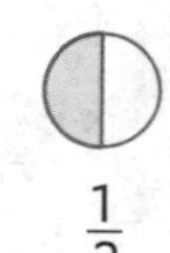

Los dos estudiantes tienen razón. $\frac{1}{2}$ y $\frac{2}{4}$ de enteros del mismo tamaño son la misma cantidad. $\frac{1}{2}$ y $\frac{2}{4}$ de enteros de distinto tamaño son cantidades diferentes.

¡Convénceme! **Evaluar el razonamiento** Erin también dijo que $\frac{3}{6}$ y $\frac{5}{10}$ **NO** tienen el mismo tamaño porque los denominadores no son factores entre sí. ¿Es correcto el argumento de Erin? Explícalo.

Nombre ______________________________

Práctica guiada

Construir argumentos

Margie y Parker pidieron burritos del mismo tamaño. Margie comió $\frac{4}{6}$ de su burrito. Parker comió $\frac{4}{5}$ de su burrito. Margie sacó la conclusión de que comió más que Parker porque la fracción del burrito que comió ella tiene un denominador mayor.

1. ¿Cuál es el argumento de Margie? ¿Cómo apoya ella su argumento?

2. ¿Tiene sentido la conclusión de Margie?

Práctica independiente

Construir argumentos

En el club extracurricular, Dena, Shawn y Amanda tejieron bufandas del mismo tamaño con lana amarilla, blanca y azul. La bufanda de Dena tiene $\frac{3}{5}$ amarillos, la bufanda de Shawn tiene $\frac{2}{5}$ amarillos y la bufanda de Amanda tiene $\frac{3}{4}$ amarillos. El resto de cada bufanda tiene una cantidad igual de blanco y azul.

Cuando construyes un argumento, te tienes que asegurar de que tu explicación esté completa.

3. Describe cómo puede Amanda construir un argumento para justificar que su bufanda tiene la mayor cantidad de amarillo.

4. ¿Qué parte de la bufanda de Dena es azul?

5. En su casa, Dena tiene una bufanda de la misma longitud que la que hizo en el club. La bufanda que tiene en su casa tiene $\frac{6}{8}$ de amarillo. Dena dijo que la bufanda que tiene en su casa es la que tiene más amarillo. ¿Tiene razón? Explícalo. Incluye una explicación de cómo hiciste la comparación.

Resolución de problemas

Tarea de rendimiento

Carrera de caracoles

La clase de Ciencias del Sr. Aydin hizo una carrera de caracoles para ver qué caracol avanzaba más lejos en dos minutos desde una línea de partida. En la tabla se muestran las distancias que avanzaron los caracoles.

DATOS

Caracol	Baboso	Furtivo	Remolino	Casita	Rotulador	Trepador
Distancia en pies	$\frac{3}{12}$	$\frac{1}{6}$	$\frac{1}{5}$	$\frac{3}{10}$	$\frac{2}{10}$	$\frac{1}{3}$

6. **Usar herramientas apropiadas** Remolino y Rotulador avanzaron la misma distancia. Justifica esta conjetura usando una recta numérica o tiras de fracciones.

7. **Construir argumentos** ¿Quién avanzó más, Baboso o Furtivo? Cambia las fracciones para que tengan el mismo denominador.

Cuando construyo argumentos, doy una explicación completa.

8. **Razonar** ¿Quién avanzó más, Trepador o Baboso? Cambia las fracciones para que tengan el mismo numerador.

9. **Entender y perseverar** ¿Quién ganó la carrera?

Nombre ______________________________

Actividad de práctica de fluidez

Trabaja con un compañero. Necesitan papel y lápiz. Cada uno escoge un color diferente: celeste o azul.

El compañero 1 y el compañero 2 apuntan a uno de los números negros al mismo tiempo. Ambos restan los dos números.

Si la respuesta está en el color que escogiste, puedes anotar una marca de conteo. Sigan la actividad hasta que uno de los compañeros tenga doce marcas de conteo.

Puedo...
restar números enteros de varios dígitos.

También puedo construir argumentos matemáticos.

Compañero 1
510
608
701
850
909

93	362	322	267
714	607	191	421
433	229	213	471
365	530	315	655
131	492	284	413
458	120	22	506

Compañero 2
195
243
379
488
417

Marcas de conteo del compañero 1	Marcas de conteo del compañero 2

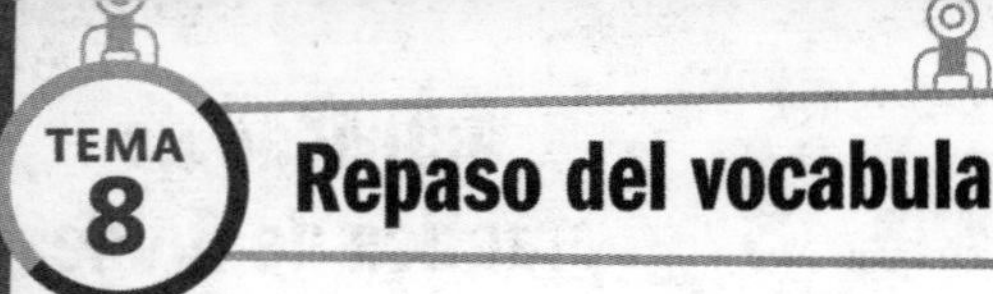

Repaso del vocabulario

Lista de palabras

- denominador
- factor común
- fracción
- fracción de referencia
- fracciones equivalentes
- numerador

Comprender el vocabulario

Escoge el mejor término de la Lista de palabras. Escríbelo en el espacio en blanco.

1. Un número que representa una parte de un entero, una parte de un conjunto o una ubicación en una recta numérica es un/una ____________________.

2. Una fracción que se usa con frecuencia y que te ayuda a comprender un tamaño o cantidad diferente se llama ____________________.

3. El número que está debajo de la barra de fracción en una fracción y que muestra la cantidad total de partes iguales es el/la ______________.

4. Las fracciones que representan la misma parte de un entero o la misma ubicación en una recta numérica se llaman ____________________.

5. El número que está arriba de la barra de fracción y que representa una parte del entero se llama ____________________.

Para los siguientes términos, da un ejemplo y un contraejemplo.

	Ejemplo	**Contraejemplo**
6. Fracción	______________	______________
7. Fracciones equivalentes	______________	______________
8. Una fracción con un factor común que no sea 1 para su numerador y su denominador	______________	______________

Usar el vocabulario al escribir

9. Explica cómo comparar $\frac{5}{8}$ y $\frac{3}{8}$. Usa al menos 3 términos de la Lista de palabras en tu explicación.

Nombre ______

TEMA 8

Refuerzo

Grupo A páginas 293 a 300

Usa un modelo de área para escribir una fracción equivalente a $\frac{1}{2}$.

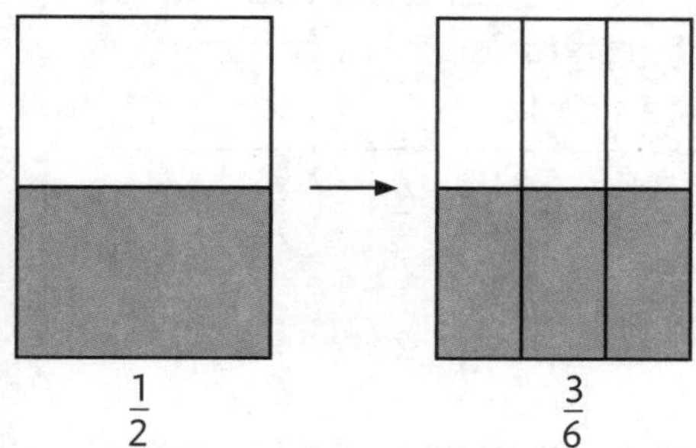

$\frac{1}{2}$ y $\frac{3}{6}$ representan la misma parte del entero.

$\frac{1}{2}$ y $\frac{3}{6}$ son fracciones equivalentes.

Usa una recta numérica para escribir una fracción equivalente a $\frac{1}{3}$.

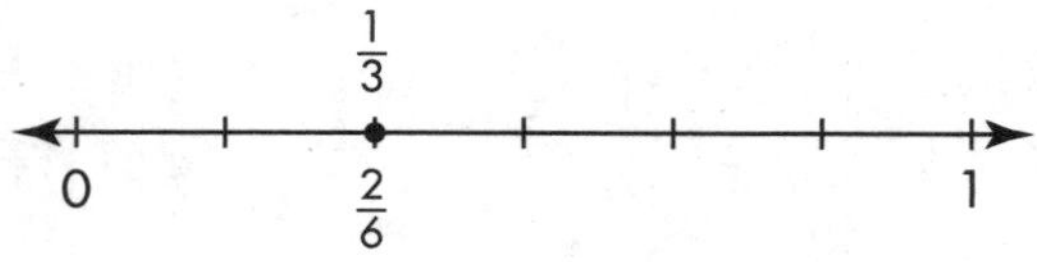

$\frac{1}{3}$ y $\frac{2}{6}$ representan la misma parte del entero.

$\frac{1}{3}$ y $\frac{2}{6}$ son fracciones equivalentes.

Recuerda que las fracciones equivalentes representan la misma parte de un entero.

Escribe una fracción equivalente para las fracciones dadas.

1. $\frac{2}{8}$

2. $\frac{2}{3}$

3. $\frac{1}{4}$

4. $\frac{3}{5}$

Dibuja una recta numérica para mostrar las fracciones y escribe una fracción equivalente.

5. $\frac{4}{6}$

6. $\frac{4}{10}$

Grupo B páginas 301 a 308

Halla dos fracciones equivalentes a $\frac{1}{2}$.

$\frac{1}{2} \times \frac{2}{2} = \frac{2}{4}$ $\qquad$ $\frac{1}{2} \times \frac{3}{3} = \frac{3}{6}$

$\frac{1}{2}$, $\frac{2}{4}$ y $\frac{3}{6}$ son fracciones equivalentes.

Halla dos fracciones equivalentes a $\frac{8}{12}$.

$\frac{8}{12} \div \frac{2}{2} = \frac{4}{6}$ $\qquad$ $\frac{8}{12} \div \frac{4}{4} = \frac{2}{3}$

$\frac{8}{12}$, $\frac{4}{6}$ y $\frac{2}{3}$ son fracciones equivalentes.

Recuerda que puedes multiplicar o dividir para hallar fracciones equivalentes.

Multiplica o divide para hallar fracciones equivalentes.

1. $\frac{2}{3} = \frac{8}{\square}$

2. $\frac{1}{4} = \frac{\square}{8}$

3. $\frac{1}{6} = \frac{2}{\square}$

4. $\frac{3}{5} = \frac{\square}{10}$

5. $\frac{10}{12} = \frac{5}{\square}$

6. $\frac{4}{10} = \frac{\square}{5}$

7. $\frac{2}{6} = \frac{1}{\square}$

8. $\frac{6}{10} = \frac{\square}{5}$

Grupo C páginas 309 a 316

Compara $\frac{5}{8}$ y $\frac{4}{10}$. Usa fracciones de referencia.

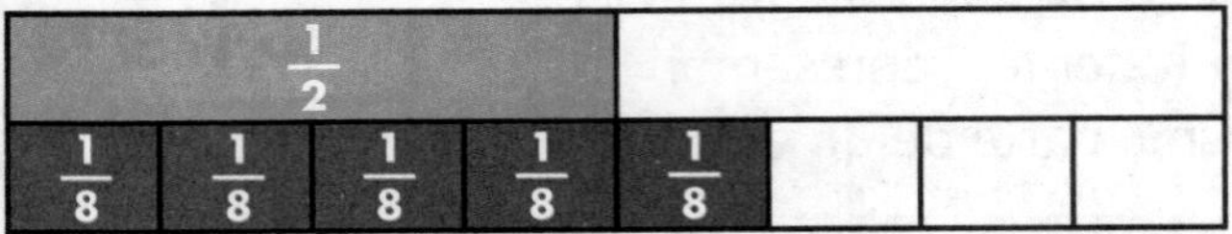

$\frac{5}{8} > \frac{1}{2}$

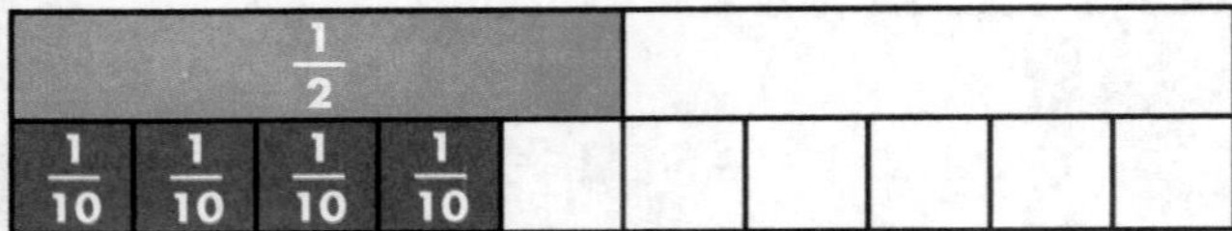

$\frac{4}{10} < \frac{1}{2}$

Por tanto, $\frac{5}{8} > \frac{4}{10}$.

Compara $\frac{4}{6}$ y $\frac{3}{4}$. Vuelve a escribir las fracciones.

$\frac{4}{6} = \frac{4 \times 2}{6 \times 2} = \frac{8}{12}$ $\qquad$ $\frac{3}{4} = \frac{3 \times 3}{4 \times 3} = \frac{9}{12}$

$\frac{8}{12}$ es menor que $\frac{9}{12}$; por tanto, $\frac{4}{6}$ es menor que $\frac{3}{4}$.

Recuerda Cuando los numeradores de dos fracciones son los mismos, la fracción que tiene el denominador menor es mayor.

Usa fracciones de referencia para comparar. Escribe >, < o = en cada ◯.

1. $\frac{5}{5}$ ◯ $\frac{4}{6}$
2. $\frac{4}{8}$ ◯ $\frac{1}{2}$
3. $\frac{5}{12}$ ◯ $\frac{7}{8}$
4. $\frac{2}{3}$ ◯ $\frac{4}{6}$

Compara. Escribe >, < o = en cada ◯.

5. $\frac{3}{4}$ ◯ $\frac{5}{8}$
6. $\frac{1}{5}$ ◯ $\frac{2}{10}$
7. $\frac{2}{5}$ ◯ $\frac{1}{4}$
8. $\frac{3}{6}$ ◯ $\frac{3}{4}$
9. $\frac{2}{4}$ ◯ $\frac{2}{3}$
10. $\frac{8}{10}$ ◯ $\frac{4}{6}$

Grupo D páginas 317 a 320

Piensa en tus respuestas a estas preguntas como ayuda para **construir argumentos.**

Hábitos de razonamiento

- ¿Cómo puedo usar números, objetos, dibujos o acciones para justificar mi argumento?
- ¿Estoy usando los números y los símbolos correctamente?
- ¿Es mi explicación clara y completa?

Recuerda que puedes usar dibujos y números para construir argumentos.

Peter dice que $\frac{3}{4}$ de una pizza siempre es lo mismo que $\frac{6}{8}$ de una pizza. Nadia dice que si bien $\frac{3}{4}$ y $\frac{6}{8}$ son fracciones equivalentes, $\frac{3}{4}$ y $\frac{6}{8}$ de una pizza podrían representar cantidades diferentes.

1. ¿Quién tiene razón? Explícalo. Usa un dibujo para justificar tu argumento.

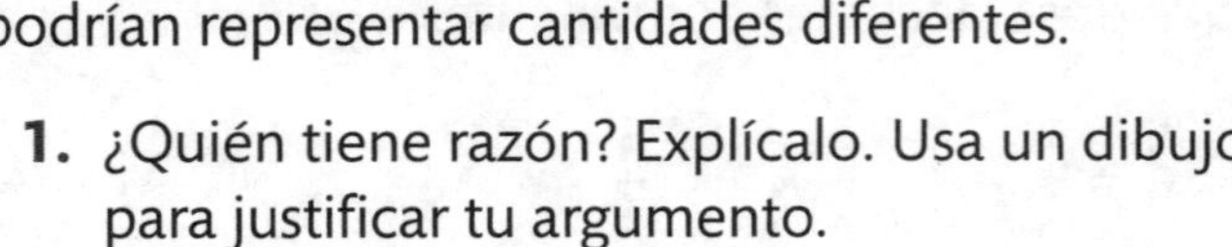

2. Usa un contraejemplo para explicar quién tiene razón.

Nombre ____

Práctica para la evaluación

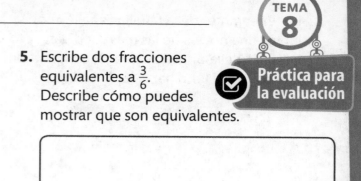

1. Dibuja un modelo para mostrar que $\frac{3}{4} = \frac{6}{8}$.

2. Leslie usará más de $\frac{1}{2}$ taza pero menos de 1 tasa entera de harina para una receta. ¿Qué fracción de una taza podría usar Leslie? Explícalo.

3. Jared cortó el césped de $\frac{2}{5}$ del jardín. Abby dice que Jared cortó el césped de $\frac{4}{6}$ del jardín. ¿Tiene razón Abby? Explícalo.

4. Explica cómo usar la división para hallar una fracción equivalente a $\frac{9}{12}$.

5. Escribe dos fracciones equivalentes a $\frac{3}{6}$. Describe cómo puedes mostrar que son equivalentes.

6. Compara las fracciones con $\frac{1}{2}$. Escribe las fracciones en el espacio para respuestas que corresponda.

Menor que $\frac{1}{2}$	Igual a $\frac{1}{2}$	Mayor que $\frac{1}{2}$

$\frac{5}{4}$	$\frac{5}{10}$	$\frac{2}{12}$
$\frac{6}{12}$	$\frac{3}{8}$	$\frac{2}{3}$

7. Sarah y Cole ordenaron sándwiches grandes para el almuerzo. Sarah comió $\frac{1}{2}$ sándwich y Cole comió $\frac{2}{5}$ de sándwich. ¿Quién comió más? Explícalo.

Ⓐ Los sándwiches son de diferentes tamaños; por tanto, es imposible comparar las fracciones para decidir quién comió más.

Ⓑ Sarah comió más que Cole, porque $\frac{2}{5} < \frac{1}{2}$.

Ⓒ El sándwich de Sarah era más grande que el de Cole; así que Sarah comió más.

Ⓓ Comieron la misma cantidad porque $\frac{1}{2}$ es igual a $\frac{2}{5}$.

8. Los integrantes de la familia Saha leyeron juntos una novela de las más vendidas. Después de la primera semana, compararon qué parte del libro había leído cada uno.

Fracción leída	
Sr. Saha	$\frac{2}{6}$
Sra. Saha	$\frac{1}{3}$
Maddie	$\frac{3}{4}$
George	$\frac{2}{3}$

A. ¿Quién leyó la fracción más grande del libro?

B. Identifica los dos miembros de la familia que leyeron la misma fracción del libro. Explícalo.

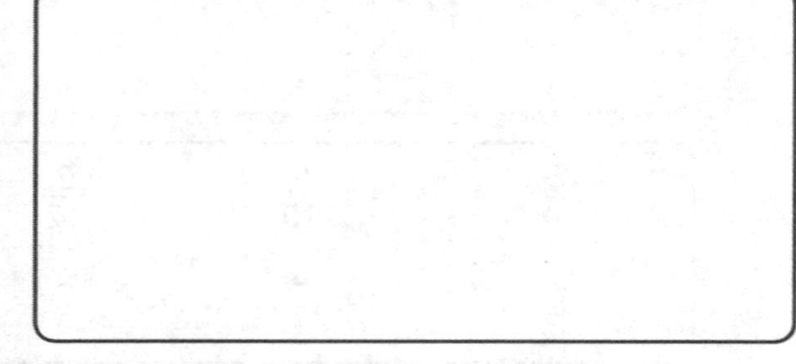

9. Johnny halló una fracción equivalente a la que muestra el punto en la recta numérica. ¿Qué fracción pudo haber hallado Johnny? Explícalo.

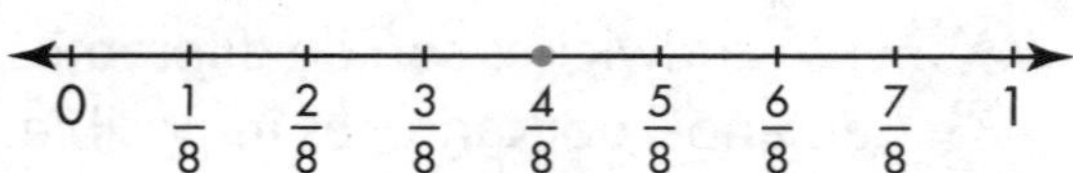

Ⓐ $\frac{1}{4}$; porque $\frac{4 \div 2}{8 \div 2} = \frac{1}{4}$

Ⓑ $\frac{1}{8}$; porque $\frac{4}{8} - \frac{3}{8} = \frac{1}{8}$

Ⓒ $\frac{1}{2}$; porque $\frac{4 \div 4}{8 \div 4} = \frac{1}{2}$

Ⓓ $\frac{7}{8}$; porque $\frac{4}{8} + \frac{3}{8} = \frac{7}{8}$

10. Bill y Gina compraron dos pizzas. Cada uno comió $\frac{1}{2}$ de la suya. Bill comió más pizza que Gina. Haz un dibujo para explicar cómo es posible esta situación.

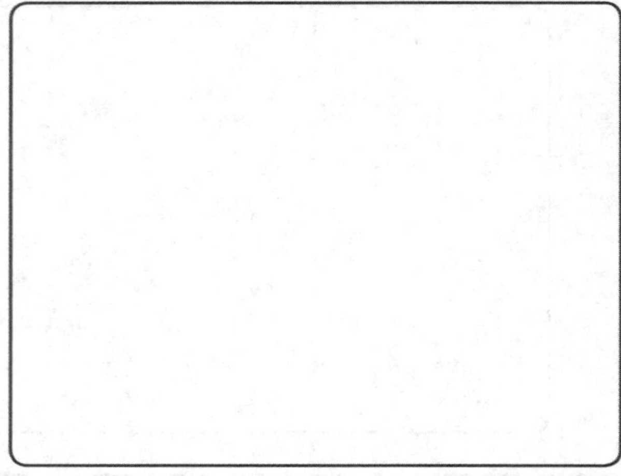

11. Ordena $\frac{5}{8}, \frac{1}{2}, \frac{2}{3}, \frac{2}{5}$ de menor a mayor.

12. Solo una de las siguientes comparaciones es correcta. ¿Cuál? ¿Qué fracción de referencia se usó para comprobar la respuesta?

Ⓐ $\frac{2}{3} < \frac{1}{2}$; usé $\frac{1}{2}$ como fracción de referencia.

Ⓑ $\frac{1}{2} = \frac{3}{5}$; usé $\frac{1}{4}$ como fracción de referencia.

Ⓒ $\frac{2}{3} < \frac{9}{10}$; usé $\frac{3}{4}$ como fracción de referencia.

Ⓓ $\frac{3}{4} < \frac{2}{3}$; usé $\frac{1}{2}$ como fracción de referencia.

13. Dibuja un modelo para comparar $\frac{1}{3}$ y $\frac{3}{5}$.

Nombre ______________________________

TEMA 8

Tarea de rendimiento

Comparaciones de saltamontes

La clase de la Sra. Rakin midió las longitudes de algunos saltamontes. La tabla **Longitudes de saltamontes** muestra las longitudes que hallaron.

Longitudes de saltamontes

Saltamontes	Longitud (pulgada)
A	$\frac{5}{8}$
B	$\frac{3}{2}$
C	$\frac{7}{4}$
D	$\frac{7}{8}$
E	$\frac{3}{4}$
F	$\frac{3}{8}$

1. La Sra. Rakin pidió a los estudiantes que escogieran dos saltamontes y compararan sus longitudes.

Parte A

Henry usó fracciones de referencia para comparar las longitudes de los saltamontes A y C. ¿Qué saltamontes es más largo? Explícalo.

Parte B

Riley usó una recta numérica para comparar las longitudes de los saltamontes A y E. ¿Qué saltamontes es más largo? Usa la recta numérica para mostrar la comparación.

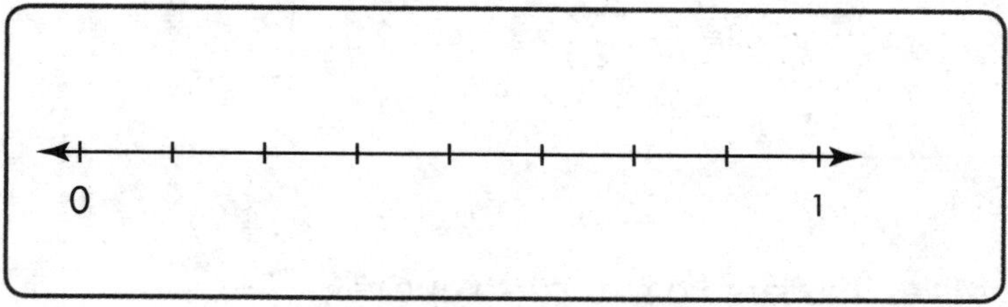

Parte C

Jack comparó las longitudes de los saltamontes D y E. Dijo que el saltamontes D es más largo. ¿Tiene razón Jack? Justifica la comparación usando tiras de fracciones.

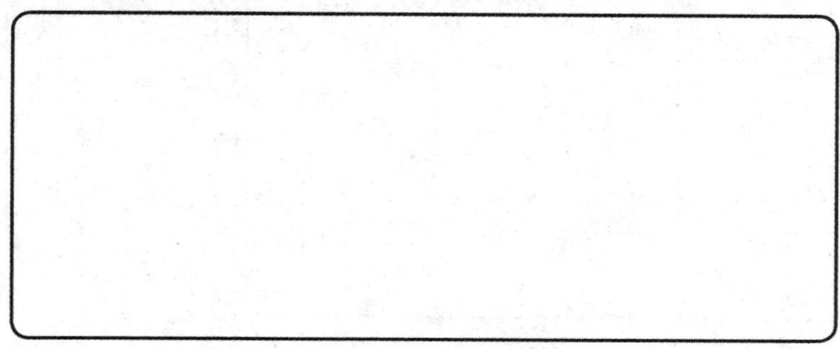

2. Un grupo de estudiantes midió las longitudes de los saltamontes en centímetros, en lugar de hacerlo en pulgadas. La tabla **Más longitudes de saltamontes** muestra las longitudes que hallaron.

Más longitudes de saltamontes

Saltamontes	Longitud (centímetro)
G	$\frac{7}{10}$
H	$\frac{4}{5}$
I	$\frac{6}{10}$

Parte A

Tommy comparó las longitudes de los saltamontes G y H. ¿Qué saltamontes es más largo? Explica cómo volver a escribir las fracciones usando la multiplicación para que tengan el mismo denominador y se las pueda comparar.

Parte B

Venon comparó las longitudes de los saltamontes H e I. ¿Qué saltamontes es más largo? Explica cómo volver a escribir las fracciones usando la división para que tengan el mismo denominador y se las pueda comparar.

Parte C

Rina quiere determinar si el saltamontes D es más largo o más corto que el saltamontes G. Explica cómo puede Rina comparar las fracciones.

TEMA 9

Suma y resta de fracciones

Preguntas esenciales: ¿Cómo se suman y restan fracciones y números mixtos que tienen el mismo denominador? ¿Cómo se pueden sumar y restar fracciones en una recta numérica?

Recursos digitales

 Libro del estudiante
 Aprendizaje visual
 Práctica
 Evaluación
 Herramientas
 Glosario

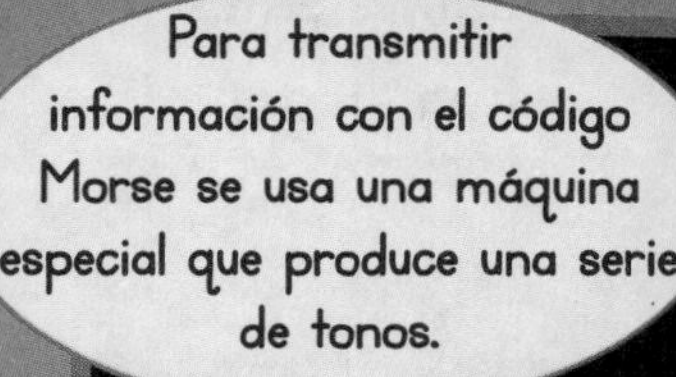

Para transmitir información con el código Morse se usa una máquina especial que produce una serie de tonos.

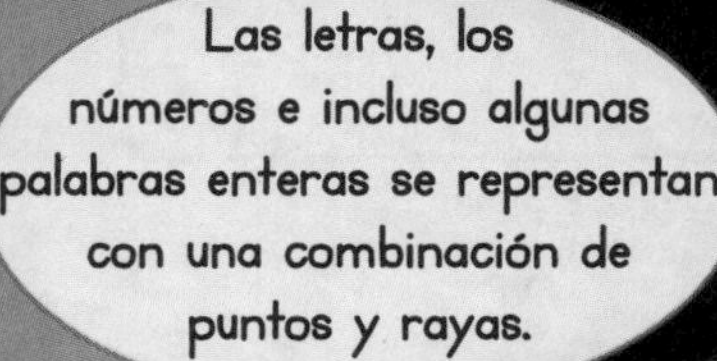

Las letras, los números e incluso algunas palabras enteras se representan con una combinación de puntos y rayas.

¿Cómo se escribe "Amo las matemáticas" en código Morse? Este es un proyecto sobre las fracciones y la información.

Proyecto de enVision STEM: Fracciones y transmisión de información

Investigar El código Morse usa patrones para transmitir información. Se puede escribir cualquier palabra con el código Morse. Usa la Internet u otras fuentes para hallar cómo se escribe *cuarto*, *grado* y *escuela* en código Morse.

Diario: Escribir un informe Incluye lo que averiguaste. En tu informe, también:

- escribe *uno* en código Morse. Escribe una fracción que indique qué parte del código para representar *uno* son rayas.
- escribe *tres* en código Morse. Escribe una fracción que indique qué parte del código para representar *tres* son puntos.
- escribe y resuelve una ecuación para hallar cuánto mayor que la fracción de rayas es la fracción de puntos en la palabra *tres*.

Nombre ______________________________

Repasa lo que sabes

Vocabulario

Escoge el mejor término del recuadro. Escríbelo en el espacio en blanco.

- denominador
- fracciones de referencia
- fracciones equivalentes
- numerador

1. En $\frac{2}{3}$, 2 es el ______________ de la fracción y 3 es el ______________ de la fracción.

2. Las fracciones que representan la misma región o parte de un segmento se llaman ______________.

Fracciones equivalentes

Escribe los valores que faltan para mostrar pares de fracciones equivalentes.

1. $\frac{2}{3} = \frac{\square}{6}$

2. $\frac{\square}{4} = \frac{3}{12}$

3. $\frac{6}{5} = \frac{\square}{10}$

4. $\frac{1}{2} = \frac{50}{\square}$

5. $\frac{1}{5} = \frac{\square}{10}$

6. $\frac{3}{\square} = \frac{30}{100}$

Fracciones de referencia

Usa la recta numérica para hallar una fracción de referencia o un número entero para las fracciones dadas.

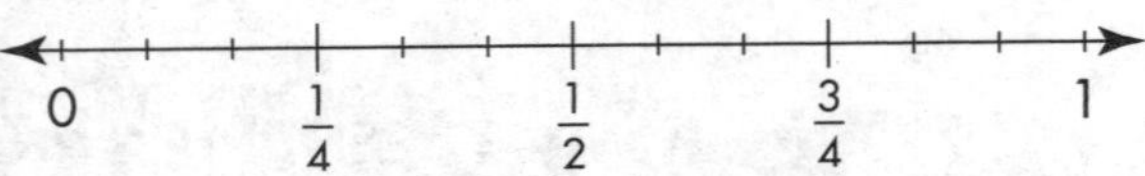

7. $\frac{11}{12}$ está cerca de ______.

8. $\frac{8}{12}$ está cerca de ______.

9. $\frac{2}{6}$ está cerca de ______.

Resolución de problemas

10. El boleto para adultos para el espectáculo de perros cuesta $16. El boleto para niños cuesta $9. ¿Cuánto costarán 3 boletos para adultos y 2 boletos para niños para el espectáculo de perros?

11. Meg ahorró las monedas que encontró durante un año. En total encontró 95 monedas de 1¢, 13 monedas de 5¢, 41 monedas de 10¢ y 11 monedas de 25¢. Quiere dividir las monedas en partes iguales en 4 alcancías. ¿Cuántas monedas pondrá en cada alcancía?

Nombre ______________________________

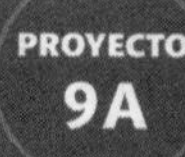

PROYECTO 9A

¿Cómo sigues una receta?

Proyecto: Explora recetas

PROYECTO 9B

¿Te gustaría ser un descifrador de código?

Proyecto: Crea un código con fracciones.

PROYECTO 9C

¿Qué es un mercado de productores?

Proyecto: Escribe y representa una escena de comedia

Representación matemática

Solo agrega agua

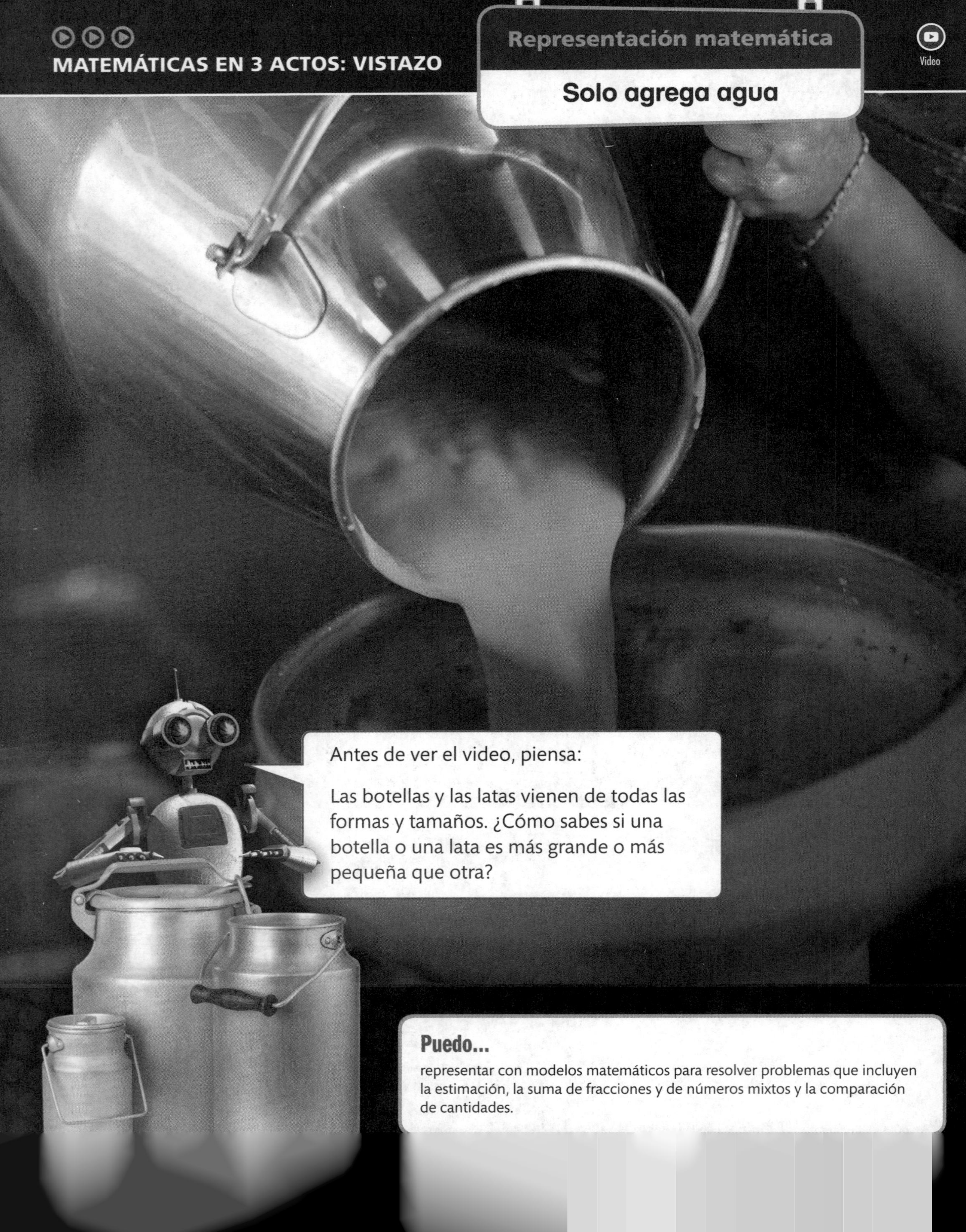

Video
Antes de ver el video, piensa:
Las botellas y las latas vienen de todas las formas y tamaños. ¿Cómo sabes si una botella o una lata es más grande o más pequeña que otra?

Puedo...

representar con modelos matemáticos para resolver problemas que incluyen la estimación, la suma de fracciones y de números mixtos y la comparación de cantidades.

Nombre ____

Lección 9-1
Representar la suma de fracciones

Puedo...
usar herramientas como tiras de fracciones o modelos de área para sumar fracciones.

También puedo escoger y usar una herramienta matemática para resolver problemas.

Resuélvelo y coméntalo Kyle y Jillian trabajan en un banderín deportivo. Pintaron $\frac{3}{8}$ del banderín de verde y $\frac{4}{8}$ de morado. ¿Cuánto del banderín pintaron? ***Resuelve este problema de la manera que prefieras.***

Puedes usar dibujos, modelos de área o tiras de fracciones para resolver este problema. *¡Muestra tu trabajo en el espacio que sigue!*

¡Vuelve atrás! Usar herramientas apropiadas Kyle dice que $\frac{1}{8} + \frac{1}{8} + \frac{1}{8} = \frac{3}{8}$. Jillian dice que $\frac{1}{8} + \frac{1}{8} + \frac{1}{8} = \frac{3}{24}$. Usa una herramienta para decidir quién tiene razón y explícalo.

¿Cómo se pueden usar herramientas para sumar fracciones?

Puente de aprendizaje visual

A

Diez equipos de canotaje compiten en una carrera río abajo. Cinco equipos tienen canoas plateadas y dos equipos tienen canoas cafés. ¿Qué fracción de las canoas son plateadas o cafés?

Puedes usar herramientas como tiras de fracciones para sumar dos o más fracciones.

B

Halla $\frac{5}{10} + \frac{2}{10}$. Usa cinco tiras de fracciones de $\frac{1}{10}$ para representar $\frac{5}{10}$ y dos tiras de $\frac{1}{10}$ para representar $\frac{2}{10}$.

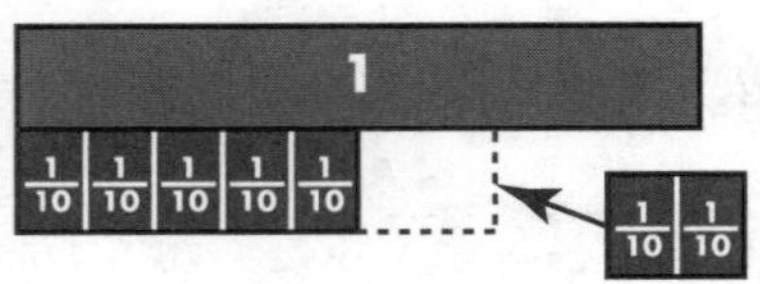

Cinco tiras de $\frac{1}{10}$ unidas con dos tiras de $\frac{1}{10}$ son siete tiras de $\frac{1}{10}$.

Suma los numeradores. Luego, escribe la suma sobre el mismo denominador.

$$\frac{5}{10} + \frac{2}{10} = \frac{7}{10}$$

C

Halla $\frac{5}{10} + \frac{2}{10}$. Marca cinco segmentos de $\frac{1}{10}$ para representar $\frac{5}{10}$ y dos segmentos de $\frac{1}{10}$ para representar $\frac{2}{10}$.

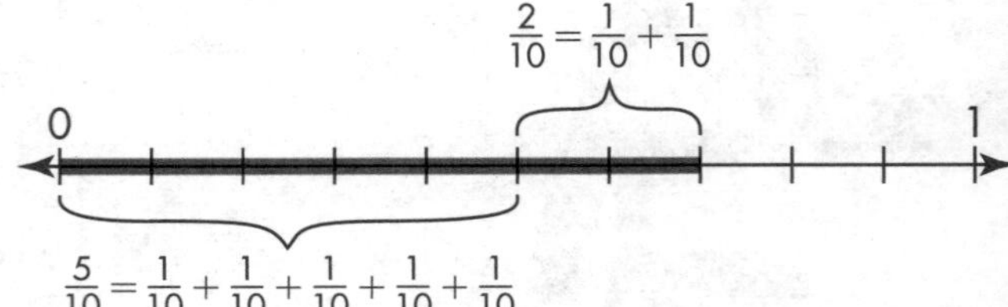

Sumar $\frac{5}{10}$ y $\frac{2}{10}$ significa unir cinco segmentos de $\frac{1}{10}$ y dos segmentos de $\frac{1}{10}$.

7/10 de las canoas son plateadas o cafés.

¡Convénceme! **Entender y perseverar** ¿Qué dos fracciones sumarías para hallar la fracción de las canoas que son plateadas o cafés? ¿Cuál es la suma? ¿Cómo sabes que tu suma es correcta?

Nombre

Práctica guiada

¿Lo entiendes?

1. En el problema de la página anterior, ¿habrías obtenido la misma respuesta si en lugar de usar tiras de fracciones o una recta numérica hubieras usado un modelo de área? Explícalo.

2. ¿Qué dos fracciones se suman a continuación? ¿Cuál es la suma?

¿Cómo hacerlo?

Para **3** y **4**, halla las sumas.

3. $\frac{2}{5} + \frac{1}{5}$

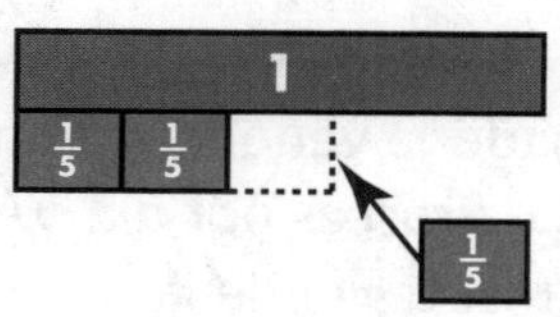

4. $\frac{1}{6} + \frac{1}{6}$

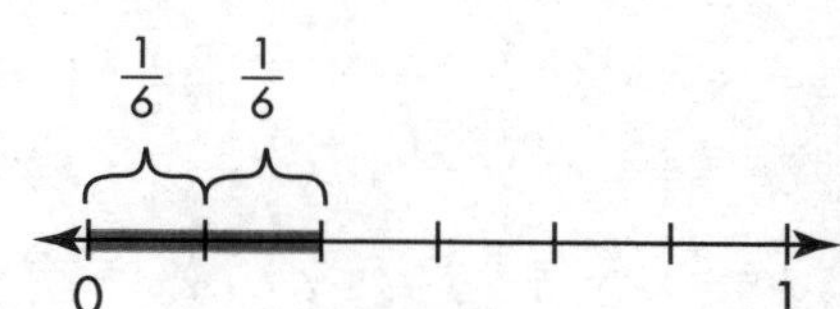

Práctica independiente

Práctica al nivel Para **5** a **16**, halla las sumas. Usa las herramientas que necesites.

5. $\frac{3}{12} + \frac{4}{12}$

6. $\frac{4}{10} + \frac{1}{10}$

7. $\frac{2}{12} + \frac{4}{12}$

8. $\frac{1}{6} + \frac{2}{6} + \frac{3}{6}$

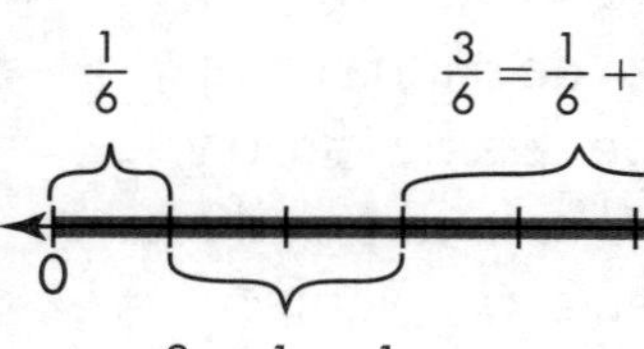
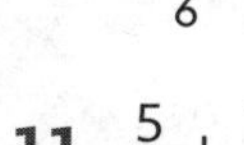

9. $\frac{1}{4} + \frac{2}{4}$

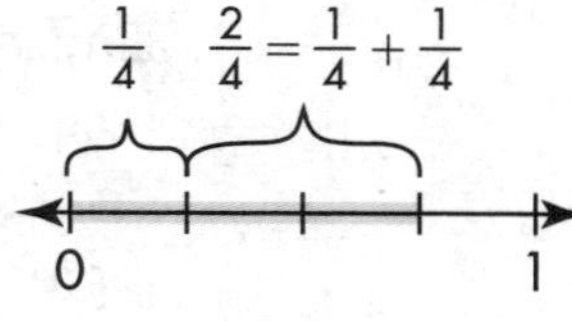

10. $\frac{1}{3} + \frac{1}{3}$

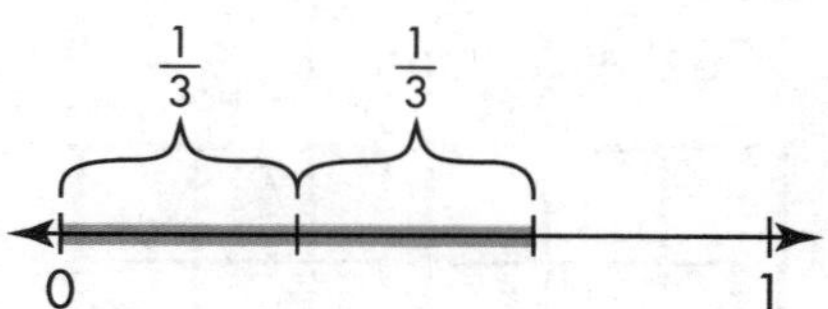

11. $\frac{5}{8} + \frac{1}{8}$

12. $\frac{1}{4} + \frac{3}{4}$

13. $\frac{7}{12} + \frac{2}{12}$

14. $\frac{1}{4} + \frac{1}{4}$

15. $\frac{2}{5} + \frac{2}{5}$

16. $\frac{1}{10} + \frac{2}{10} + \frac{1}{10}$

Resolución de problemas

17. Sentido numérico Usando tres numeradores diferentes, escribe una ecuación en la que la suma de tres fracciones dé 1.

18. Usar herramientas apropiadas Diana sumó $\frac{3}{8}$ a $\frac{1}{8}$. Haz un dibujo para representar $\frac{1}{8} + \frac{3}{8} = \frac{4}{8}$.

19. Una panadería vende aproximadamente 9 docenas de roscas por día. ¿Aproximadamente cuántas roscas vende la panadería en una semana típica? Explícalo.

Una docena tiene 12 roscas.

20. Durante una excursión a un partido de béisbol, $\frac{3}{8}$ de los estudiantes usan gorras rojas y $\frac{3}{8}$ usan gorras azules. Escribe y resuelve una ecuación para hallar la cantidad de estudiantes, *e*, que usan gorras rojas o azules.

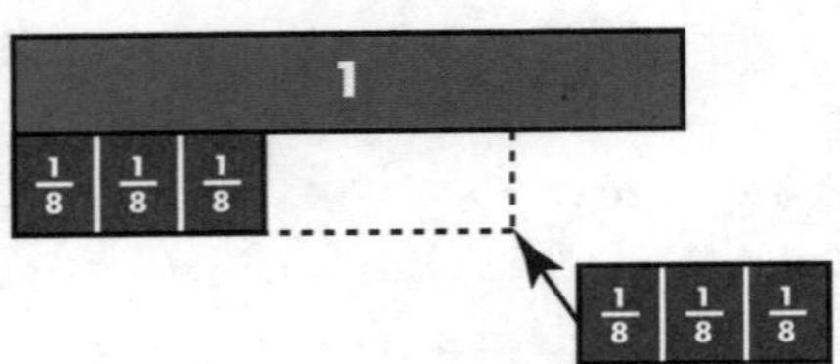
1
1/8 1/8 1/8

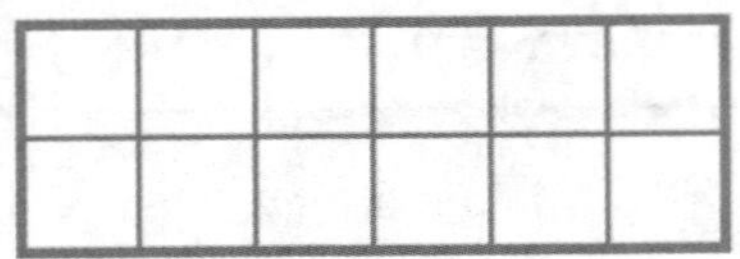

21. Razonamiento de orden superior Terry corrió $\frac{1}{10}$ de la distancia de la escuela a su casa. Caminó otros $\frac{3}{10}$ de la distancia y luego recorrió otros $\frac{2}{10}$ dando saltitos. ¿Qué fracción de la distancia a casa aún le falta recorrer a Terry?

Vuelve atrás para ver si respondiste a la pregunta que te hicieron.

Práctica para la evaluación

22. ¿Cuál es la suma de $\frac{3}{12} + \frac{7}{12}$?

Ⓐ $\frac{11}{12}$

Ⓑ $\frac{10}{12}$

Ⓒ $\frac{8}{12}$

Ⓓ $\frac{10}{24}$

23. Lindsay tiene $\frac{5}{10}$ de taza de harina en un recipiente. Agrega $\frac{2}{10}$ de taza de cacao y $\frac{3}{10}$ de taza de azúcar. ¿Cuál es la cantidad total de ingredientes que hay en el recipiente?

Ⓐ 1 taza

Ⓑ $\frac{7}{10}$

Ⓒ $\frac{5}{10}$

Ⓓ $\frac{1}{10}$

Nombre ______________________________

Lección 9-2
Descomponer fracciones

Resuélvelo y coméntalo

Karyn tiene $\frac{11}{8}$ libras de *chili* para colocar en tres tazones. La cantidad de *chili* que hay en cada tazón no necesariamente debe ser igual. ¿Cuánto *chili* puede poner Karyn en cada tazón? ***Resuelve este problema de la manera que prefieras***.

Puedo...
usar rectas numéricas, modelos de área o dibujos para descomponer fracciones.

También puedo representar con modelos matemáticos para resolver problemas.

¿Cómo puedes representar la cantidad de *chili* que Karyn coloca en cada tazón? *¡Muestra tu trabajo en el espacio que sigue!*

¡Vuelve atrás! Usa un dibujo o tiras de fracciones como ayuda para escribir fracciones equivalentes para la cantidad de *chili* que hay en uno de los tazones.

¿Cómo se puede representar una fracción de distintas maneras?

A

Charlene quiere dejar $\frac{1}{6}$ de su huerta sin plantar. ¿Cuáles son algunas de las maneras en que Charlene puede plantar el resto de su huerta?

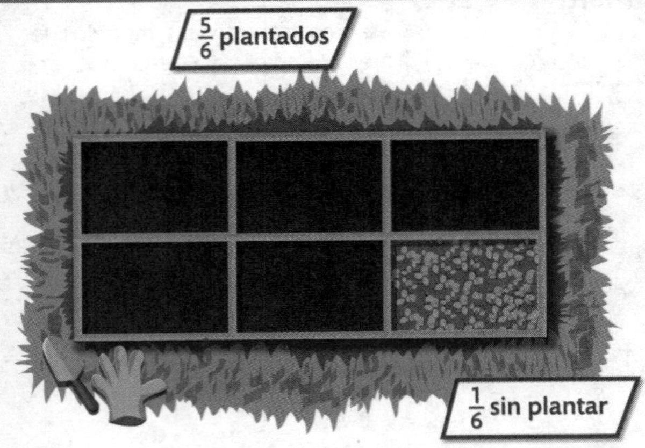

Descomponer significa separar en partes. Componer significa combinar partes. La fracción de la huerta que Charlene plantará se puede descomponer de más de una manera.

B Una manera

Charlene puede plantar cuatro secciones de $\frac{1}{6}$ con flores azules y una sección de $\frac{1}{6}$ con pimientos rojos.

$\frac{5}{6}$ es $\frac{4}{6}$ y $\frac{1}{6}$.

$$\frac{5}{6} = \frac{4}{6} + \frac{1}{6}$$

C Otra manera

Charlene puede plantar una sección de $\frac{1}{6}$ con habichuelas verdes, una sección de $\frac{1}{6}$ con calabaza amarilla, una sección de $\frac{1}{6}$ con pimientos rojos y dos secciones de $\frac{1}{6}$ con flores azules.

$\frac{5}{6}$ es $\frac{1}{6}$ y $\frac{1}{6}$ y $\frac{1}{6}$ y $\frac{2}{6}$.

$$\frac{5}{6} = \frac{1}{6} + \frac{1}{6} + \frac{1}{6} + \frac{2}{6}$$

¡Convénceme! **Usar herramientas apropiadas** Haz dibujos o usa tiras de fracciones para demostrar por qué estas ecuaciones son verdaderas.

$\frac{5}{6} = \frac{3}{6} + \frac{2}{6}$ $\frac{5}{6} = \frac{1}{6} + \frac{2}{6} + \frac{2}{6}$

Nombre ______________________________

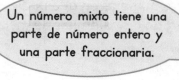

Otro ejemplo

¿Cuál es una manera de descomponer $3\frac{1}{8}$?

$3\frac{1}{8}$ es 1 entero + 1 entero + 1 entero + $\frac{1}{8}$.

Un número mixto tiene una parte de número entero y una parte fraccionaria.

Cada entero también se puede representar como ocho partes iguales.

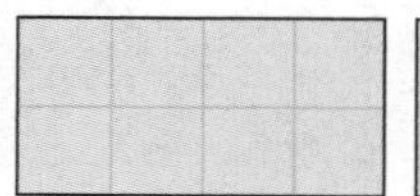
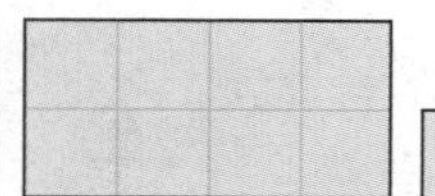
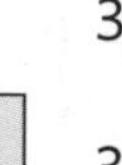

$3\frac{1}{8} = 1 + 1 + 1 + \frac{1}{8}$

$3\frac{1}{8} = \frac{8}{8} + \frac{8}{8} + \frac{8}{8} + \frac{1}{8}$

Práctica guiada

¿Lo entiendes?

1. ¿Cuál es otra manera de descomponer $3\frac{1}{8}$?

2. Mira el modelo de área anterior. ¿Qué fracción con un numerador mayor que el denominador es equivalente a $3\frac{1}{8}$? Explícalo.

¿Cómo hacerlo?

Para **3** y **4**, descompón las fracciones o los números mixtos de dos maneras diferentes. Usa una herramienta si es necesario.

3. $\frac{3}{5} = \frac{\square}{\square} + \frac{\square}{\square}$ $\quad$ $\frac{3}{5} = \frac{\square}{\square} + \frac{\square}{\square} + \frac{\square}{\square}$

4. $1\frac{3}{4} = 1 + \frac{\square}{\square}$ $\quad$ $1\frac{3}{4} = \frac{\square}{\square} + \frac{\square}{\square}$

Práctica independiente

Práctica al nivel Para **5** a **10**, descompón las fracciones o los números mixtos de dos maneras diferentes. Usa una herramienta si es necesario.

5. $\frac{4}{6} =$ $\quad$ $\frac{4}{6} =$

6. $\frac{7}{8} =$ $\quad$ $\frac{7}{8} =$

7. $1\frac{3}{5} =$ $\quad$ $1\frac{3}{5} =$

8. $2\frac{1}{2} =$ $\quad$ $2\frac{1}{2} =$

9. $\frac{9}{12} =$ $\quad$ $\frac{9}{12} =$

10. $1\frac{1}{3} =$ $\quad$ $1\frac{1}{3} =$

Resolución de problemas

11. Jackie comió $\frac{1}{5}$ de una bolsa de palomitas de maíz. Compartió el resto con Enrique. Haz una lista de tres maneras en que pudieron haber compartido las palomitas de maíz que quedaban.

12. Usar herramientas apropiadas Dibuja un modelo de área para representar $\frac{4}{10} + \frac{3}{10} + \frac{2}{10} = \frac{9}{10}$.

13. En una clase de 12 estudiantes, 8 estudiantes son niños. Escribe dos fracciones equivalentes que indiquen qué parte de la clase son niños.

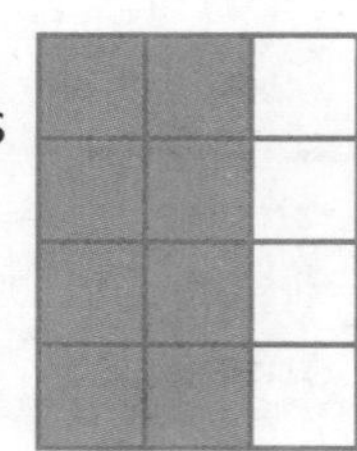

El modelo de área muestra 12 secciones. Cada sección es $\frac{1}{12}$ de la clase.

14. Usar herramientas apropiadas Halla tres maneras de descomponer $1\frac{5}{6}$. Usa rectas numéricas para justificar tu respuesta.

15. Razonamiento de orden superior Jason escribió $1\frac{1}{3}$ como la suma de tres fracciones. Ninguna de las fracciones tenía un denominador de 3. ¿Qué fracciones pudo haber usado Jason?

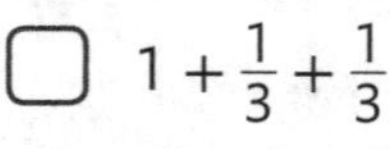

Práctica para la evaluación

16. Una maestra distribuye una pila de hojas de papel en 3 grupos. En cada grupo hay una cantidad diferente de papel. Marca todas las maneras en que la maestra puede distribuir el papel descomponiendo $1\frac{2}{3}$ pulgadas. Usa un modelo de fracción si es necesario.

$1\frac{2}{3}$ pulgadas

- ☐ $1 + \frac{1}{3} + \frac{1}{3}$
- ☐ $\frac{2}{3} + \frac{1}{3} + \frac{1}{3}$
- ☐ $\frac{2}{3} + \frac{2}{3} + \frac{1}{3}$
- ☐ $\frac{1}{3} + \frac{1}{3} + \frac{1}{3} + \frac{1}{3} + \frac{1}{3}$
- ☐ $1 + \frac{2}{3}$

Nombre ______________________________

Resuélvelo y coméntalo Jonás está preparando nachos y tacos para una fiesta familiar. Usa $\frac{2}{5}$ de una bolsa de queso rallado para los nachos y $\frac{1}{5}$ de bolsa para los tacos. ¿Qué parte de la bolsa de queso rallado usa Jonás? ***Resuelve este problema de la manera que prefieras.***

Lección 9-3
Sumar fracciones con el mismo denominador

Puedo...
usar lo que sé sobre la suma, como unir partes del mismo entero, para sumar fracciones con el mismo denominador.

También puedo representar con modelos matemáticos para resolver problemas.

¿Qué ecuación puedes escribir para representar este problema?
1
$\frac{1}{5}$
$\frac{1}{5}$
$\frac{1}{5}$
Shredded Cheese

¡Vuelve atrás! Buscar relaciones ¿Qué observas acerca de los denominadores de tu ecuación?

 Aprendizaje visual  Glosario

¿Cómo se pueden sumar fracciones con el mismo denominador?

Puente de aprendizaje visual

A

En la tabla se muestran los resultados de una encuesta del Club de Mascotas de cuarto grado. ¿Qué fracción de los miembros del club escogieron un hámster o un perro como su mascota favorita?

Mascota favorita	
(gato)	$\frac{5}{12}$
(perro)	$\frac{4}{12}$
(hámster)	$\frac{2}{12}$
(loro)	$\frac{1}{12}$

Suma las fracciones de los hámsteres y los perros para hallar el resultado.

B

Halla $\frac{2}{12} + \frac{4}{12}$ usando un modelo.

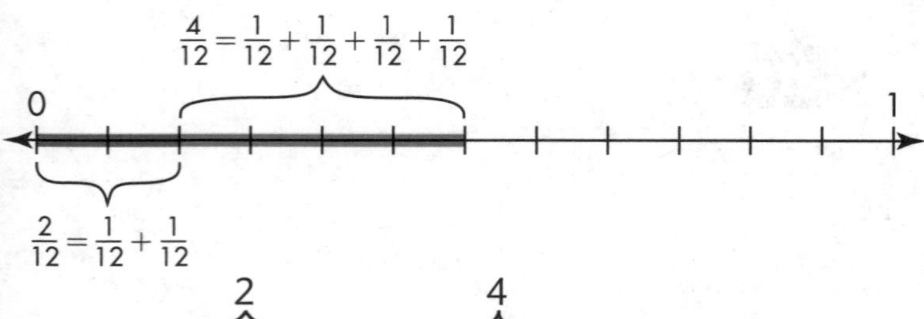

$$\frac{2}{12} + \frac{4}{12} = \underbrace{\frac{1}{12} + \frac{1}{12}}_{2} + \underbrace{\frac{1}{12} + \frac{1}{12} + \frac{1}{12} + \frac{1}{12}}_{4} = \frac{6}{12}$$

C

Halla $\frac{2}{12} + \frac{4}{12}$ uniendo partes.

Suma los numeradores. Escribe la suma sobre el mismo denominador.

$$\frac{2}{12} + \frac{4}{12} = \frac{2 + 4}{12} = \frac{6}{12}$$

$\frac{6}{12}$ es equivalente a $\frac{1}{2}$. La mitad de los miembros del club escogieron un hámster o un perro como su mascota favorita.

¡Convénceme! Evaluar el razonamiento Frank resolvió el problema anterior y halló que $\frac{2}{12} + \frac{4}{12} = \frac{6}{24}$. ¿Qué error cometió Frank? Explícalo.

Nombre ________________________________

Práctica Herramientas Evaluación

Otro ejemplo

Halla $\frac{4}{5} + \frac{3}{5}$.

$$\frac{4}{5} + \frac{3}{5} = \overbrace{\frac{1}{5} + \frac{1}{5} + \frac{1}{5} + \frac{1}{5}}^{4} + \overbrace{\frac{1}{5} + \frac{1}{5} + \frac{1}{5}}^{3} = \frac{7}{5}$$

Escribe la fracción como un número mixto. $\frac{7}{5} = \frac{5}{5} + \frac{2}{5} = 1\frac{2}{5}$

Puedes escribir la suma como una fracción o como un número mixto.

Práctica guiada

¿Lo entiendes?

1. Usando la encuesta de la página anterior, ¿qué fracción de los miembros del club escogieron un pájaro o un gato?

2. Greg halló $\frac{1}{3} + \frac{2}{3} = \frac{3}{6}$. ¿Qué error cometió Greg?

¿Cómo hacerlo?

Para **3** a **6**, halla las sumas. Usa dibujos o tiras de fracciones si es necesario.

3. $\frac{2}{4} + \frac{1}{4}$

4. $\frac{1}{3} + \frac{2}{3}$

5. $\frac{2}{12} + \frac{11}{12}$

6. $\frac{1}{10} + \frac{4}{10}$

Práctica independiente

Para **7** a **18**, halla las sumas. Usa dibujos o tiras de fracciones si es necesario.

7. $\frac{2}{8} + \frac{1}{8}$

8. $\frac{3}{6} + \frac{2}{6}$

9. $\frac{1}{8} + \frac{4}{8}$

10. $\frac{3}{10} + \frac{2}{10}$

11. $\frac{3}{10} + \frac{5}{10}$

12. $\frac{5}{12} + \frac{4}{12}$

13. $\frac{4}{5} + \frac{3}{5} + \frac{2}{5}$

14. $\frac{3}{10} + \frac{2}{10} + \frac{6}{10}$

15. $\frac{2}{6} + \frac{5}{6}$

16. $\frac{3}{6} + \frac{9}{6}$

17. $\frac{11}{10} + \frac{11}{10}$

18. $\frac{7}{8} + \frac{1}{8}$

Resolución de problemas

Para **19** a **21**, usa la tabla de la derecha.

19. ¿Qué fracción del conjunto son triángulos o rectángulos?

20. **Representar con modelos matemáticos** Escribe y resuelve una ecuación para hallar qué fracción, f, del conjunto son círculos o rectángulos.

21. ¿Qué dos figuras representan la mitad del conjunto? Halla dos respuestas posibles.

DATOS
Figuras del conjunto
2/10
4/10
1/10
3/10

22. Hay 64 crayones en cada caja. Una escuela compró 25 cajas de crayones para las clases de arte. Si los crayones se distribuyen en partes iguales entre 5 clases, ¿cuántos crayones recibirá cada clase? Explícalo.

23. **Razonamiento de orden superior** Tres décimos de los botones de Ken son azules, $\frac{4}{10}$ son verdes y el resto son negros. ¿Qué fracción de los botones de Ken son negros?

Práctica para la evaluación

24. Empareja cada expresión con su suma o total.

	$\frac{6}{10}$	$\frac{7}{10}$	$\frac{9}{10}$	$1\frac{1}{10}$
$\frac{3}{10} + \frac{4}{10}$	☐	☐	☐	☐
$\frac{1}{10} + \frac{5}{10}$	☐	☐	☐	☐
$\frac{8}{10} + \frac{3}{10}$	☐	☐	☐	☐
$\frac{2}{10} + \frac{1}{10} + \frac{6}{10}$	☐	☐	☐	☐

25. Jayla hizo algunas tareas domésticas por la mañana. Hizo $\frac{3}{12}$ de las tareas por la tarde. Al final del día había realizado $\frac{7}{12}$ de las tareas. ¿Qué fracción de las tareas, t, hizo Jayla por la mañana?

Ⓐ $t = \frac{1}{12}$

Ⓑ $t = \frac{2}{12}$

Ⓒ $t = \frac{3}{12}$

Ⓓ $t = \frac{4}{12}$

Nombre ___

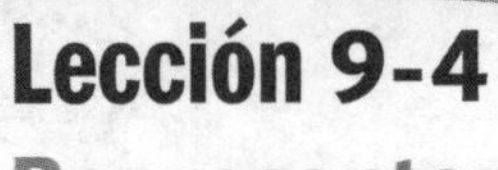

Lección 9-4

Representar la resta de fracciones

Puedo...
usar herramientas como tiras de fracciones o modelos de área para restar fracciones con el mismo denominador.

También puedo escoger y usar una herramienta matemática para resolver problemas.

Resuélvelo y coméntalo

El Sr. Yetkin usa $\frac{4}{6}$ de una plancha de madera prensada para sellar una ventana. ¿Qué parte de la madera prensada le queda? ***Resuelve este problema de la manera que prefieras.***

Puedes seleccionar herramientas como tiras de fracciones, dibujos o modelos de área para resolver este problema. *¡Muestra tu trabajo en el espacio que sigue!*

¡Vuelve atrás! **Hacerlo con precisión** Explica por qué se resta $\frac{4}{6}$ a $\frac{6}{6}$ para hallar la cantidad de madera prensada que queda.

¿Cómo se pueden usar herramientas para restar fracciones?

A

Un jardín está dividido en octavos. Si $\frac{2}{8}$ del jardín se usan para cultivar rosas amarillas, ¿qué fracción queda para cultivar otras flores?

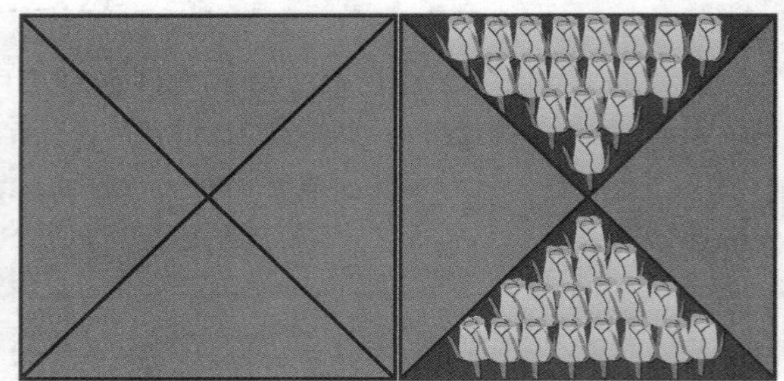

Puedes usar herramientas como tiras de fracciones para representar la resta.

B Una manera

Halla $\frac{8}{8} - \frac{2}{8}$.

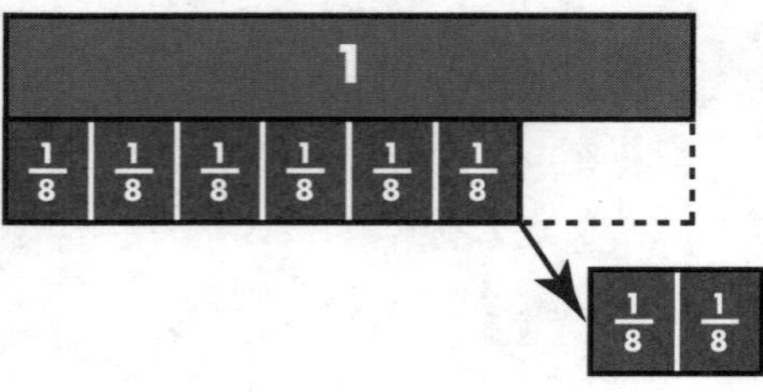

$\frac{8}{8} = \frac{1}{8} + \frac{1}{8} + \frac{1}{8} + \frac{1}{8} + \frac{1}{8} + \frac{1}{8} + \frac{1}{8} + \frac{1}{8}$

$\frac{2}{8} = \frac{1}{8} + \frac{1}{8}$

Quitar $\frac{2}{8}$ de $\frac{8}{8}$ deja $\frac{6}{8}$.

$\frac{8}{8} - \frac{2}{8} = \frac{1}{8} + \frac{1}{8} + \frac{1}{8} + \frac{1}{8} + \frac{1}{8} + \frac{1}{8} + \cancel{\frac{1}{8}} + \cancel{\frac{1}{8}}$

$\frac{8}{8} - \frac{2}{8} = \frac{6}{8}$

C Otra manera

Halla $\frac{8}{8} - \frac{2}{8}$.

$\frac{8}{8} = \frac{1}{8} + \frac{1}{8} + \frac{1}{8} + \frac{1}{8} + \frac{1}{8} + \frac{1}{8} + \frac{1}{8} + \frac{1}{8}$

0 — 1

$\frac{2}{8} = \frac{1}{8} + \frac{1}{8}$

Quitar $\frac{2}{8}$ de $\frac{8}{8}$ deja $\frac{6}{8}$.

$\frac{8}{8} - \frac{2}{8} = \frac{1}{8} + \frac{1}{8} + \frac{1}{8} + \frac{1}{8} + \frac{1}{8} + \frac{1}{8} + \cancel{\frac{1}{8}} + \cancel{\frac{1}{8}} + \frac{1}{8}$

$\frac{8}{8} - \frac{2}{8} = \frac{6}{8}$

Seis octavos del jardín quedan libres para cultivar otras flores.

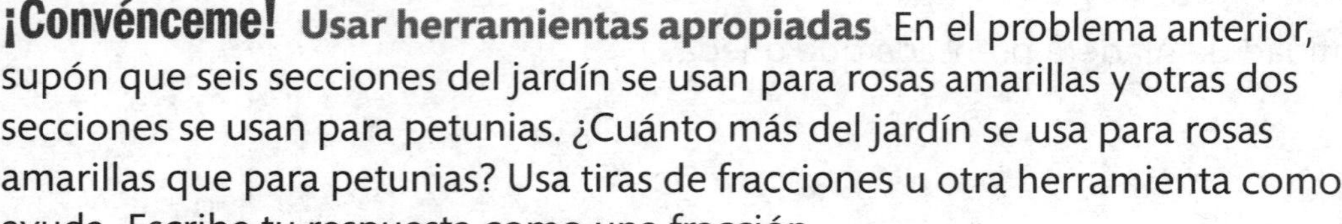

¡Convénceme! **Usar herramientas apropiadas** En el problema anterior, supón que seis secciones del jardín se usan para rosas amarillas y otras dos secciones se usan para petunias. ¿Cuánto más del jardín se usa para rosas amarillas que para petunias? Usa tiras de fracciones u otra herramienta como ayuda. Escribe tu respuesta como una fracción.

Nombre ______________________________

Práctica Herramientas Evaluación

Otro ejemplo

Halla $\frac{11}{8} - \frac{2}{8}$.

Usa once tiras de fracción de $\frac{1}{8}$ para representar $\frac{11}{8}$. Quita 2 tiras.

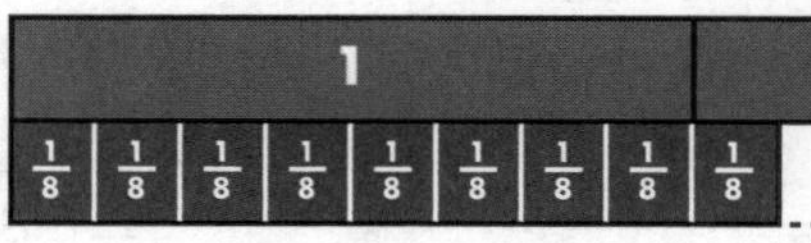

$\frac{1}{8}$ $\frac{1}{8}$

$\frac{11}{8} - \frac{2}{8} = \frac{9}{8}$

$\frac{9}{8} = \frac{8}{8} + \frac{1}{8} = 1\frac{1}{8}$

Puedes escribir la diferencia como una fracción o como un número mixto.

Práctica guiada

¿Lo entiendes?

1. En el problema de la parte superior de la página anterior, supón que se usara otra sección de $\frac{1}{8}$ para cultivar peonías. ¿Qué fracción del jardín está disponible ahora para flores?

¿Cómo hacerlo?

Para **2** a **5**, usa tiras de fracciones u otras herramientas para restar.

2. $\frac{1}{3} - \frac{1}{3}$

3. $\frac{5}{5} - \frac{2}{5}$

4. $\frac{7}{12} - \frac{3}{12}$

5. $\frac{7}{8} - \frac{1}{8}$

Práctica independiente

Práctica al nivel Para **6** a **14**, halla las restas. Usa tiras de fracciones u otras herramientas si es necesario.

6. $\frac{11}{12} - \frac{5}{12}$

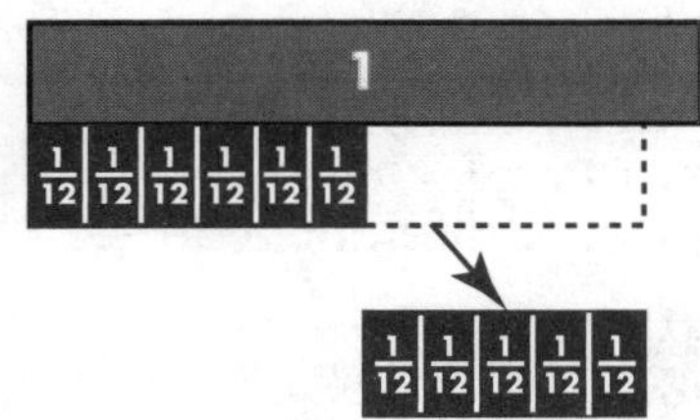

7. $\frac{2}{2} - \frac{1}{2}$

$\frac{2}{2} = \frac{1}{2} + \frac{1}{2}$

0 1

$\frac{1}{2}$

8. $\frac{2}{3} - \frac{1}{3}$

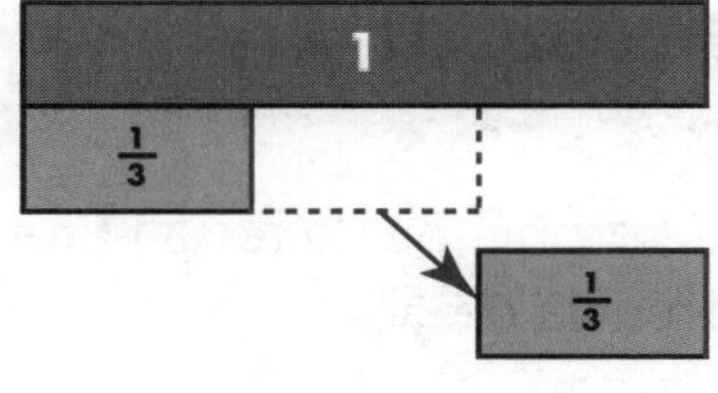

9. $\frac{4}{5} - \frac{2}{5}$

10. $\frac{17}{10} - \frac{3}{10}$

11. $\frac{8}{6} - \frac{2}{6}$

12. $\frac{9}{6} - \frac{1}{6}$

13. $\frac{21}{10} - \frac{1}{10}$

14. $\frac{1}{5} - \frac{1}{5}$

Resolución de problemas

15. Representar con modelos matemáticos Leesa tiene $\frac{7}{8}$ de galón de jugo. Comparte $\frac{3}{8}$ de galón. Escribe y resuelve una ecuación para hallar j, la cantidad de jugo que le queda a Leesa.

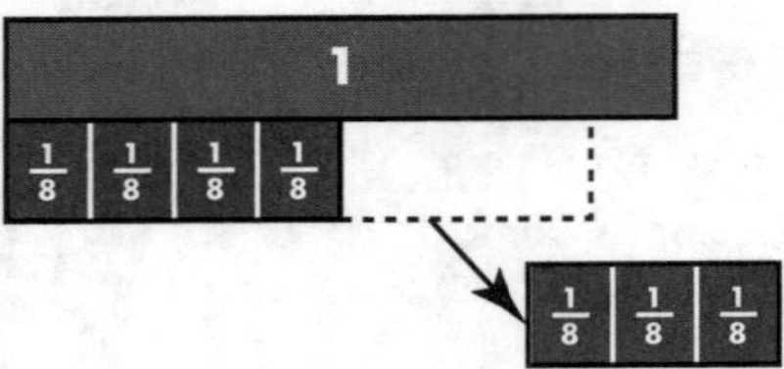

16. Razonamiento de orden superior Usando solo números impares como numeradores, escribe dos restas diferentes que tengan una diferencia de $\frac{1}{2}$. Recuerda que puedes hallar fracciones equivalentes para $\frac{1}{2}$.

17. En la clase de Kayla, algunos de los estudiantes usan camisetas azules. $\frac{6}{8}$ de los estudiantes **NO** usan camisetas azules. ¿Qué fracción de los estudiantes usan camisetas azules? Muestra tu trabajo.

18. ¿Qué número representa a toda la clase en el Ejercicio 17? ¿Cómo sabes qué fracción usar para representar este número?

19. Rick compartió su bolsa de uvas con amigos. Dio $\frac{2}{10}$ de la bolsa a Melissa y $\frac{4}{10}$ de la bolsa a Ryan. ¿Qué fracción de la bolsa de uvas le queda a Rick? Muestra tu trabajo.

20. Teresa regaló 8 tarjetas de béisbol y le quedan 4 tarjetas de béisbol. Escribe un problema de resta para representar la fracción de las tarjetas de béisbol que le quedan a Teresa.

Práctica para la evaluación

21. ¿Qué problema de resta tiene una diferencia de $\frac{1}{3}$?

Ⓐ $\frac{2}{2} - \frac{1}{2}$

Ⓑ $\frac{5}{3} - \frac{3}{3}$

Ⓒ $\frac{4}{3} - \frac{3}{3}$

Ⓓ $\frac{5}{3} - \frac{1}{3}$

22. ¿Qué resta tiene una diferencia de $\frac{10}{8}$?

Ⓐ $\frac{20}{8} - \frac{10}{8}$

Ⓑ $\frac{8}{10} + \frac{2}{10}$

Ⓒ $\frac{10}{8} - \frac{4}{8}$

Ⓓ $\frac{6}{8} - \frac{1}{4}$

Nombre ____________________

Lección 9-5
Restar fracciones con el mismo denominador

Puedo...
usar lo que sé sobre la resta, como separar partes del mismo entero, para restar fracciones con el mismo denominador.

También puedo razonar sobre las matemáticas.

Resuélvelo y coméntalo Leah y Josh caminan en la misma dirección desde la escuela y viven en el mismo lado de la calle Forest. La casa de Leah está a $\frac{8}{10}$ de milla desde la escuela. La casa de Josh está a $\frac{5}{10}$ de milla desde la escuela. ¿Cuánto más tiene que caminar Leah para llegar a su casa después de pasar por la casa de Josh? ***Resuelve este problema de la manera que prefieras.***

¿Qué expresión puedes usar para representar este problema?

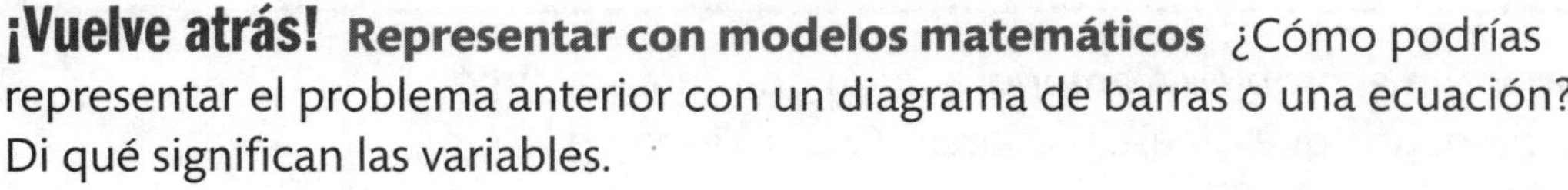

¡Vuelve atrás! Representar con modelos matemáticos ¿Cómo podrías representar el problema anterior con un diagrama de barras o una ecuación? Di qué significan las variables.

¿Cómo se pueden restar fracciones con el mismo denominador?

Puente de aprendizaje visual

A

Tania exprime limones para hacer limonada. La receta lleva $\frac{5}{8}$ de taza de jugo de limón. A la derecha se muestra la cantidad que exprimió Tania. ¿Qué fracción de una taza de jugo de limón le falta exprimir a Tania?

Resta las fracciones para hallar la diferencia.

$\frac{3}{8}$ de taza

B Una manera

Halla $\frac{5}{8} - \frac{3}{8}$ usando la relación entre la suma y la resta.

$\frac{2}{8} = \frac{1}{8} + \frac{1}{8}$

0 — 1

$\frac{3}{8} = \frac{1}{8} + \frac{1}{8} + \frac{1}{8}$

Descompón $\frac{5}{8}$ en partes.

Escribe una ecuación de suma relacionada:

$\frac{5}{8} = \frac{2}{8} + \frac{3}{8}$

Escribe una ecuación de resta relacionada:

$\frac{5}{8} - \frac{3}{8} = \frac{2}{8}$

C Otra manera

Halla $\frac{5}{8} - \frac{3}{8}$ usando un método general.

$\frac{5}{8} - \frac{3}{8} = n$

$\frac{5}{8}$ de taza

$\frac{3}{8}$	n

Resta los numeradores. Escribe la diferencia sobre el mismo denominador.

$\frac{5}{8} - \frac{3}{8} = \frac{5-3}{8} = \frac{2}{8}$

$\frac{2}{8}$ es equivalente a $\frac{1}{4}$. Tania necesita exprimir $\frac{1}{4}$ de taza más de jugo limón.

¡Convénceme! **Razonar** En el problema anterior, supón que Tania decidió duplicar la cantidad de limonada que quiere preparar. ¿Cuánto jugo de limón más necesita exprimir Tania entonces?

Nombre ____________________

Práctica guiada

¿Lo entiendes?

1. Jesse tiene una botella que contiene $\frac{7}{10}$ de litro de agua. Bebe $\frac{2}{10}$ de litro. Jesse dice que le queda $\frac{1}{2}$ litro. ¿Tiene razón? Explícalo.

2. ¿Qué oración de suma puedes usar para restar $\frac{4}{10}$ a $\frac{9}{10}$?

¿Cómo hacerlo?

Para **3** a **10**, resta las fracciones.

3. $\frac{2}{3} - \frac{1}{3}$

4. $\frac{3}{4} - \frac{2}{4}$

5. $\frac{5}{6} - \frac{2}{6}$

6. $\frac{9}{12} - \frac{3}{12}$

7. $\frac{9}{8} - \frac{3}{8}$

8. $\frac{17}{10} - \frac{9}{10}$

9. $\frac{4}{8} - \frac{1}{8}$

10. $\frac{1}{2} - \frac{1}{2}$

Práctica independiente

Práctica al nivel Para **11** a **18**, resta las fracciones.

11. $\frac{5}{6} - \frac{1}{6}$

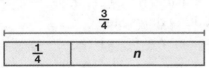

$\frac{5}{6}$

$\frac{1}{6}$	n

12. $\frac{8}{100} - \frac{3}{100}$

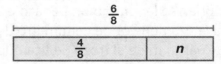

$\frac{8}{100}$

$\frac{3}{100}$	n

13. $\frac{3}{4} - \frac{1}{4}$

$\frac{3}{4}$

$\frac{1}{4}$	n

14. $\frac{6}{8} - \frac{4}{8}$

$\frac{6}{8}$

$\frac{4}{8}$	n

15. $\frac{5}{6} - \frac{4}{6}$

16. $\frac{40}{10} - \frac{20}{10}$

17. $\frac{80}{100} - \frac{40}{100}$

18. $\frac{19}{10} - \frac{8}{10}$

Resolución de problemas

19. Joey corrió $\frac{1}{4}$ de milla en la mañana y $\frac{1}{4}$ de milla más de lo que corrió a la mañana por la tarde. Si quiere correr una milla completa, ¿cuánto más tiene que correr Joey? Escribe ecuaciones para explicarlo.

20. Razonar Explica de qué manera al restar $\frac{4}{5} - \frac{3}{5}$ se está restando $4 - 3$.

21. Razonamiento de orden superior Se muestran las banderas de los 5 países nórdicos. ¿Qué fracción describe cuántas banderas más que las que tienen 3 colores tienen 2 colores?

Primero, halla cuántas banderas hay en total, luego, halla cuántas banderas de 2 colores y de 3 colores hay.

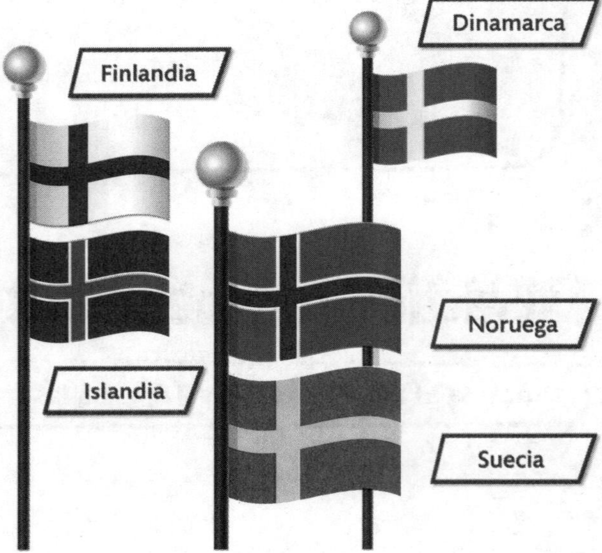

Práctica para la evaluación

22. Brian tenía una tiza que medía $\frac{9}{10}$ de centímetro de longitud. Mientras dibujaba en la acera, a Brian se le rompió un pedazo de tiza. Ahora la tiza tiene $\frac{6}{10}$ de centímetro de longitud. ¿Cuánto mide el trozo de tiza que se le rompió?

$\frac{9}{10}$ de centímetro

n	$\frac{6}{10}$

23. Marietta horneó un pastel de pollo. Sirve $\frac{2}{3}$ del pastel en una cena. ¿Cuánto queda del pastel?

Nombre ______________________________

Resuélvelo y coméntalo

La pista de tierra para bicicletas que se muestra a continuación mide $\frac{7}{8}$ de milla de longitud del inicio al final. La pista está dividida en cuatro secciones. ¿Cuál es la longitud de la sección más larga? ***Resuelve este problema de la manera que prefieras.***

Lección 9-6
Sumar y restar fracciones con el mismo denominador

Puedo...
usar una recta numérica para sumar y restar fracciones cuando las fracciones se refieren al mismo entero.

También puedo escoger y usar una herramienta matemática para resolver problemas.

Puedes usar herramientas apropiadas para representar este problema.

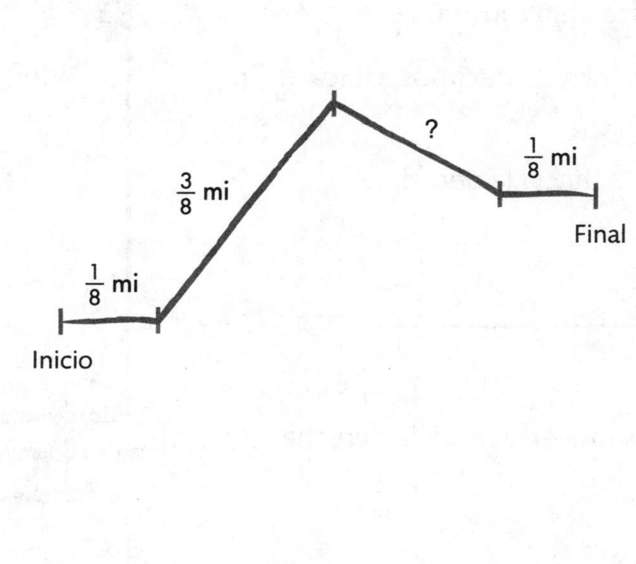

¡Vuelve atrás! ¿Cómo decidiste qué sección de la pista era la más larga?

¿Cómo se suman y se restan fracciones en una recta numérica?

Puente de aprendizaje visual

A

Mary monta su bicicleta $\frac{2}{10}$ de milla para acompañar a su amiga Marcy a la práctica de fútbol. Juntas recorren $\frac{5}{10}$ de milla hasta el campo de fútbol. ¿Cuál es la distancia desde la casa de Mary hasta el campo de fútbol?

Puedes usar saltos en una recta numérica para sumar o restar fracciones.

Casa de Mary

Casa de Marcy

Campo de fútbol

$\frac{2}{10}$ de milla

$\frac{5}{10}$ de milla

B Usa una recta numérica para mostrar $\frac{2}{10} + \frac{5}{10}$.

Dibuja una recta numérica de décimos. Ubica $\frac{2}{10}$ en la recta numérica.

Para sumar, muévete $\frac{5}{10}$ hacia la derecha.

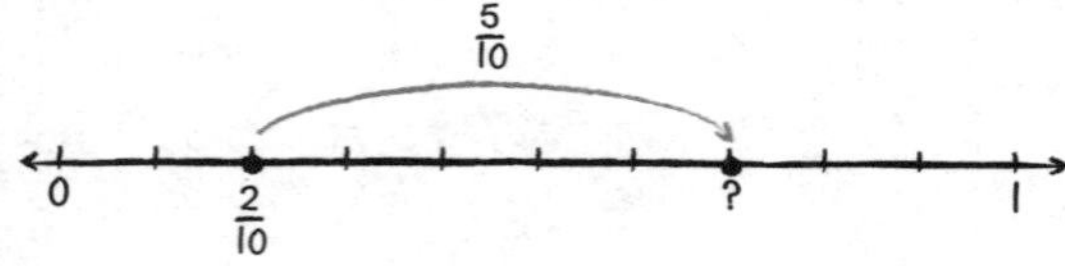

Cuando sumas, debes moverte hacia la derecha en la recta numérica.

C Escribe la ecuación de la suma.

Suma los numeradores. Escribe la suma sobre el mismo denominador.

$$\frac{2}{10} + \frac{5}{10} = \frac{2+5}{10} = \frac{7}{10}$$

La distancia desde la casa de Mary hasta el campo de fútbol es $\frac{7}{10}$ de milla.

¡Convénceme! Usar herramientas apropiadas Usa la siguiente recta numérica para hallar $\frac{5}{8} + \frac{2}{8}$. ¿Puedes usar también la recta numérica para hallar $\frac{5}{8} - \frac{2}{8}$? Explícalo.

0 1

Nombre ____________________

Práctica Herramientas Evaluación

Otro ejemplo

Halla $\frac{6}{8} - \frac{4}{8}$.

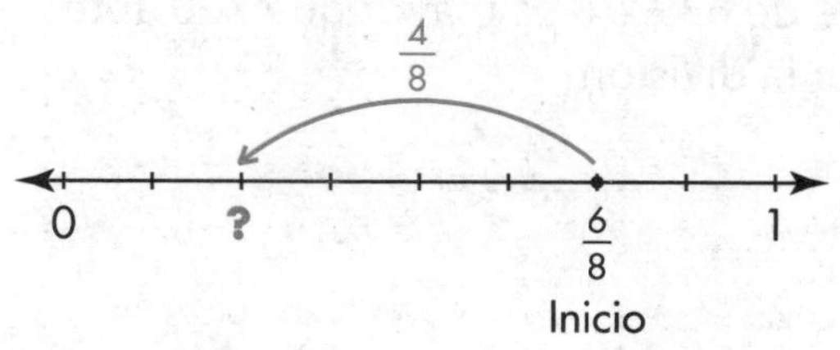

Empieza en $\frac{6}{8}$. Para restar, muévete $\frac{4}{8}$ hacia la izquierda. El punto final es $\frac{2}{8}$.

Por tanto, $\frac{6}{8} - \frac{4}{8} = \frac{2}{8}$.

Práctica guiada

¿Lo entiendes?

1. En el ejemplo anterior, ¿cómo se ilustra el denominador en la recta numérica?

2. Dibuja una recta numérica para representar $\frac{3}{12} + \frac{5}{12}$.

¿Cómo hacerlo?

Para **3** y **4**, escribe la ecuación que se muestra en la recta numérica.

3.

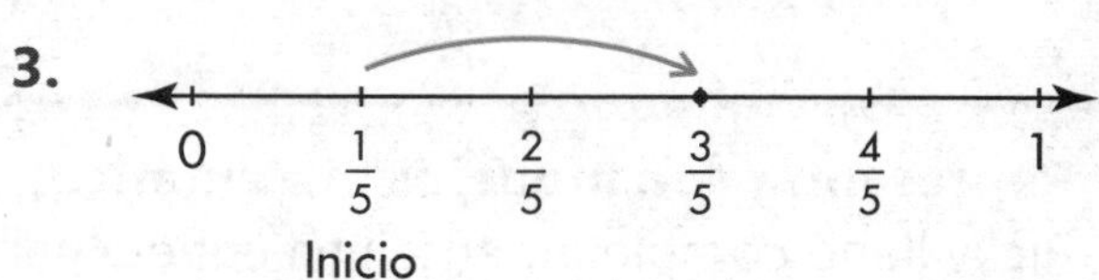

4.

0, 1/6, 2/6, 3/6, 4/6, 5/6, 1

Inicio

Práctica independiente

Para **5** a **8**, escribe la ecuación que se muestra en la recta numérica.

5.

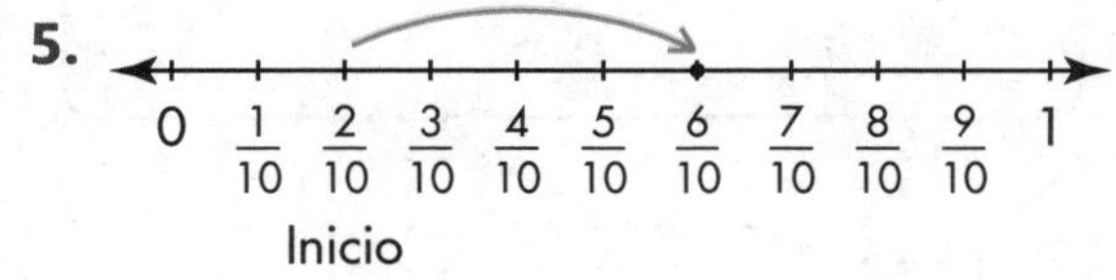

6.

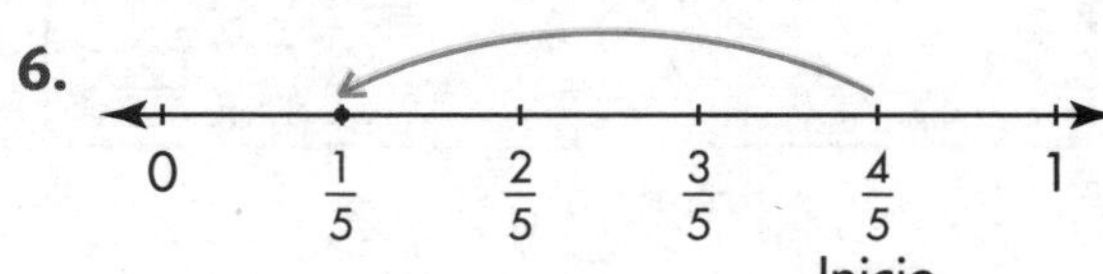

7.

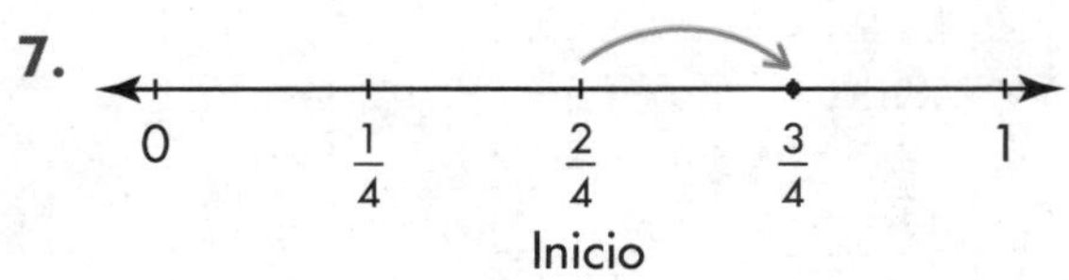

8.

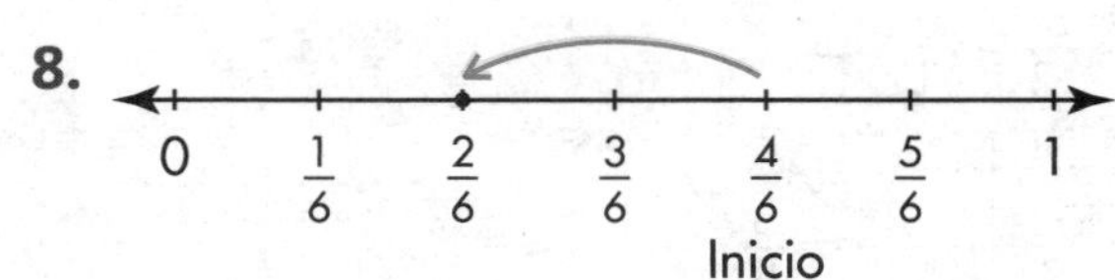

Resolución de problemas

9. Sentido numérico ¿Cómo sabes que el cociente de $639 \div 6$ es mayor que 100 antes de hacer la división?

10. Una lobina negra pesa, en promedio, 12 libras. Dos pescadores pesaron todas las lobinas negras que pescaron y el peso total era 82 libras. ¿Cuál es la mayor cantidad de lobinas negras que pescaron, si todas pesaban el peso promedio?

11. Isaac comenzó su recorrido en bicicleta en el inicio de la ruta. Llegó al área de picnic y siguió hacia la torre de observación. Si Isaac recorrió un total de $\frac{10}{4}$ millas, ¿cuánto más recorrió pasando la torre de observación?

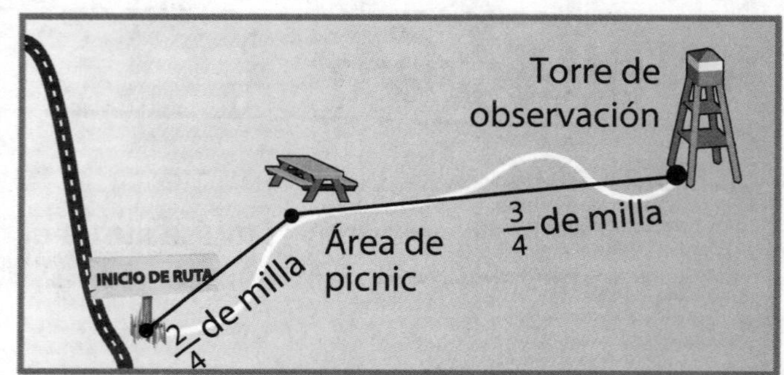

12. Representar con modelos matemáticos Ricky llenó completamente una cubeta para lavar su carro. Después de terminar de lavar el carro, quedaban $\frac{5}{8}$ de agua en la cubeta. Escribe y resuelve una ecuación para mostrar la fracción del agua, *n*, que usó Ricky.

13. Razonamiento de orden superior Sarah y Jenny corren una carrera de resistencia de una hora. Sarah corrió $\frac{2}{6}$ de hora antes de pasarle el testigo a Jenny. Jenny corrió $\frac{3}{6}$ de hora y luego le pasó el testigo de vuelta a Sarah. ¿Qué fracción de hora le falta correr a Sarah para completar la carrera?

Práctica para la evaluación

14. Escoge números del recuadro para completar los números que faltan en las ecuaciones. Usa cada número una sola vez.

1	3	4	6	8	12

a. $\frac{\square}{4} + \frac{2}{\square} = \frac{3}{4}$

b. $\frac{8}{12} - \frac{\square}{12} = \frac{2}{\square}$

c. $\frac{\square}{8} + \frac{2}{\square} = \frac{5}{8}$

15. Escoge números del recuadro para completar los números que faltan en las ecuaciones. Usa cada número una sola vez.

2	3	4	6	10	12

a. $\frac{3}{10} + \frac{\square}{10} = \frac{9}{\square}$

b. $\frac{9}{12} - \frac{6}{\square} = \frac{\square}{12}$

c. $\frac{1}{4} + \frac{\square}{4} = \frac{3}{\square}$

Nombre ___________________________

Lección 9-7
Representar la suma y la resta de números mixtos

Puedo...
usar modelos y fracciones equivalentes como ayuda para sumar y restar números mixtos.

También puedo escoger y usar una herramienta matemática para resolver problemas.

Resuélvelo y coméntalo Tory está cortando panes en cuartos. Necesita envolver $3\frac{3}{4}$ panes para llevar a un almuerzo y $1\frac{2}{4}$ panes para una venta de pasteles. ¿Cuántos panes necesita envolver Tory para el almuerzo y para la venta de pasteles? ***Resuelve este problema de la manera que prefieras.***

Puedes seleccionar herramientas como tiras de fracciones o rectas numéricas para sumar números mixtos.

¡Vuelve atrás! **Razonar** ¿Cómo puedes estimar la suma del ejercicio anterior?

¿Cómo se pueden sumar o restar números mixtos?

A

Bill tiene 2 tablas para hacer marcos para fotos. ¿Cuál es la longitud total de las dos tablas? ¿Cuánto más larga que una tabla es la otra?

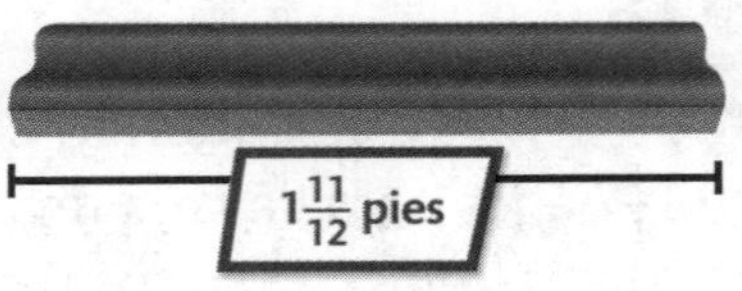

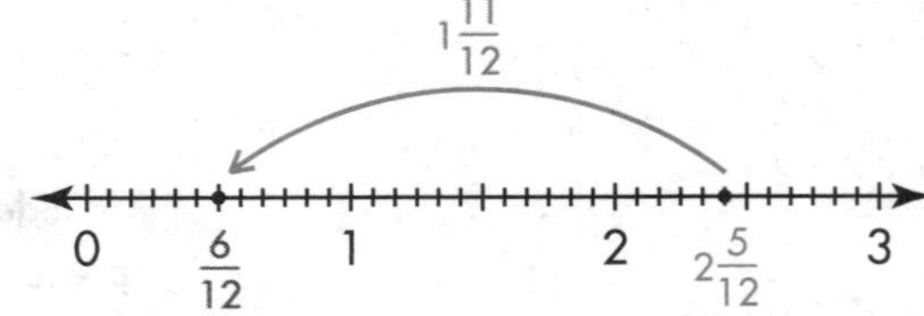

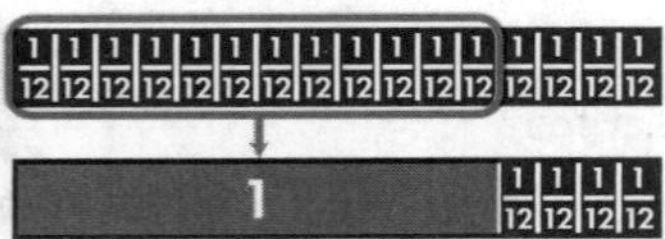

Puedes usar la suma para hallar la longitud total de las dos tablas.

Puedes usar la resta para hallar cuánto más larga que una tabla es la otra.

B

Usa tiras de fracciones para representar $2\frac{5}{12} + 1\frac{11}{12}$.

Suma las partes fraccionarias: $\frac{5}{12} + \frac{11}{12} = \frac{16}{12}$.

Expresa $\frac{16}{12}$ como $1\frac{4}{12}$.

Suma las partes de números enteros: $2 + 1 = 3$.

Luego, suma el total de las partes de números enteros y el total de las partes fraccionarias.

$3 + 1\frac{4}{12} = 4\frac{4}{12}$

Por tanto, $2\frac{5}{12} + 1\frac{11}{12} = 4\frac{4}{12}$ pies.

C

Usa una recta numérica para representar $2\frac{5}{12} - 1\frac{11}{12}$.

Marca el número al que le restas, $2\frac{5}{12}$.

Para restar, muévete $1\frac{11}{12}$ a la izquierda en la recta numérica.

Escribe la diferencia como una fracción: $\frac{6}{12}$.

Por tanto, $2\frac{5}{12} - 1\frac{11}{12} = \frac{6}{12}$ de pie.

¡Convénceme! Usar herramientas apropiadas Supón que las tablas de Bill miden $2\frac{11}{12}$ pies y $1\frac{5}{12}$ pies. ¿Cuál sería la longitud total de las dos tablas? ¿Cuánto más larga que una tabla sería la otra? Usa tiras de fracciones o dibuja rectas numéricas para mostrar tu trabajo.

Otro ejemplo

Usa una recta numérica para hallar $1\frac{1}{8} + 2\frac{4}{8}$.

Comienza en $1\frac{1}{8}$. Muévete 1 hacia la derecha 2 veces. Luego muévete $\frac{1}{8}$ hacia la derecha 4 veces.

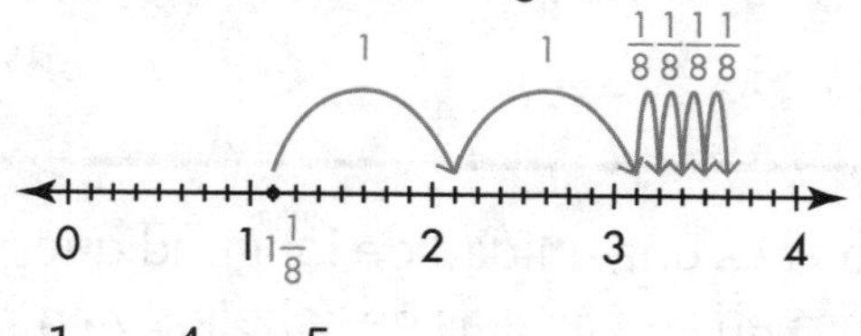

$1\frac{1}{8} + 2\frac{4}{8} = 3\frac{5}{8}$

Usa tiras de fracciones para hallar $2\frac{3}{5} - 1\frac{2}{5}$.

Tacha un entero. Luego tacha dos $\frac{1}{5}$.

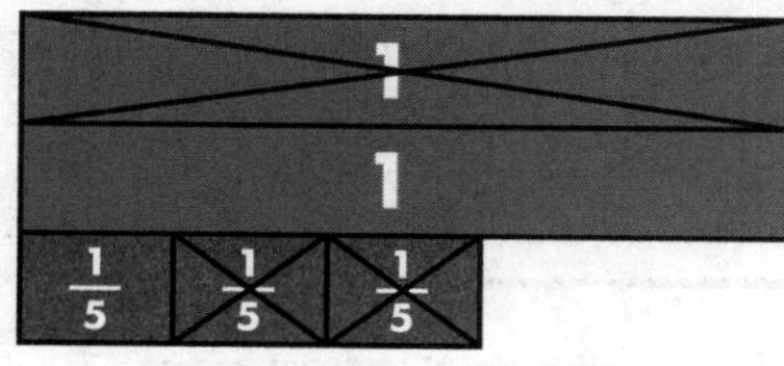

$2\frac{3}{5} - 1\frac{2}{5} = 1\frac{1}{5}$

Práctica guiada

¿Lo entiendes?

1. En el problema de la página anterior, ¿por qué $\frac{16}{12} = 1\frac{4}{12}$? Usa la descomposición para explicarlo.

¿Cómo hacerlo?

Para **2** y **3**, usa una herramienta para hallar la suma o la diferencia.

2. $1\frac{2}{5} + 2\frac{4}{5}$

3. $1\frac{1}{4} + 2\frac{3}{4}$

Práctica independiente

Para **4** a **11**, usa una herramienta para hallar la suma o la diferencia.

4. $2\frac{1}{4} - 1\frac{3}{4}$

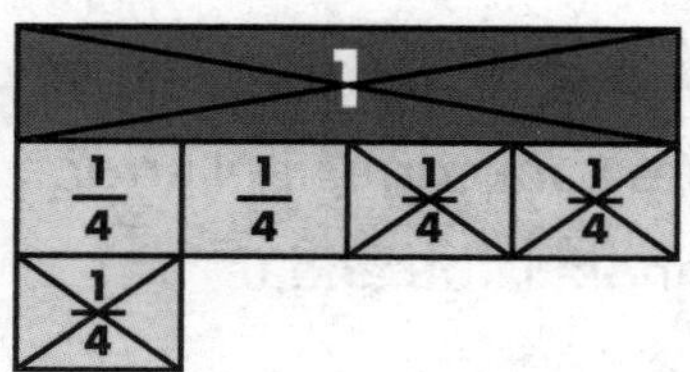

5. $1\frac{2}{3} + 2\frac{2}{3}$

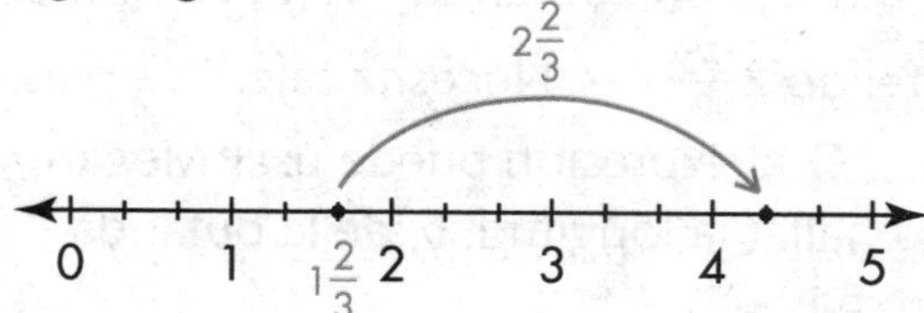

6. $2\frac{3}{4} - 1\frac{3}{4}$

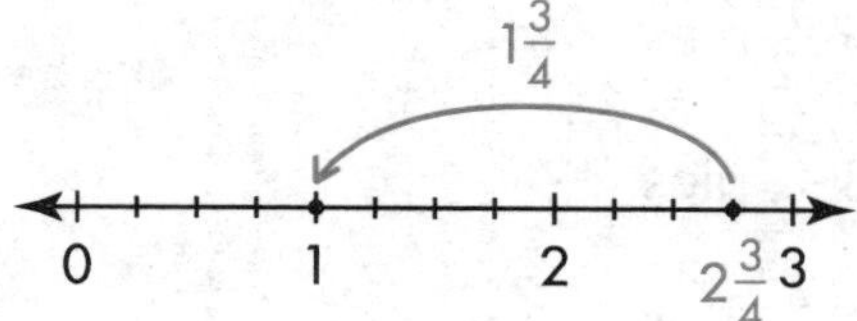

7. $1\frac{3}{6} + 1\frac{3}{6}$

8. $2\frac{3}{5} + 1\frac{3}{5}$

9. $4\frac{5}{12} + 1\frac{7}{12}$

10. $4\frac{9}{10} + 3\frac{7}{10}$

11. $5\frac{3}{4} + 2\frac{3}{4}$

Resolución de problemas

12. **Usar herramientas apropiadas** Kit dijo "En las vacaciones de verano, pasé $1\frac{1}{2}$ semanas con mi abuela y una semana más con mi tía que con mi abuela". ¿Cuántas semanas pasó Kit visitando a su familia? Usa una herramienta para hallar la suma.

13. **Usar herramientas apropiadas** Si Kit pasó $3\frac{1}{2}$ semanas en clase de natación, ¿cuánto tiempo más que en clase de natación pasó Kit visitando a la familia? Usa una herramienta para hallar la resta.

14. Hannah usó $1\frac{5}{8}$ galones de pintura para el cielorraso y 6 galones de pintura para las paredes y el cielorraso juntos. ¿Cuánta pintura usó Hannah para las paredes?

15. Un furlong es una unidad de longitud que aún se usa en las carreras de caballos y en agricultura. Una carrera de 8 furlongs es 1 milla. Una milla equivale a 5,280 pies. ¿Cuántos pies hay en un furlong?

16. **Razonamiento de orden superior** Una receta lleva $1\frac{2}{3}$ tazas de azúcar morena para las barras de granola y $1\frac{1}{3}$ tazas de azúcar morena para la cobertura. Dara tiene $3\frac{1}{4}$ tazas de azúcar morena. ¿Tiene suficiente azúcar morena para hacer las barras de granola y la cobertura? Explícalo.

Puedes usar tiras de fracciones o una recta numérica para comparar cantidades.

Práctica para la evaluación

17. Megan teje una bufanda. Hasta el momento ha tejido $2\frac{7}{12}$ pies. Necesita tejer $2\frac{11}{12}$ pies más. ¿Qué expresión puede usar Megan para hallar la longitud, *b*, de la bufanda terminada?

Ⓐ $b = 2\frac{7}{12} + 2\frac{11}{12}$

Ⓑ $b = 2\frac{5}{12} + 2\frac{7}{12}$

Ⓒ $b = 2\frac{11}{12} + 2\frac{7}{12}$

Ⓓ $b = 4\frac{11}{12} + 2\frac{7}{12}$

18. Megan termina la bufanda. Mide $5\frac{6}{12}$ pies de longitud. Encuentra un error en el tejido y desteje $2\frac{4}{12}$ pies para corregir el error. ¿Cuánto mide ahora la bufanda?

Ⓐ $8\frac{10}{12}$ pies

Ⓑ $5\frac{4}{12}$ pies

Ⓒ $3\frac{2}{12}$ pies

Ⓓ $1\frac{4}{12}$ pies

Nombre ___________________________________

Lección 9-8

Sumar números mixtos

Puedo...
usar fracciones equivalentes y las propiedades de las operaciones para sumar números mixtos con el mismo denominador.

También puedo hacer generalizaciones a partir de ejemplos.

Resuélvelo y coméntalo

Joaquín usó $1\frac{3}{6}$ tazas de jugo de manzana y $1\frac{4}{6}$ tazas de jugo de naranja para una receta de refresco de frutas. ¿Cuánto jugo usó Joaquín? ***Resuelve este problema de la manera que prefieras.***

$1\frac{3}{6}$ tazas de jugo de manzana

$1\frac{4}{6}$ tazas de jugo de naranja

Haz generalizaciones. Puedes usar lo que sabes sobre sumar fracciones para resolver este problema.

¡Vuelve atrás! ¿Puedes hallar la suma de $1\frac{3}{6} + 1\frac{4}{6}$ sumando $(1 + 1) + \left(\frac{3}{6} + \frac{4}{6}\right)$? Explícalo.

 Aprendizaje visual   Glosario

¿Cómo se pueden sumar números mixtos?

A

Brenda mezcla arena con $2\frac{7}{8}$ tazas de tierra para macetas para preparar tierra para su planta. Una vez mezcladas, ¿cuántas tazas de tierra tendrá Brenda?

Puedes usar las propiedades de las operaciones para sumar números mixtos. Cuando descompones un número mixto para sumar, usas las propiedades conmutativa y asociativa.

$1\frac{3}{8}$ tazas de arena

2 tazas, $1\frac{1}{2}$, 1, $\frac{1}{2}$

B Halla $2\frac{7}{8} + 1\frac{3}{8}$ descomponiendo números mixtos.

$2\frac{7}{8} + 1\frac{3}{8} = (2 + 1) + \left(\frac{7}{8} + \frac{3}{8}\right)$

Suma las fracciones.

$$\begin{array}{r} 2\frac{7}{8} \\ +\,1\frac{3}{8} \\ \hline \frac{10}{8} \end{array}$$

Luego, suma los números enteros.

$$\begin{array}{r} 2\frac{7}{8} \\ +\,1\frac{3}{8} \\ \hline 3\frac{10}{8} \end{array}$$

Escribe la fracción como un número mixto.

$3\frac{10}{8} = 3 + \frac{8}{8} + \frac{2}{8} = 4\frac{2}{8}$

C Halla $2\frac{7}{8} + 1\frac{3}{8}$ sumando fracciones equivalentes.

$2\frac{7}{8} = 2 + \frac{7}{8} = \frac{16}{8} + \frac{7}{8} = \frac{23}{8}$

$1\frac{3}{8} = 1 + \frac{3}{8} = \frac{8}{8} + \frac{3}{8} = \frac{11}{8}$

$\frac{23}{8} + \frac{11}{8} = \frac{34}{8}$

Escribe $\frac{34}{8}$ como un número mixto.

$\frac{34}{8} = \frac{8}{8} + \frac{8}{8} + \frac{8}{8} + \frac{8}{8} + \frac{2}{8} = 4\frac{2}{8}$

Brenda tiene $4\frac{2}{8}$ tazas de tierra.

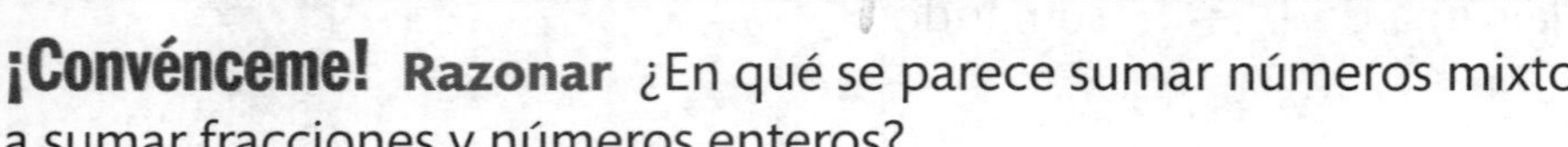

¡Convénceme! Razonar ¿En qué se parece sumar números mixtos a sumar fracciones y números enteros?

Nombre ______________________________

Práctica guiada

¿Lo entiendes?

1. ¿Cómo te ayudan las propiedades conmutativa y asociativa a sumar partes de fracciones, a sumar partes de números enteros y luego a sumarlas entre sí? Usa $2\frac{5}{10} + 1\frac{9}{10} = \left(2 + \frac{5}{10}\right) + \left(1 + \frac{9}{10}\right)$ como ejemplo.

2. ¿Cómo puedes usar fracciones equivalentes para hallar $4\frac{2}{8} + 1\frac{1}{8}$?

¿Cómo hacerlo?

Para **3** a **8**, halla las sumas.

3. $1\frac{7}{8} + 1\frac{2}{8}$

4. $2\frac{4}{10} + 5\frac{5}{10}$

5. $4\frac{2}{3} + 1\frac{2}{3}$

6. $6\frac{5}{12} + 4\frac{11}{12}$

7. $2\frac{1}{3} + 2\frac{1}{3}$

8. $1\frac{9}{12} + 2\frac{5}{12}$

Práctica independiente

Práctica al nivel Para **9** a **22**, halla las sumas sumando números mixtos o sumando fracciones equivalentes.

9. **a.** Suma las fracciones.
b. Suma los números enteros.
c. Escribe la fracción como un número mixto.

$1\frac{3}{6} + 2\frac{4}{6}$

☐ = ☐

10. **a.** Escribe los números mixtos como fracciones.
b. Suma las fracciones.
c. Escribe la fracción como un número mixto.

$2\frac{1}{4} =$ ☐

$+ 3\frac{2}{4} = +$ ☐

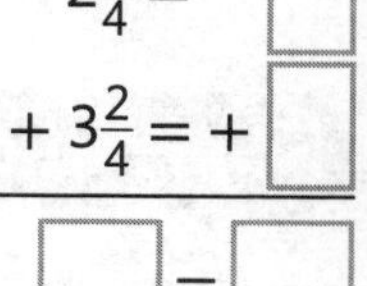

☐ = ☐

11. $2\frac{5}{6} + 5\frac{4}{6}$

12. $2\frac{7}{10} + 1\frac{9}{10}$

13. $1\frac{7}{8} + 3\frac{5}{8}$

14. $5\frac{7}{8} + 8\frac{1}{8}$

15. $4\frac{1}{10} + 6\frac{5}{10}$

16. $1\frac{7}{12} + 4\frac{9}{12}$

17. $5 + 3\frac{1}{8}$

18. $3\frac{3}{4} + 2\frac{3}{4}$

19. $2\frac{4}{5} + 2\frac{3}{5}$

20. $3\frac{2}{6} + 2\frac{5}{6}$

21. $1\frac{7}{12} + 2\frac{10}{12}$

22. $3\frac{6}{8} + 1\frac{3}{8}$

Resolución de problemas

Para **23**, usa el mapa de la derecha.

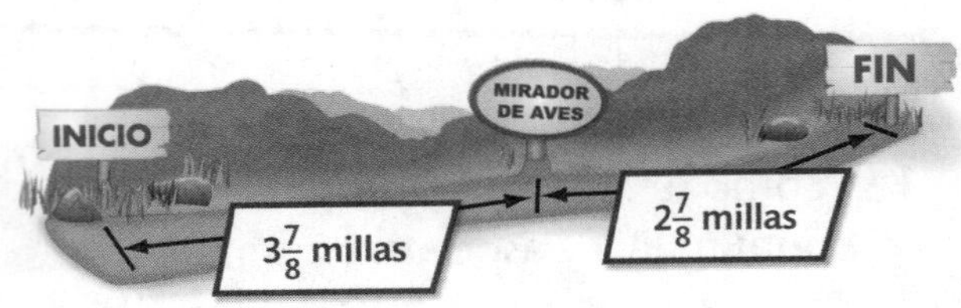

23. a. Halla la distancia desde el inicio del sendero hasta el final del sendero.

b. Linda caminó desde el inicio del sendero hasta el mirador de aves y volvió. ¿Linda caminó más o menos que si hubiera caminado desde el inicio del sendero hasta el fin?

24. Joe montó en bicicleta $1\frac{9}{12}$ millas desde su casa hasta el lago, luego continuó algunas millas alrededor del lago y regresó a casa. Joe montó en bicicleta $4\frac{9}{12}$ millas en total. ¿Cuántas millas montó Joe en bicicleta alrededor del lago?

25. Razonar El autobús tardó $4\frac{3}{5}$ horas en llegar desde la estación de la casa de Jim hasta Portland y $3\frac{4}{5}$ horas para llegar desde Portland hasta Seattle. ¿Cuánto tardó el autobús en llegar desde la estación de la casa de Jim hasta Seattle?

26. Razonamiento de orden superior Un camaleón de Parson macho mide $23\frac{3}{4}$ pulgadas de longitud. Puede extender la lengua hasta $35\frac{1}{4}$ pulgadas. ¿Cuáles son 3 longitudes posibles del camaleón cuando tiene la lengua extendida?

La lengua se puede extender hasta $35\frac{1}{4}$ pulgadas.

Práctica para la evaluación

27. Julie une un cable alargador de $2\frac{6}{8}$ yardas de longitud a un cable de $2\frac{3}{8}$ yardas de longitud. ¿Cuánto miden los dos cables juntos? Selecciona todas las maneras correctas de hallar la suma.

- ☐ $\frac{19}{8} + \frac{22}{8} = \frac{41}{8}$
- ☐ $\frac{19}{8} + \frac{22}{8} = \frac{41}{16}$
- ☐ $4 + \frac{9}{8}$
- ☐ $(2 + 2) + \left(\frac{3}{8} + \frac{6}{8}\right)$
- ☐ $4 + \frac{9}{16}$

28. Selecciona todas las sumas correctas.

- ☐ $2\frac{3}{5} + 1\frac{1}{5} = 4\frac{4}{5}$
- ☐ $2\frac{1}{3} + 1\frac{2}{3} = 4$
- ☐ $3\frac{6}{10} + 2\frac{7}{10} = 6\frac{3}{10}$
- ☐ $2\frac{3}{4} + 2\frac{2}{4} = 4\frac{1}{4}$
- ☐ $4\frac{2}{6} + 1\frac{5}{6} = 6\frac{1}{6}$

Nombre ______________________________

Resuélvelo y coméntalo

Evan camina $2\frac{1}{8}$ millas a la casa de su tía. Ya caminó $\frac{6}{8}$ de milla. ¿Cuánto más tiene que caminar Evan? ***Resuelve este problema de la manera que prefieras.***

Lección 9-9
Restar números mixtos

Puedo...
usar fracciones equivalentes, las propiedades de las operaciones y la relación entre la suma y la resta para restar números mixtos con el mismo denominador.

También puedo hacer generalizaciones a partir de ejemplos.

Haz generalizaciones.
Puedes usar lo que sabes sobre restar fracciones para resolver este problema.

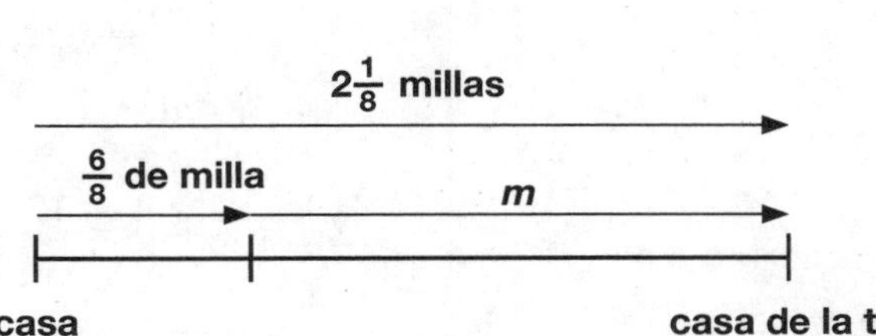

¡Vuelve atrás! Hallaste $2\frac{1}{8} - \frac{6}{8} = m$. Escribe una ecuación de suma relacionada.

¿Cómo se pueden restar números mixtos?

Puente de aprendizaje visual

A

Una bola de golf mide aproximadamente $1\frac{4}{6}$ pulgadas a través del centro. ¿Cuál es la diferencia entre las distancias a través del centro de una pelota de tenis y una bola de golf?

Puedes usar las propiedades de las operaciones y la relación entre la suma y la resta para restar números mixtos.

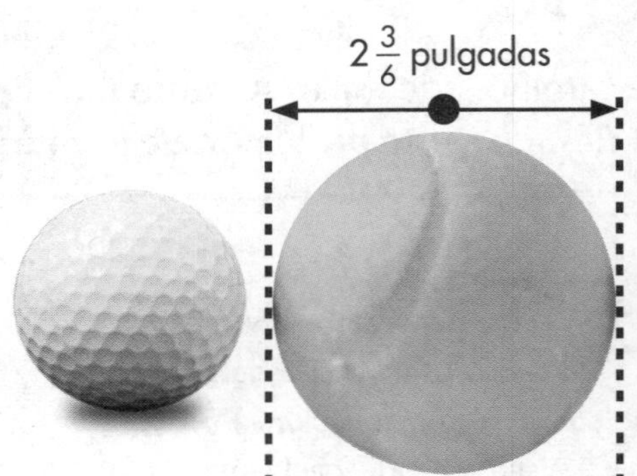
$2\frac{3}{6}$ pulgadas

B Halla $2\frac{3}{6} - 1\frac{4}{6}$ restando números mixtos.

$$\begin{array}{r} 2\frac{3}{6} = 1\frac{9}{6} \\ -\ 1\frac{4}{6} = 1\frac{4}{6} \\ \hline \frac{5}{6} \end{array}$$

Para restar $\frac{4}{6}$ de $\frac{3}{6}$, expresa de otra manera $2\frac{3}{6}$. Recuerda que $1 = \frac{6}{6}$.

$2\frac{3}{6} = 2 + \frac{3}{6} = 1 + \frac{6}{6} + \frac{3}{6} = 1\frac{9}{6}$

La pelota de tenis es $\frac{5}{6}$ de pulgada más ancha que la bola de golf.

C Halla $2\frac{3}{6} - 1\frac{4}{6}$ restando fracciones equivalentes.

$2\frac{3}{6} = 2 + \frac{3}{6} = \frac{12}{6} + \frac{3}{6} = \frac{15}{6}$

$1\frac{4}{6} = 1 + \frac{4}{6} = \frac{6}{6} + \frac{4}{6} = \frac{10}{6}$

$\frac{15}{6} - \frac{10}{6} = \frac{5}{6}$

¡Puedes contar para comprobar tu trabajo!

$1\frac{4}{6} + \frac{2}{6} = 2$ y $2 + \frac{3}{6} = 2\frac{3}{6}$

$\frac{2}{6} + \frac{3}{6} = \frac{5}{6}$

¡Convénceme! Razonar Explica por qué expresas de otra manera $4\frac{1}{4}$ para hallar $4\frac{1}{4} - \frac{3}{4}$.

Nombre ______________________________

Práctica guiada

¿Lo entiendes?

1. Un hoyo en el campo de golf mide $3\frac{3}{6}$ pulgadas de ancho. ¿Cuánto más ancho que la bola de golf es el hoyo?

2. ¿Cómo podrías usar la relación entre la suma y la resta contando hacia adelante para hallar $3\frac{1}{4} - 1\frac{3}{4}$?

¿Cómo hacerlo?

Para **3** a **8**, halla cada diferencia.

3. $7\frac{5}{8} - 2\frac{4}{8}$

4. $5 - 2\frac{3}{4}$

5. $6\frac{3}{10} - 1\frac{8}{10}$

6. $9\frac{4}{12} - 4\frac{9}{12}$

7. $4\frac{5}{6} - 2\frac{1}{6}$

8. $1\frac{9}{12} - \frac{10}{12}$

Práctica independiente

Para **9** a **24**, halla cada diferencia.

9. $8\frac{7}{8} - 2\frac{4}{8}$

10. $4\frac{5}{10} - 1\frac{9}{10}$

11. $4\frac{1}{8} - 1\frac{4}{8}$

12. $6 - 2\frac{4}{5}$

13. $6\frac{1}{3} - 5\frac{2}{3}$

14. $9\frac{2}{4} - 6\frac{3}{4}$

15. $8\frac{3}{8} - 3\frac{5}{8}$

16. $7 - 3\frac{1}{2}$

17. $6\frac{1}{6} - 4\frac{5}{6}$

18. $3\frac{1}{12} - 1\frac{3}{12}$

19. $6\frac{2}{5} - 2\frac{3}{5}$

20. $4\frac{5}{10} - 1\frac{7}{10}$

21. $12\frac{9}{12} - 10\frac{7}{12}$

22. $25\frac{1}{4} - 20$

23. $7 - 2\frac{1}{8}$

24. $6\frac{3}{5} - 3\frac{4}{5}$

Resolución de problemas

25. El promedio del peso de una pelota de básquetbol es $21\frac{1}{8}$ onzas. El promedio del peso de una pelota de béisbol es $5\frac{2}{8}$ onzas. ¿Cuántas onzas más pesa la pelota de básquetbol?

26. ¿Cuál es el valor del 4 en 284,612?

27. Dos de los mamíferos más pequeños de la Tierra son el murciélago abejorro y la musaraña pigmea etrusca. ¿Cuánto más corto que la musaraña es el murciélago?

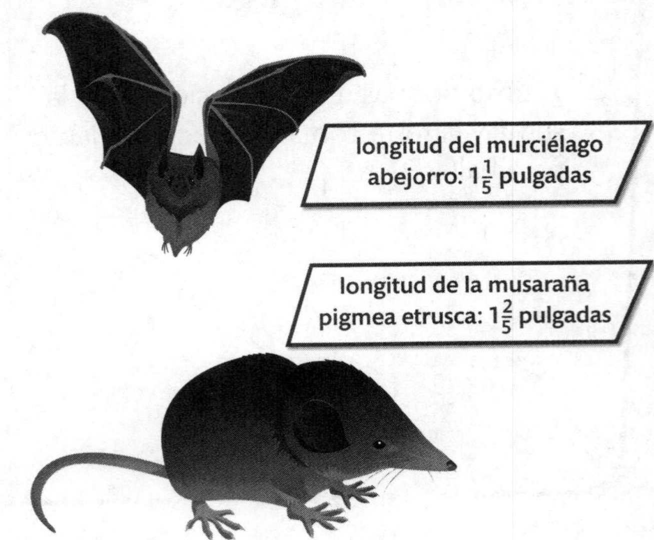

28. Entender y perseverar El promedio de la longitud de una mano femenina adulta es $6\frac{3}{5}$ pulgadas. ¿Aproximadamente cuánto más larga que la longitud del murciélago y la musaraña juntos es la mano?

29. Jack hizo $5\frac{1}{4}$ docenas de galletas para la venta de pasteles y su hermana hizo $3\frac{3}{4}$ docenas de galletas. ¿Cuántas docenas de galletas más que su hermana preparó Jack?

30. Razonamiento de orden superior Jenna tiene una bobina que contiene $5\frac{3}{4}$ metros de cinta. Usa $3\frac{2}{4}$ metros para un proyecto de la escuela y $1\frac{1}{4}$ metros para un moño. ¿Cuánta cinta queda en la bobina?

Práctica para la evaluación

31. La semana pasada, en la oficina se usaron $5\frac{1}{12}$ cajas de papel. Esta semana se usaron $1\frac{5}{12}$ cajas de papel. ¿Cuántas cajas más que esta semana se usaron la semana pasada?

Ⓐ $10\frac{6}{12}$ cajas

Ⓑ $4\frac{8}{12}$ cajas

Ⓒ $4\frac{4}{12}$ cajas

Ⓓ $3\frac{8}{12}$ cajas

32. Una tienda vendió $6\frac{1}{5}$ cajas de jugo el viernes y $4\frac{4}{5}$ cajas de jugo el sábado. ¿Cuántas cajas de jugo más que el sábado vendió la tienda el viernes?

Ⓐ 11 cajas

Ⓑ $3\frac{1}{5}$ cajas

Ⓒ $2\frac{2}{5}$ cajas

Ⓓ $1\frac{2}{5}$ cajas

Nombre ____________________

Resuélvelo y coméntalo En la tabla se muestra cuánto tiempo estudió Jamie para una prueba de matemáticas en 3 días. ¿Cuánto tiempo más que el jueves estudió Jamie el martes y el miércoles?

DATOS

Día de la semana	Tiempo que estudió Jamie
Martes	$1\frac{3}{4}$ horas
Miércoles	$\frac{3}{4}$ de hora
Jueves	$\frac{2}{4}$ de hora

Resolución de problemas

Lección 9-10
Representar con modelos matemáticos

Puedo...
usar lo que sé de matemáticas para representar y resolver problemas.

También puedo usar la suma y la resta para resolver problemas.

Hábitos de razonamiento

¡Razona correctamente! Estas preguntas te pueden ayudar.

- ¿Cómo puedo usar lo que sé de matemáticas para resolver este problema?
- ¿Cómo puedo usar dibujos, objetos y ecuaciones para representar el problema?
- ¿Cómo puedo usar números, palabras y símbolos para resolver este problema?

¡Vuelve atrás! Representar con modelos matemáticos ¿Qué representaciones puedes usar como ayuda para resolver este problema?

Pregunta esencial

¿Cómo se pueden usar modelos matemáticos para representar problemas?

Puente de aprendizaje visual

A

Brad y su papá caminaron por el Sendero Gadsen y el Sendero Rosebriar el sábado. Caminaron por el Sendero Eureka el domingo. ¿Cuánto más que el domingo caminaron el sábado?

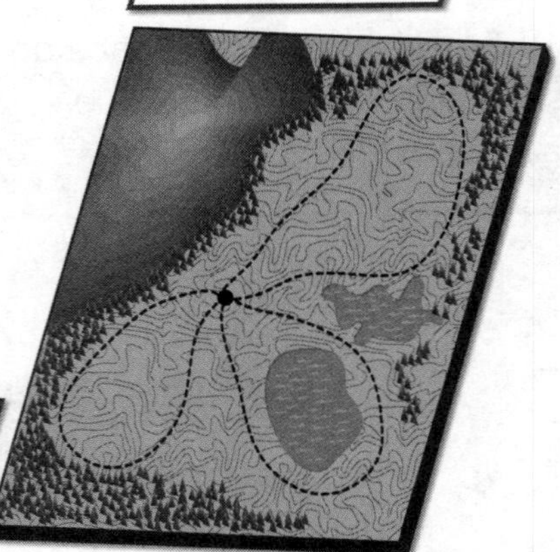

¿Qué tienes que hallar?

Tengo que hallar cuánto caminaron Brad y su papá el sábado y cuánto más que el domingo caminaron el sábado.

$2\frac{4}{10}$ millas el sábado

$1\frac{9}{10}$	$\frac{5}{10}$

B

¿Cómo puedo representar con modelos matemáticos?

Puedo

- usar conceptos y destrezas que ya aprendí.
- usar diagramas de barras y ecuaciones para representar y resolver este problema.
- decidir si mis resultados tienen sentido.

C

Este es mi razonamiento.

Halla $2\frac{4}{10} - \frac{6}{10}$.

Usa un diagrama de barras y escribe una ecuación para resolverlo.

$2\frac{4}{10}$ millas	
$\frac{6}{10}$	*d*

$2\frac{4}{10} - \frac{6}{10} = d$ $\qquad d = 1\frac{8}{10}$

El sábado Brad y su papá caminaron $1\frac{8}{10}$ millas más que el domingo.

¡Convénceme! Representar con modelos matemáticos ¿Cómo te ayudan los diagramas de barras a decidir si tu respuesta tiene sentido?

Nombre ____________________

Práctica
Herramientas
Evaluación

Práctica guiada

Representar con modelos matemáticos

Alicia caminó por un sendero de $\frac{9}{10}$ de milla y Joseph caminó por un sendero de $\frac{5}{10}$ de milla. ¿Cuánto más, *d*, que Joseph caminó Alicia?

Cuando representas con modelos matemáticos, usas las matemáticas para representar y resolver un problema.

1. Dibuja un diagrama de barras para representar el problema y mostrar las relaciones entre las cantidades.

2. ¿Qué ecuación puedes escribir para representar el problema?

3. ¿Cuánto más que Joseph caminó Alicia?

Práctica independiente

Representar con modelos matemáticos

La araña hembra más pequeña mide aproximadamente $\frac{3}{5}$ de milímetro de longitud. La araña macho más pequeña mide aproximadamente $\frac{1}{5}$ de milímetro de longitud. ¿Cuánto más larga, *n*, que la araña macho más pequeña es la araña hembra más pequeña? Usa los Ejercicios 4 a 6 para responder a la pregunta.

4. Haz un dibujo y escribe una ecuación para representar el problema.

5. ¿Qué concepto matemático que ya aprendiste puedes usar para resolver el problema?

6. ¿Cuánto más larga que la araña macho más pequeña es la araña hembra más pequeña?

Resolución de problemas

Tarea de rendimiento

En un safari
Sandra y Ray hicieron un safari en carro en Tanzania. El diagrama muestra las distancias en millas que recorrieron desde el inicio hasta el final. ¿Qué distancia recorrieron Sandra y Ray desde los leopardos hasta los elefantes?

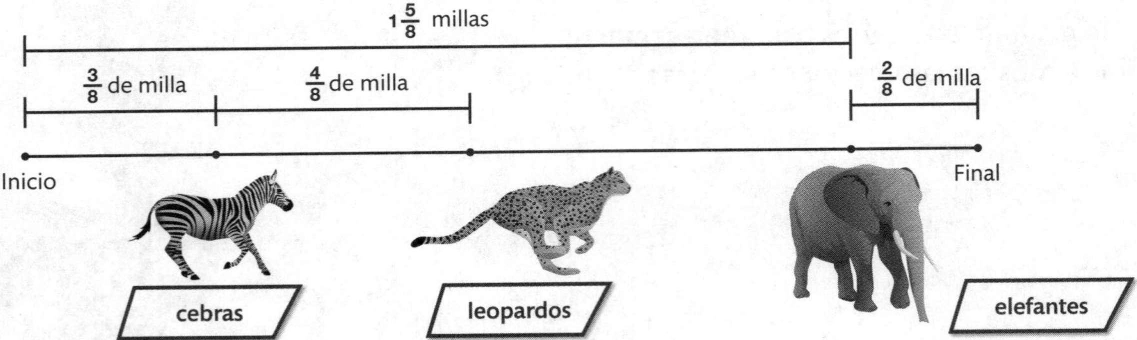

7. Razonar ¿Qué cantidades se dan en el problema y qué significan?

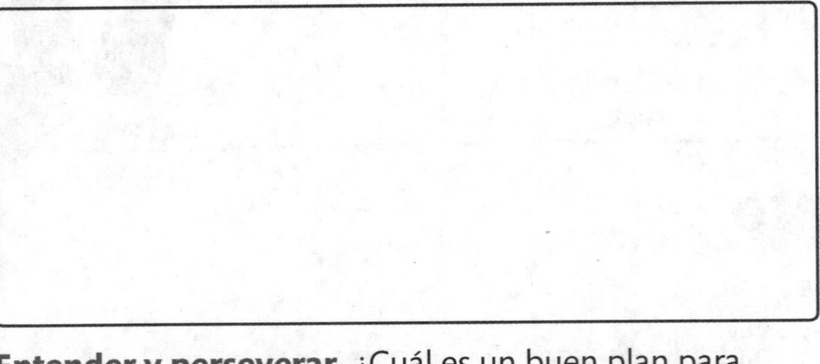

Cuando representas con modelos matemáticos, usas un dibujo que muestra cómo se relacionan las cantidades del problema.

8. Entender y perseverar ¿Cuál es un buen plan para resolver el problema?

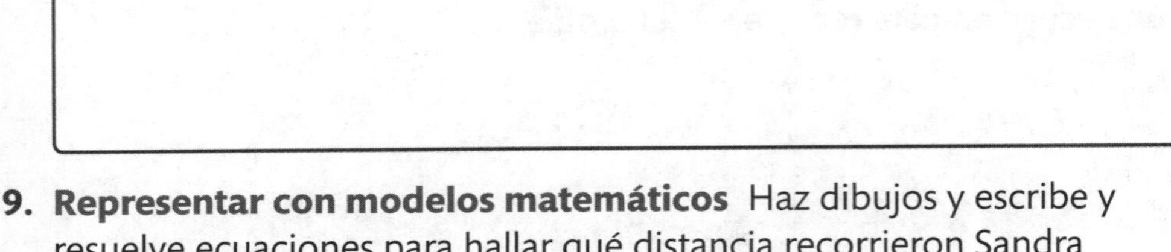

9. Representar con modelos matemáticos Haz dibujos y escribe y resuelve ecuaciones para hallar qué distancia recorrieron Sandra y Ray desde los leopardos hasta los elefantes.

Nombre ____________________

Actividad de práctica de fluidez

Emparéjalo

Trabaja con un compañero. Señala una pista y léela.

Mira la tabla de la parte de abajo de la página y busca la pareja de esa pista. Escribe la letra de la pista en la casilla que corresponde.

Halla una pareja para cada pista.

Puedo...
sumar y restar números enteros de varios dígitos.

También puedo hacer mi trabajo con precisión.

Pistas

A La suma es exactamente 1,000.

B La suma es exactamente 1,001.

C La diferencia es exactamente 371.

D La diferencia está entre 40 y 45.

E La diferencia es exactamente 437.

F La diferencia está entre 150 y 160.

G La suma está entre 995 y 1,000.

H La suma es exactamente 1,899.

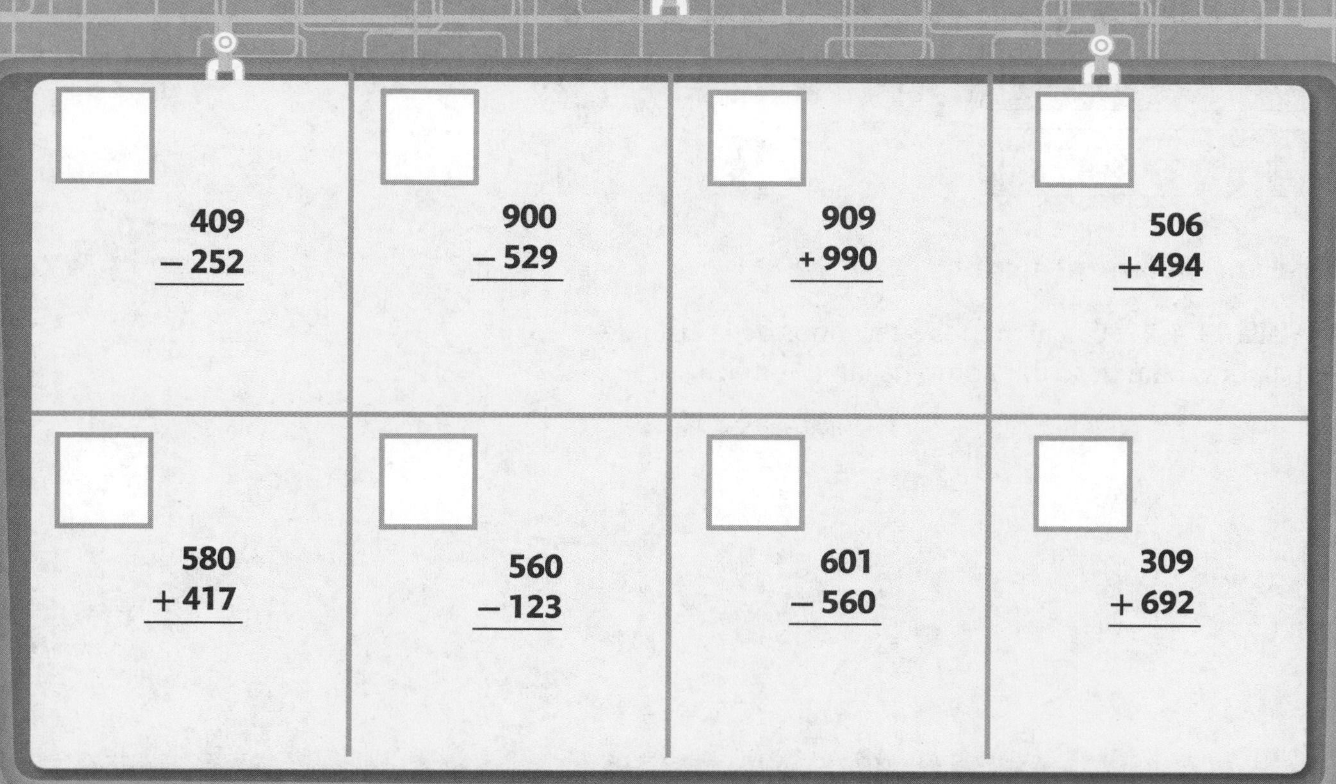

☐	☐	☐	☐
409 − 252	900 − 529	909 + 990	506 + 494
580 + 417	560 − 123	601 − 560	309 + 692

TEMA 9 Repaso del vocabulario

A-Z Glosario

Lista de palabras

- denominador
- descomponer
- fracción
- fracciones equivalentes
- mismo denominador
- numerador
- número entero
- número mixto

Comprender el vocabulario

1. Encierra en un círculo el término que mejor describe a $\frac{1}{2}$.

fracción número mixto número entero

2. Encierra en un círculo el término que mejor describe a $1\frac{1}{3}$.

fracción número mixto número entero

3. Encierra en un círculo el término que mejor describe a 4.

fracción número mixto número entero

4. Une los términos con su ejemplo.

descomponer	$\frac{1}{2} = \frac{5}{10}$
denominador	$\frac{2}{3} = \frac{1}{3} + \frac{1}{3}$
fracciones equivalentes	$\frac{5}{6}$
mismo denominador	$\frac{1}{3} + \frac{2}{3} = \frac{3}{3}$
numerador	$\frac{7}{8}$

Usar el vocabulario al escribir

5. Halla $1\frac{1}{3} + 2\frac{2}{3}$. Usa al menos 3 términos de la Lista de palabras para describir cómo hallar la suma.

Nombre ______________________________

TEMA 9

Refuerzo

Grupo A páginas 333 a 336, 341 a 344

Halla $\frac{5}{8} + \frac{2}{8}$.

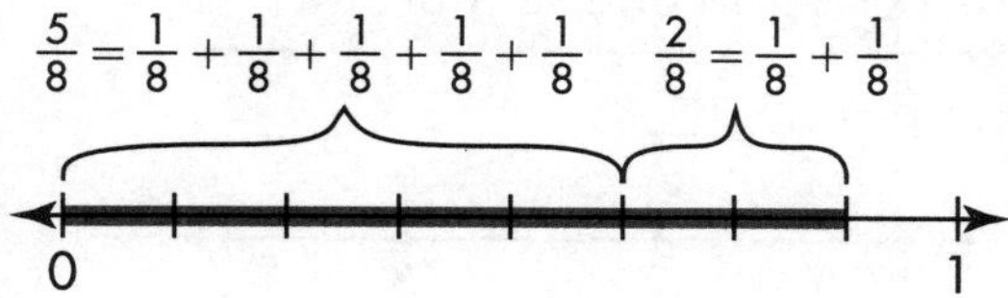

Suma los numeradores.
Mantén el mismo denominador. $\frac{5}{8} + \frac{2}{8} = \frac{7}{8}$

Recuerda que puedes usar herramientas o sumar los numeradores y escribir la suma sobre el mismo denominador.

1. $\frac{2}{5} + \frac{2}{5}$

2. $\frac{2}{4} + \frac{1}{4} + \frac{1}{4}$

3. $\frac{3}{8} + \frac{4}{8}$

4. $\frac{4}{10} + \frac{2}{10} + \frac{3}{10}$

5. $\frac{4}{10} + \frac{3}{10}$

6. $\frac{7}{12} + \frac{2}{12}$

Grupo B páginas 337 a 340

Descompón $1\frac{5}{6}$ de dos maneras distintas.

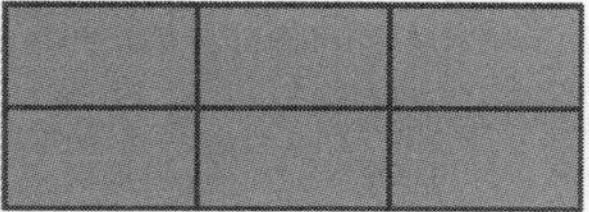

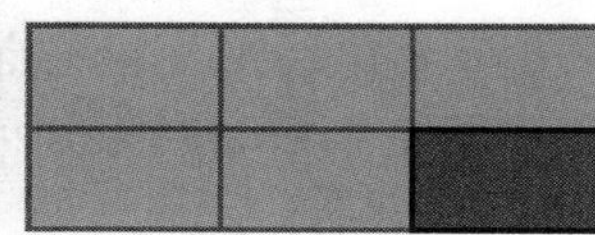

$1\frac{5}{6} = \frac{6}{6} + \frac{5}{6}$

$1\frac{5}{6} = \frac{4}{6} + \frac{4}{6} + \frac{3}{6}$

Recuerda que puedes descomponer fracciones de más de una manera.

Descompón cada fracción o número mixto de dos maneras distintas.

1. $\frac{3}{5}$

2. $\frac{9}{12}$

3. $1\frac{1}{2}$

4. $2\frac{2}{3}$

Grupo C páginas 345 a 352

Halla $\frac{5}{8} - \frac{2}{8}$.

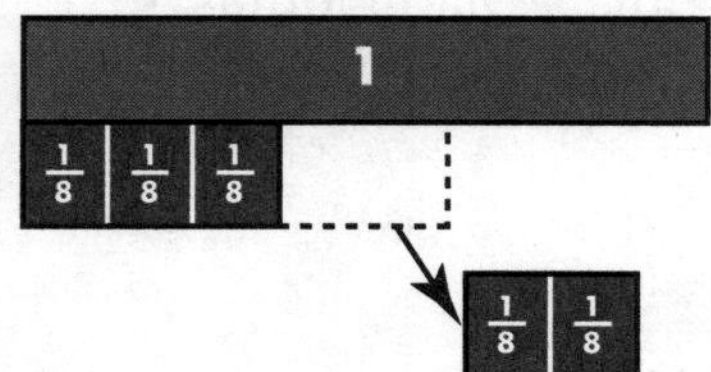

Resta los numeradores.
Mantén el mismo denominador. $\frac{5}{8} - \frac{2}{8} = \frac{3}{8}$

Recuerda que puedes usar distintas herramientas para representar cómo restar fracciones.

1. $\frac{3}{3} - \frac{1}{3}$

2. $\frac{5}{6} - \frac{2}{6}$

3. $\frac{6}{8} - \frac{3}{8}$

4. $\frac{4}{10} - \frac{3}{10}$

5. $\frac{5}{5} - \frac{3}{5}$

6. $\frac{4}{6} - \frac{2}{6}$

Grupo D páginas 353 a 356

Halla la suma o la diferencia que se muestra en las rectas numéricas.

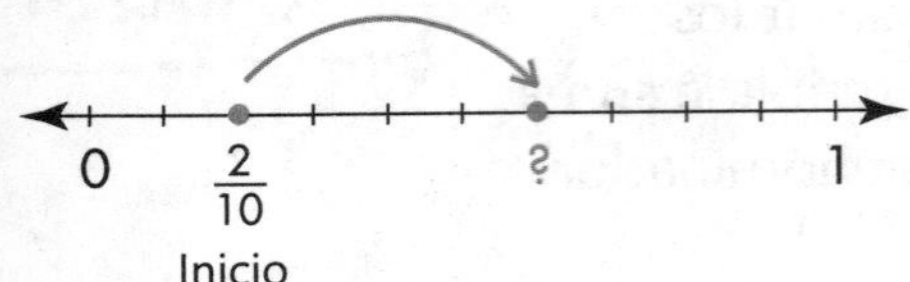

$\frac{2}{10} + \frac{4}{10} = \frac{6}{10}$

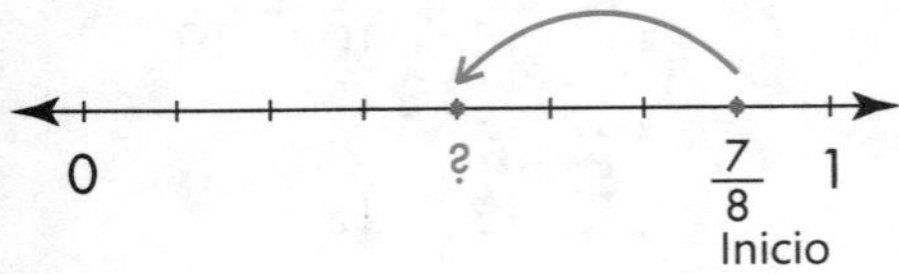

$\frac{7}{8} - \frac{3}{8} = \frac{4}{8}$

Recuerda que puedes mostrar cómo sumar o restar fracciones en una recta numérica.

Escribe cada ecuación que se muestra.

1.

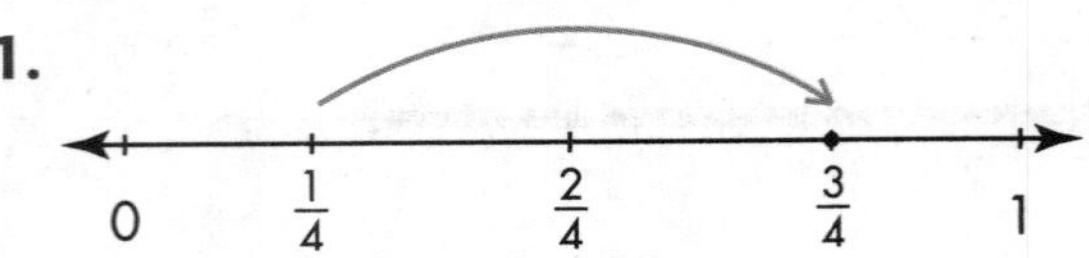

2.

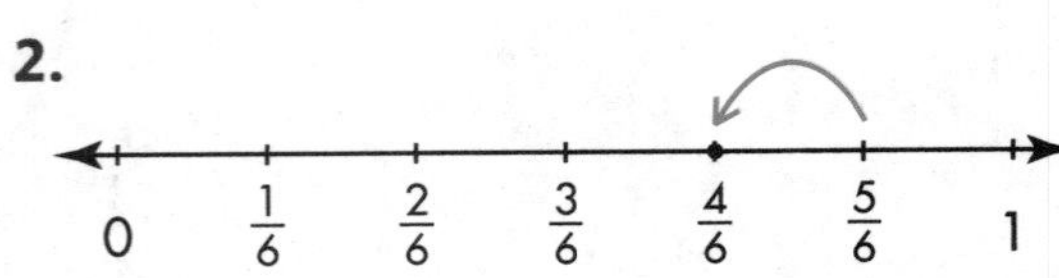

Grupo E páginas 357 a 368

Halla $5\frac{1}{5} - 3\frac{3}{5}$.

$$5\frac{1}{5} = 4\frac{6}{5}$$
$$-\,3\frac{3}{5} = 3\frac{3}{5}$$
$$1\frac{3}{5}$$

Halla $1\frac{7}{8} + 2\frac{3}{8}$.

$$1\frac{7}{8}$$
$$+\,2\frac{3}{8}$$
$$3\frac{10}{8} = 4\frac{2}{8}$$

Recuerda que puedes usar distintas herramientas para sumar y restar números mixtos.

1. $5\frac{4}{8} + 2\frac{1}{8}$

2. $3\frac{3}{6} + 1\frac{5}{6}$

3. $5\frac{7}{10} + 4\frac{4}{10}$

4. $9 - 3\frac{3}{8}$

Grupo F páginas 369 a 372

Piensa en estas preguntas como ayuda para **representar con modelos matemáticos**.

Hábitos de razonamiento

- ¿Cómo puedo usar lo que sé de matemáticas para resolver este problema?
- ¿Cómo puedo usar dibujos, objetos y ecuaciones para representar el problema?
- ¿Cómo puedo usar números, palabras y símbolos para resolver este problema?

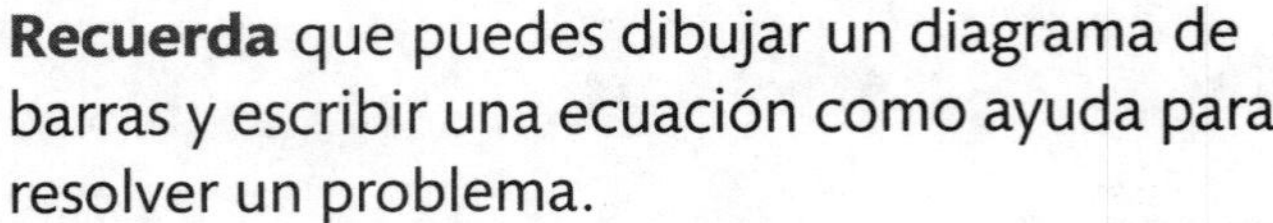

Recuerda que puedes dibujar un diagrama de barras y escribir una ecuación como ayuda para resolver un problema.

Bonnie corrió $\frac{1}{4}$ de milla, Olga corrió $\frac{3}{4}$ de milla, Gracie corrió $\frac{5}{4}$ de milla y María corrió $\frac{2}{4}$ de milla. ¿Cuánto más, m, que Bonnie y María juntas, j, corrió Gracie?

Nombre ______________________

1. Empareja cada expresión de la izquierda con una expresión equivalente.

	$\frac{5}{10}+\frac{4}{10}$	$\frac{2}{10}+\frac{3}{10}+\frac{6}{10}$	$\frac{2}{10}+\frac{1}{10}$	$\frac{16}{10}-\frac{1}{10}$
$\frac{1}{10}+\frac{1}{10}+\frac{1}{10}$	❑	❑	❑	❑
$\frac{4}{10}+\frac{5}{10}$	❑	❑	❑	❑
$\frac{2}{10}+\frac{3}{10}+\frac{6}{10}$	❑	❑	❑	❑
$\frac{11}{10}+\frac{4}{10}$	❑	❑	❑	❑

2. El lunes, $\frac{3}{12}$ de los estudiantes se fueron a una excursión. ¿Qué fracción de los estudiantes **NO** fueron a la excursión? Explícalo.

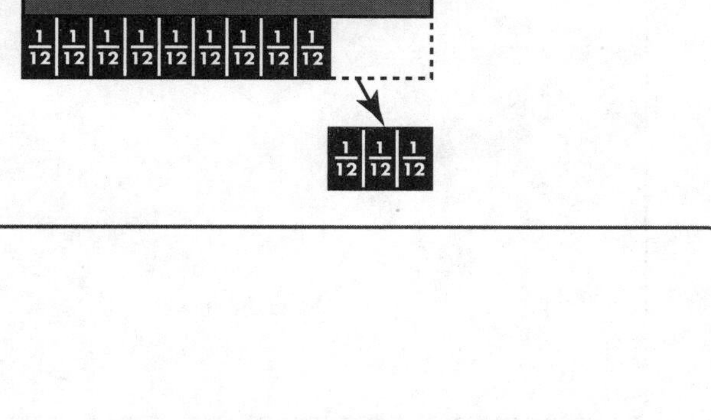

3. Riley plantó flores en una parte de su jardín. Luego, plantó verduras en $\frac{2}{8}$ de su jardín. Ahora, $\frac{7}{8}$ del jardín de Riley están plantados. ¿Qué fracción del jardín está plantado con flores? ¿Qué parte no está plantado?

Ⓐ $\frac{2}{8}$ de su jardín; $\frac{1}{8}$ de su jardín no está plantado

Ⓑ $\frac{3}{8}$ de su jardín; $\frac{2}{8}$ de su jardín no están plantados

Ⓒ $\frac{4}{8}$ de su jardín; $\frac{5}{8}$ de su jardín no están plantados

Ⓓ $\frac{5}{8}$ de su jardín; $\frac{1}{8}$ de su jardín no está plantado

4. Marca todas las expresiones que muestren una manera de descomponer $\frac{7}{8}$.

☐ $\frac{3}{8}+\frac{3}{8}$

☐ $\frac{1}{8}+\frac{1}{8}+\frac{5}{8}$

☐ $\frac{3}{4}+\frac{4}{4}$

☐ $\frac{1}{8}+\frac{3}{8}+\frac{3}{8}$

☐ $\frac{1}{8}+\frac{2}{8}+\frac{3}{8}+\frac{1}{8}$

5. ¿Qué ecuación **NO** es verdadera cuando $\frac{4}{12}$ es el número que falta?

Ⓐ $\frac{3}{12}+\square=\frac{7}{12}$

Ⓑ $\frac{16}{12}-\square=1$

Ⓒ $1\frac{1}{12}+\square=5\frac{1}{12}$

Ⓓ $1\frac{5}{12}-\square=1\frac{1}{12}$

6. Zoe tenía $3\frac{1}{8}$ pies de cinta anaranjada. Usó parte de la cinta para hacer un moño para un regalo. Ahora le quedan $1\frac{3}{8}$ pies de cinta. ¿Cuánta cinta anaranjada usó Zoe? Usa el modelo para escribir una ecuación y resuelve.

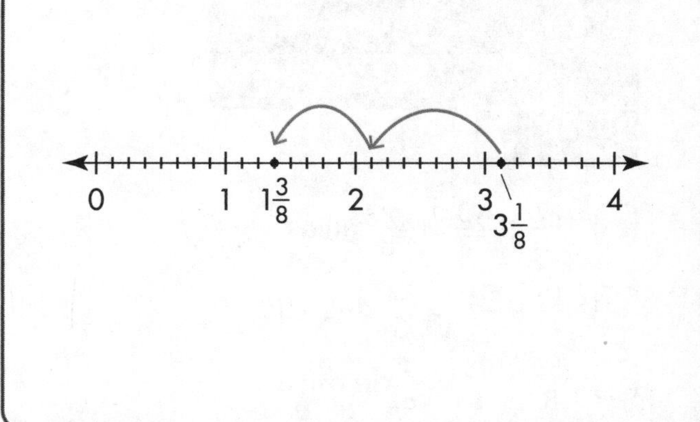

7. Roger y Sulee descompusieron $1\frac{1}{6}$. Roger escribió $\frac{1}{6} + \frac{1}{6} + \frac{2}{6} + \frac{3}{6}$. Sulee escribió $\frac{3}{6} + \frac{4}{6}$. ¿Quién tiene razón? Explícalo.

8. ¿Cuál de las siguientes ecuaciones está representada en esta recta numérica?

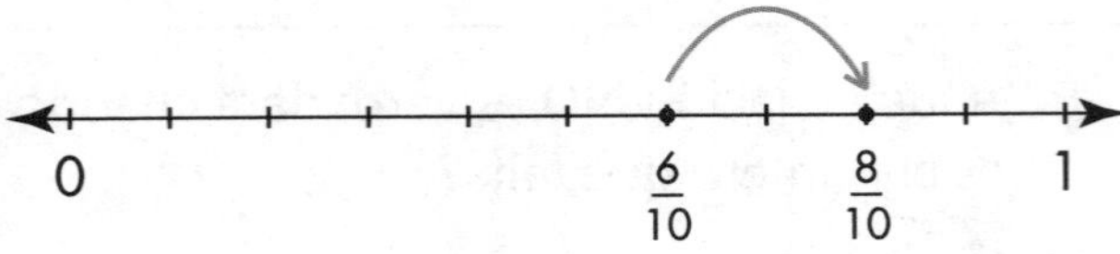

Ⓐ $0 + \frac{6}{10} = \frac{8}{10}$

Ⓑ $\frac{6}{10} + \frac{2}{10} = \frac{8}{10}$

Ⓒ $\frac{8}{10} - \frac{6}{10} = \frac{2}{10}$

Ⓓ $\frac{10}{10} - \frac{8}{10} = \frac{2}{10}$

9. Ryan anduvo en kayak $1\frac{7}{8}$ millas antes del almuerzo y $2\frac{3}{8}$ millas después del almuerzo. Marca todas las ecuaciones que usarías para hallar cuánto anduvo Ryan en kayak.

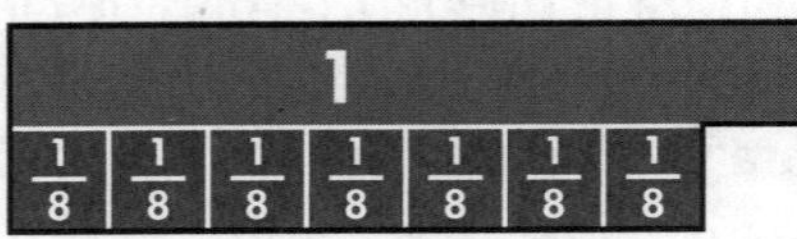

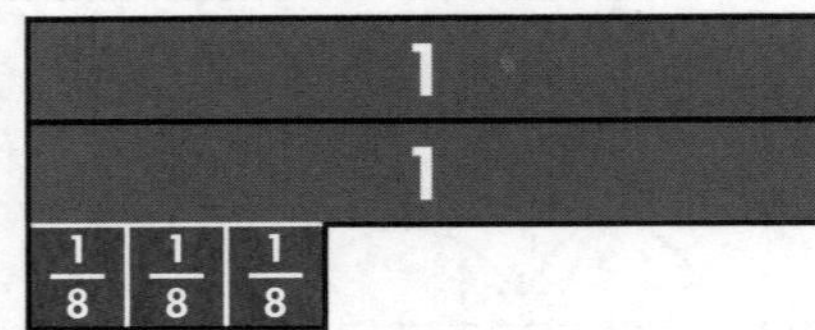

☐ $1\frac{7}{8} + 2\frac{3}{8} = 4\frac{2}{8}$ millas

☐ $\frac{15}{8} + \frac{19}{8} = \frac{34}{8}$ de milla

☐ $\frac{15}{8} + \frac{19}{8} = \frac{4}{8}$ de milla

☐ $1 + 2 + \frac{7}{8} + \frac{3}{8} = 4\frac{2}{8}$ millas

☐ $1\frac{7}{8} + 2\frac{3}{8} = 3\frac{21}{8}$ millas

10. La familia Jacoby anotó el tiempo que viajó en carro durante su viaje.

DATOS

Tiempo de viaje en carro

Día	Horas de viaje en carro
Lunes	$5\frac{3}{4}$
Martes	$4\frac{3}{4}$
Miércoles	$2\frac{1}{4}$
Jueves	$6\frac{3}{4}$

A. Halla cuántas horas viajó en carro la familia Jacoby el lunes y el martes. Dibuja un diagrama de barras para representar el problema.

B. Halla cuántas horas en total viajó en carro la familia Jacoby. Explica tu trabajo.

Nombre ____

Carrera con agua

En uno de los juegos durante el picnic de la clase, los estudiantes hacían equilibrio con recipientes llenos con agua sobre la cabeza. El objetivo era llevar la mayor cantidad de agua a la línea de llegada. Se muestran los equipos en la tabla **Equipos de la carrera con agua**. La cantidad de agua que llevó cada estudiante se incluye en la tabla **Resultados de la carrera con agua**.

DATOS

Equipos de la carrera con agua

Equipo	Miembros
1	Jay y Víctor
2	Abbie y Shawn
3	Suki y Kira

DATOS

Resultados de la carrera con agua

Estudiante	Tazas de agua
Abbie	$\frac{5}{8}$
Jay	$\frac{6}{8}$
Kira	$\frac{5}{8}$
Shawn	$1\frac{7}{8}$
Suki	$1\frac{6}{8}$
Víctor	$\frac{7}{8}$

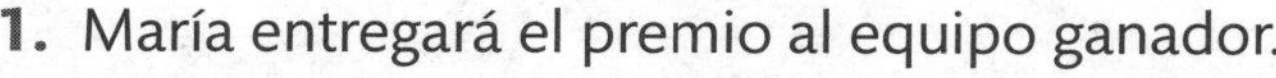

1. María entregará el premio al equipo ganador.

Parte A

Dibuja un diagrama de barras y escribe una ecuación para hallar *t*, las tazas de agua que llevó el Equipo 1.

Parte B

¿Cuántas tazas de agua llevó el Equipo 2? Usa tiras de fracciones para representar la suma.

Parte C

¿Cuántas tazas de agua llevó el Equipo 3? Usa la recta numérica para representar la suma.

0 1 2 3

Parte D

¿Qué equipo llevó más agua?

2. El Equipo 1 quería saber cómo le fue en comparación con el Equipo 2.

Parte A

Dibuja un diagrama de barras y escribe una ecuación que podría usarse para hallar *m*, cuánta agua más que el Equipo 1 llevó el Equipo 2.

Parte B

¿Cuánta agua más que el Equipo 1 llevó el Equipo 2? Explica cómo resolver el problema usando tu ecuación de la Parte A. Muestra tu trabajo.

TEMA 10

Aplicar los conceptos de la multiplicación a las fracciones

Preguntas esenciales: ¿Cómo se puede describir una fracción usando una fracción unitaria? ¿Cómo se multiplica una fracción por un número entero?

Recursos digitales

Libro del estudiante

Aprendizaje visual

Práctica

Evaluación

Herramientas

Glosario

La luz que se refleja de los objetos entra en el ojo y los hace visibles.

Diferentes tipos de flores reflejan diferentes tipos de luz, por eso se ven de colores.

¡Podría mirar las flores todo el día! Este es un proyecto sobre luz y multiplicación.

Proyecto de enVision STEM: Luz y multiplicación

Investigar Usa la Internet u otras fuentes para investigar las palabras *transparente*, *translúcido* y *opaco*. Escribe una definición para cada palabra.

Diario: Escribir un informe Incluye lo que averiguaste. En tu informe, también:

- da 1 ejemplo de cosas que sean transparentes, translúcidas u opacas.
- supón que un tercio de cada uno de 5 carteles del mismo tamaño está cubierto de papel opaco. ¿Qué fracción de los carteles **NO** está cubierta de papel opaco? Explica cómo se puede usar la multiplicación para hallar qué parte de los carteles **NO** está cubierta de papel opaco.

Nombre ______________________________

Repasa lo que sabes

Vocabulario

Escoge el mejor término del recuadro. Escríbelo en el espacio en blanco.

- fracción
- número entero
- fracciones equivalentes
- número mixto

1. Un/Una ______________ tiene un número entero y una fracción.

2. Las fracciones que representan la misma región, parte de un conjunto o parte de un segmento se llaman ____________________.

3. Un/Una __________ tiene un numerador y un denominador.

Identificar fracciones

Escribe la fracción que muestran los modelos.

4.

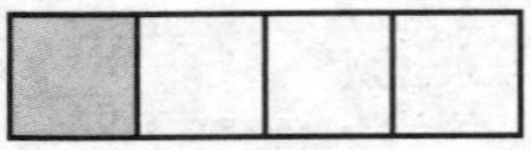

5.

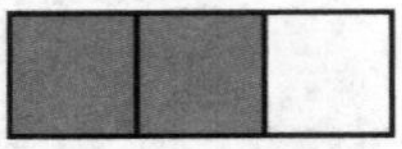

6.

7.

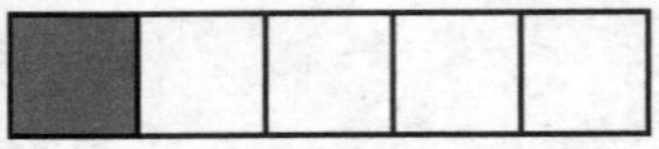

8.

9.

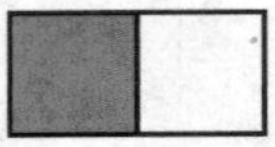

Fracciones unitarias

Escribe una fracción para los enunciados.

10. 3 copias de $\frac{1}{6}$ es ____.

11. 9 copias de $\frac{1}{12}$ es ____.

12. 5 copias de $\frac{1}{5}$ es ____.

13. 3 copias de $\frac{1}{10}$ es ____.

14. 6 copias de $\frac{1}{8}$ es ____.

15. 7 copias de $\frac{1}{10}$ es ____.

Fracciones equivalentes

16. Dibuja un rectángulo que muestre 8 partes iguales. Sombrea más de $\frac{3}{8}$ del rectángulo pero menos de $\frac{5}{8}$. ¿Qué fracción representaste? Usa la multiplicación y la división para escribir dos fracciones equivalentes para tu modelo.

Nombre ______________________________

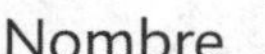

Escoge un proyecto

PROYECTO
10A

¿Te gustaría trabajar con azulejos?

Proyecto: Haz un diseño con azulejos

PROYECTO
10B

¿A qué causa donarías tu tiempo o tu dinero?

Proyecto: Organiza un evento de caridad

¿Qué tan rápido viaja un *jet*?

Proyecto: Escribe y representa una escena de comedia

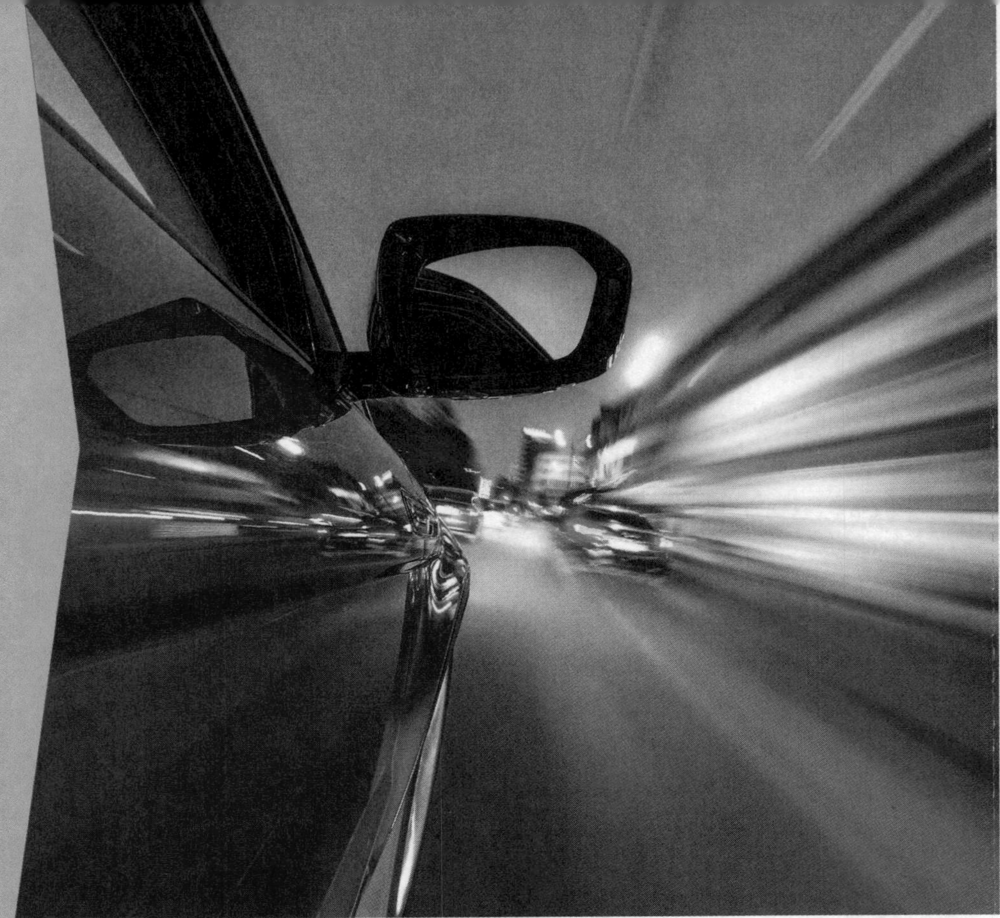

PROYECTO
10D

¿Te gustaría correr un maratón?

Proyecto: Haz un juego con los ganadores de un maratón

Nombre ___________________________

Lección 10-1

Fracciones como múltiplos de fracciones unitarias

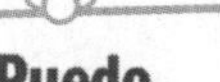

Resuélvelo y coméntalo

Kalil y Mara hacen su tarea de matemáticas. Mara escribió $\frac{4}{5}$ como $\frac{1}{5} + \frac{1}{5} + \frac{1}{5} + \frac{1}{5}$. Kalil miró el trabajo de Mara y dijo: "Creo que puedes usar la multiplicación para volver a escribir tu ecuación". ¿Es correcta la observación de Kalil? Explícalo.

Puedo...

usar tiras de fracciones o rectas numéricas para entender una fracción como un múltiplo de una fracción unitaria.

También puedo razonar sobre las matemáticas.

Puedes razonar para comparar el trabajo de Mara con la observación de Kalil.

$\frac{1}{5}$	$\frac{1}{5}$	$\frac{1}{5}$	$\frac{1}{5}$

$$\frac{1}{5} + \frac{1}{5} + \frac{1}{5} + \frac{1}{5} = \frac{4}{5}$$

¡Vuelve atrás! **Representar con modelos matemáticos** Escribe una ecuación para mostrar la relación entre el trabajo de Mara y la observación de Kalil.

¿Cómo se puede describir una fracción usando una fracción unitaria?

Puente de aprendizaje visual

A

Courtney corrió $\frac{3}{4}$ del camino a la escuela. Describe $\frac{3}{4}$ usando fracciones unitarias.

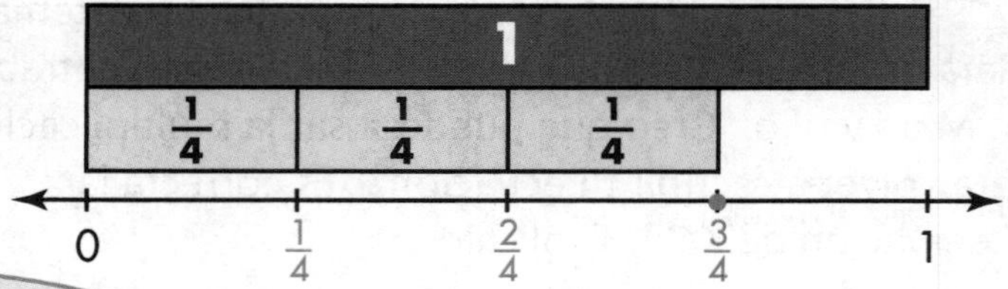

Una fracción unitaria es una fracción que describe una parte del entero. Las fracciones unitarias siempre tienen un 1 como numerador.

B

Cuando un entero se divide en cuatro partes iguales, cada parte se describe como la fracción unitaria $\frac{1}{4}$.

Descompón $\frac{3}{4}$ en fracciones unitarias.

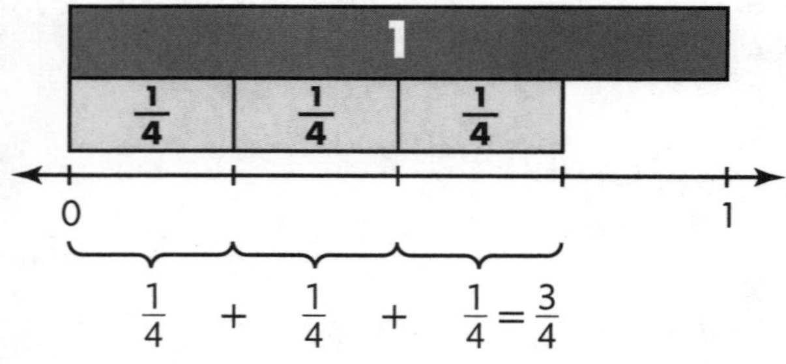

$\frac{1}{4} + \frac{1}{4} + \frac{1}{4} = \frac{3}{4}$

C

La suma repetida puede representarse como multiplicación.

Así como $6 + 6 + 6 = 3 \times 6$,

$\frac{1}{4} + \frac{1}{4} + \frac{1}{4} = 3 \times \frac{1}{4}$.

$\frac{3}{4} = 3 \times \frac{1}{4}$

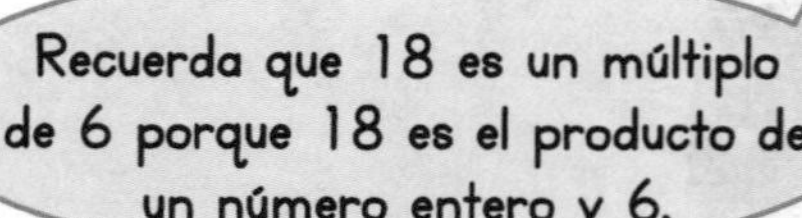

Recuerda que 18 es un múltiplo de 6 porque 18 es el producto de un número entero y 6.

Por tanto, $\frac{3}{4}$ es un múltiplo de $\frac{1}{4}$.

¡Convénceme! **Razonar** ¿El número $\frac{5}{8}$ es un múltiplo de qué fracción unitaria? Explícalo.

Otro ejemplo

Describe $\frac{5}{4}$ como un múltiplo de una fracción unitaria.

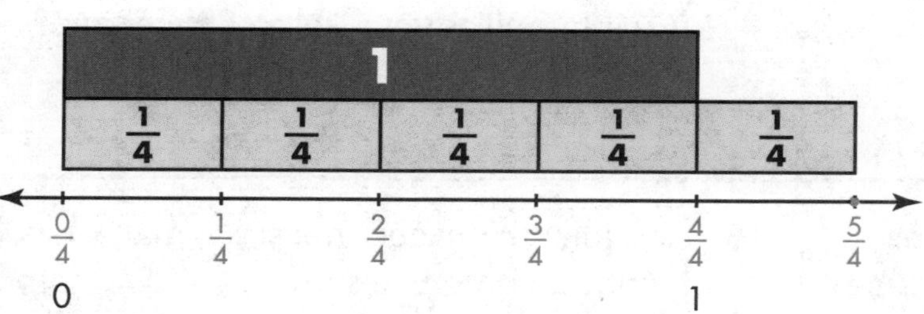

$$\frac{5}{4} = \frac{1}{4} + \frac{1}{4} + \frac{1}{4} + \frac{1}{4} + \frac{1}{4}$$
$$= 5 \times \frac{1}{4}$$

$\frac{5}{4}$ es un múltiplo de $\frac{1}{4}$.

☆ Práctica guiada

¿Lo entiendes?

1. Haz un dibujo para explicar por qué $\frac{3}{5} = 3 \times \frac{1}{5}$.

2. Escribe una ecuación de multiplicación para mostrar las partes del siguiente cuento. La familia de Mark comió $\frac{7}{4}$ pasteles de pollo en la cena. Hay 7 personas en la familia de Mark. Cada una comió $\frac{1}{4}$ de pastel.

¿Cómo hacerlo?

Para **3** a **6**, escribe las fracciones como múltiplos de una fracción unitaria. Usa una herramienta si es necesario.

3. $\frac{2}{3} = \square \times \frac{1}{3}$

4. $\frac{5}{6} = 5 \times \frac{1}{\square}$

5. $\frac{4}{2}$

6. $\frac{6}{5}$

☆ Práctica independiente

Práctica al nivel Para **7** a **12**, escribe las fracciones como múltiplos de una fracción unitaria. Usa una herramienta si es necesario.

7. $\frac{7}{8} = \square \times \frac{1}{8}$

$\frac{1}{8}$	$\frac{1}{8}$	$\frac{1}{8}$	$\frac{1}{8}$	$\frac{1}{8}$	$\frac{1}{8}$	$\frac{1}{8}$	$\frac{1}{8}$

8. $\frac{3}{6} = 3 \times \frac{1}{\square}$

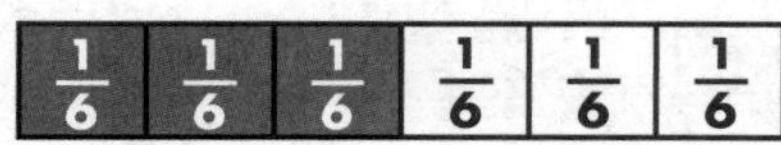

9. $\frac{2}{5} = \square \times \frac{1}{5}$

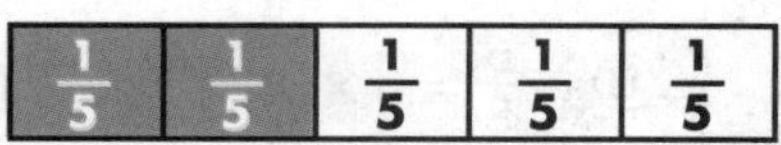

10. $\frac{6}{4}$

11. $\frac{9}{6}$

12. $\frac{8}{5}$

Resolución de problemas

13. Mark corta $\frac{4}{6}$ de un tomate en rodajas. Cada rodaja es $\frac{1}{6}$ del tomate. ¿Cuántas rodajas cortó Mark? Explícalo escribiendo $\frac{4}{6}$ como un múltiplo de $\frac{1}{6}$.

14. Delia voló 2,416 millas durante su primer año de trabajo. Voló 3,719 millas el segundo año. El tercer año, Delia voló 2,076 millas más que el primer y el segundo año juntos. ¿Cuántas millas voló Delia el tercer año?

15. Representar con modelos matemáticos La siguiente imagen muestra $\frac{6}{2}$ peras. Escribe $\frac{6}{2}$ como una suma repetida y como un múltiplo de una fracción unitaria.

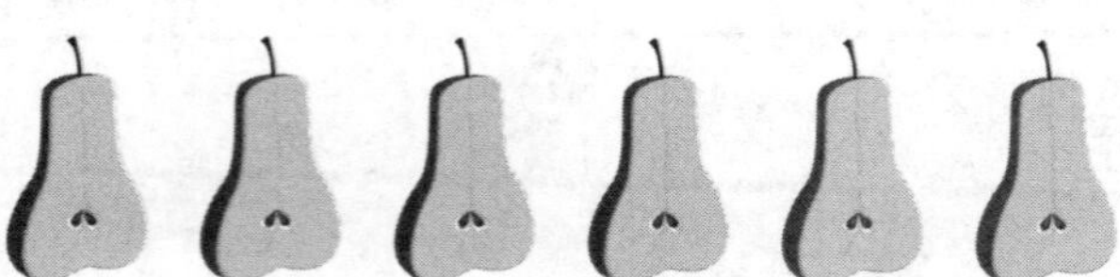

16. La siguiente imagen muestra $\frac{7}{2}$ manzanas. Escribe $\frac{7}{2}$ como una suma repetida y como un múltiplo de una fracción unitaria.

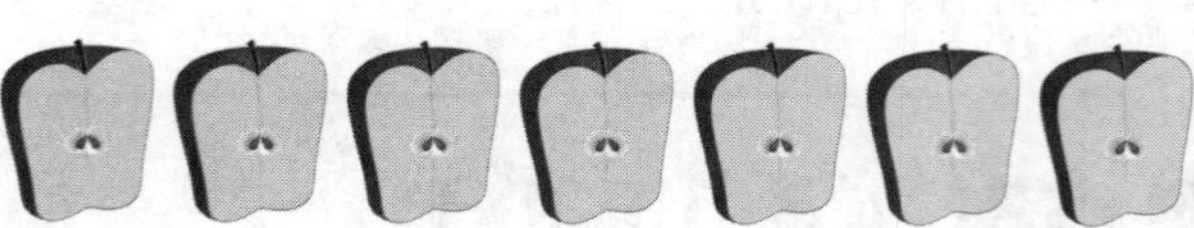

17. enVision® STEM La luz viaja a una velocidad de aproximadamente 186,000 millas por segundo. ¿Qué distancia recorre la luz en 5 segundos?

18. Razonamiento de orden superior Kobe bebe $\frac{1}{3}$ de taza de jugo por día. Quedan $2\frac{1}{3}$ tazas de jugo. ¿Cuántos días durarán? Explica escribiendo $2\frac{1}{3}$ como una fracción y luego escribe la fracción como un múltiplo de $\frac{1}{3}$.

Práctica para la evaluación

19. ¿Qué ecuación de multiplicación describe la fracción marcada en la recta numérica?

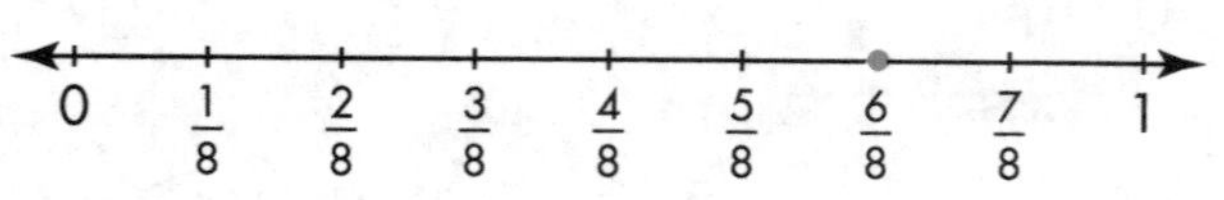

Ⓐ $6 = \frac{6}{3} \times \frac{1}{8}$

Ⓑ $\frac{6}{8} = 6 \times \frac{1}{8}$

Ⓒ $\frac{6}{8} = 8 \times \frac{1}{6}$

Ⓓ $\frac{6}{8} = \frac{1}{8} + 6$

20. ¿Qué ecuación de multiplicación describe el siguiente dibujo?

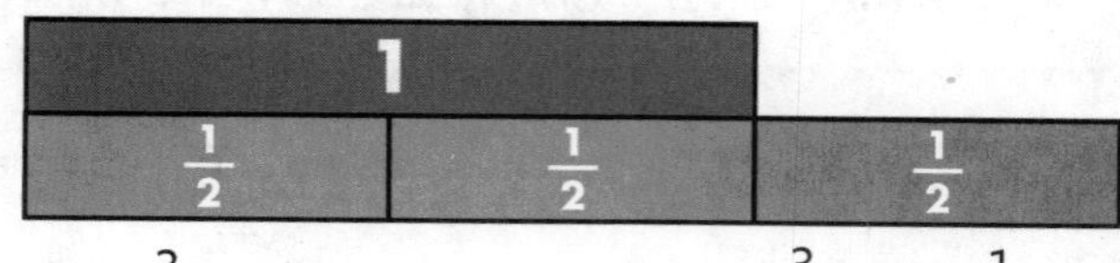

Ⓐ $\frac{3}{3} = 3 \times 1$

Ⓑ $\frac{3}{3} = \frac{1}{2} + \frac{1}{2} + \frac{1}{2}$

Ⓒ $\frac{3}{2} = 3 + \frac{1}{2}$

Ⓓ $\frac{3}{2} = 3 \times \frac{1}{2}$

Nombre ______________________

Lección 10-2

Multiplicar una fracción por un número entero: Usar modelos

Puedo...
usar dibujos, modelos de área o rectas numéricas para multiplicar fracciones por números enteros.

También puedo representar con modelos matemáticos para resolver problemas.

Resuélvelo y coméntalo

¿Cuánto jugo de tomate se necesita para un grupo de 4 personas si cada persona recibe $\frac{1}{3}$ de taza de jugo? ¿Cuánto jugo de tomate se necesita si cada uno recibe $\frac{2}{3}$ de taza de jugo? ***Resuelve estos problemas de la manera que prefieras.***

Puedes usar dibujos o escribir ecuaciones para representar con modelos matemáticos. *¡Muestra tu trabajo en el espacio que sigue!*

¡Vuelve atrás! **Usar la estructura** ¿En qué se parece hallar la cantidad total de jugo que se le sirvió a 4 personas en porciones de $\frac{2}{3}$ de taza a hallar la cantidad total de jugo que se le sirvió a 4 personas en porciones de $\frac{1}{3}$ de taza? ¿Por qué?

¿Cómo puedes multiplicar una fracción por un número entero?

A

Dori vive a $\frac{1}{4}$ de milla de la escuela. Si va y vuelve caminando todos los días, ¿qué distancia camina Dori durante una semana escolar?

DATOS

Distancia caminada (en millas)					
	Lun	Mar	Mié	Jue	Vie
A la escuela	$\frac{1}{4}$	$\frac{1}{4}$	$\frac{1}{4}$	$\frac{1}{4}$	$\frac{1}{4}$
De la escuela	$\frac{1}{4}$	$\frac{1}{4}$	$\frac{1}{4}$	$\frac{1}{4}$	$\frac{1}{4}$

Recuerda que la multiplicación es una suma repetida. Por tanto, puedes usar la suma o la multiplicación para resolver este problema.

B

Una manera

Haz un dibujo para mostrar que Dori camina $\frac{1}{4}$ de milla 10 veces.

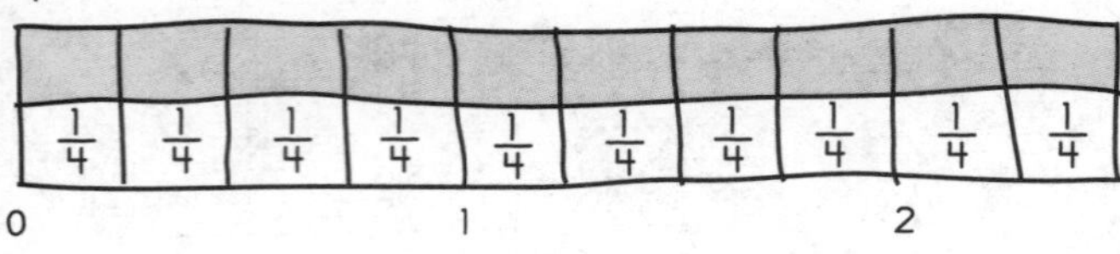

$$\frac{1}{4}+\frac{1}{4}+\frac{1}{4}+\frac{1}{4}+\frac{1}{4}+\frac{1}{4}+\frac{1}{4}+\frac{1}{4}+\frac{1}{4}+\frac{1}{4}=\frac{10}{4}$$

Escribe $\frac{10}{4}$ como un número mixto.

$$\frac{10}{4}=\frac{4}{4}+\frac{4}{4}+\frac{2}{4}=2\frac{2}{4}$$

C

Otra manera

Dibuja una recta numérica para mostrar que Dori camina $\frac{1}{4}$ de milla 10 veces.

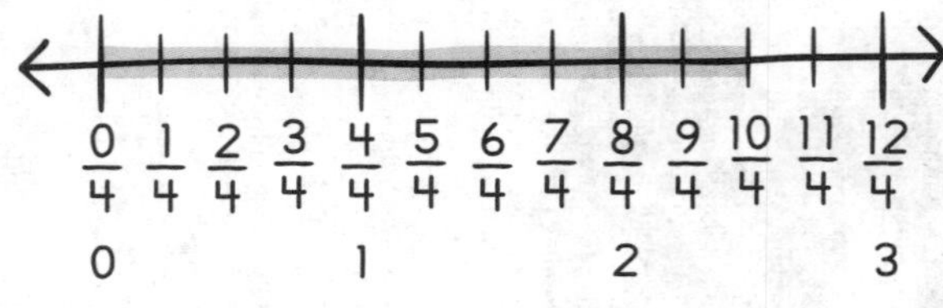

$$10\times\frac{1}{4}=\frac{10}{4}$$

Escribe $\frac{10}{4}$ como un número mixto.

$$\frac{10}{4}=\frac{4}{4}+\frac{4}{4}+\frac{2}{4}=2\frac{2}{4}$$

Dado que $\frac{2}{4}$ es equivalente a $\frac{1}{2}$, $2\frac{2}{4}$ es equivalente a $2\frac{1}{2}$. Dori camina $2\frac{1}{2}$ millas desde y hasta la escuela cada semana.

¡Convénceme! **Generalizar** ¿Por qué se pueden usar tanto la suma como la multiplicación para representar el problema anterior? Escribe una ecuación para explicarlo.

Nombre ______________________________

Otro ejemplo

¿Cuántas millas recorrió Jess en su bicicleta si recorrió $\frac{3}{5}$ de milla por día durante 4 días?

$\frac{1}{5}$	$\frac{1}{5}$	$\frac{1}{5}$	$\frac{1}{5}$	$\frac{1}{5}$	$\frac{1}{5}$	$\frac{1}{5}$	$\frac{1}{5}$	$\frac{1}{5}$	$\frac{1}{5}$	$\frac{1}{5}$	$\frac{1}{5}$
$\frac{3}{5}$			$\frac{3}{5}$			$\frac{3}{5}$			$\frac{3}{5}$		

Usa la suma.

$\frac{3}{5} + \frac{3}{5} + \frac{3}{5} + \frac{3}{5} = \frac{12}{5} = \frac{5}{5} + \frac{5}{5} + \frac{2}{5} = 2\frac{2}{5}$

Jess recorrió $2\frac{2}{5}$ millas en bicicleta.

Usa la multiplicación.

$4 \times \frac{3}{5} = \frac{12}{5} = \frac{5}{5} + \frac{5}{5} + \frac{2}{5} = 2\frac{2}{5}$

Jess recorrió $2\frac{2}{5}$ millas en bicicleta.

Práctica guiada

¿Lo entiendes?

1. Haz un dibujo para explicar cómo hallar $3 \times \frac{2}{5}$.

¿Cómo hacerlo?

Para **2** y **3**, escribe y resuelve una ecuación de multiplicación.

2.

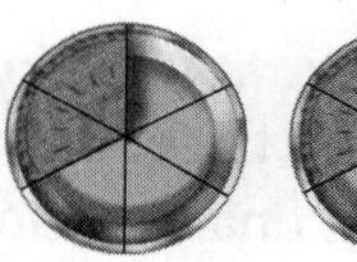

3. Recta numérica: 0, $\frac{1}{3}$, $\frac{2}{3}$, 1, $1\frac{1}{3}$, $1\frac{2}{3}$, 2, $2\frac{1}{3}$, $2\frac{2}{3}$, 3

Práctica independiente

Para **4** a **7**, escribe y resuelve una ecuación de multiplicación. Usa dibujos o rectas numéricas si es necesario.

4.

$\frac{1}{8}$ mi	$\frac{1}{8}$ mi	$\frac{1}{8}$ mi	$\frac{1}{8}$ mi	$\frac{1}{8}$ mi

5.

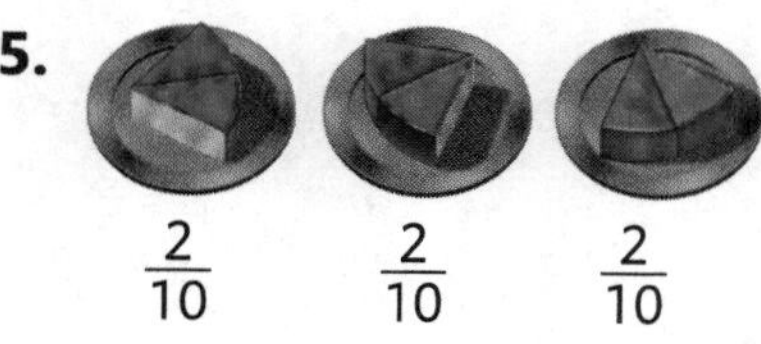

$\frac{2}{10}$ $\frac{2}{10}$ $\frac{2}{10}$

6. Calcula la distancia que recorre Margo en bicicleta si recorre $\frac{7}{8}$ de milla por día durante 4 días.

7. Calcula la distancia que recorre Tom en bicicleta si recorre $\frac{5}{6}$ de milla por día durante 5 días.

Resolución de problemas

8. Kiona llena una taza de medir con $\frac{3}{4}$ de taza de jugo 3 veces para hacer un refresco de frutas. Escribe y resuelve una ecuación de multiplicación con un número entero y una fracción para mostrar la cantidad total de jugo que usa Kiona.

9. Cada vuelta alrededor de la pista es $\frac{3}{10}$ de kilómetro. Eliot caminó alrededor de la pista 4 veces. ¿Qué distancia recorrió Eliot?

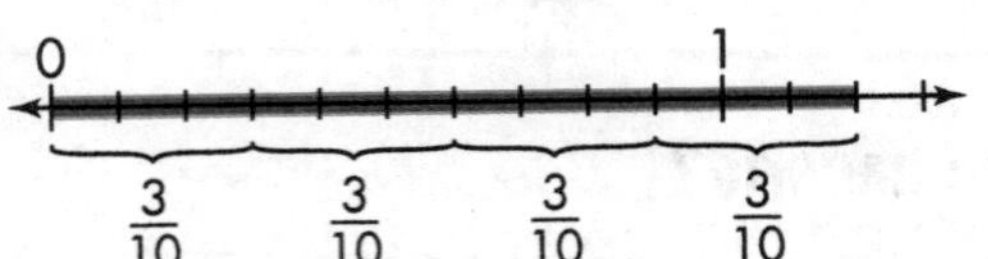

10. Un chef sirve $\frac{5}{6}$ de una lasaña. Cada porción es $\frac{1}{6}$ de la lasaña. ¿Cuántas porciones sirvió? Resuelve el problema escribiendo $\frac{5}{6}$ como un múltiplo de $\frac{1}{6}$.

11. Representar con modelos matemáticos Wendy usa $\frac{2}{12}$ de un pan para hacer un sándwich. Escribe y resuelve una ecuación para hallar p, cuánto del pan usa para hacer 4 sándwiches. Usa un dibujo si es necesario.

12. Razonamiento de orden superior Un panadero usa $\frac{2}{3}$ de harina de centeno en cada pan. ¿Cuántas tazas de harina de centeno usará el panadero en 3 panes? ¿Y en 7 panes? ¿Y en 10?

Práctica para la evaluación

13. Elaine trotó $\frac{4}{5}$ de milla por día durante 4 días. Escoge todas las expresiones que indiquen cuánto trotó Elaine en total. Usa dibujos o rectas numéricas si es necesario.

- ☐ $4 \times \frac{4}{5}$
- ☐ $\frac{16}{5}$
- ☐ $3\frac{1}{5}$
- ☐ $4 \times \frac{1}{5}$
- ☐ $2\frac{1}{5}$

14. Freddie patinó $\frac{1}{2}$ milla por día durante 6 días. Escoge todas las ecuaciones que se pueden usar para hallar p, la distancia total que Freddie recorrió patinando.

- ☐ $p = \frac{1}{2} + \frac{1}{2} + \frac{1}{2} + \frac{1}{2} + \frac{1}{2} + \frac{1}{2}$
- ☐ $p = 6 \times \frac{1}{2}$
- ☐ $p = 6 + \frac{1}{2}$
- ☐ $p = 6 + 2 \times \frac{1}{2}$
- ☐ $p = 6 \times 2$

Nombre ____________________

Lección 10-3
Multiplicar una fracción por un número entero: Usar signos o símbolos

Resuélvelo y coméntalo

Una receta de 1 galón de refresco de frutas lleva $\frac{3}{4}$ de taza de jugo de naranja. ¿Cuántas tazas de jugo de naranja se necesitan para hacer 8 galones de refresco? ***Resuelve este problema de la manera que prefieras.***

Puedo...
usar propiedades y ecuaciones para multiplicar una fracción por un número entero.

También puedo representar con modelos matemáticos para resolver problemas.

Puedes usar un dibujo, un diagrama de barras, un modelo de área o una ecuación para representar con modelos matemáticos. *¡Muestra tu trabajo en el espacio que sigue!*

¡Vuelve atrás! **Hacerlo con precisión** Mira tu solución. ¿Qué unidad debes usar para rotular la respuesta?

¿Cómo puedes usar signos o símbolos para multiplicar una fracción por un número entero?

A

Stanley hace copas de helado. Hoy hizo 2 copas de helado. ¿Cuánto helado usó Stanley? Halla $2 \times \frac{3}{4}$.

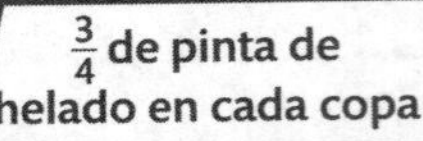

$\frac{3}{4}$ de pinta de helado en cada copa

Puedes usar la estructura para multiplicar una fracción y un número entero.

B Una manera

$2 \times \frac{3}{4} = 2 \times \left(3 \times \frac{1}{4}\right)$ Escribe $\frac{3}{4}$ como un múltiplo de $\frac{1}{4}$: $\frac{3}{4} = 3 \times \frac{1}{4}$.

$= (2 \times 3) \times \frac{1}{4}$ Usa la propiedad asociativa de la multiplicación.

$= 6 \times \frac{1}{4}$

$= \frac{6}{4}$

$= \frac{4}{4} + \frac{2}{4} = 1\frac{2}{4}$

Por tanto, $2 \times \frac{3}{4} = \frac{6}{4}$ o $1\frac{2}{4}$.

C Otra manera

$2 \times \frac{3}{4} = \frac{2 \times 3}{4}$ Multiplica el número entero y el numerador.

$= \frac{6}{4}$

$= \frac{4}{4} + \frac{2}{4} = 1\frac{2}{4}$

Por tanto, $2 \times \frac{3}{4} = \frac{6}{4}$ o $1\frac{2}{4}$

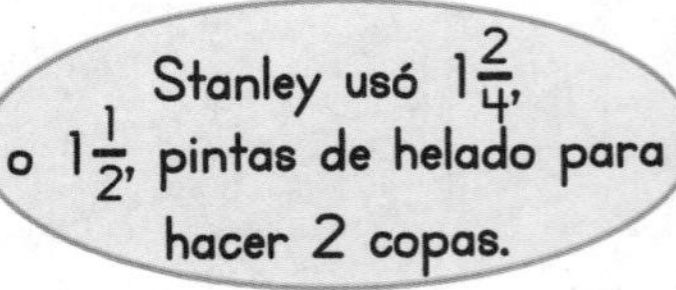

Stanley usó $1\frac{2}{4}$, o $1\frac{1}{2}$, pintas de helado para hacer 2 copas.

¡Convénceme! **Usar la estructura** Usa las propiedades de las operaciones para calcular $3 \times \frac{3}{6}$. Muestra tu trabajo.

Nombre ______________________________

Práctica guiada

¿Lo entiendes?

1. Sarah tiene $\frac{1}{2}$ barra de granola. Su amigo tiene 5 veces esa cantidad de barras de granola. ¿Cuántas barras de granola tiene el amigo de Sarah?

2. Sue necesita $\frac{5}{6}$ de taza de cacao para hacer una tanda de pudín de chocolate. Quiere hacer 4 tandas de pudín para llevar a una fiesta. Escribe y resuelve una ecuación para hallar cuántas tazas de cacao, *t*, necesitará Sue para las 4 tandas de pudín.

¿Cómo hacerlo?

Para **3** y **4**, multiplica.

3. $8 \times \frac{1}{2}$

4. $3 \times \frac{3}{4}$

Para **5** y **6**, escribe y resuelve una ecuación de multiplicación.

5. Calcula la cantidad de medicamento tomada en 5 días si la dosis es $\frac{3}{4}$ de onza líquida por día.

6. Calcula la longitud de cinta necesaria para decorar 9 cajas si cada caja lleva $\frac{2}{3}$ de yarda de cinta.

Práctica independiente

Para **7** a **15**, multiplica.

7. $4 \times \frac{1}{3}$

8. $6 \times \frac{3}{8}$

9. $8 \times \frac{2}{5}$

10. $2 \times \frac{5}{6}$

11. $4 \times \frac{2}{3}$

12. $5 \times \frac{7}{8}$

13. $7 \times \frac{3}{4}$

14. $9 \times \frac{3}{5}$

15. $4 \times \frac{5}{8}$

Para **16** a **17**, escribe y resuelve una ecuación de multiplicación.

16. Calcula la distancia que corre Mary en una semana si corre $\frac{7}{8}$ de milla por día.

17. Calcula la longitud de 5 trozos de cinta unidos por los extremos si cada trozo mide $\frac{2}{3}$ de yarda.

Resolución de problemas

18. Un equipo de béisbol compró 8 cajas de pelotas. Si el equipo gastó $1,696 en total, ¿cuál era el costo de 1 caja de pelotas?

19. Oscar quiere hacer 4 pasteles de pollo. La receta lleva $\frac{2}{3}$ de libra de papas por cada pastel. ¿Cuántas libras de papas necesitará Oscar?

20. Mario tarda $\frac{1}{4}$ de hora en cortar el césped del jardín del Sr. Harris. Tarda 3 veces esa cantidad en cortar el césped de la Sra. Carter. ¿Cuánto tarda Mario en cortar el césped de la Sra. Carter? Escribe tu respuesta como fracción de una hora y luego en minutos.

$\frac{1}{4}$ de hora es 15 minutos.

21. **Vocabulario** Usa los términos *numerador*, *denominador* y *número entero*.

Cuando multiplicas una fracción por un número entero, el ________________ del producto es igual al denominador de la fracción. El ________________ del producto es el producto del ________________ y el numerador de la fracción.

22. **Representar con modelos matemáticos** Malik nada $\frac{9}{10}$ de milla por día. Escribe y resuelve una ecuación para hallar *n*, cuántas millas nada Malik en 4 días.

23. **Razonamiento de orden superior** Sam hará 7 tartas de fruta. Cada tarta lleva $\frac{3}{4}$ de taza de fresas y $\frac{1}{4}$ de taza de arándanos azules. ¿Qué cantidad de fruta necesita Sam para hacer las tartas? Usa las propiedades de las operaciones para resolver el problema.

Práctica para la evaluación

24. Simón hace marcos para fotos. Cada marco lleva $\frac{4}{5}$ de yarda de madera. ¿Qué longitud de madera necesitará Simón para hacer 2 marcos? Completa la ecuación.

$2 \times \frac{4}{5} = \frac{\square \times 4}{5} = \frac{\square}{5}$, o $1\frac{\square}{5}$ yardas

25. Ellen hace maceteros para plantas. Cada macetero lleva $\frac{3}{6}$ de yarda de madera. ¿Qué longitud de madera necesitará Ellen para hacer 7 maceteros? Completa la ecuación.

$7 \times \frac{3}{6} = \frac{\square \times 3}{6} = \frac{\square\square}{\square}$, o $\square\frac{3}{6}$ yardas

Nombre ______________________________

Lección 10-4
Resolver problemas sobre la hora

Resuélvelo y coméntalo El maratón internacional Big Sur se corre en la costa de California todas las primaveras. La madre de Simón fue la campeona de todas las categorías. ¿Cuánto más veloz que la ganadora del grupo de mujeres de 65 a 69 años fue la madre de Simón? Di cómo lo decidiste. ***Resuelve este problema de la manera que prefieras.***

Puedo...
sumar, restar, multiplicar o dividir para resolver problemas sobre la hora.

También puedo escoger y usar una herramienta matemática para resolver problemas.

Puedes usar herramientas apropiadas, como diagramas de barras o rectas numéricas, para resolver problemas sobre la hora.

DATOS

	Hombres	Mujeres
Campeón(a)	2 horas y 23 minutos	2 horas y 50 minutos
65 a 69 años	3 horas y 34 minutos	3 horas y 58 minutos
70 a 74 años	4 horas y 20 minutos	4 horas y 34 minutos

¡Vuelve atrás! El ganador del grupo de hombres de 70 a 74 tardó $4\frac{1}{3}$ horas. El abuelo de Simón, que tiene 68 años, tardó $3\frac{2}{3}$ horas. ¿Cómo puedes hallar la diferencia entre estos tiempos?

Pregunta esencial

¿Cómo puedes resolver problemas sobre la hora?

A

Krystal entrena para una carrera. Entrena todos los días durante 8 días. ¿Cuántas horas entrena Krystal?

Krystal dedica la misma cantidad de tiempo a la carrera corta, a caminar y a trotar. ¿Cuántos minutos dedica Krystal a cada actividad durante los 8 días de entrenamiento?

Puedes usar lo que sabes sobre el tiempo como ayuda para resolver estos problemas.

Krystal entrena $\frac{3}{4}$ de hora por día.

B Halla cuántas horas entrena Krystal.

Halla $8 \times \frac{3}{4}$.

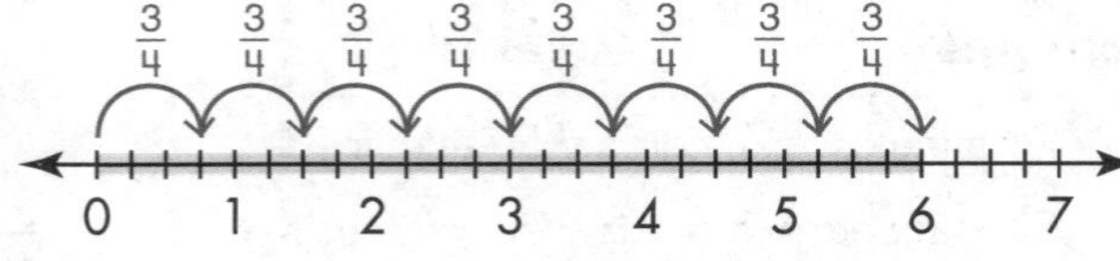

$$8 \times \frac{3}{4} = \frac{24}{4}$$
$$= \frac{4}{4} + \frac{4}{4} + \frac{4}{4} + \frac{4}{4} + \frac{4}{4} + \frac{4}{4} = 6$$

Krystal entrena durante 6 horas.

Puedes usar un modelo lineal como ayuda para resolver problemas sobre la hora.

C Halla cuántos minutos dedica Krystal a cada actividad durante su entrenamiento.

1 hora = 60 minutos
6 × 60 minutos = 360 minutos de entrenamiento

En 8 días, Krystal dedica 360 minutos a la carrera corta, a caminar y a trotar.

Divide para hallar cuántos minutos dedica Krystal a cada actividad. Halla 360 ÷ 3.

$$3\overline{)360}\quad 120$$

En 8 días, Krystal dedica 120 minutos, o 2 horas, a cada actividad.

¡Convénceme! Construir argumentos ¿Por qué se multiplica para convertir 6 horas a minutos?

Nombre ______________________

Práctica Herramientas Evaluación

Otro ejemplo

Sumar la hora

Halla 2 horas y 32 minutos + 3 horas y 40 minutos.

```
  2 horas 32 minutos
+ 3 horas 40 minutos
--------------------
  5 horas 72 minutos
= 6 horas 12 minutos
```

Como 72 minutos > 1 hora, reagrupa 60 minutos como 1 hora.

Restar la hora

Halla 5 horas y 8 minutos − 2 horas y 32 minutos.

```
  4         68
  5̸ horas   8̸ minutos
− 2 horas  32 minutos
---------------------
  2 horas  36 minutos
```

Como 8 minutos < 32 minutos, reagrupa 1 hora como 60 minutos.

Práctica guiada

¿Lo entiendes?

1. ¿En qué se parece sumar y restar medidas de tiempo a sumar y restar números enteros?

¿Cómo hacerlo?

Para **2** y **3**, resuelve los problemas. Recuerda que hay 60 minutos en 1 hora y 7 días en 1 semana.

2. ¿Cuántos minutos hay en un día de escuela de 7 horas y 25 minutos?

3. ¿Cuánto es $3\frac{2}{4}$ semanas + $2\frac{3}{4}$ semanas?

Práctica independiente

Para **4** a **7**, suma, resta, multiplica o divide.

DATOS

Unidades de tiempo	
1 hora = 60 minutos	1 día = 24 horas
1 año = 12 meses	1 semana = 7 días

4.
```
  8 horas  30 minutos
+ 7 horas  35 minutos
---------------------
 ☐ horas ☐ minutos = ☐ horas ☐ minutos
```

5.
```
   ☐     ☐
  2 años 5 meses
−        9 meses
----------------
 ☐ año ☐ meses
```

6. $8 \times \frac{1}{4}$ hora $= \frac{\square \times 1}{\square} = \frac{\square}{4} = \square$ horas

7. Si hay 4 personas, ¿cuánto debe trabajar cada una para repartirse 48 horas de trabajo por igual?
$48 \div 4 = \square$ horas

Resolución de problemas

Para **8** y **9**, usa la tabla de la derecha.

8. ¿Cuánto duran todas las actividades de la reunión?

9. Hay 55 minutos entre el fin de la cena y el comienzo de la fogata. ¿Cuánto tiempo transcurre desde el comienzo de la cena hasta el comienzo de la fogata?

DATOS

Actividades de la reunión de la familia Suárez	
Viaje al parque Lago Espejo	4 horas y 15 minutos
Presentación de diapositivas	55 minutos
Cena	1 hora y 30 minutos
Fogata	1 hora y 35 minutos

10. Entender y perseverar La banda de la escuela gastó $4,520 en boletos de avión y $1,280 en gastos de hotel para los 8 portaestandartes. ¿Cuánto se gastó en cada portaestandarte?

11. Razonamiento de orden superior Un paseo en bote por el lago dura $2\frac{2}{4}$ horas. Un paseo en canoa por el río dura $3\frac{1}{4}$ horas. Muestra los tiempos en la recta numérica. ¿Cuánto más que el paseo en bote dura el paseo en canoa en horas? ¿Y en minutos?

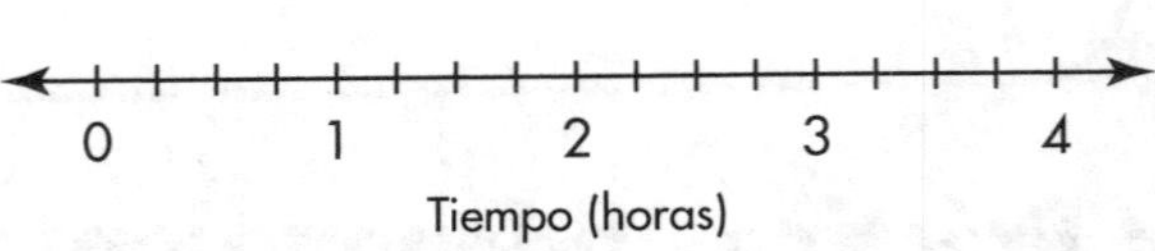

Práctica para la evaluación

12. A Krys y a Glen les lleva $\frac{1}{4}$ de hora caminar una milla. Esta semana, Krys caminó 9 millas y Glen caminó 3 millas. ¿Cuánto más que Glen caminó Krys?

_____ horas

13. El primer vuelo de Henry duró 1 hora y 12 minutos. El segundo vuelo duró 2 horas y 41 minutos. ¿Cuánto tiempo duraron los vuelos de Henry?

_____ horas y _____ minutos

Nombre ____________________

Resuélvelo y coméntalo

La madre de Pierre tiene una tienda de helados. Pone $\frac{3}{12}$ de taza de extracto de vainilla y $\frac{1}{12}$ de taza de extracto de almendras en cada tanda de 10 galones de helado. ¿Cuánto extracto se usa en total para hacer 5 tandas de helado? Usa diagramas de barras para representar y resolver este problema.

Resolución de problemas

Lección 10-5

Representar con modelos matemáticos

Puedo...
usar diversas representaciones para resolver problemas.

También puedo resolver problemas de varios pasos.

Hábitos de razonamiento

¡Razona correctamente! Estas preguntas pueden ayudarte.

- ¿Cómo puedo usar lo que sé de matemáticas para resolver este problema?
- ¿Cómo puedo usar dibujos, objetos y ecuaciones para representar el problema?
- ¿Cómo puedo usar números, palabras, signos y símbolos para resolver este problema?

¡Vuelve atrás! Representar con modelos matemáticos ¿Qué oraciones numéricas puedes escribir para representar el problema?

¿Cómo se puede representar una situación con un modelo matemático?

A

Cada vez que el equipo de béisbol gana un partido, el Sr. Finn le da al entrenador la cantidad de antojitos que se muestran. ¿Cuántas libras de antojitos le da el Sr. Finn al entrenador cuando el equipo de béisbol gana 3 partidos?

¿Qué pregunta escondida tienes que hallar y resolver primero?

¿Cuántas libras de antojitos le da el Sr. Finn al entrenador cuando el equipo de béisbol gana un partido?

Este es mi razonamiento...

B

¿Cómo puedo representar con modelos matemáticos?

Puedo

- usar los conceptos y las destrezas aprendidos anteriormente.
- hallar las preguntas escondidas y responderlas.
- usar diagramas de barras y ecuaciones para representar y resolver este problema.

C

Sea l = las libras de antojitos después de un partido.

l	
$\frac{3}{8}$	$\frac{4}{8}$

$l = \frac{3}{8} + \frac{4}{8}$, $l = \frac{7}{8}$ libras

Sea t = la cantidad total de libras de antojitos después de 3 partidos.

t		
$\frac{7}{8}$	$\frac{7}{8}$	$\frac{7}{8}$

$t = 3 \times \frac{7}{8} = \frac{21}{8}$

$= \frac{8}{8} + \frac{8}{8} + \frac{5}{8}$

$t = 2\frac{5}{8}$ libras

El Sr. Finn le da al entrenador $2\frac{5}{8}$ libras de antojitos cuando el equipo gana 3 partidos.

¡Convénceme! **Razonar** Explica de qué otra manera puedes resolver este problema.

Nombre ______________________

Práctica guiada

Representar con modelos matemáticos

Colton y sus compañeros hacen mapas de las calles donde viven. ¿Cuánto fieltro verde y negro debe comprar la maestra para que cada uno de 5 grupos de estudiantes pueda hacer un mapa?

Fieltro necesario para cada mapa
$\frac{1}{6}$ de lámina color blanco
$\frac{2}{6}$ de lámina color café
$\frac{2}{6}$ de lámina color azul
$\frac{4}{6}$ de lámina color verde
$\frac{5}{6}$ de lámina color negro

1. Dibuja diagramas de barras y escribe ecuaciones para hallar v, la cantidad de fieltro verde, y n, la cantidad de fieltro negro.

2. Escribe y resuelve una ecuación para hallar t, la cantidad de fieltro verde y negro que usará la clase.

Cuando representas con modelos matemáticos, usas lo que sabes de matemáticas para resolver problemas.

Práctica independiente

Representar con modelos matemáticos

Moira nada $\frac{3}{6}$ de hora antes de ir a la escuela 5 veces por semana y $\frac{5}{6}$ de hora después de la escuela 4 veces por semana. ¿Cuánto tiempo nada Moira por semana? Usa los Ejercicios 3 a 5 para responder a la pregunta.

3. Dibuja un diagrama de barras y escribe una ecuación para hallar a, cuántas horas nada Moira por semana antes de ir a la escuela.

4. Dibuja un diagrama de barras y escribe una ecuación para hallar d, cuántas horas nada Moira por semana después de la escuela.

5. Dibuja un diagrama de barras y escribe una ecuación para hallar h, cuántas horas nada Moira por semana.

Resolución de problemas

Tarea de rendimiento

Mezcla de pintura

Perry mezcló $\frac{5}{8}$ de galón de pintura roja y $\frac{3}{8}$ de galón de pintura amarilla para crear el tono correcto de pintura anaranjada. Perry necesita 2 galones de pintura anaranjada para pintar el piso del sótano. ¿Cuántos galones de pintura roja y amarilla debe usar Perry para hacer una cantidad de pintura anaranjada que sea suficiente para cubrir el piso del sótano?

6. **Razonar** ¿Qué necesitas saber para hallar cuántos galones de cada color debe usar Perry?

7. **Representar con modelos matemáticos** Dibuja diagramas de barras y escribe ecuaciones para hallar *g*, cuántos galones de pintura hay en una tanda, y *t*, cuántas tandas tiene que hacer Perry.

Cuando representas con modelos matemáticos, usas un dibujo para mostrar cómo están relacionadas las cantidades del problema.

8. **Representar con modelos matemáticos** Dibuja diagramas de barras y escribe y resuelve ecuaciones para mostrar cómo hallar cuántos galones de cada color necesita usar Perry. Di lo que representan tus variables.

Nombre ____________________

TEMA 10

Actividad de práctica de fluidez

Trabaja con un compañero. Necesitan papel y lápiz. Cada uno escoge un color diferente: celeste o azul.

El compañero 1 y el compañero 2 apuntan a uno de los números negros al mismo tiempo. Ambos suman esos números.

Si la respuesta está en el color que escogiste, puedes anotar una marca de conteo. Sigan la actividad hasta que uno de los dos tenga doce marcas de conteo.

Puedo...
sumar números enteros de varios dígitos.

También puedo construir argumentos matemáticos.

Compañero 1

2,814
3,149
4,097
5,308
6,127

3,043	5,776	4,565	6,015
6,595	3,617	6,834	3,856
3,343	6,496	5,502	5,537
3,008	3,378	4,326	4,804
4,291	3,183	5,677	3,521
3,518	6,356	3,282	4,466

Compañero 2

369
194
229
468
707

Marcas de conteo del compañero 1

Marcas de conteo del compañero 2

Repaso del vocabulario

Lista de palabras

- denominador
- fracción
- fracción unitaria
- fracciones equivalentes
- múltiplo
- numerador
- número mixto

Comprender el vocabulario

Escribe V si el enunciado es *verdadero* y F si es *falso.*

1. _______ La fracción $\frac{3}{4}$ es un múltiplo de $\frac{1}{4}$.

2. _______ Las fracciones equivalentes son fracciones en las que el numerador y el denominador tienen el mismo valor.

3. _______ El denominador de una fracción indica la cantidad de partes iguales del entero.

4. _______ Una fracción representa una parte de un entero, una parte de un conjunto o una ubicación en una recta numérica.

5. _______ El numerador es el número que está debajo de la barra de fracción.

Escribe *siempre, a veces* o *nunca*.

6. Una fracción unitaria tiene un numerador de 1. _______________

7. Un numerador es mayor que su denominador. _______________

8. Un número mixto tiene solo una parte fraccionaria. _______________

Usar el vocabulario al escribir

9. Samantha escribió $\frac{1}{2}$. Usa al menos 3 términos de la Lista de palabras para describir la fracción de Samantha.

Puedes usar la mayoría de los términos para describir la fracción de Samantha.

Nombre ____________________

TEMA 10

Refuerzo

Grupo A páginas 385 a 388

Talia usó $\frac{5}{8}$ de yarda de cinta.

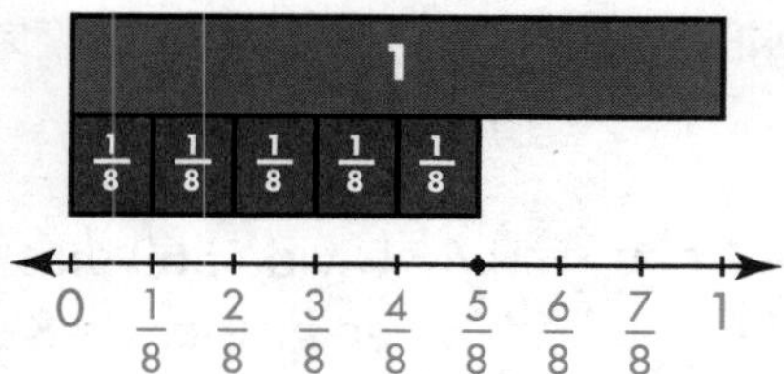

Escribe $\frac{5}{8}$ como un múltiplo de una fracción unitaria.

$$\frac{5}{8} = 5 \times \frac{1}{8}$$

Recuerda que una fracción unitaria siempre tiene un numerador de 1.

Escribe las fracciones como múltiplos de una fracción unitaria.

1. $\frac{5}{5}$
2. $\frac{3}{8}$
3. $\frac{4}{3}$
4. $\frac{6}{5}$
5. $\frac{15}{8}$
6. $\frac{7}{4}$

Grupo B páginas 389 a 392

James corre $\frac{3}{5}$ de milla por semana. ¿Qué distancia corre James en 2 semanas?

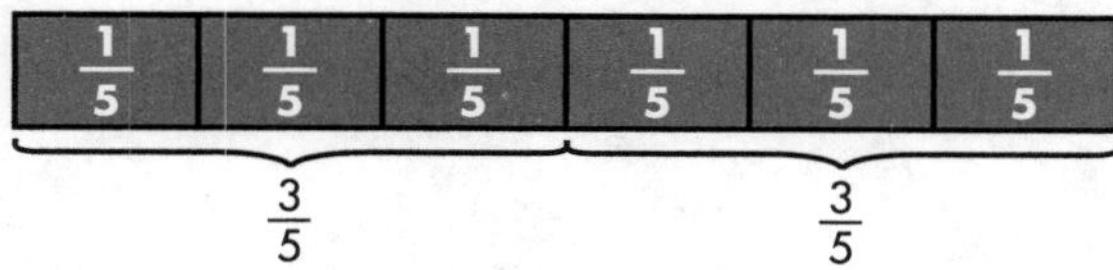

Multiplica para hallar el producto.

$$2 \times \frac{3}{5} = \frac{3}{5} + \frac{3}{5} = \frac{6}{5} = \frac{5}{5} + \frac{1}{5} = 1\frac{1}{5}$$

James corre $\frac{6}{5}$, o $1\frac{1}{5}$ millas.

Recuerda que puedes anotar las respuestas como fracciones o números mixtos.

Escribe y resuelve una ecuación.

1. 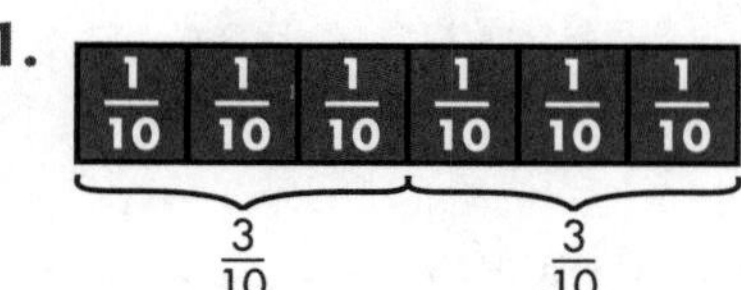

2. 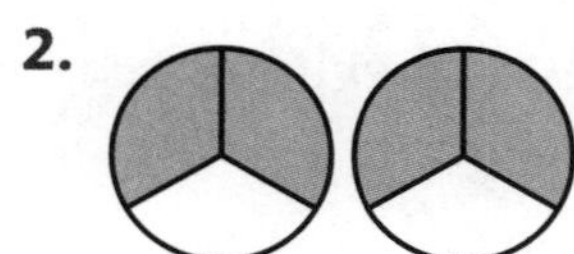

Grupo C páginas 393 a 396

Alicia tiene 7 cachorritos. Cada cachorrito come $\frac{2}{3}$ de taza de alimento por día. ¿Cuántas tazas de alimento necesita Alicia para alimentar a los cachorritos por día?

Multiplica $7 \times \frac{2}{3}$.

Multiplica el número entero y el numerador.

$$7 \times \frac{2}{3} = \frac{7 \times 2}{3}$$
$$= \frac{14}{3}$$
$$= \frac{3}{3} + \frac{3}{3} + \frac{3}{3} + \frac{3}{3} + \frac{2}{3}$$
$$= 4\frac{2}{3} \text{ tazas}$$

Alicia necesita $4\frac{2}{3}$ tazas de alimento para alimentar a los cachorritos por día.

Recuerda que el número entero se multiplica por el numerador, y el producto se escribe sobre el denominador de la fracción.

1. Milo hace 5 tandas de pastelitos. En cada tanda, usa $\frac{2}{3}$ de bolsa de nueces. ¿Cuántas bolsas de nueces usa Milo?

2. En un comedero para aves caben $\frac{7}{8}$ de libra de semillas. ¿Cuántas libras de semillas caben en 4 comederos para aves?

Grupo D páginas 397 a 400

Puedes sumar, restar, multiplicar y dividir medidas de tiempo.

DATOS Unidades de tiempo	
1 hora = 60 minutos	1 día = 24 horas
1 año = 12 meses	1 semana = 7 días

Recuerda que tal vez necesites reagrupar cuando resuelvas problemas sobre la hora.

1. 7 horas 12 minutos + 3 horas 53 minutos

2. $7 \times \frac{3}{4}$ de hora

3. 5 semanas 4 días − 3 semanas 6 días

4. Divide 560 días en grupos de 8.

5. Li Marie practica piano $1\frac{2}{3}$ horas durante la semana y $2\frac{1}{3}$ horas el fin de semana. Muestra el tiempo en la recta numérica. ¿Cuántas horas más que en la semana practica el fin de semana?

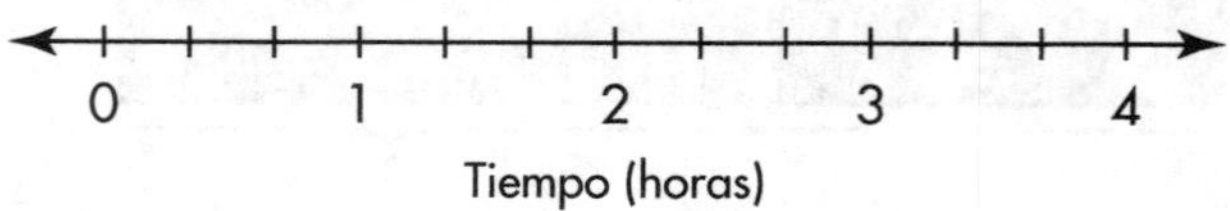
0
1
2
3
4
Tiempo (horas)

Grupo E páginas 401 a 404

Piensa en tus respuestas a estas preguntas como ayuda para **representar con modelos matemáticos**.

Hábitos de razonamiento

- ¿Cómo puedo usar lo que sé de matemáticas para resolver este problema?
- ¿Cómo puedo usar dibujos, objetos y ecuaciones para representar el problema?
- ¿Cómo puedo usar números, palabras, signos y símbolos para resolver este problema?

Julie prepara *chili* con $2\frac{3}{8}$ tazas de frijoles rojos, $4\frac{1}{8}$ tazas de frijoles para *chili* y $\frac{7}{8}$ tazas de cebolla. ¿Cuántas tazas de frijoles para *chili* más que de frijoles rojos y cebolla juntos usó Julie?

1. Escribe y resuelve una ecuación para hallar *r*, cuántas tazas de frijoles rojos y cebollas usa Julie.

2. Escribe y resuelve una ecuación para hallar *c*, cuántas tazas de frijoles para *chili* más que de frijoles rojos y cebollas usó Julie.

Nombre ______________________________

TEMA 10

Práctica para la evaluación

1. Margo practica flauta $\frac{1}{4}$ de hora por día.

Unidades de tiempo
1 semana = 7 días
1 hora = 60 minutos

A. Escribe y resuelve una ecuación para hallar cuántas horas practica flauta Margo en 1 semana.

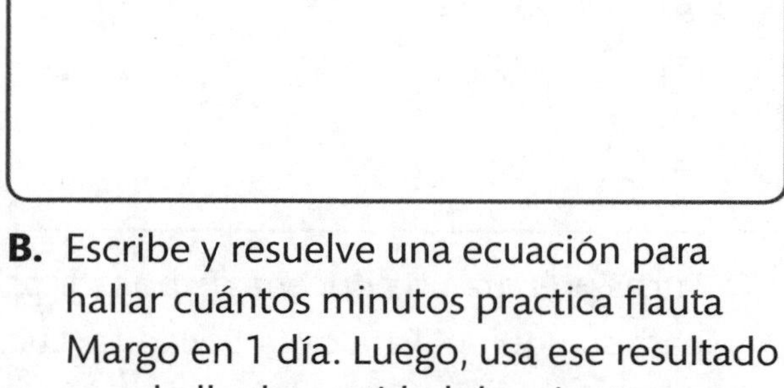

B. Escribe y resuelve una ecuación para hallar cuántos minutos practica flauta Margo en 1 día. Luego, usa ese resultado para hallar la cantidad de minutos que practica en 1 semana.

2. ¿Cuál de las siguientes opciones representa la fracción $\frac{8}{9}$ como un múltiplo de una fracción unitaria?

Ⓐ 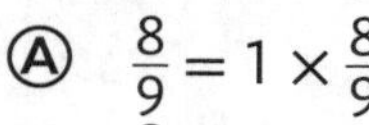 $\frac{8}{9} = 1 \times \frac{8}{9}$

Ⓑ $\frac{8}{9} = 8 \times 9$

Ⓒ $\frac{8}{9} = 8 \times \frac{1}{9}$

Ⓓ $\frac{8}{9} = 4 \times \frac{2}{9}$

3. Ben estuvo jugando en la casa de un amigo durante 2 horas y 35 minutos. Luego, estuvo jugando en un parque durante 1 hora y 10 minutos. Estuvo jugando en su patio durante 1 hora y 20 minutos. ¿Cuánto tiempo estuvo jugando Ben en total?

Ⓐ 6 horas y 27 minutos

Ⓑ 5 horas y 15 minutos

Ⓒ 5 horas y 5 minutos

Ⓓ 5 horas

4. Escoge números de la lista para completar los valores que faltan en las ecuaciones de multiplicación. Usa cada número una sola vez.

1	2	3	4	5	6	7	8

$\frac{7}{8} = \square \times \frac{\square}{8}$ $\qquad 3 \times \frac{1}{\square} = \frac{\square}{4}$

$\frac{\square}{6} = 5 \times \frac{1}{\square}$ $\qquad 8 \times \frac{1}{2} = \frac{\square}{\square}$

5. Chris halló el producto de números enteros y fracciones. Empareja cada expresión con su producto.

	5	$2\frac{2}{8}$	3	$2\frac{2}{4}$
$5 \times \frac{2}{4}$	❑	❑	❑	❑
$6 \times \frac{5}{6}$	❑	❑	❑	❑
$6 \times \frac{3}{8}$	❑	❑	❑	❑
$5 \times \frac{3}{5}$	❑	❑	❑	❑

6. ¿Cuál es el producto de 4 y $\frac{4}{8}$? Escribe otra expresión que sea igual al producto de 4 y $\frac{4}{8}$.

7. Completa la ecuación de multiplicación que describe lo que muestra el modelo.

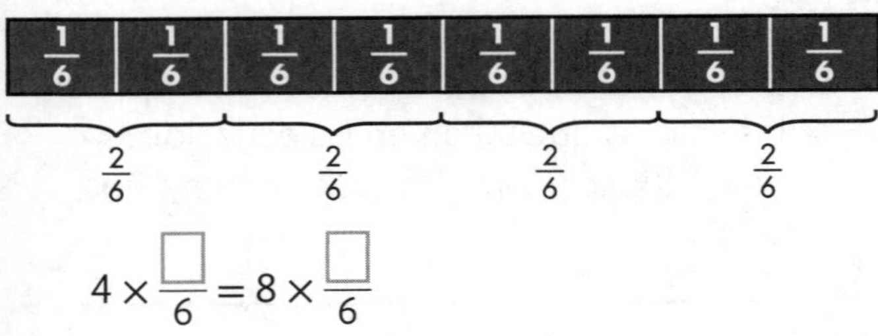

$$4 \times \frac{\square}{6} = 8 \times \frac{\square}{6}$$

8. Usa una fracción unitaria y un número entero para escribir una ecuación de multiplicación que sea igual a $\frac{7}{8}$.

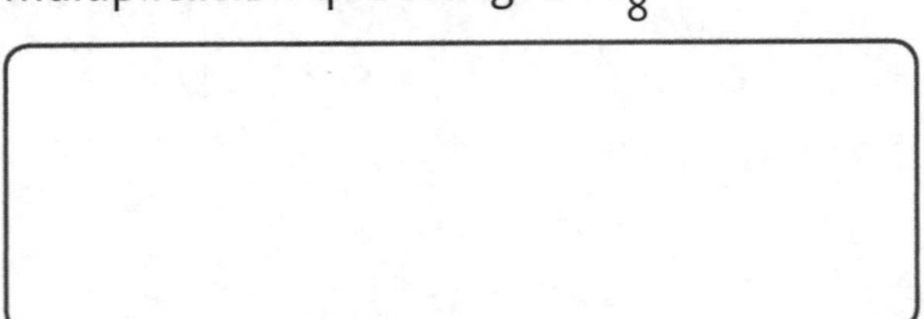

9. Juan hace galletas. Hace 2 tandas el lunes y 4 tandas el martes. Juan usa $\frac{3}{4}$ de taza de harina en cada tanda. ¿Cuánta harina usa Juan? Explícalo.

10. Lee usa $\frac{1}{5}$ de yarda de alambre para cada adorno que hace. Hace 3 adornos para su abuela y 2 adornos para su mamá. ¿Cuántas yardas de alambre usó?

Ⓐ $\frac{3}{5}$

Ⓑ $1\frac{2}{5}$

Ⓒ $\frac{2}{5}$

Ⓓ 1

11. Lucas prepara una docena de bocaditos para su equipo. Para cada bocadito, Lucas usa $\frac{1}{4}$ de taza de cerezas secas y $\frac{2}{4}$ de taza de albaricoques secos. ¿Cuántas tazas de frutas secas necesita Lucas para la docena de bocaditos? Recuerda que hay 12 bocaditos en una docena. Escribe y resuelve ecuaciones para mostrar cómo hallaste la respuesta.

Nombre ______________________________

El mural de la escuela

Paul tiene permiso para pintar un mural de 20 paneles para la escuela. Parte del mural se muestra en la figura **Pintar un mural.** Paul decide que necesita ayuda. La tabla **Ayudantes** muestra cuánto pueden pintar por día algunos de sus amigos y cuántos días por semana.

Pintar un mural

Paul pinta $\frac{9}{10}$ de panel en un día.

Ayudantes

Amigo	Paneles por día	Días por semana
Leeza	$\frac{3}{4}$	3
Kelsey	$\frac{7}{8}$	4
Tony	$\frac{5}{6}$	3

1. Los estudiantes quieren hallar cuánto les llevará pintar el mural si cada uno trabaja en una parte de los paneles determinada cantidad de días por semana.

Parte A

¿Cuántos paneles puede pintar Leeza en una semana? Usa tiras de fracciones para explicar tu respuesta.

Parte B

¿Cuántos paneles puede pintar Kelsey en una semana? Usa ecuaciones para explicar tu respuesta.

Parte C

Paul puede trabajar 5 días por semana. ¿Cuántos paneles puede pintar Paul en una semana? Explícalo.

Parte D

¿Cuántos paneles puede pintar Tony en una semana? Dibuja un diagrama de barras. Escribe y resuelve una ecuación.

2. La tabla **Tiempo de trabajo por día** muestra cuánto tiempo por día ayudaron los amigos de Paul con el mural.

¿Cuánto tiempo más que Tony y Leeza juntos trabajó Kelsey por día? Explícalo.

Tiempo de trabajo por día

Amigo	Tiempo
Leeza	30 minutos
Kelsey	2 horas y 30 minutos
Tony	1 hora y 45 minutos

Representar e interpretar datos en diagramas de puntos

Preguntas esenciales: ¿Cómo puedes resolver problemas usando los datos de un diagrama de puntos? ¿Cómo se hace un diagrama de puntos?

Recursos digitales

Libro del estudiante

Aprendizaje visual

Práctica

Evaluación

Herramientas

Glosario

Los terremotos ocurren cuando la superficie terrestre libera energía.

Muchos terremotos ocurren cerca de fallas geológicas.

Las ciudades, los países y hasta las escuelas tienen planes de seguridad ante un terremoto. Este es un proyecto sobre seguridad y datos.

Proyecto de enVision® STEM: Seguridad y datos

Investigar Usa la Internet u otras fuentes para hallar qué causa un terremoto y cómo se mide su potencia. Explica cómo se pueden mantener a salvo las personas durante los terremotos.

Diario: Escribir un informe Incluye lo que averiguaste. En tu informe, también:

- explica cómo se usa la escala Richter, que mide el tamaño, o *magnitud*, de un terremoto.
- investiga las magnitudes de al menos 6 terremotos que hayan ocurrido durante tu vida. Haz una tabla para mostrar la fecha y la magnitud de cada terremoto. Luego, muestra las magnitudes en un diagrama de puntos.

Nombre ______________________________

Repasa lo que sabes

Vocabulario

Escoge el mejor término del recuadro. Escríbelo en el espacio en blanco.

- comparar
- datos
- diagrama de puntos
- escala

1. Un/Una ______________ es una manera de organizar datos en una recta numérica.

2. Los números que muestran las unidades usadas en una gráfica se llaman ______________.

3. Los ______________ son información.

Comparar fracciones

Escribe >, < o =en el ◯.

4. $\frac{7}{8} \bigcirc \frac{3}{4}$

5. $\frac{1}{2} \bigcirc \frac{5}{8}$

6. $\frac{1}{4} \bigcirc \frac{2}{8}$

Resta de fracciones

Halla la diferencia.

7. $10\frac{3}{8} - 4\frac{1}{8} =$ ____

8. $5\frac{1}{4} - 3\frac{3}{4} =$ ____

9. $7\frac{4}{8} - 2\frac{4}{8} =$ ____

Interpretar datos

Usa los datos de la tabla para resolver los ejercicios.

DATOS

Longitud de serpientes (pulgadas)			
$12\frac{1}{2}$	$16\frac{1}{2}$	17	24
16	16	13	$12\frac{1}{2}$
$18\frac{1}{2}$	$17\frac{1}{2}$	17	16

10. ¿Cuál es la mayor longitud de serpiente? ¿Cuál es la menor longitud de serpiente?

11. ¿Qué longitud de serpiente está anotada más de una vez? ¿Qué longitud de serpiente se anotó más veces?

12. ¿Cuál es la diferencia entre la mayor y la menor longitud de la tabla?

En este tema, usarás datos para crear diagramas de puntos.

Nombre ______________________________

Escoge un proyecto

¿Cuáles son algunas maneras divertidas de levantarse del sillón y moverse?

Proyecto: Diseña un parque

¿Cuáles son los insectos más elegidos del estado?

Proyecto: Escribe un poema y haz una gráfica sobre un insecto del estado

¿Cuánto jugo de limón se usa en distintas recetas de tarta de limón?

Proyecto: Haz un folleto de recetas de tarta de limón

Representación matemática

Una delgada línea

Antes de ver el video, piensa:

Un nuevo año es un buen momento para comenzar algo nuevo. Me gustaría dormir más, pero soy un robot, y no duermo. ¡Dormir *algo* sería dormir más!

Puedo...

representar con modelos matemáticos para resolver problemas que incluyen analizar e interpretar datos usando diagramas de puntos.

Nombre ______________________________

Lección 11-1

Leer diagramas de puntos

Puedo...
interpretar datos usando diagramas de puntos.

También puedo hacer mi trabajo con precisión.

Resuélvelo y coméntalo Emily fue a pescar. En la siguiente recta numérica, marcó la longitud de los 12 peces que pescó. ¿Cuál es la longitud del pez más grande? ¿Cuál es la longitud del pez más pequeño?

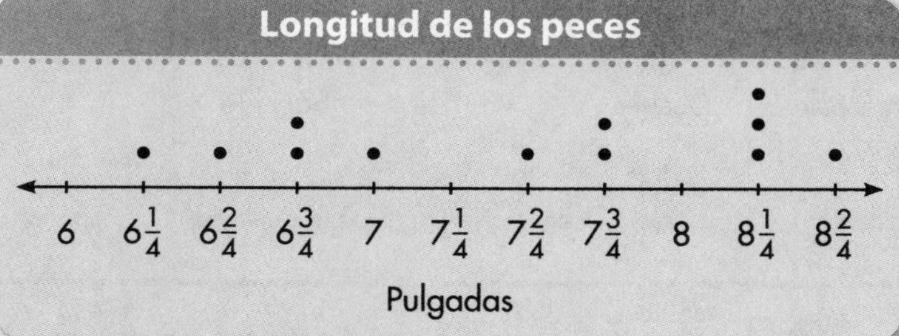

Cuando respondas preguntas, hazlo con precisión y usa los rótulos adecuados.

¡Vuelve atrás! ¿Qué otras observaciones puedes hacer sobre las longitudes de los peces a partir del diagrama de puntos?

¿Cómo se pueden leer los datos en un diagrama de puntos?

A

Un diagrama de puntos muestra datos en una recta numérica. Cada punto sobre la recta numérica representa un número del conjunto de datos.

La siguiente tabla muestra la distancia que Eli caminó con su perro por día durante siete días.

Con los diagramas de puntos es más fácil leer los datos a simple vista.

DATOS

Distancia recorrida (millas)

Domingo	Lunes	Martes	Miércoles	Jueves	Viernes	Sábado
1	$\frac{1}{2}$	$1\frac{1}{2}$	1	$1\frac{1}{2}$	3	1

B Así se ven los datos en un diagrama de puntos.

Distancia recorrida

0, $\frac{1}{2}$, 1, $1\frac{1}{2}$, 2, $2\frac{1}{2}$, 3

Millas

Los números de la parte inferior del diagrama de puntos son la escala de la gráfica.

C Interpreta los datos del diagrama de puntos.

La mayoría de los puntos están sobre el 1 en la recta numérica.
La distancia más común es 1 milla.

La distancia más larga es 3 millas.
La distancia más corta es $\frac{1}{2}$ milla.

¿Cuál es la diferencia entre la distancia más larga y la distancia más corta que caminó Eli con su perro?

$3 - \frac{1}{2} = \frac{6}{2} - \frac{1}{2}$

$= \frac{5}{2}$, o $2\frac{1}{2}$ millas

¡Convénceme! **Representar con modelos matemáticos** Escribe y resuelve una ecuación para hallar cuántas millas, *m*, caminó Eli con su perro en total los 7 días.

Nombre ______________________

Práctica guiada

¿Lo entiendes?

1. ¿Cómo puedes saber la distancia más larga que caminó Eli con su perro a partir del diagrama de puntos?

2. Si un diagrama de puntos representa 10 datos, ¿cuántos puntos hay? Explícalo.

¿Cómo hacerlo?

Para **3** a **5**, usa el diagrama de puntos.

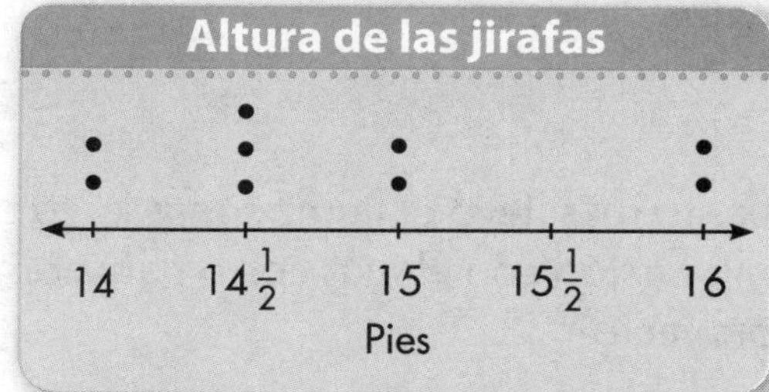

3. ¿Cuántas jirafas miden 14 pies?

4. ¿Cuál es la altura más común?

5. ¿Cuánto mide la jirafa más alta?

Práctica independiente

Los datos se pueden anotar en un diagrama de puntos usando X o puntos.

Para **6** a **10**, usa el diagrama de puntos de la derecha.

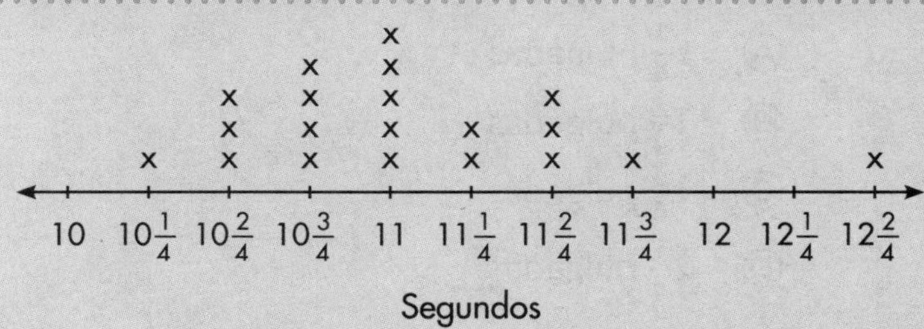

6. ¿Cuántas personas compitieron en la carrera de 100 metros?

7. ¿Cuál fue el tiempo más común?

8. ¿Cuál es la diferencia entre la carrera más rápida y la más lenta?

9. ¿Cuántas personas más que en $10\frac{1}{4}$ segundos corrieron 100 metros en $11\frac{2}{4}$ segundos?

10. Curtis dijo que más de la mitad de las personas corrieron 100 metros en menos de 11 segundos. ¿Estás de acuerdo? Explícalo.

Resolución de problemas

Para **11** y **12**, usa el diagrama de puntos de la derecha.

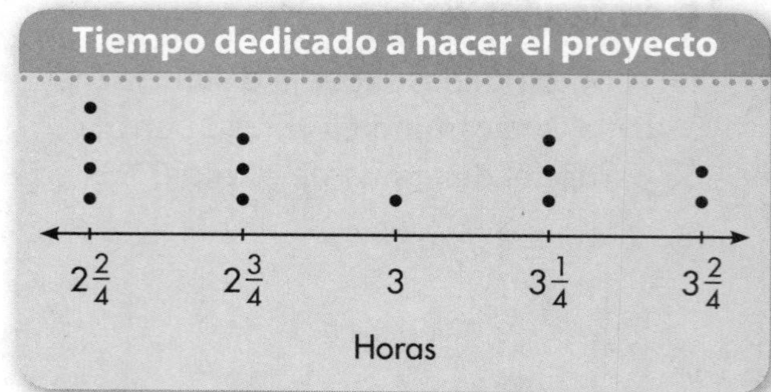

11. Razonar El Sr. Dixon anotó el tiempo que sus estudiantes tardaron en hacer un proyecto. ¿Cuánto tiempo tomó hacer el proyecto en la mayoría de los casos?

12. ¿Cuánto más llevó el tiempo más largo en comparación con el más corto para completar el proyecto?

13. Sentido numérico Jorge colecciona tarjetas de deportes. Pone las tarjetas en un álbum. El álbum tiene 72 páginas. Cada página tiene 9 tarjetas. Explica cómo puede decidir si en el álbum caben más de 600 tarjetas.

14. Razonamiento de orden superior Bob y 2 amigos jugaron con una bolsa de frijoles durante $\frac{3}{4}$ de minuto cada uno. ¿Cuánto tiempo jugaron en total?

Práctica para la evaluación

Para **15** y **16**, usa el diagrama de puntos de la derecha.

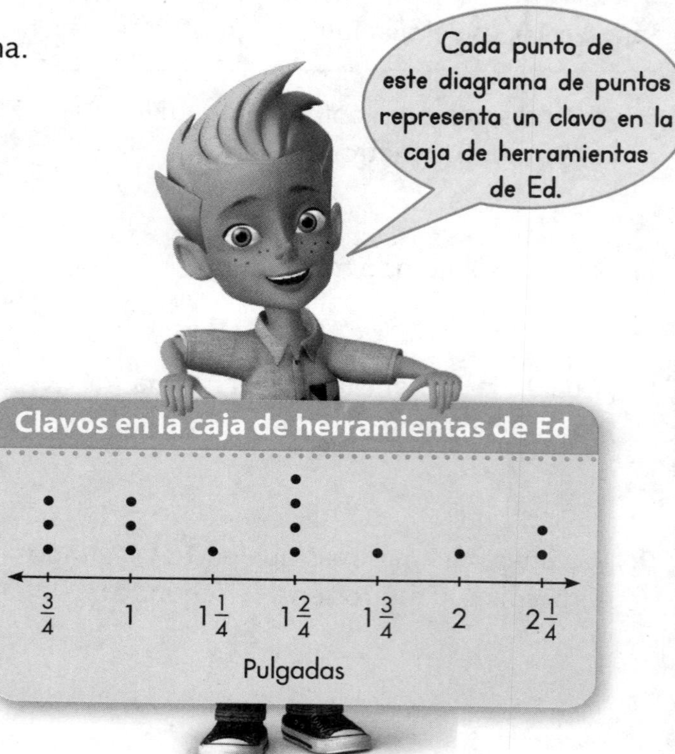

15. ¿Cuánto más largo es el clavo más largo en relación con el más corto?

Ⓐ $1\frac{1}{4}$ pulgadas
Ⓑ $1\frac{2}{4}$ pulgadas
Ⓒ $1\frac{3}{4}$ pulgadas
Ⓓ $2\frac{1}{4}$ pulgadas

16. Ed midió los clavos de $2\frac{1}{4}$ de longitud incorrectamente. En realidad, medían $\frac{3}{4}$ de pulgada más. ¿Cuál era la longitud de los clavos?

Ⓐ $\frac{3}{4}$ de pulgada
Ⓑ $1\frac{2}{4}$ pulgadas
Ⓒ 3 pulgadas
Ⓓ $3\frac{1}{4}$ pulgadas

Nombre ______________________________

Lección 11-2

Crear diagramas de puntos

Puedo...
crear un diagrama de puntos para representar datos.

También puedo representar con modelos matemáticos.

Resuélvelo y coméntalo El gerente de una tienda de zapatos lleva un registro de las longitudes de los zapatos que vende por día. Completa el diagrama de puntos usando los datos de la tienda de zapatos. ¿Cuál fue la longitud de zapato más vendida?

Un diagrama de puntos te puede ayudar a organizar tus datos. *¡Muestra tu trabajo en el espacio que sigue!*

DATOS

Venta de zapatos por día

Longitud de los zapatos vendidos (pulgadas)	$7\frac{1}{4}$	$7\frac{3}{4}$	8	$8\frac{1}{4}$	$8\frac{1}{2}$	$9\frac{3}{4}$	10	$10\frac{1}{2}$	$12\frac{1}{2}$	$12\frac{3}{4}$
Cantidad vendida	2	1	3	1	3	3	2	6	2	1

Venta de zapatos por día

7 $7\frac{1}{2}$ 8 $8\frac{1}{2}$ 9 $9\frac{1}{2}$ 10 $10\frac{1}{2}$ 11 $11\frac{1}{2}$ 12 $12\frac{1}{2}$ 13

Pulgadas

¡Vuelve atrás! Generalizar ¿Cómo puedes usar un diagrama de puntos para hallar los datos que aparecen con más frecuencia?

Pregunta esencial ¿Cómo se pueden hacer diagramas de puntos?

A

Serena midió la longitud de sus lápices de colores. ¿Cómo puede hacer un diagrama de puntos para mostrar esas longitudes?

DATOS

Longitud de los lápices de Serena

Color	Longitud
Rojo	5 pulgs.
Azul	$4\frac{3}{4}$ pulgs.
Verde	$4\frac{3}{4}$ pulgs.
Morado	$4\frac{1}{8}$ pulgs.
Anaranjado	$4\frac{1}{2}$ pulgs.
Amarillo	$4\frac{3}{4}$ pulgs.

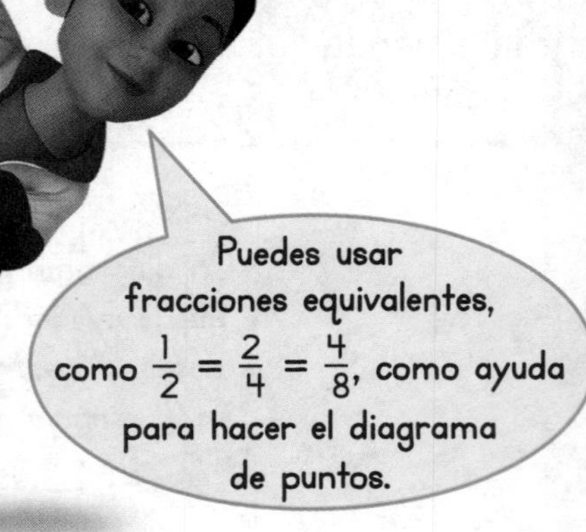

Puedes usar fracciones equivalentes, como $\frac{1}{2} = \frac{2}{4} = \frac{4}{8}$, como ayuda para hacer el diagrama de puntos.

B

Hacer un diagrama de puntos

Paso 1 Dibuja una recta numérica y escoge una escala basándote en la longitud de los lápices de Serena. Marca medios, cuartos y octavos. La escala debe mostrar los valores de los datos de menor a mayor.

Paso 2 Escribe un título para el diagrama de puntos. Rotula el diagrama para indicar qué representan los números.

Paso 3 Dibuja un punto para la longitud de cada lápiz.

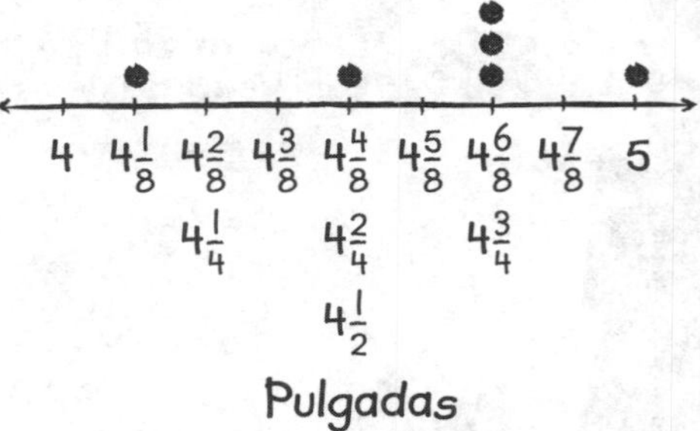

¡Convénceme! **Representar con modelos matemáticos** Escribe y resuelve una ecuación para hallar la diferencia, *d*, de longitud entre los dos lápices de colores más cortos de Serena.

Nombre ____________________

Práctica guiada

¿Lo entiendes?

1. La escala del diagrama de puntos, Longitud de los lápices de Serena, va de 4 a 5 en octavos. ¿Por qué es una buena escala para usar?

2. Usa la tabla de la derecha para comparar la longitud de los lápices de Sandy con la longitud de los lápices de Serena que se muestran en la página anterior. ¿Quién tiene más lápices de la misma longitud: Serena o Sandy? ¿Qué conjunto de datos fue más fácil de comparar? ¿Por qué?

¿Cómo hacerlo?

3. Completa el diagrama de puntos.

DATOS

Longitud de los lápices de Sandy

Color	Longitud
Rojo	$6\frac{1}{4}$ pulgs.
Azul	$5\frac{1}{4}$ pulgs.
Verde	$6\frac{3}{4}$ pulgs.
Morado	$5\frac{3}{4}$ pulgs.
Anaranjado	$6\frac{3}{4}$ pulgs.
Amarillo	$6\frac{1}{2}$ pulgs.

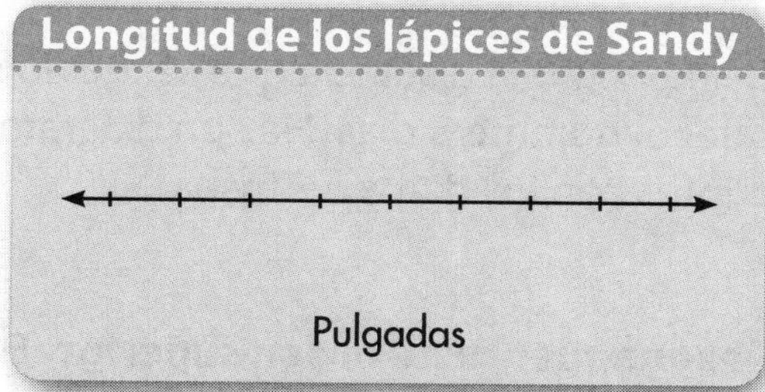

Práctica independiente

Práctica al nivel Para **4** y **5**, usa la tabla de la derecha.

4. Usa los datos de la tabla para hacer un diagrama de puntos.

Puedes usar puntos o X para anotar datos en un diagrama de puntos.

DATOS

Longitud de las pulseras

8 pulgs.	$8\frac{1}{2}$ pulgs.
$6\frac{1}{2}$ pulgs.	8 pulgs.
$7\frac{1}{2}$ pulgs.	$6\frac{1}{2}$ pulgs.
8 pulgs.	$7\frac{1}{2}$ pulgs.
$6\frac{1}{2}$ pulgs.	8 pulgs.

5. ¿Cuál es la longitud de la pulsera más larga? ¿Cuál es la longitud más corta? ¿Cuál es la diferencia?

Resolución de problemas

6. Nora pesó cada uno de los 7 tomates gigantes que recogió de su huerto. El peso total de los tomates era $10\frac{3}{4}$ libras. El diagrama de puntos muestra solo 6 puntos. ¿Cuál es el peso del tomate que falta?

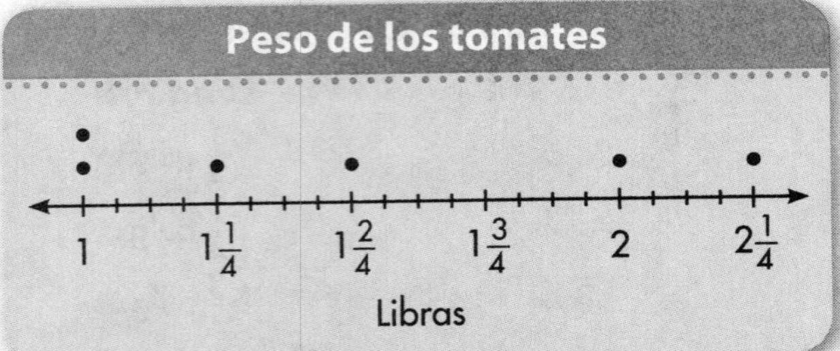

7. Entender y perseverar Alyssa hizo una manta de rayas rosadas y blancas. Hay 7 rayas rosadas y 6 rayas blancas. Cada raya mide 8 pulgadas de ancho. ¿Cuál es el ancho de la manta de Alyssa? Explícalo.

Asegúrate de incluir un título y rótulos para los valores del diagrama de puntos.

Para **8** y **9**, usa la tabla de la derecha.

8. Trisha midió la distancia que se movió su caracol durante 5 días. Haz un diagrama de puntos con los datos de Trisha.

9. Razonamiento de orden superior Escribe una pregunta que deba resolverse sumando o restando los datos de Trisha. ¿Cuál es la respuesta?

DATOS

Día	Distancia
Lunes	$1\frac{4}{8}$ pulgadas
Martes	$1\frac{3}{8}$ pulgadas
Miércoles	$1\frac{1}{8}$ pulgadas
Jueves	$2\frac{1}{8}$ pulgadas
Viernes	$1\frac{1}{8}$ pulgadas

Práctica para la evaluación

10. Brianna hace pulseras para sus amigos y los miembros de su familia. Las pulseras tienen las siguientes longitudes en pulgadas:

$6, 6\frac{3}{4}, 6\frac{1}{4}, 5\frac{3}{4}, 5, 6, 6\frac{2}{4}, 6\frac{1}{4}, 6, 5\frac{3}{4}$

Usa el conjunto de datos para completar el diagrama de puntos.

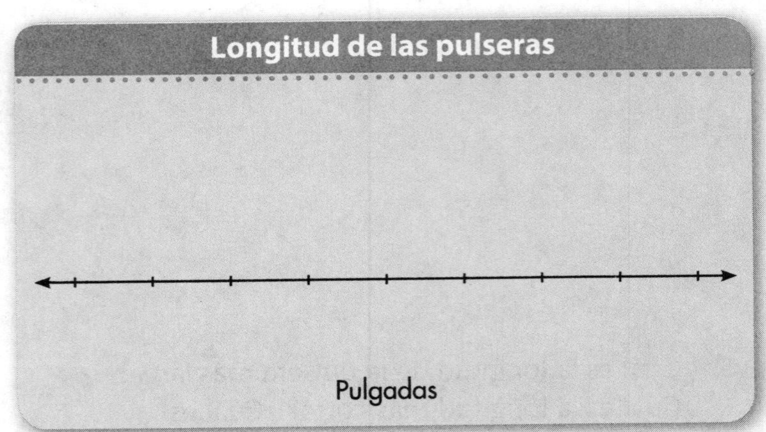

Nombre ______________________________

Lección 11-3
Usar diagramas de puntos para resolver problemas

Puedo...
usar diagramas de puntos para resolver problemas con fracciones.

También puedo escoger y usar una herramienta matemática para resolver problemas.

Resuélvelo y coméntalo Los estudiantes de la Srta. Earl midieron la longitud de 10 orugas del jardín de la escuela. Las orugas tenían las siguientes longitudes en pulgadas:

$$\frac{3}{4}, 1\frac{1}{4}, 1\frac{3}{4}, 1\frac{1}{2}, 1, 1, \frac{3}{4}, 1\frac{1}{4}, 1\frac{3}{4}, 1\frac{1}{2}$$

Marca las longitudes en el diagrama de puntos. Escribe y resuelve una ecuación para hallar la diferencia de longitud entre la oruga más larga y la más corta.

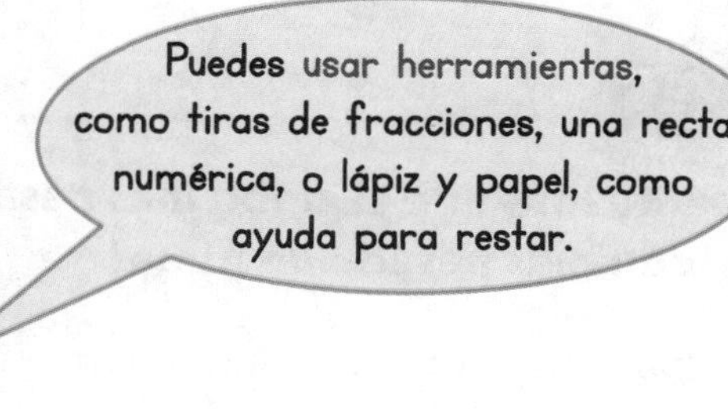

Puedes usar herramientas, como tiras de fracciones, una recta numérica, o lápiz y papel, como ayuda para restar.

¡Vuelve atrás! ¿Cómo se puede usar un diagrama de puntos para hallar la diferencia entre el mayor valor y el menor valor?

¿Cómo se pueden usar los diagramas de puntos para resolver problemas con fracciones?

Puente de aprendizaje visual

A

Alma y Ben llenan globos con agua. Los diagramas de puntos muestran el peso de los globos con agua. ¿Quién llenó más globos con agua? ¿Cuántos más? ¿Cuánto más que el globo más pesado de Ben pesa el globo más pesado de Alma?

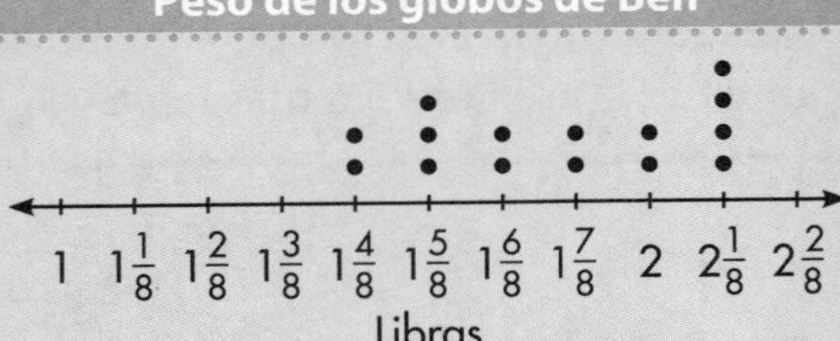

Puedes hallar la información que necesitas leyendo los diagramas de puntos.

B

¿Quién llenó más globos con agua? ¿Cuántos más?

Cada punto del diagrama de puntos representa 1 globo.

Alma llenó 20 globos con agua.
Ben llenó 15 globos con agua.

$20 - 15 = 5$

Alma llenó 5 globos más que Ben.

C

¿Cuánto más que el globo más pesado de Ben pesa el globo más pesado de Alma?

El punto que está más a la derecha en cada diagrama representa el globo más pesado.

El globo más pesado de Alma pesa $2\frac{2}{8}$ libras.
El globo más pesado de Ben pesa $2\frac{1}{8}$ libras.

Resta.

$2\frac{2}{8} - 2\frac{1}{8} = \frac{1}{8}$

El globo más pesado de Alma pesa $\frac{1}{8}$ de libra más que el globo más pesado de Ben.

¡Convénceme! Entender y perseverar ¿Cuánto más que el globo más liviano de Alma pesa su globo más pesado? ¿Cuánto más que el globo más liviano de Ben pesa su globo más pesado? Escribe ecuaciones y resuélvelas.

Nombre ____________________

Práctica Herramientas Evaluación

Otro ejemplo

La clase de Rowan midió la altura de la nieve que cayó en 5 días. El diagrama de puntos muestra las alturas que se anotaron. ¿Cuántas pulgadas de nieve se anotaron? ¿Qué cantidad de nieve aparece más veces?

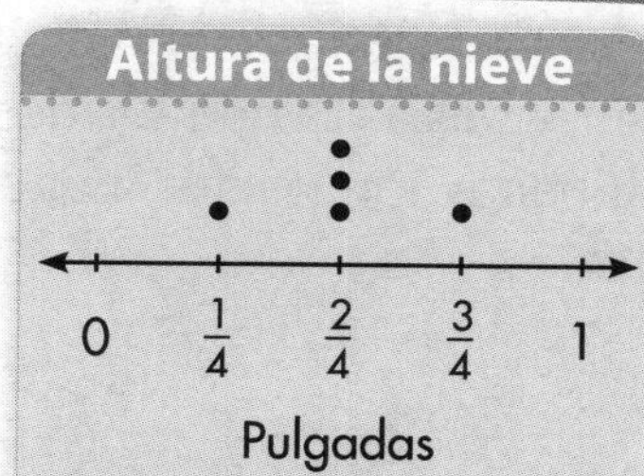

Halla la cantidad total de pulgadas de nieve que se anotó.

$\frac{1}{4} + \frac{2}{4} + \frac{2}{4} + \frac{2}{4} + \frac{3}{4} = \frac{10}{4} = 2\frac{2}{4}$ pulgadas

La cantidad de nieve que aparece más veces es $\frac{2}{4}$ de pulgada.

El valor con la mayor cantidad de puntos es el valor que aparece más veces.

Práctica guiada

¿Lo entiendes?

1. **Usar la estructura** ¿Cómo puedes usar las propiedades conmutativa y asociativa de la suma para que la suma de la sección Otro ejemplo sea más fácil?

¿Cómo hacerlo?

Para **2** y **3**, usa el ejemplo de la página anterior.

2. ¿Quién llenó más globos de agua de más de 2 libras?

3. ¿Cuánto más pesados que los dos globos más pesados de Ben fueron los dos globos más pesados de Alma?

Práctica independiente

Para **4** y **5**, usa el diagrama de puntos de la derecha.

4. ¿Cuál es la diferencia de estatura entre el paciente más alto y el más bajo?

5. Oscar dice que 5 pies es la estatura más común que midió el Dr. Chen. ¿Estás de acuerdo? Explícalo.

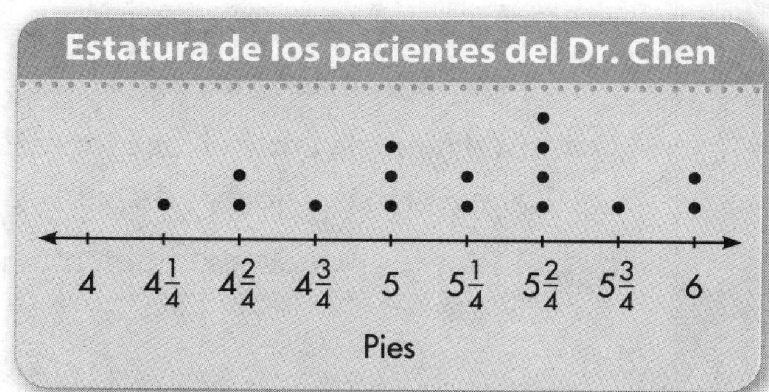

Resolución de problemas

6. Entender y perseverar Marcia midió sus muñecas y mostró las alturas en un diagrama de puntos. ¿Cuánto más altas que sus dos muñecas más bajas combinadas son las dos más altas combinadas? Explícalo.

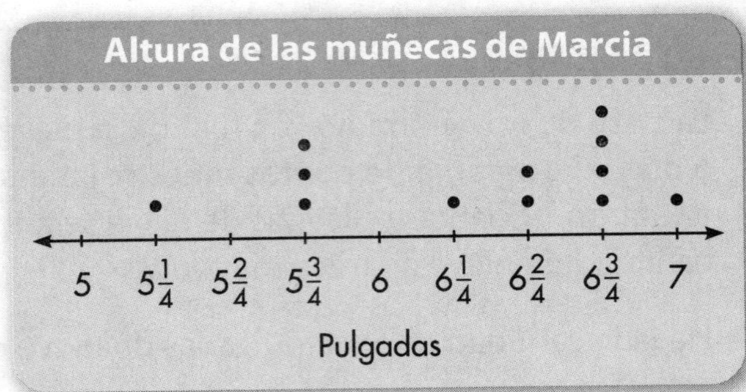

7. Razonamiento de orden superior Marlee está tejiendo una bufanda. El diagrama de puntos muestra la longitud que teje cada día. ¿Cuántas pulgadas más debe tejer Marlee para que la bufanda mida 30 pulgadas?

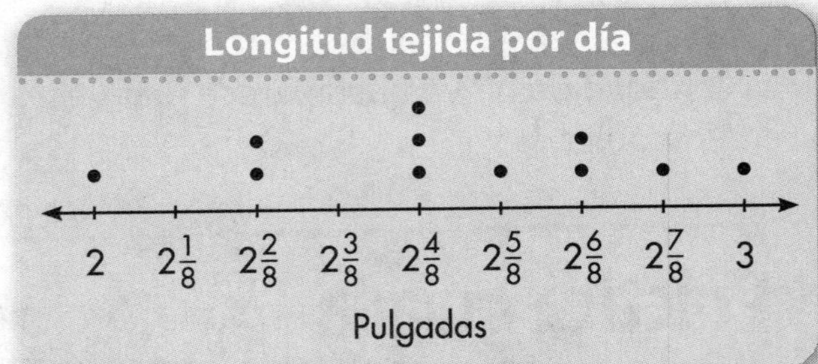

Práctica para la evaluación

Para **8** y **9**, usa el diagrama de puntos.

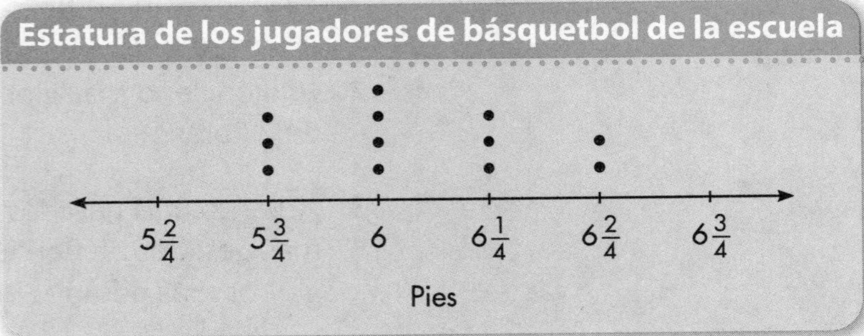

8. ¿Cuál de los siguientes enunciados es verdadero? Escoge todos los que apliquen.

- ☐ La mayoría de los jugadores miden 6 pies o más.
- ☐ Cinco jugadores miden 6 pies de estatura.
- ☐ La estatura combinada de los dos jugadores más bajos es $11\frac{1}{2}$ pies.
- ☐ La diferencia entre el jugador más alto y el más bajo es $\frac{3}{4}$ de pie.
- ☐ Todos los jugadores miden más de $5\frac{3}{4}$ pies.

9. Si uno de los jugadores más bajos creciera $\frac{3}{4}$ de pie antes del comienzo de la próxima temporada, ¿cuánto mediría el jugador?

Ⓐ $\frac{6}{4}$ pies

Ⓑ $5\frac{3}{4}$ pies

Ⓒ 6 pies

Ⓓ $6\frac{2}{4}$ pies

Nombre ______________________________

Resuélvelo y coméntalo Una clase hizo un diagrama de puntos que muestra la cantidad de nieve que cayó en 10 días. Nathan analizó el diagrama y dijo: "La diferencia entre la mayor cantidad y la menor cantidad de nieve registrada es 3, porque la primera medida tiene un punto y la última medida tiene 4 puntos". ¿Cómo respondes al razonamiento de Nathan?

Resolución de problemas

Lección 11-4

Evaluar el razonamiento

Puedo...
usar lo que sé sobre diagramas de puntos para evaluar el razonamiento de otros.

También puedo comparar datos en un diagrama de puntos.

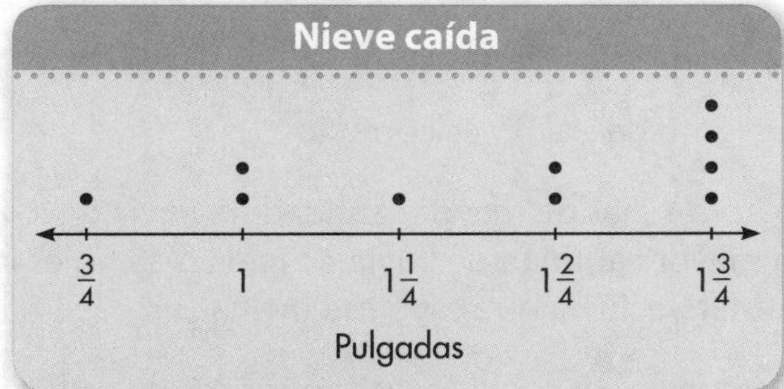

Hábitos de razonamiento

¡Razona correctamente! Estas preguntas te pueden ayudar.

- ¿Qué preguntas puedo hacer para entender el razonamiento de otros?
- ¿Hay errores en el razonamiento de otros?
- ¿Puedo mejorar el razonamiento de otros?

¡Vuelve atrás! Evaluar el razonamiento Millie dijo que la cantidad total de nieve caída en los 5 días fue 10 pulgadas. ¿Tiene razón Millie?

¿Cómo se puede evaluar el razonamiento de otros?

A

Los diagramas de puntos muestran la cantidad de lluvia que cayó en dos meses.

Val dijo: "La cantidad de lluvia que cayó en febrero fue mayor que la cantidad de lluvia que cayó en enero, porque $\frac{7}{8} + \frac{7}{8}$ es igual a $\frac{14}{8}$ y la cantidad mayor de lluvia en enero fue $\frac{5}{8}$."

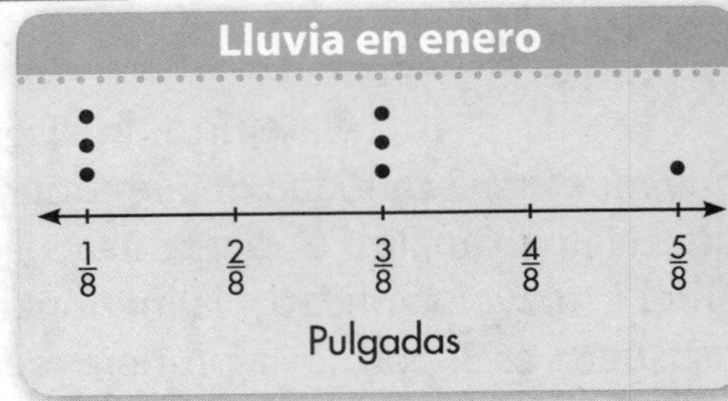

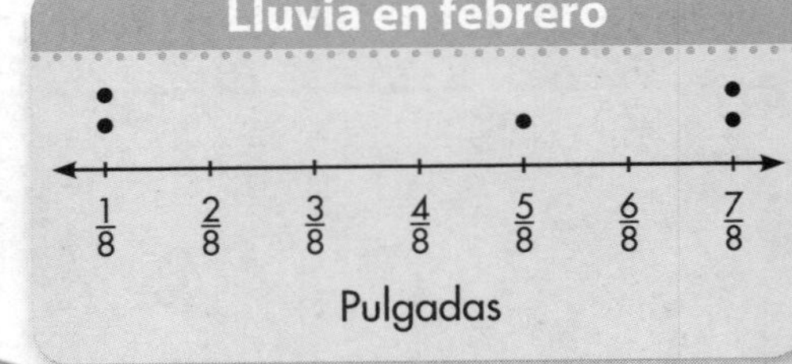

¿Cuál es el razonamiento de Val?

Val comparó las dos cantidades de lluvia más grandes de cada mes.

Este es mi razonamiento.

B

¿Cómo puedo evaluar el razonamiento de otros?

Puedo

- hacer preguntas para aclarar.
- decidir si la estrategia usada tiene sentido.
- buscar errores en las estimaciones o en los cálculos.

C

El razonamiento de Val no es correcto.

Val comparó los días de mayor cantidad de lluvia de los dos meses. La mayor cantidad de lluvia de cada mes no es la cantidad total de lluvia que cayó ese mes.

Val tendría que haber sumado las cantidades de cada mes. Luego, podría haber comparado las cantidades.

Enero: $\frac{1}{8} + \frac{1}{8} + \frac{1}{8} + \frac{3}{8} + \frac{3}{8} + \frac{3}{8} + \frac{5}{8} = \frac{17}{8}$ pulgadas

Febrero: $\frac{1}{8} + \frac{1}{8} + \frac{5}{8} + \frac{7}{8} + \frac{7}{8} = \frac{21}{8}$ pulgadas

En febrero hubo $\frac{21}{8} - \frac{17}{8} = \frac{4}{8}$ de pulgada más de lluvia que en enero.

¡Convénceme! **Evaluar el razonamiento** Bev pensó que en enero hubo más lluvia, porque llovió 7 días y en febrero solo llovió 5 días. ¿Cómo respondes al razonamiento de Bev?

Nombre ____________________

Práctica Herramientas Evaluación

Práctica guiada

Evaluar el razonamiento

En un concurso de perros, un juez anotó la altura de 12 perros. Cole hizo el diagrama de puntos de la derecha, que muestra las alturas. Cole concluyó: "La altura con la mayor cantidad de puntos es $1\frac{1}{4}$ pies; por tanto, es la mayor altura de los perros del concurso de perros".

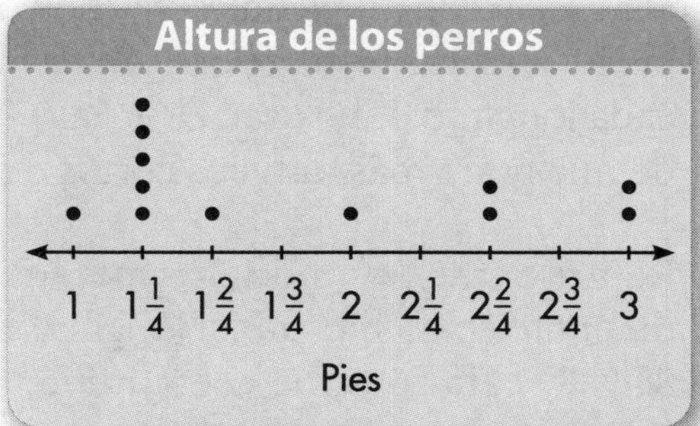

1. ¿Cuál es la conclusión de Cole? ¿Cómo llegó a esa conclusión?

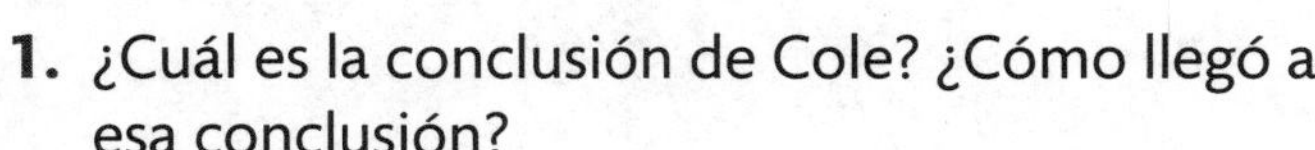

Cuando evalúes el razonamiento, asegúrate de identificar errores en el razonamiento.

2. ¿La conclusión de Cole es correcta? Explícalo.

Práctica independiente

Evaluar el razonamiento

Natasha lleva un registro de la cantidad total de tiempo que los estudiantes de su clase de violín practicaron fuera de la lección semanal. Hizo el diagrama de puntos de la derecha. Cada punto representa un estudiante que practica una cantidad de tiempo específica en una semana. Natasha dice que 5 de los tiempos de práctica de sus estudiantes combinados es $1\frac{1}{4}$ horas, porque hay 5 puntos sobre $1\frac{1}{4}$.

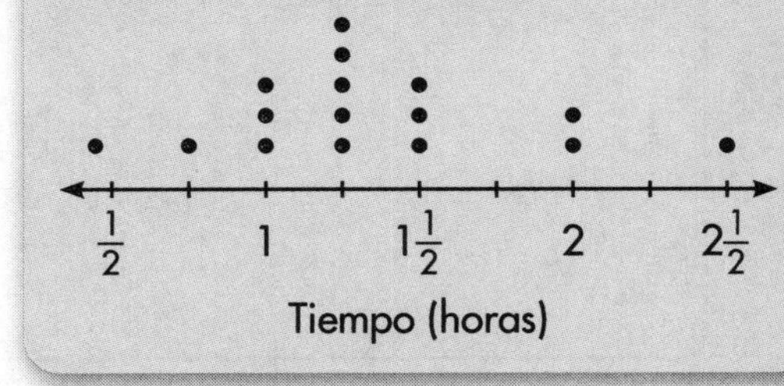

3. ¿Cuál es el argumento de Natasha? ¿Cómo lo sostiene?

4. Evalúa si el razonamiento de Natasha es correcto.

Resolución de problemas

Práctica para la evaluación

Hacer el inventario

El Sr. Pally construye un escritorio con tornillos de diferentes longitudes. Las instrucciones muestran cuántos tornillos de cada longitud debe usar. El Sr. Pally llega a la conclusión de que usará más tornillos cortos que largos.

5. **Representar con modelos matemáticos** Dibuja un diagrama de puntos para mostrar la longitud de los tornillos que usará el Sr. Pally para construir el escritorio.

DATOS

Longitud de los tornillos (pulgadas)			
$\frac{3}{8}$	1	$\frac{6}{8}$	$\frac{3}{8}$
$\frac{7}{8}$	$1\frac{4}{8}$	$\frac{7}{8}$	$\frac{3}{8}$
$1\frac{4}{8}$	$\frac{6}{8}$	$\frac{3}{8}$	1
$\frac{3}{8}$	$\frac{3}{8}$	$\frac{7}{8}$	$1\frac{4}{8}$

6. **Razonar** ¿Cómo puedes usar el diagrama de puntos para hallar la longitud del tornillo que más necesitará el Sr. Pally?

Cuando evalúes el razonamiento, haz preguntas para ayudarte a entender cómo piensa otra persona.

7. **Evaluar el razonamiento** ¿Es correcta la conclusión del Sr. Pally? ¿Cómo lo decidiste? Si no lo es, ¿qué puedes hacer para mejorar el razonamiento?

Nombre ____________________

Actividad de práctica de fluidez

Emparéjalo

Trabaja con un compañero. Señala una pista y léela.

Mira la tabla de la parte de abajo de la página y busca la pareja de esa pista. Escribe la letra de la pista en la casilla que corresponde.

Halla una pareja para cada pista.

Puedo...
sumar y restar números enteros de varios dígitos.

También puedo hacer mi trabajo con precisión.

Pistas

A La suma está entre 3,510 y 3,520.

B La diferencia es exactamente 3,515.

C La suma está entre 3,560 y 3,570.

D La diferencia está entre 3,530 y 3,540.

E La suma es exactamente 3,584.

F La diferencia está entre 3,590 y 3,600.

G La suma es exactamente 3,987.

H La diferencia está entre 1,000 y 2,000.

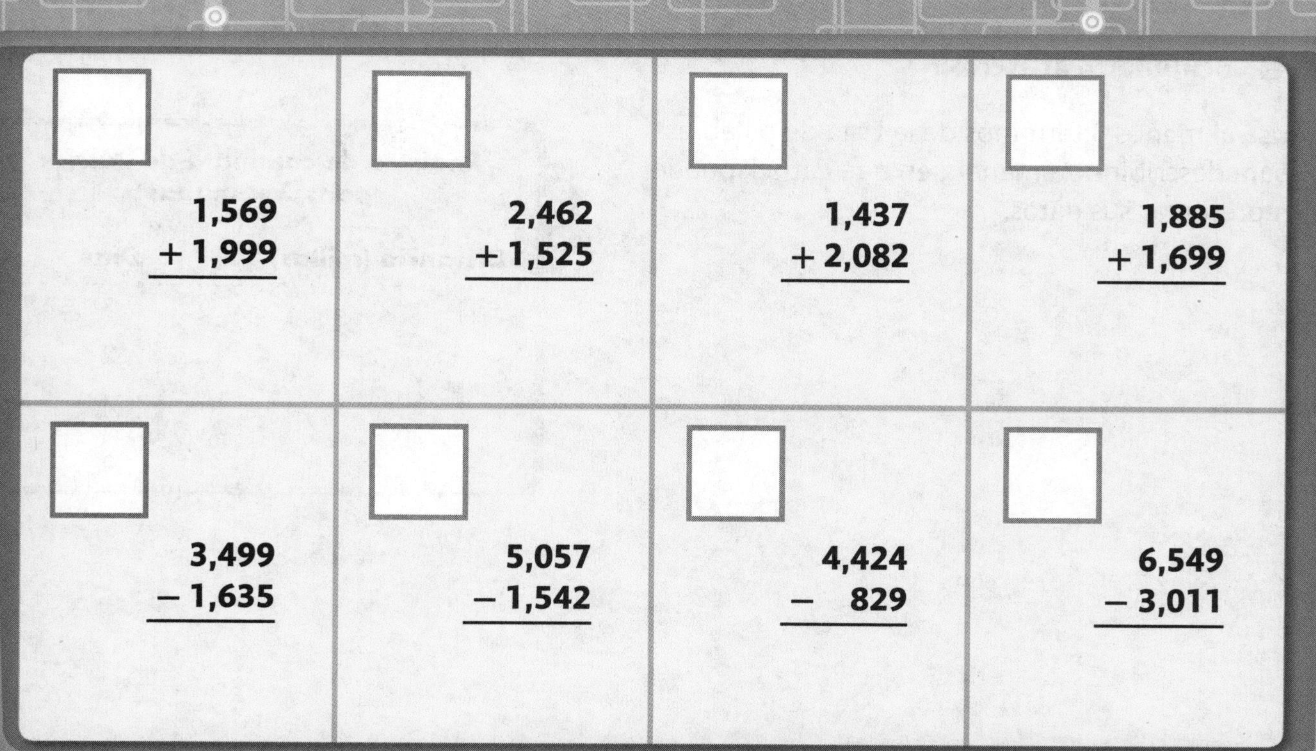

☐ 1,569 + 1,999	☐ 2,462 + 1,525	☐ 1,437 + 2,082	☐ 1,885 + 1,699
☐ 3,499 − 1,635	☐ 5,057 − 1,542	☐ 4,424 − 829	☐ 6,549 − 3,011

TEMA 11

Repaso del vocabulario

Lista de palabras

- conjunto de datos
- diagrama de puntos
- escala
- gráfica
- recta numérica
- tabla

Comprender el vocabulario

Escribe V si el enunciado es *verdadero* y F si es *falso*.

1. ______ Las gráficas se usan para mostrar y representar datos.

2. ______ Un conjunto de datos es un grupo de información.

3. ______ Una tabla nunca se usa para mostrar datos.

4. ______ Un diagrama de puntos muestra datos sobre una recta numérica.

5. ______ Un diagrama de puntos puede tener más puntos que números en el conjunto de datos.

Escribe *siempre, a veces* o *nunca*.

6. Un diagrama de puntos muestra datos. ____________________

7. La escala de un diagrama de puntos se numera usando fracciones. ____________________

8. Una recta numérica se numera en cualquier orden. ____________________

Usar el vocabulario al escribir

9. Usa al menos 3 términos de la Lista de palabras para describir otra manera en que Patrick puede representar sus datos.

DATOS

Registro de caminata de Patrick para 2 semanas

Distancia (millas)	Días
1	3
2	2
3	4
4	5

Nombre ______________________________

Grupo A páginas 417 a 420

El diagrama de puntos muestra la cantidad de horas que pasó la Sra. Mack en el gimnasio cada día durante un período de dos semanas.

Recuerda que cada punto sobre un diagrama de puntos representa un valor del conjunto de datos.

1. ¿Cuántos días fue la Sra. Mack al gimnasio?

2. ¿Cuál es la menor cantidad de horas que pasó la Sra. Mack en el gimnasio?

3. ¿Cuántas horas pasó la Sra. Mack en el gimnasio durante las dos semanas?

Grupo B páginas 412 a 424

Lilly midió la longitud de las cintas de su estuche de manualidades e hizo un diagrama de puntos.

DATOS

Longitud de las cintas de Lilly

Colores	Longitud
Rojo	$5\frac{1}{2}$ pulgs.
Azul	4 pulgs.
Blanco	$5\frac{1}{2}$ pulgs.
Amarillo	$4\frac{1}{4}$ pulgs.
Rosado	$4\frac{3}{4}$ pulgs.

Longitud de las cintas de Lilly

4 $4\frac{1}{4}$ $4\frac{2}{4}$ $4\frac{3}{4}$ 5 $5\frac{1}{4}$ $5\frac{2}{4}$

$4\frac{1}{2}$ $5\frac{1}{2}$

Pulgadas

La recta numérica muestra las longitudes de menor a mayor. Los rótulos muestran lo que representan los puntos.

Recuerda que debes escoger una escala razonable para tu recta numérica.

Un zoológico de Australia estudió algunos ornitorrincos. A continuación se muestra el registro de las masas.

DATOS

Masas de los ornitorrincos (kg)				
$1\frac{6}{8}$	2	$2\frac{2}{8}$	$2\frac{4}{8}$	$1\frac{6}{8}$
$2\frac{6}{8}$	2	2	2	$1\frac{6}{8}$
$1\frac{7}{8}$	$1\frac{5}{8}$	$2\frac{2}{8}$	$1\frac{7}{8}$	$2\frac{4}{8}$

1. Dibuja un diagrama de puntos para el conjunto de datos.

2. ¿Cuál es la diferencia entre el ornitorrinco con la mayor masa y el ornitorrinco con la menor masa?

Grupo C páginas 425 a 428

Carly y Freddie recogen basura. Los diagramas de puntos muestran cuánta basura recogieron por día durante 14 días. ¿Cuál es la diferencia entre la mayor y la menor cantidad de basura que recogió Carly?

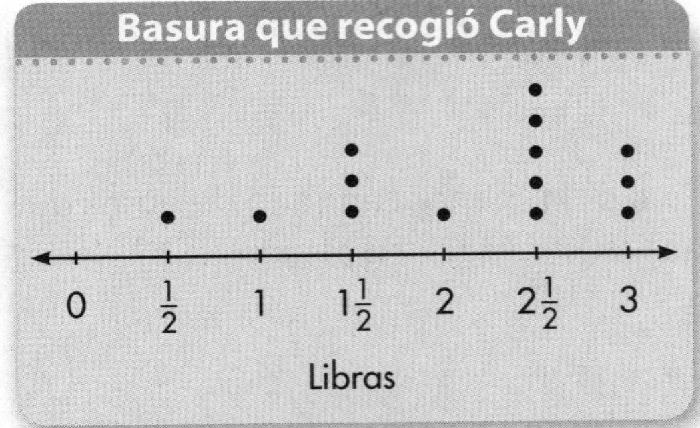

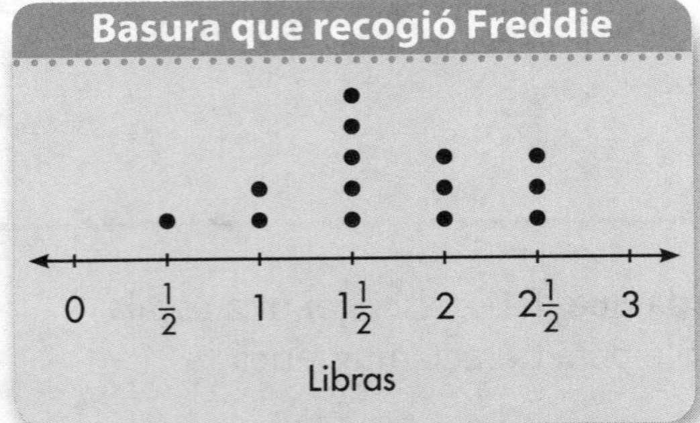

La mayor cantidad de basura que recogió Carly fue 3 libras. La menor cantidad fue $\frac{1}{2}$ libra.

Resta. $3 - \frac{1}{2} = 2\frac{1}{2}$ libras

Recuerda que puedes usar ecuaciones como ayuda para resolver problemas con datos de diagramas de puntos.

Para **1** a **3**, usa los diagramas de puntos de la izquierda.

1. Explica cómo hallar el peso total de la basura que recogió Freddie.

2. Escribe y resuelve una ecuación para hallar *b*, la diferencia entre la mayor y la menor cantidad de basura que recogió Freddie.

3. ¿Cuál es la suma del peso más frecuente que recogió Carly y el peso más frecuente que recogió Freddie? Explícalo.

Grupo D páginas 429 a 432

Piensa en tus respuestas a estas preguntas como ayuda para **evaluar el razonamiento** de otros.

Hábitos de razonamiento

- ¿Qué preguntas puedo hacer para entender el razonamiento de otros?
- ¿Hay errores en el razonamiento de otros?
- ¿Puedo mejorar el razonamiento de otros?

Recuerda que puedes usar las matemáticas para identificar errores en el razonamiento de otros.

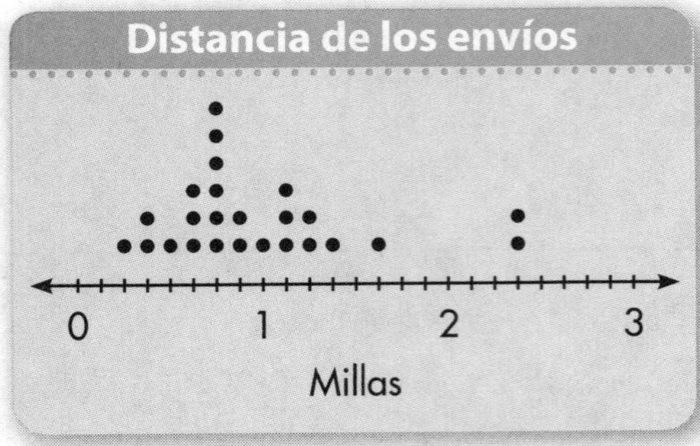

1. Spencer dice que $2\frac{3}{8}$ millas es la distancia de envío más común. ¿Estás de acuerdo? Explícalo.

Nombre ______________________________

1. ¿Cuál es la diferencia entre el cachorro más pesado y el más liviano?

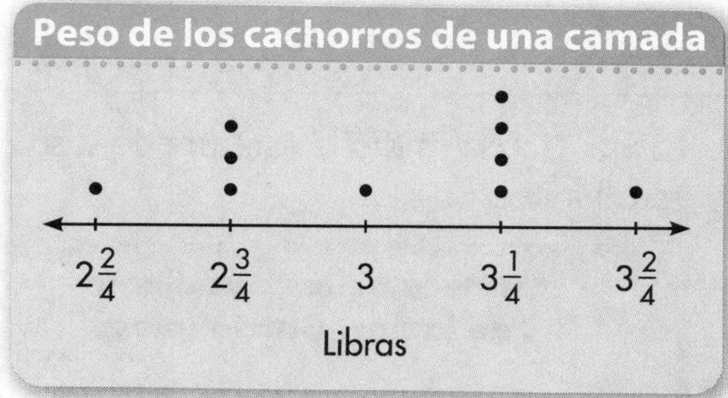

2. ¿Cuántos puntos habrá sobre $1\frac{3}{4}$ en un diagrama de puntos con estos datos?

DATOS

Vasos de agua				
$1\frac{1}{2}$	$2\frac{1}{2}$	$1\frac{3}{4}$	2	$1\frac{3}{4}$
$2\frac{1}{4}$	3	$1\frac{1}{2}$	$2\frac{1}{2}$	$3\frac{1}{2}$
$1\frac{3}{4}$	2	$3\frac{1}{2}$	$1\frac{1}{4}$	$2\frac{1}{4}$

Ⓐ 3 puntos Ⓒ 1 punto
Ⓑ 2 puntos Ⓓ 0 puntos

3. ¿Cuál es la longitud más común de los caracoles que Fred tiene en su jardín?

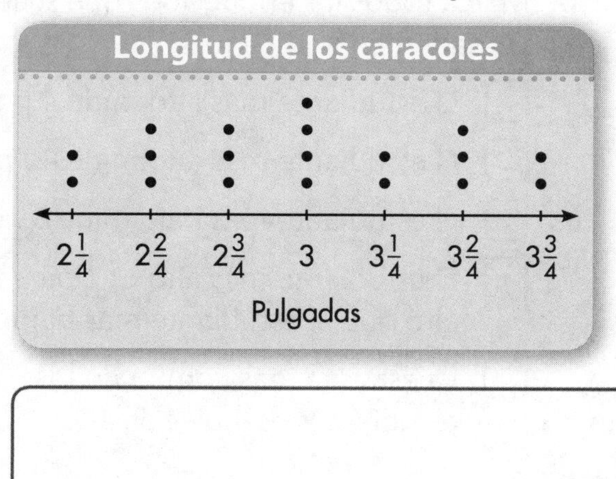

4. Para un estudio sobre el sueño, se anotó la cantidad de horas que durmieron 15 personas en la siguiente tabla.

DATOS

Horas de sueño en una noche				
9	6	7	$6\frac{1}{2}$	$5\frac{1}{2}$
8	$7\frac{1}{2}$	8	$7\frac{1}{2}$	7
6	$5\frac{1}{2}$	$7\frac{1}{2}$	$8\frac{1}{2}$	$6\frac{1}{2}$

A. Usa los datos de la tabla para hacer un diagrama de puntos.

B. ¿Cuántas más horas que la persona que durmió menos horas durmió la persona que durmió más horas? Explícalo.

5. Usa el siguiente diagrama de puntos. Marca todos los enunciados verdaderos.

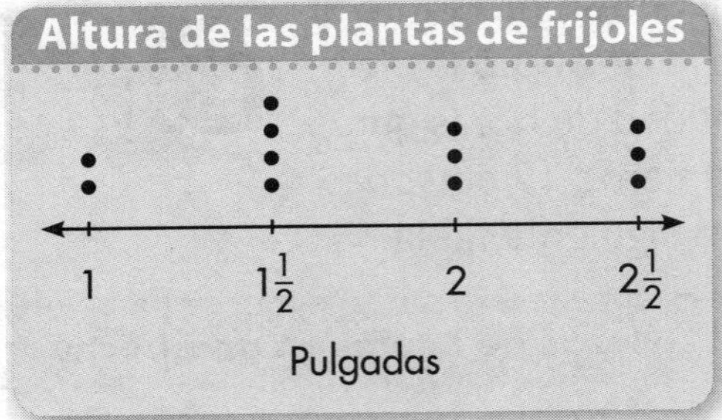

- ☐ La mayor altura es $2\frac{1}{2}$ pulgadas.
- ☐ Hay más plantas de 2 pulgadas que de $1\frac{1}{2}$ pulgadas.
- ☐ Hay 3 plantas que miden 1 pulgada de altura.
- ☐ Hay 3 plantas de 2 pulgadas y 3 plantas de $2\frac{1}{2}$ pulgadas.
- ☐ La planta más alta mide $1\frac{1}{2}$ pulgadas más que la planta más pequeña.

---

6. Los estudiantes del Sr. Tricorn midieron la longitud de los crayones. ¿Cuántos crayones midieron? Usa el diagrama de puntos.

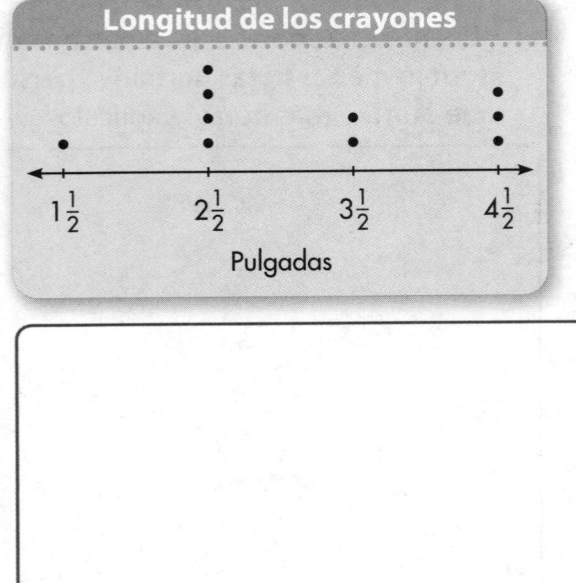

7. Usa el diagrama de puntos del Ejercicio 6. ¿Cuántos crayones medían más de 3 pulgadas de longitud?

Ⓐ 9 Ⓒ 5

Ⓑ 6 Ⓓ 3

---

8. La Sra. García midió la estatura de sus estudiantes.

DATOS

Estatura de los estudiantes de la Sra. García (pies)				
4	$3\frac{3}{4}$	$4\frac{1}{4}$	$4\frac{2}{4}$	4
$3\frac{3}{4}$	$3\frac{2}{4}$	$4\frac{2}{4}$	4	$3\frac{3}{4}$
4	$4\frac{1}{4}$	$4\frac{1}{4}$	4	$4\frac{2}{4}$

A. Dibuja un diagrama de puntos con los datos de la tabla.

B. Marca todos los enunciados que sean verdaderos.

- ☐ El estudiante más alto mide 4 pies.
- ☐ El estudiante más alto mide $4\frac{2}{4}$ pies.
- ☐ El estudiante más bajo mide $3\frac{3}{4}$ pies.
- ☐ El estudiante más alto es 1 pie más alto que el estudiante más bajo.
- ☐ La estatura más común de los estudiantes es 4 pies de alto.

Nombre ______________________________

Medir calabazas

Los estudiantes del Sr. Chan recogieron calabazas pequeñas de la huerta de la clase y luego las pesaron.

1. La clase creó el diagrama de puntos **Peso de las calabazas** con los datos.

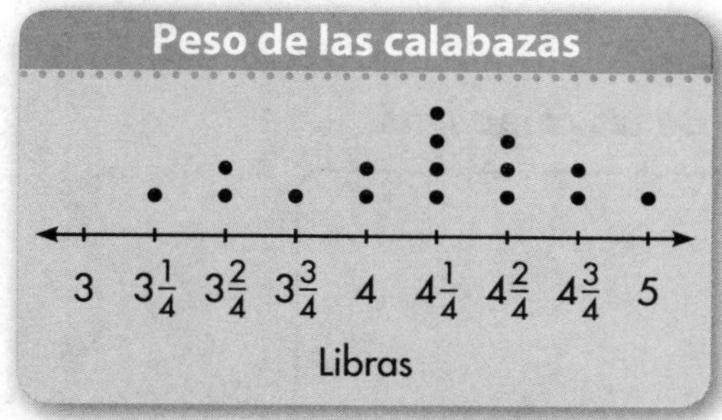

Parte A

¿Cuál es el peso de calabaza más común?

Parte B

Escribe y resuelve una ecuación para hallar *c*, cuántas libras más que la calabaza más liviana pesa la calabaza más pesada.

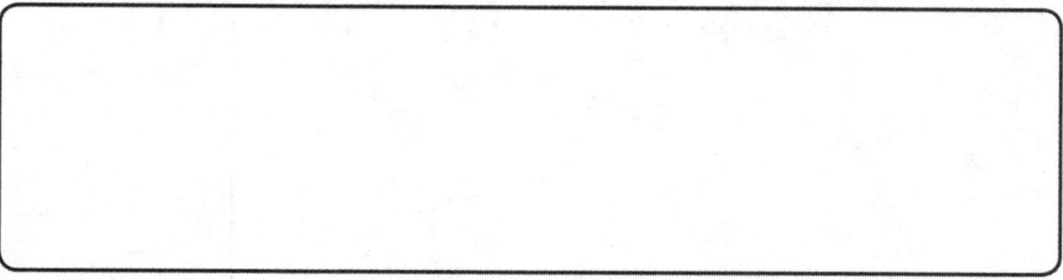

Parte C

Ayana dijo que 3 calabazas pesan $4\frac{2}{4}$ libras. Evalúa el razonamiento de Ayana. ¿Tiene razón?

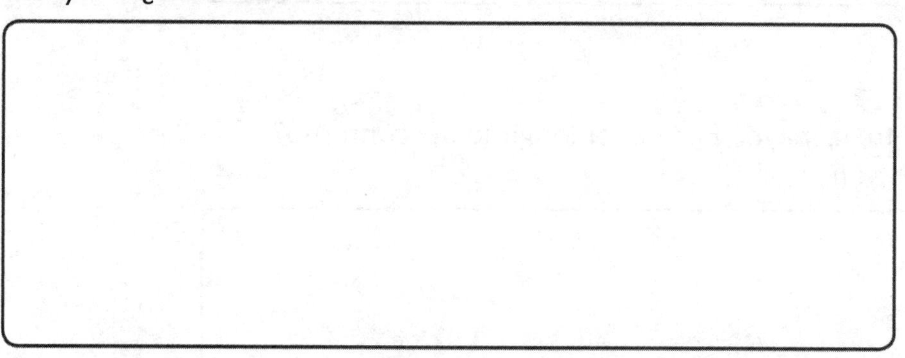

2. La clase también midió la longitud del contorno de las calabazas a la media pulgada más cercana. Los datos se anotaron en la lista **Tamaño de las calabazas**.

Tamaño de las calabazas: $19\frac{1}{2}$, $20\frac{1}{2}$, $19\frac{1}{2}$, 20, $20\frac{1}{2}$, $21\frac{1}{2}$, 20, 21, 22, $19\frac{1}{2}$, $20\frac{1}{2}$, $21\frac{1}{2}$, 21, 21, $21\frac{1}{2}$, $20\frac{1}{2}$

Parte A

Dibuja un diagrama de puntos para los datos de **Tamaño de las calabazas.**

Parte B

Drew dice que hay 1 calabaza más de $20\frac{1}{2}$ pulgadas de contorno que de $19\frac{1}{2}$ pulgadas de contorno, porque $20\frac{1}{2} - 19\frac{1}{2} = 1$. Evalúa el razonamiento de Drew.

Parte C

¿Cuál es la diferencia, *d*, entre la mayor y la menor longitud del contorno? Escribe y resuelve una ecuación.

TEMA 12 Comprender y comparar números decimales

Preguntas esenciales: ¿Cómo se escribe una fracción como un número decimal? ¿Cómo se ubican los puntos en una recta numérica? ¿Cómo se comparan los números decimales?

Recursos digitales

Libro del estudiante

Aprendizaje visual

Práctica

Evaluación

Herramientas

Glosario

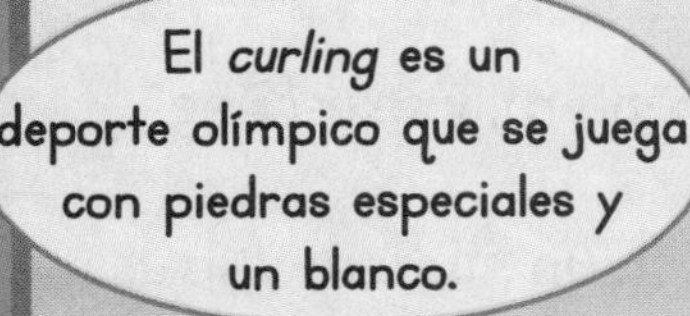

El *curling* es un deporte olímpico que se juega con piedras especiales y un blanco.
Los jugadores hacen que sus piedras muevan las piedras del otro equipo al transferir energía cuando chocan.
¡El *curling* debe requerir mucha energía! Este es un proyecto sobre energía y números decimales.

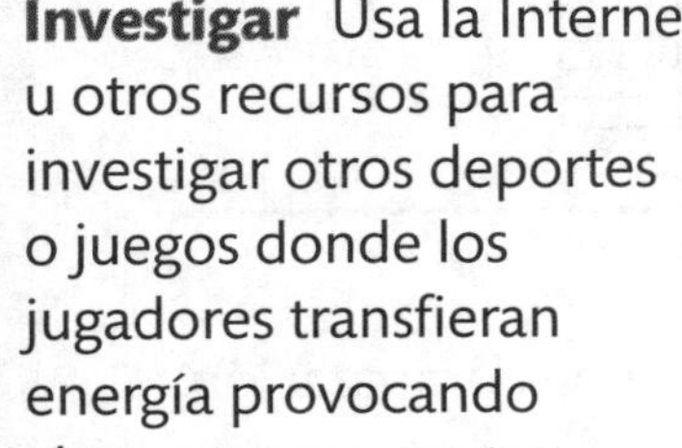

Proyecto de enVision® STEM: Energía y números decimales

Investigar Usa la Internet u otros recursos para investigar otros deportes o juegos donde los jugadores transfieran energía provocando choques para anotar puntos y ganar.

Diario: Escribir un informe Incluye lo que averiguaste. En tu informe, también:

- explica cómo la transferencia de energía hace que el jugador o el equipo anoten puntos.
- resuelve el siguiente problema: un juego de *curling* se divide en diez rondas, llamadas *mangas*. Supón que un equipo gana 6 de las 10 mangas. Escribe una fracción con un denominador de 10 y una fracción equivalente con un denominador de 100. Luego, escribe un número decimal equivalente que represente el mismo valor.

Nombre ____________________

Repasa lo que sabes

Vocabulario

Escoge el mejor término del recuadro.
Escríbelo en el espacio en blanco.

- centésimo
- décimo
- decenas
- valor de posición

1. Un ______________ es una de 10 partes iguales de un entero, y se escribe $\frac{1}{10}$.

2. El ______________ es la posición que ocupa un dígito en un número y se usa para determinar el valor del dígito.

3. Un ______________ es una de 100 partes iguales de un entero, y se escribe $\frac{1}{100}$.

Comparar fracciones

Escribe $>$, $<$ o $=$ en el ◯.

4. $\frac{5}{100}$ ◯ $\frac{5}{10}$

5. $\frac{1}{10}$ ◯ $\frac{1}{100}$

6. $\frac{2}{10}$ ◯ $\frac{20}{100}$

Partes de un entero

Completa las fracciones para representar la parte coloreada del entero.

7. $\frac{\square}{10}$

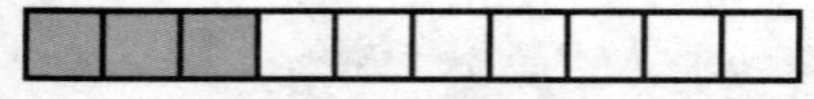

8. $\frac{\square}{10}$

9. $\frac{\square}{10}$

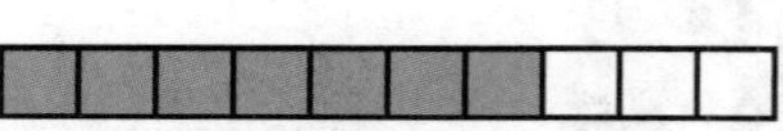

Colorea la parte del entero que representa la fracción.

10. $\frac{22}{100}$

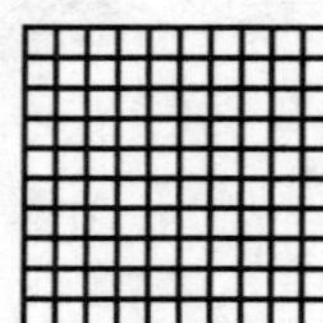

11. $\frac{79}{100}$

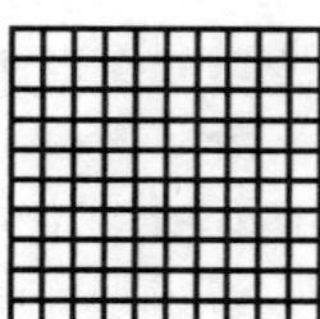

12. $\frac{37}{100}$

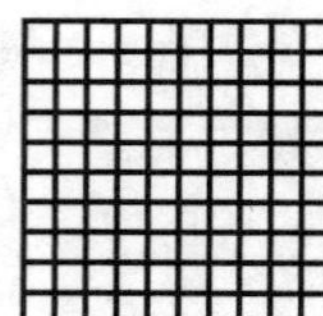

Resolución de problemas

13. **Razonar** Rob caminó $\frac{2}{10}$ de cuadra. Drew caminó $\frac{5}{10}$ de cuadra. Escribe una comparación de las distancias que caminaron Rob y Drew.

Nombre ______________________

Escoge un proyecto

¿Cuánto costará visitar un parque nacional?

Proyecto: Escribe un diario de viaje

¿Cómo sabes quién gana una competencia?

Proyecto: Compara tiempos de una carrera olímpica

¿Te gustaría ganar un premio por una presentación?

Proyecto: Haz una presentación sobre sumas de fracciones

¿Cómo ayudó el ferrocarril a construir la Florida?

Proyecto: Construye una línea ferroviaria en miniatura

Nombre ______________________________

Lección 12-1
Fracciones y números decimales

Puedo...
relacionar fracciones y números decimales.

También puedo representar con modelos matemáticos para resolver problemas.

Resuélvelo y coméntalo Según una encuesta, 7 de cada 10 dueños de mascotas tienen un perro. Represéntalo con un dibujo.

¿Cómo puedes representar 7 partes de 10? Piensa en la definición de fracción.

¡Vuelve atrás! ¿Cuántos dueños de mascotas **NO** tienen un perro? Escribe tu respuesta como una fracción.

Pregunta esencial

¿Cómo se puede escribir una fracción como un número decimal?

Puente de aprendizaje visual

A

En la calle Kelsey, 6 de cada 10 casas tienen columpios. Escribe $\frac{6}{10}$ como un número decimal.

Un número decimal es otra manera de representar una fracción y también nombra partes de un entero. Un número decimal es un número con uno o más dígitos a la derecha del punto decimal.

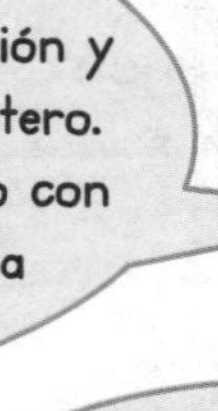

Las fracciones con denominadores 10 y 100 pueden escribirse como números decimales.

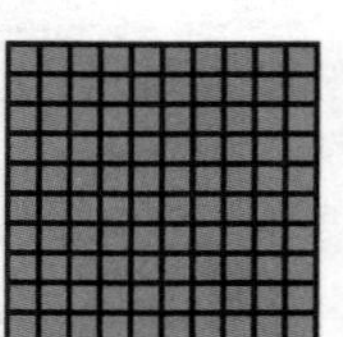

1 entero

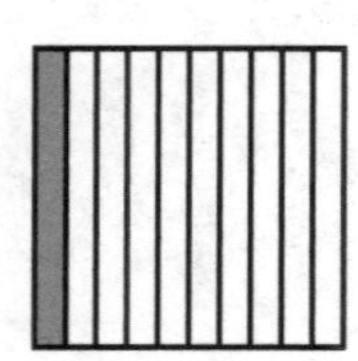

$\frac{1}{10}$, 0.1 un décimo

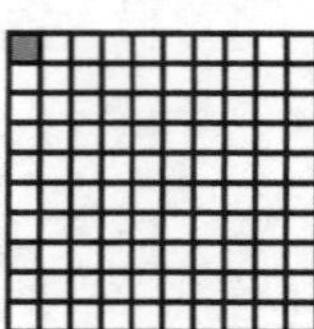

$\frac{1}{100}$, 0.01 un centésimo

B

Seis décimos o $\frac{6}{10}$ de las casas tienen columpios.

Puedes escribir $\frac{6}{10}$ como un número decimal si pones el 6 en el lugar de las décimas. El lugar de las décimas está a la derecha del punto decimal.

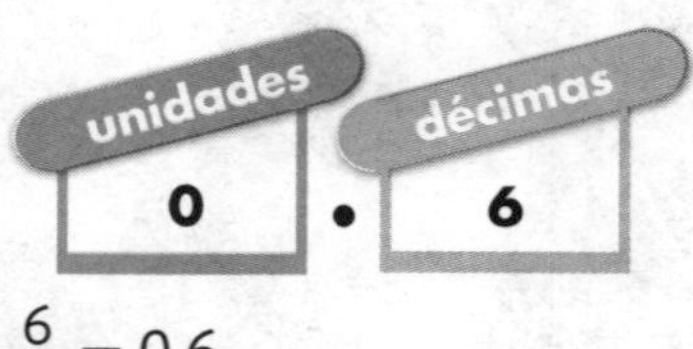

$\frac{6}{10} = 0.6$

punto decimal

C

$\frac{6}{10}$ y $\frac{60}{100}$ son equivalentes.

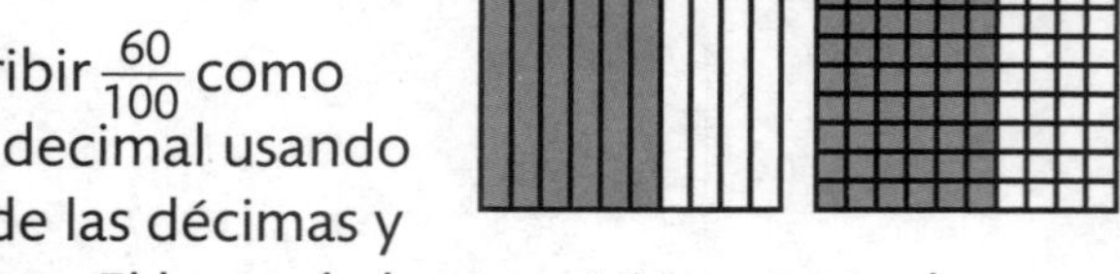

Puedes escribir $\frac{60}{100}$ como un número decimal usando los lugares de las décimas y las centésimas. El lugar de las centésimas está a la derecha del lugar de las décimas.

Por tanto, 0.6 o 0.60 de las casas tienen columpios.

¡Convénceme! **Razonar** En el vecindario de la calle Kelsey, 75 de 100 casas tienen dos pisos. Escribe $\frac{75}{100}$ como un número decimal. Sombrea la cuadrícula para mostrar la fracción y el número decimal equivalentes.

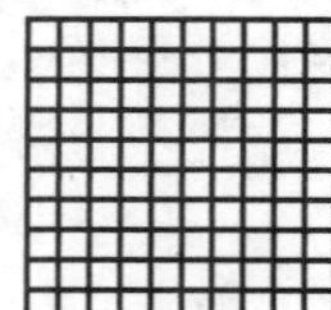

Nombre ______________________________

Práctica Herramientas Evaluación

Otro ejemplo

Puedes usar cuadrículas para mostrar cómo se relaciona el dinero con las fracciones y los números decimales.

Los centavos son centésimas de dólar; por tanto, las cantidades de dinero se escriben hasta el lugar de las centésimas.

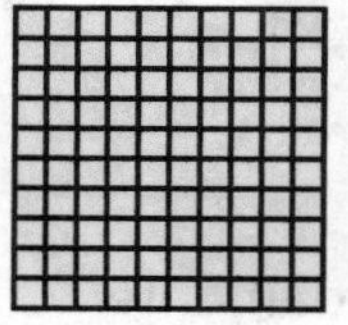
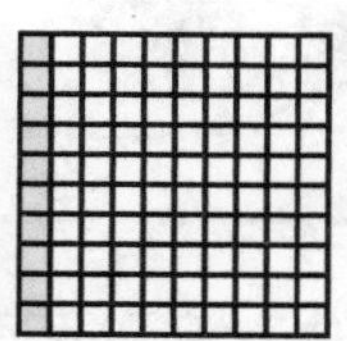
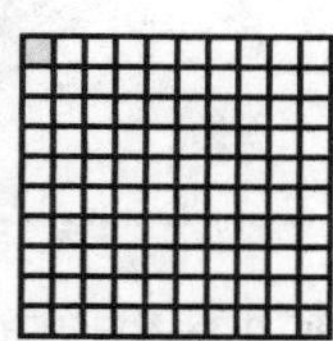

Dólar

$\$1.00 = \frac{100}{100}$

Moneda de 10¢

$\$0.10 = \frac{10}{100} = \frac{1}{10}$

Moneda de 1¢

$\$0.01 = \frac{1}{100}$

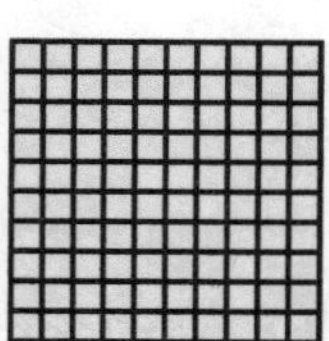

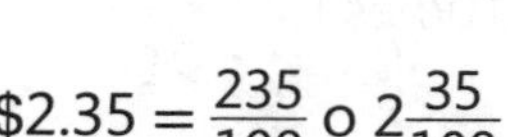

$\$2.35 = \frac{100}{100} + \frac{100}{100} + \frac{30}{100} + \frac{5}{100} = \frac{235}{100} = 2\frac{35}{100}$

$\$2.35 = \frac{235}{100}$ o $2\frac{35}{100}$

Práctica guiada

¿Lo entiendes?

1. ¿Cómo puedes representar $4.71 en cuadrículas?

¿Cómo hacerlo?

2. Escribe un número decimal y una fracción para la parte coloreada de la cuadrícula.

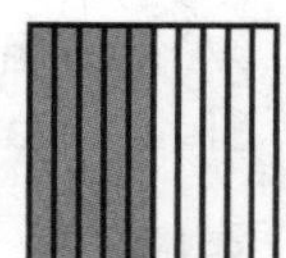

Práctica independiente

Para **3** a **6**, escribe un número decimal y una fracción para cada diagrama.

3.

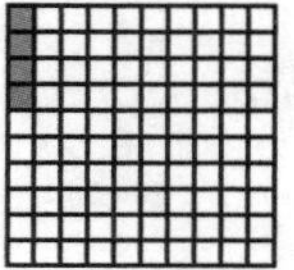

4.

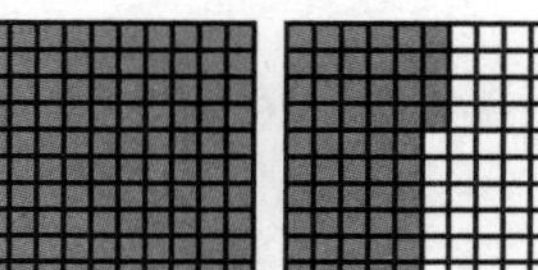

5.

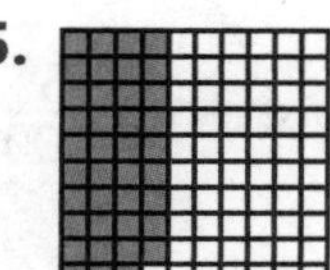

6.

Resolución de problemas

7. El estadio del Coliseo romano ocupaba aproximadamente $\frac{15}{100}$ del Coliseo. Escribe esa cantidad como un número decimal.

El estadio ocupaba
15/100 del Coliseo.

8. ¿Qué fracción del Coliseo **NO** era el estadio? Escribe y resuelve una ecuación.

9. **Vocabulario** Escribe la palabra de vocabulario que completa mejor la oración:

Jelena dice: "Una moneda de 10¢ es una __________ de dólar."

10. **Sentido numérico** ¿Aproximadamente qué parte del rectángulo está coloreada de verde? Escribe esa cantidad como una fracción y como un número decimal.

11. **Evaluar el razonamiento** Cher suma el dinero que tiene en la alcancía. Tiene un billete de un dólar y 3 monedas de 10¢. ¿Anotó la cantidad de dinero correctamente? Si no es así, ¿qué error cometió Cher?

$1.3

12. **Razonamiento de orden superior** El diagrama representa las plantas de un huerto. Escribe una fracción y un número decimal para cada planta del huerto.

■ rabanitos ■ maíz
■ zanahorias ■ lechuga

Práctica para la evaluación

13. ¿Qué número decimal representa $\frac{5}{100}$?

Ⓐ 0.05

Ⓑ 0.5

Ⓒ 0.50

Ⓓ 0.95

14. ¿Qué fracción y número decimal representan veintinueve centésimos?

Ⓐ 0.29 y $\frac{29}{10}$

Ⓑ 0.29 y $\frac{100}{29}$

Ⓒ 2.9 y $\frac{29}{100}$

Ⓓ 0.29 y $\frac{29}{100}$

Nombre ___________________________

Lección 12-2
Fracciones y números decimales en la recta numérica

Resuélvelo y coméntalo Nombra las fracciones y/o números decimales de cada punto con letras en las rectas numéricas. Di cómo lo decidiste.

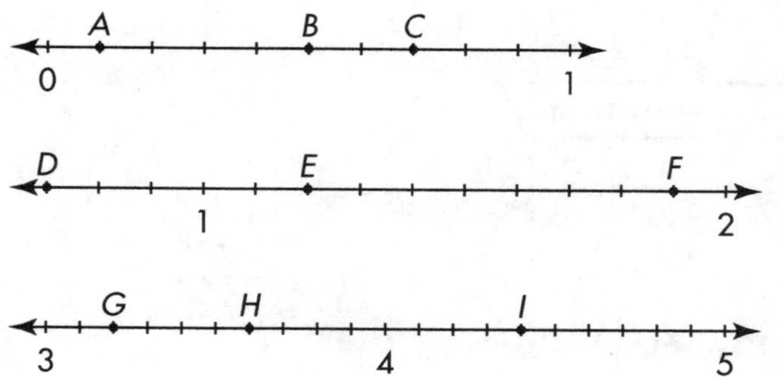

Puedo...
ubicar y describir fracciones y números decimales en rectas numéricas.

También puedo buscar patrones para resolver problemas.

Puedes usar la estructura. La cantidad de marcas entre los números enteros te puede ayudar a nombrar los puntos en las rectas numéricas.

¡Vuelve atrás! ¿El número decimal para el punto *B* de la recta numérica anterior es diferente del número decimal del punto *B* de la siguiente recta? Explícalo.

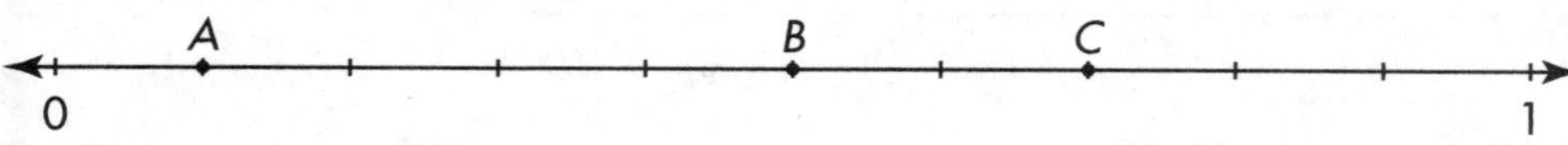

Aprendizaje visual · A-Z Glosario

Pregunta esencial

¿Cómo se pueden ubicar puntos en una recta numérica?

Puente de aprendizaje visual

A

En el patinaje de velocidad en pista larga, una vuelta mide $\frac{4}{10}$ de kilómetro. Durante la práctica, Elizabeth patinó 3.75 kilómetros. Dibuja una recta numérica para mostrar $\frac{4}{10}$ y 3.75.

Puedes usar una recta numérica para ubicar y describir fracciones y números decimales.

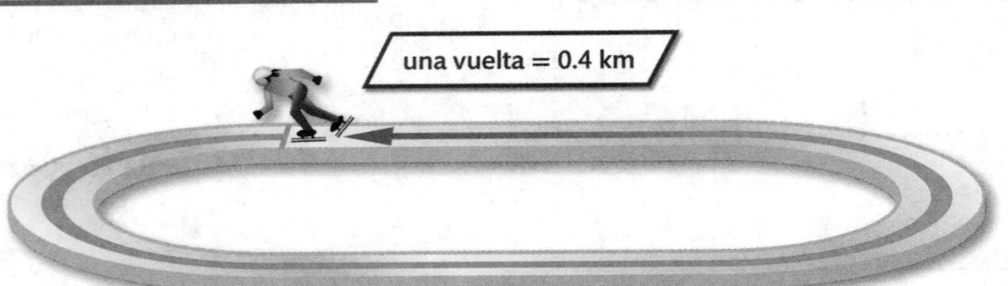

B **Ubica $\frac{4}{10}$ en una recta numérica.**

Dibuja una recta numérica y divide la distancia de 0 a 1 en 10 partes iguales para mostrar décimos.

Marca un punto en $\frac{4}{10}$.

La distancia de 0 a 0.4 es cuatro décimas de la distancia de 0 a 1.

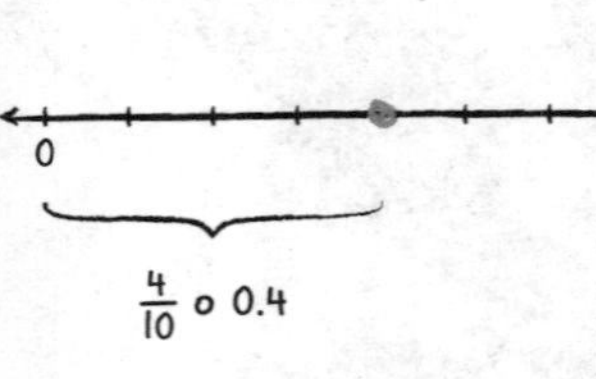

C **Ubica 3.75 en una recta numérica.**

Puedes mostrar 3.75 en una recta numérica dividida en décimas marcando un punto entre 3.7 y 3.8.

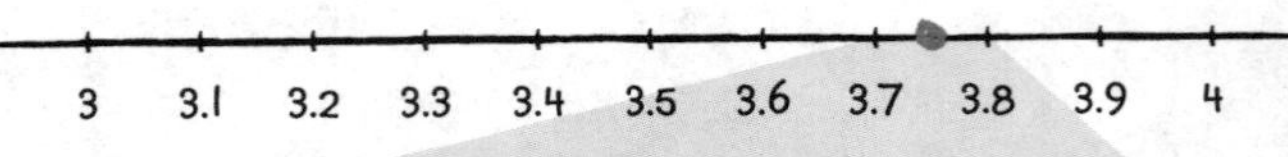

Puedes usar otra recta numérica para mostrar el intervalo entre 3.7 y 3.8. En ambas rectas numéricas, los puntos están en 3.75.

¡Convénceme! **Hacerlo con precisión** ¿Qué número decimal no está ubicado en el lugar correcto de la recta numérica? Explícalo.

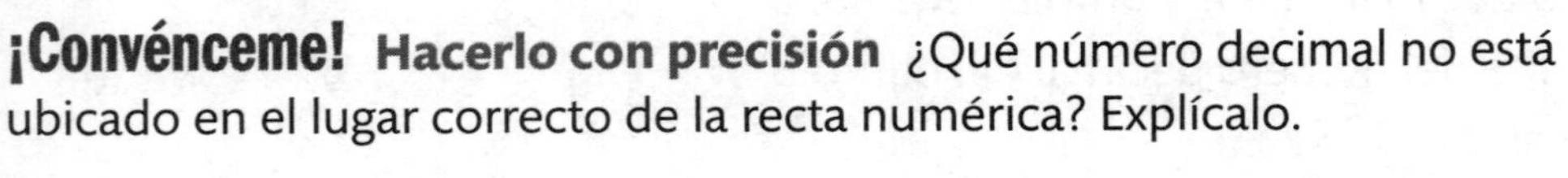

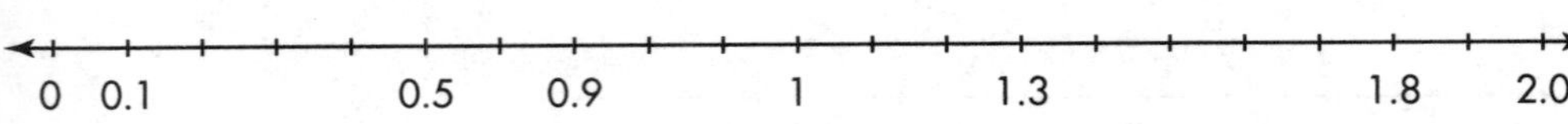

Nombre ______________________

Otro ejemplo

Las fracciones y los números decimales pueden nombrar los mismos puntos en la recta numérica.

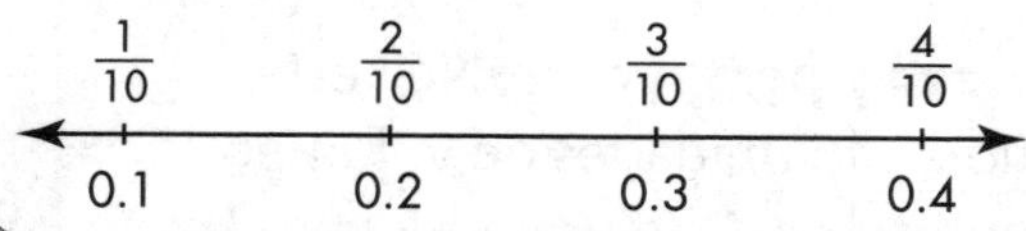

Los números mixtos y los números decimales pueden nombrar los mismos puntos en la recta numérica.

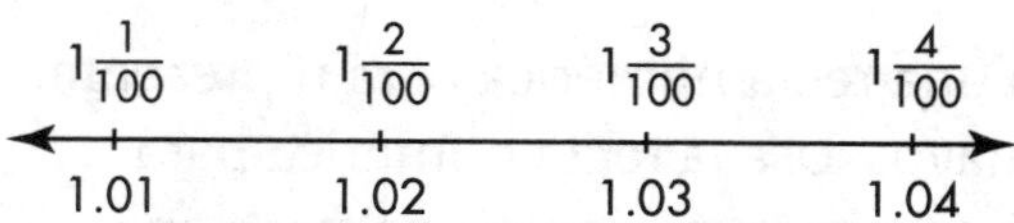

Práctica guiada

¿Lo entiendes?

1. Ubica $\frac{45}{100}$ en la recta numérica.

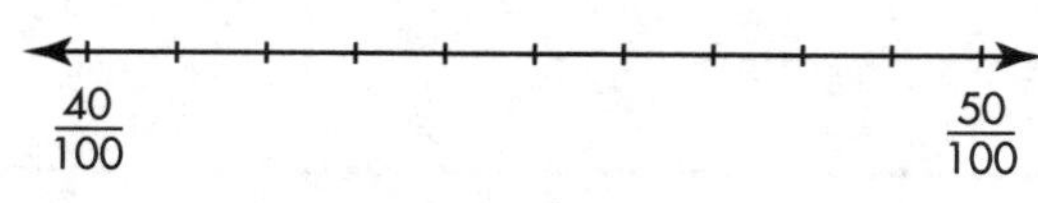

2. Dibuja una recta numérica para representar el número decimal y la fracción para ocho décimos.

¿Cómo hacerlo?

Para **3** a **6**, nombra el número decimal y la fracción para cada punto de la recta numérica.

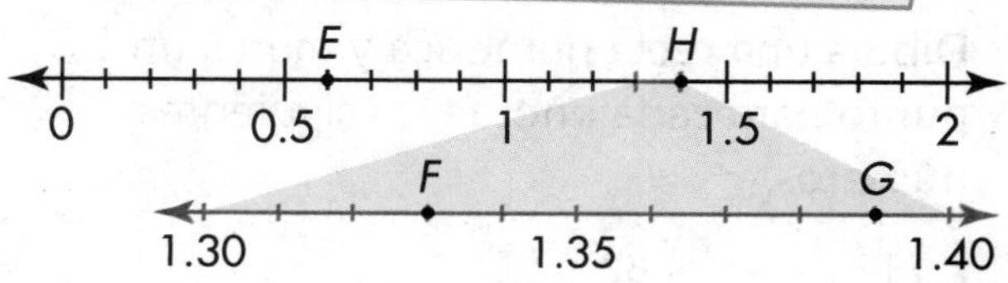

3. *E*

4. *H*

5. *F*

6. *G*

Práctica independiente

Para **7** y **8**, rotula las rectas numéricas con las fracciones y los números decimales dados.

7. Represente los números decimales y las fracciones de 3.08 a 3.13.

8. Representa las fracciones y los números decimales de $\frac{4}{10}$ a 1.

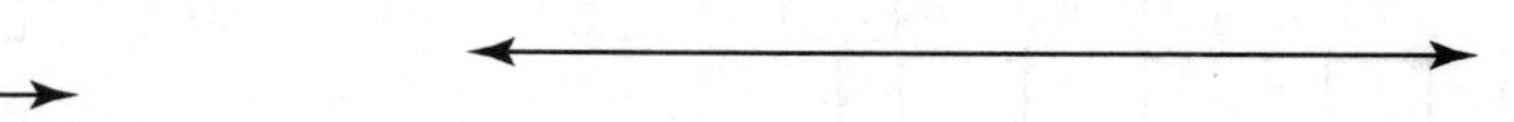

Para **9** a **16**, nombra el número decimal y la fracción para cada punto de la recta numérica.

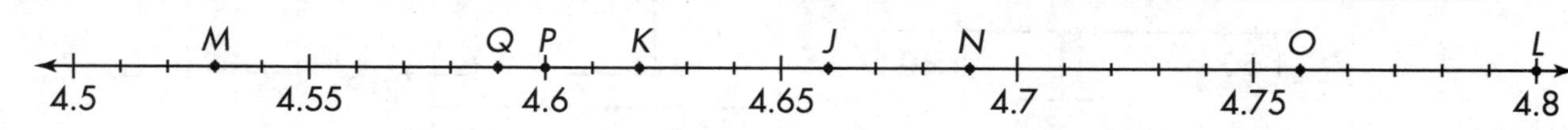

9. *J*

10. *K*

11. *L*

12. *M*

13. *N*

14. *O*

15. *P*

16. *Q*

Resolución de problemas

17. Escribe los cinco números decimales que faltan en la recta numérica.

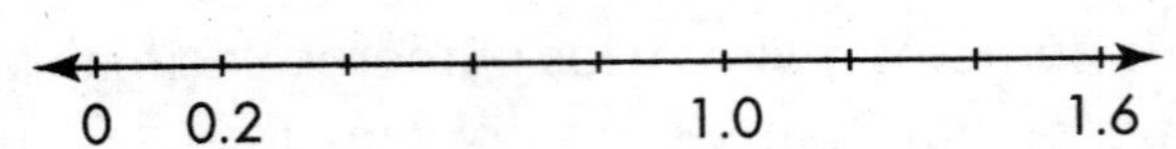

18. Escribe las cinco fracciones que faltan en la recta numérica.

$\frac{40}{100}$ $\frac{42}{100}$ $\frac{44}{100}$ $\frac{45}{100}$ $\frac{48}{100}$ $\frac{49}{100}$

19. Dibuja una recta numérica para representar 60 centavos. Usa la recta numérica para escribir 60 centavos como una fracción y como un número decimal.

20. Entender y perseverar Neil está aprendiendo unidades de volumen diferentes. Hay 2 celemines en un *kenning*. Hay 2 *kennings* en 1 fanega. Hay 8 fanegas en 1 cuarto de galón. Hay 5 cuartos de galón en 1 carga. Hay 4 cuartos en 1 *chaldron*. Escribe una oración numérica para mostrar cuántos celemines hay en un 1 carga.

21. Dibuja una recta numérica y marca un punto para cada uno de los siguientes números.

$2\frac{71}{100}$ 2.6 $2\frac{82}{100}$

22. Razonamiento de orden superior Usa una recta numérica para identificar dos números que estén separados por la misma distancia que 3.2 y 3.8.

Práctica para la evaluación

23. ¿Qué números decimales o fracciones muestran las rectas numéricas? Escoge los números decimales y fracciones del recuadro para rotular las rectas numéricas.

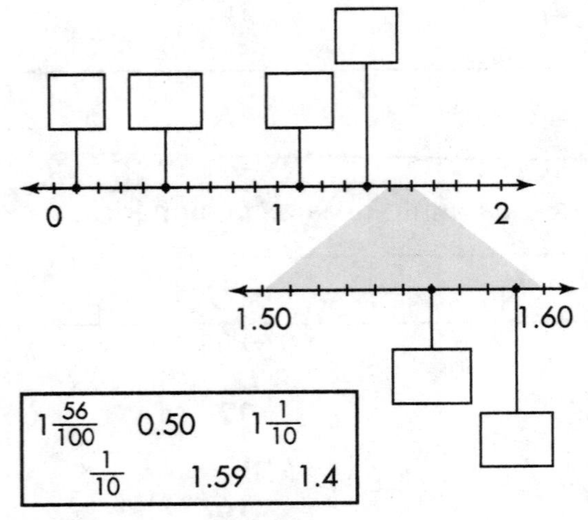

$1\frac{56}{100}$ 0.50 $1\frac{1}{10}$

$\frac{1}{10}$ 1.59 1.4

24. ¿Qué números decimales o fracciones muestran las rectas numéricas? Escoge los números decimales y fracciones del recuadro para rotular las rectas numéricas.

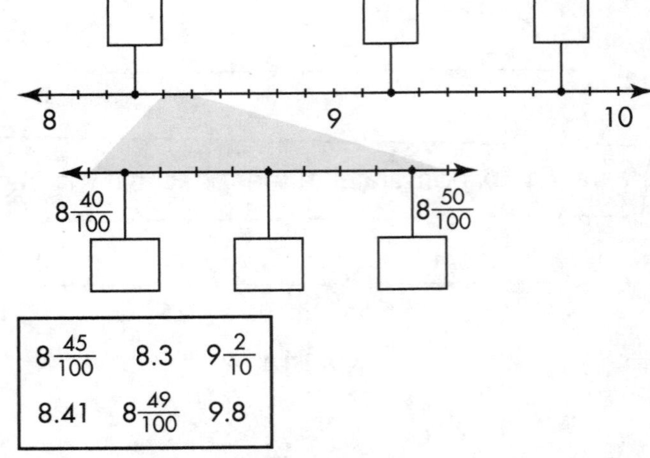

$8\frac{45}{100}$ 8.3 $9\frac{2}{10}$

8.41 $8\frac{49}{100}$ 9.8

Nombre ______________________

Lección 12-3
Comparar números decimales

Puedo...
comparar números decimales razonando sobre su tamaño.

También puedo crear argumentos matemáticos.

Resuélvelo y coméntalo Una moneda de 1¢ fabricada en 1982 pesa aproximadamente 0.11 onzas. Una moneda de 1¢ fabricada en 2013 pesa aproximadamente 0.09 onzas. ¿Qué moneda de 1¢ pesa más? ***Resuelve este problema de la manera que prefieras.***

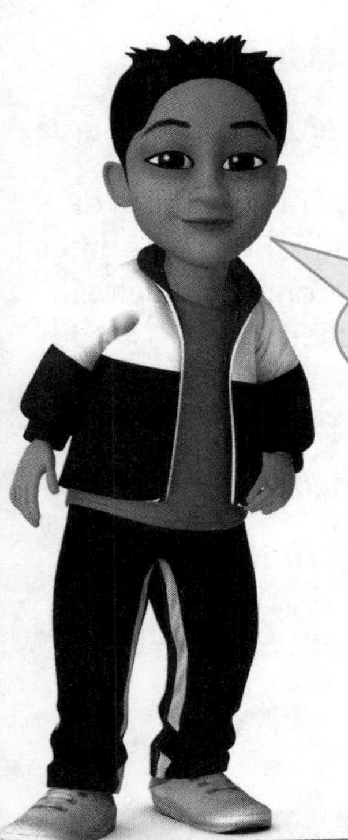

Pensar en lo que sabes sobre el valor de posición te puede ayudar a justificar tu razonamiento.

¡Vuelve atrás! **Construir argumentos** Simón y Danielle comen naranjas. Danielle dice: "Como nos queda 0.75 de una naranja a cada uno, nos queda la misma cantidad a cada uno". ¿Estás de acuerdo con Danielle? Explícalo.

¿Cómo se pueden comparar los números decimales?

Puente de aprendizaje visual

A

Donovan corrió la carrera de 100 metros en 10.11 segundos. Saúl corrió la misma carrera en 10.09 segundos. ¿Quién corrió más rápido?

Hay más de una manera de comparar números decimales.

B

Una manera

Usa las cuadrículas de centésimas.

Los números enteros son iguales. Compara los dígitos del lugar de las décimas.

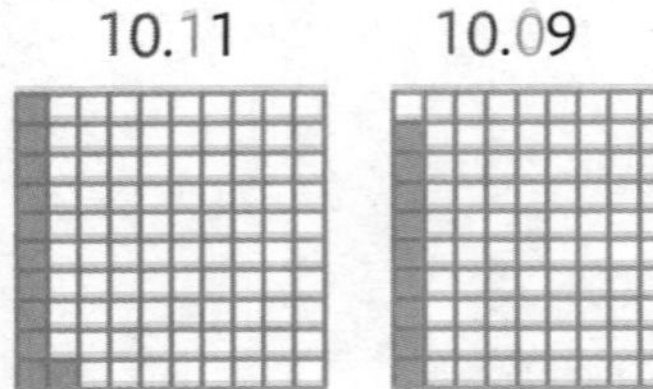

10.11 > 10.09

Saúl corrió más rápido.

C

Otra manera

Usa el valor de posición.

Los números enteros son iguales.

Las dos partes decimales llegan hasta las centésimas.

11 centésimas es más que 9 centésimas.

10.11 > 10.09

Saúl corrió más rápido.

D

Otra manera

Comienza en la izquierda.

Compara los valores de posición. Busca el primer lugar donde los dígitos son diferentes.

10.11 10.09

1 décima > 0 décimas

10.11 > 10.09

Saúl corrió más rápido.

¡Convénceme! **Razonar** Escribe cuatro dígitos diferentes en los espacios en blanco para hacer verdaderas las comparaciones. Explica tu razonamiento.

0. ____ 8 < 0. ____ 7 0. 5 ____ > 0. ____ 9

Nombre ______________________________

Práctica Herramientas Evaluación

Otro ejemplo

También puedes usar bloques de valor de posición o rectas numéricas para comparar.

0.23 < 0.32

0.23 0.32

0.20 0.25 0.30 0.35 0.40

0.23 < 0.32

Las cuadrículas, los bloques de valor de posición y las rectas numéricas son herramientas apropiadas para comparar números decimales. Cuando usas bloques de valor de posición, el marco es igual a un entero.

Práctica guiada

¿Lo entiendes?

1. Cy dice: "0.20 es mayor que 0.2, porque 20 es mayor que 2". ¿Estás de acuerdo? Explícalo.

¿Cómo hacerlo?

Para **2** a **5**, escribe >, < o = en cada ◯. Usa una herramienta apropiada para comparar si es necesario.

2. 0.70 ◯ 0.57

3. 0.41 ◯ 0.14

4. 6.28 ◯ 7.31

5. 1.1 ◯ 1.10

Práctica independiente

Práctica al nivel Para **6** a **14**, escribe >, < o = en cada ◯. Usa una herramienta apropiada para comparar si es necesario.

6. 0.16 0.18 0.20 0.22

0.15 0.17 0.19 0.21 0.23

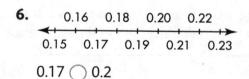

0.17 ◯ 0.2

7.

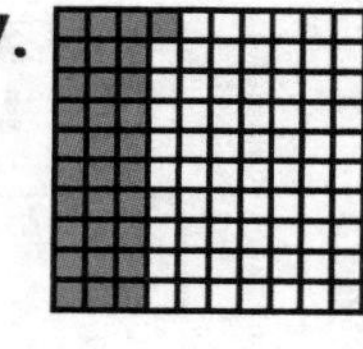

0.31 ◯ 0.29

8.

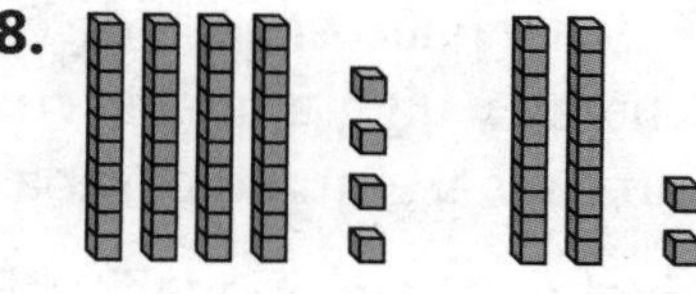

0.44 ◯ 0.22

9. 0.1 ◯ 0.10

10. $2.98 ◯ $2.56

11. 7.01 ◯ 7.1

12. 0.08 ◯ 0.7

13. 3.40 ◯ 3.4

14. $21.50 ◯ $20.99

Para **15** a **20**, escribe un número decimal para hacer verdadera cada comparación.

15. ______ < 0.23

16. 8.60 = ______

17. ______ > 4.42

18. 13.2 > ______

19. 5.2 < ______

20. 6.2 = ______

Resolución de problemas

21. Usar herramientas apropiadas María anotó el tiempo que tardó en cerrarse su venus atrapamoscas. La primera vez tardó 0.43 segundos. La segunda vez tardó 0.6 segundos. ¿Cuándo se cerró más rápido? Dibuja bloques de valor de posición para mostrar tu comparación.

22. Los señuelos de pesca tienen pesos diferentes. ¿Qué señuelo pesa más?

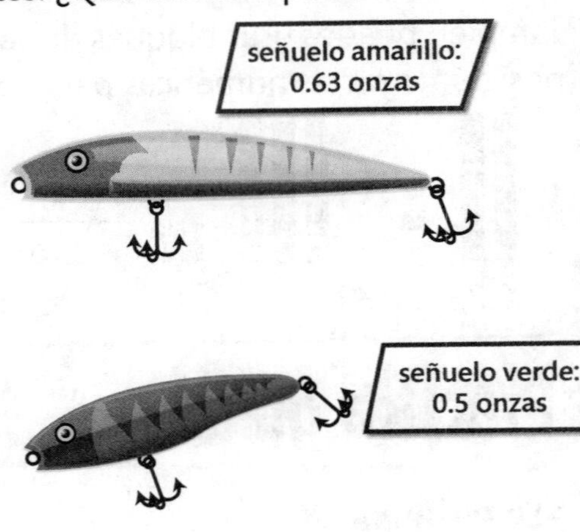

23. Sentido numérico Ellen quiere dar aproximadamente 100 juguetes a cada una de 9 organizaciones benéficas. En una semana, Ellen reúne 387 juguetes. La siguiente semana, reúne 515 juguetes. ¿Ellen alcanzó su meta? Haz una estimación para explicarlo.

24. Razonamiento de orden superior Tori tiene dos botellas de agua de diferente tamaño. En la botella más grande hay 0.81 litros de agua. En la botella más pequeña hay 1.1 litros de agua. ¿Se puede saber si una de las botellas tiene más agua? Explícalo.

Práctica para la evaluación

25. Stanley halló el peso de dos minerales, un cuarzo y un granate. El cuarzo pesaba 3.76 onzas y el granate pesaba 3.68 onzas.

Explica cómo puede Stanley usar un modelo para hallar qué mineral pesa más.

Explica cómo puede Stanley usar el valor de posición para hallar qué mineral pesa menos.

Nombre ______________________________

Resuélvelo y coméntalo El mural está dividido en 100 partes iguales. La clase de Marilyn pintó $\frac{3}{10}$ del mural y la clase de Cal pintó $\frac{27}{100}$ del mural. ¿Qué parte del mural pintaron las dos clases? ***Resuelve este problema de la manera que prefieras.***

Lección 12-4
Sumar fracciones que tienen 10 y 100 como denominador

Puedo...
usar la equivalencia para sumar fracciones que tienen 10 y 100 como denominador.

También puedo escoger y usar una herramienta matemática para resolver problemas.

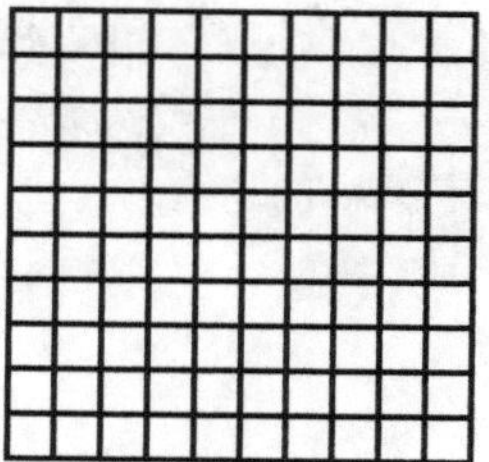

Puedes usar herramientas apropiadas. Piensa en cómo puedes usar la cuadrícula para hallar qué parte del mural pintaron las dos clases. *¡Muestra tu trabajo en el espacio anterior!*

¡Vuelve atrás! ¿Qué parte del mural falta pintar? Escribe la respuesta como un número decimal.

¿Cómo se pueden sumar fracciones que tienen 10 y 100 como denominador?

Puente de aprendizaje visual

A

Jana y Steven recaudaron dinero para un refugio de animales. Steven recaudó $\frac{4}{10}$ de la meta propuesta, mientras que Jana recaudó $\frac{5}{100}$. ¿Qué parte de la meta propuesta recaudaron Jana y Steven?

B

El color rojo representa $\frac{4}{10}$ de la meta y el azul representa $\frac{5}{100}$ de la meta.

La cantidad recaudada se puede escribir $\frac{4}{10} + \frac{5}{100}$.

Puedes usar fracciones equivalentes para escribir décimos como centésimos.

C

Expresa $\frac{4}{10}$ como una fracción equivalente que tenga 100 como denominador.

Multiplica el numerador y el denominador por 10.

$$\frac{4 \times 10}{10 \times 10} = \frac{40}{100}$$

D

Suma los numeradores y escribe la suma sobre el común denominador.

$$\frac{40}{100} + \frac{5}{100} = \frac{45}{100}$$

Jana y Steven recaudaron $\frac{45}{100}$ de la meta propuesta.

¡Convénceme! **Construir argumentos** En el problema anterior, ¿por qué el denominador del total es 100 y no 200?

Nombre ______________________________

Práctica Herramientas Evaluación

Práctica guiada

¿Lo entiendes?

1. Supón que Jana recaudó otros $\frac{25}{100}$ de la meta. ¿Qué fracción de la meta recaudaron ahora?

2. Escribe una suma que represente el siguiente dibujo. Luego, resuélvela.

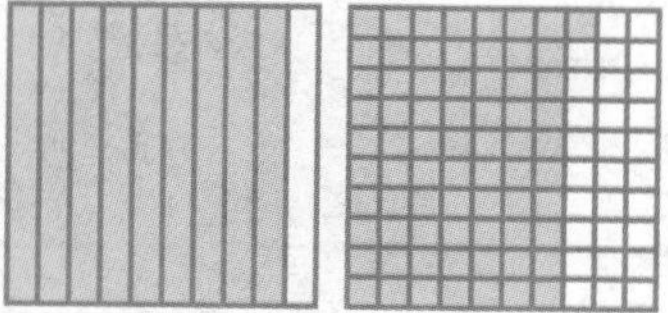

¿Cómo hacerlo?

Para **3** a **8**, suma las fracciones.

3. $\frac{3}{10} + \frac{4}{100}$

4. $\frac{71}{100} + \frac{5}{10}$

5. $\frac{4}{100} + \frac{38}{10}$

6. $\frac{90}{100} + \frac{1}{10}$

7. $\frac{8}{10} + \frac{1}{10} + \frac{7}{100}$

8. $\frac{38}{100} + \frac{4}{10} + \frac{2}{10}$

Práctica independiente

Práctica al nivel Para **9** a **23**, suma las fraciones.

9. $\frac{21}{100} + \frac{2}{10} = \frac{21}{100} + \frac{\square}{100}$

10. $\frac{\square}{10} + \frac{68}{100} = \frac{30}{100} + \frac{68}{100}$

11. $\frac{4}{10} + \frac{60}{100} = \frac{\square}{10} + \frac{\square}{10}$

12. $\frac{32}{100} + \frac{28}{100} + \frac{6}{10}$

13. $\frac{11}{10} + \frac{41}{100}$

14. $\frac{72}{100} + \frac{6}{10}$

15. $\frac{5}{10} + \frac{3}{10} + \frac{18}{100}$

16. $\frac{7}{100} + \frac{6}{10}$

17. $\frac{9}{10} + \frac{4}{100}$

18. $\frac{30}{100} + \frac{5}{10}$

19. $\frac{39}{100} + \frac{2}{10}$

20. $\frac{8}{10} + \frac{9}{100}$

21. $\frac{44}{100} + \frac{34}{100} + \frac{9}{10}$

22. $\frac{70}{10} + \frac{33}{100}$

23. $\frac{28}{10} + \frac{72}{10} + \frac{84}{100}$

Resolución de problemas

24. Álgebra Un cartero hizo un total de 100 entregas en un día. $\frac{76}{100}$ de las entregas fueron cartas, $\frac{2}{10}$ fueron paquetes y el resto fueron postales. Escribe y resuelve una ecuación para hallar la fracción que representa la cantidad de entregas que fueron cartas y paquetes.

25. Entender y perseverar Los globos se venden en bolsas de 30. Hay 5 globos gigantes en cada bolsa. ¿Cuántos globos gigantes tendrás si compras 120 globos? Explícalo.

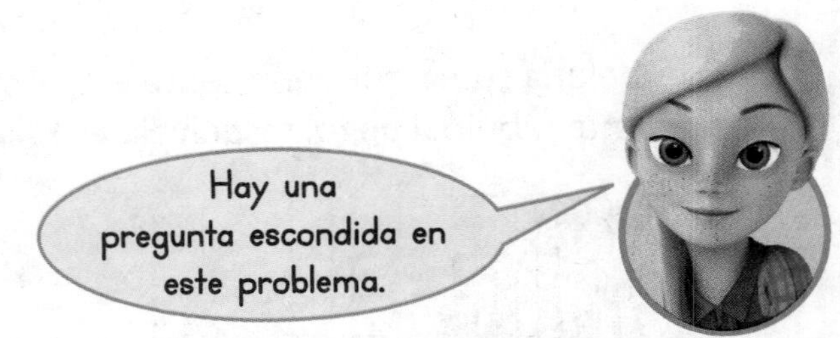

Hay una pregunta escondida en este problema.

26. Razonamiento de orden superior De los 100 primeros elementos de la tabla periódica, $\frac{13}{100}$ se descubrieron en la antigüedad y $\frac{21}{100}$ se descubrieron en la Edad Media. Otros $\frac{5}{10}$ se descubrieron en el siglo XIX. ¿Qué fracción de los primeros 100 elementos se descubrió *después* del siglo XIX? Explícalo.

Práctica para la evaluación

27. Delia caminó por un sendero $\frac{7}{10}$ de milla un día y $\frac{67}{100}$ de milla el siguiente. Quiere saber cuánto caminó en total. Su trabajo se muestra en el siguiente recorte de papel.

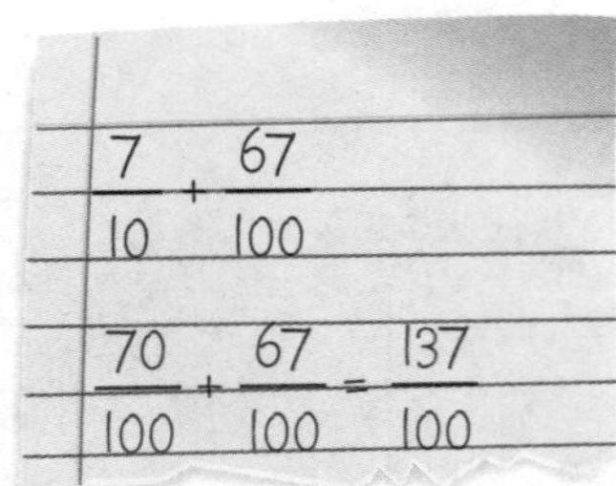

$\frac{7}{10} + \frac{67}{100}$
$\frac{70}{100} + \frac{67}{100} = \frac{137}{100}$

¿Es correcto el trabajo de Delia? Explícalo.

Nombre ______________________________

Resuélvelo y coméntalo Una unidad de memoria portátil cuesta \$24 con el impuesto incluido. Un cliente compra 3 unidades de memoria portátil y le paga al cajero \$80. ¿Cuánto cambio debe darle el cajero al cliente? ***Resuelve este problema de la manera que prefieras.***

Lección 12-5
Resolver problemas verbales sobre dinero

Puedo...
usar fracciones o números decimales para resolver problemas verbales sobre dinero.

También puedo buscar patrones para resolver problemas.

¿Qué tengo que hacer primero para responder a la pregunta?
$24.00

¡Vuelve atrás! **Generalizar** ¿Cómo puedes hacer una estimación y comprobar que tu solución sea razonable?

¿Cómo se pueden resolver problemas verbales sobre dinero?

Puente de aprendizaje visual

A

Marcus compró un avión y un carro de juguete. ¿Cuánto gastó Marcus? ¿Cuánto más que el carro cuesta el avión?

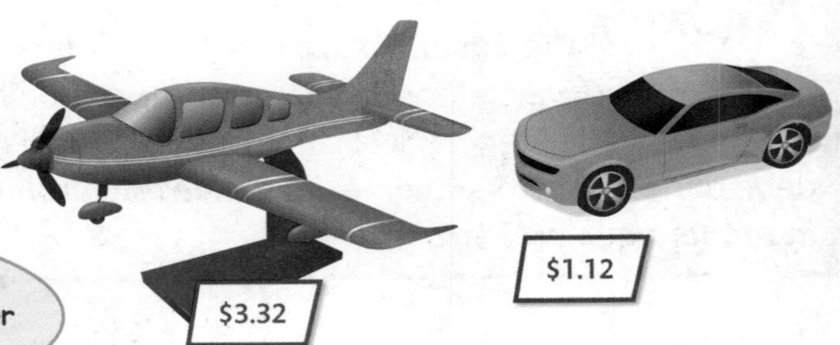

Puedes dibujar o usar billetes y monedas para resolver problemas sobre dinero.

B Halla $3.32 + $1.12.

Costo del avión

Costo del carro

Suma los billetes y, luego, cuenta para sumar cada tipo de moneda.

$4.00 + $0.40 + $0.04 = $4.44

Marcus gastó $4.44.

C Halla $3.32 – $1.12.

Comienza con el costo del avión y, luego, resta el costo del carro.

Cuenta los billetes y las monedas restantes.

$2.00 + $0.20 = $2.20

El avión de juguete cuesta $2.20 más que el carro.

¡Convénceme! **Usar la estructura** En los ejemplos anteriores, ¿cómo puedes usar el valor de posición para ayudarte a sumar o a restar?

Nombre ______________________

Otro ejemplo

Halla $6.33 ÷ 3. Dibuja o usa billetes y monedas.

Puedes usar la multiplicación o la división para resolver problemas sobre dinero.

$6.33 dividido en 3 grupos iguales:

$6.33 ÷ 3 = $2.11

3 grupos de $2.11:

3 × $2.11 = $6.33

Práctica guiada

¿Lo entiendes?

1. Escribe una fracción y un número decimal para describir cómo se relacionan las cantidades.

 $= \frac{1}{10}$ de dólar = $0.10

   = ______ = ______

fracción   número decimal

2. Escribe una fracción y un número decimal para describir cómo se relacionan las cantidades.

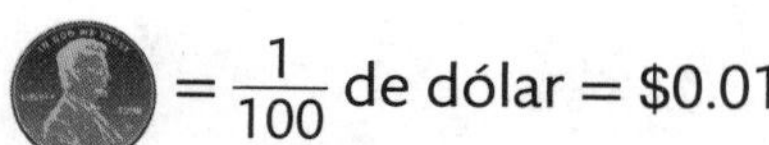 $= \frac{1}{100}$ de dólar = $0.01

   = ______ = ______

fracción   número decimal

¿Cómo hacerlo?

Para **3**, usa los billetes y las monedas para resolver.

3. Marcus tiene $15.00. Compra un boleto de cine por $11.25. ¿Cuánto dinero le queda a Marcus?

Práctica independiente

Para **4** y **5**, puedes dibujar o usar billetes y monedas para resolver.

4. Sarah compró 3 pañoletas de lana. El precio de cada pañoleta era $23.21. ¿Cuánto costaron las 3 pañoletas?

5. Carlos gasta $14.38 en herramientas. ¿Cuánto cambio debería recibir Carlos si le da al dependiente $20.00?

Resolución de problemas

6. **Usar la estructura** Luis fue a almorzar con sus padres. La cuenta fue $17.85. Completa la tabla para mostrar dos combinaciones de monedas y billetes que representen $17.85.

Una manera		Otra manera	
Monedas y billetes	Valor	Monedas y billetes	Valor
Total	$17.85	Total	$17.85

7. Kenya compra una tableta digital nueva por $109.78 y paga con seis billetes de $20. Muestra cómo puedes estimar la cantidad de cambio que debe recibir Kenya.

8. **Álgebra** Marco pagó $12 por 3 cuerdas de saltar. Si cada cuerda cuesta la misma cantidad, ¿cuánto cuesta 1 cuerda? Escribe y resuelve una ecuación.

9. **Sentido numérico** Jiang tiene una colección de 3,788 ladrillos de juguete. Usó 1,229 ladrillos para construir una ciudad. ¿Aproximadamente cuántos ladrillos le quedan a Jiang? Explica cómo hiciste tu estimación.

10. **Razonamiento de orden superior** Edward compró 7 boletos para un concierto para él y seis amigos por un total de $168. Todos los amigos le devolvieron el dinero de los boletos. Si uno de los amigos le dio a Edward un billete de $50, ¿cuánto cambio debe devolverle Edward? Explícalo.

Práctica para la evaluación

11. Rajeev compró una patineta por $37.74. ¿Cuánto cambio debe recibir Rajeev si pagó con $40.00? Dibuja o usa billetes y monedas para resolver el problema.

Ⓐ $2.26

Ⓑ $2.74

Ⓒ $3.26

Ⓓ $3.74

12. Genevieve compró un guante de béisbol por $30.73 y un bate por $19.17. ¿Cuánto gastó Genevieve? Dibuja o usa billetes y monedas para resolver el problema.

Ⓐ $11.56

Ⓑ $49.17

Ⓒ $49.90

Ⓓ $50.73

Nombre ______________________________

Resuélvelo y coméntalo Tres personas hicieron una caminata por el mismo sendero de 1 milla. La distancia que recorrió cada una está representada en las ilustraciones. Muestra aproximadamente dónde debería estar la marca de 1 milla en cada ilustración. Explícalo.

salida 0.5 mi

salida 0.25 mi

salida 0.75 mi

Resolución de problemas

Lección 12-6

Buscar y usar la estructura

Puedo...
usar la estructura del sistema de valor de posición para resolver problemas.

También puedo ubicar y describir números decimales en una recta numérica.

Hábitos de razonamiento

¡Razona correctamente! Estas preguntas te pueden ayudar.

- ¿Qué patrones puedo ver y describir?
- ¿Cómo puedo usar los patrones para resolver el problema?
- ¿Puedo ver las expresiones y los objetos de una manera diferente?

¡Vuelve atrás! **Buscar relaciones** Las tres ilustraciones representan 0.5, 0.25 y 0.75 millas con longitudes equivalentes. ¿Cómo influye esto en la ubicación de la marca de 1 milla en cada ilustración?

A-Z Glosario

¿Cómo se puede buscar la estructura y usarla para resolver problemas?

Puente de aprendizaje visual

A

Los mapas de dos centros de esquí muestran un camino a campo traviesa de 1 milla para principiantes. Muestra aproximadamente dónde harías las marcas de 0.25 y 0.75 millas en cada camino.

¿Cómo puedes determinar dónde hay que marcar los puntos en cada ilustración?

Tengo que analizar los dibujos y decidir aproximadamente dónde se deberían ubicar los decimales dados en cada uno.

B

¿Cómo puedo usar la estructura para resolver este problema?

Puedo

- descomponer el problema en partes más sencillas.
- usar lo que sé sobre el significado de los números decimales para ubicar los puntos.
- usar formas equivalentes de los números.

C

Este es mi razonamiento.

El tamaño de un número decimal depende del tamaño del entero. El tamaño del entero no es igual en las dos ilustraciones. Divide los enteros por la mitad para mostrar **0.5** de cada uno.

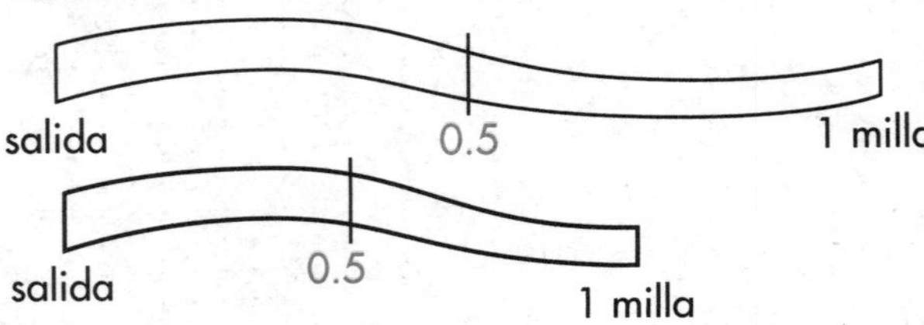

Divide las mitades en dos partes iguales para mostrar **0.25** y **0.75** de cada uno.

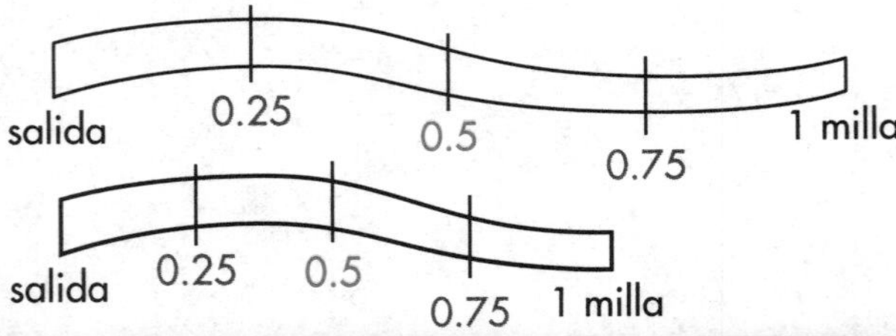

¡Convénceme! **Usar la estructura** Usa el siguiente dibujo del camino.

¿Dónde está la marca de 1.5 millas en el camino? ¿Cómo lo decidiste?

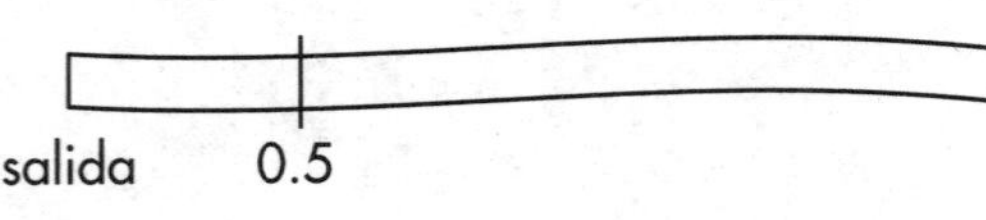

Nombre ______

Práctica guiada

Usar la estructura

Margie pintó de azul 0.4 de su banderín.
Helena pintó de azul 0.5 de su banderín.

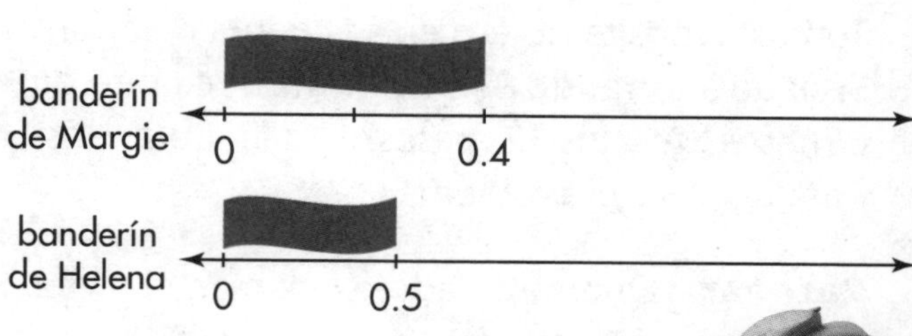

1. Completa los dibujos para mostrar el entero, o 1, de cada banderín.

2. Explica cómo determinaste dónde dibujar 1 entero en cada banderín.

Puedes usar la estructura del sistema de valor de posición para ubicar números decimales en una recta numérica.

3. ¿Los dibujos muestran que 0.4 < 0.5? Explícalo.

Práctica independiente

Usar la estructura

Kaitlin hace un mapa para una carrera de 1 milla. Quiere que haya paradas en 0.5 millas, 0.3 millas y 0.85 millas desde la salida.

salida ______ final

4. Rotula 0.25, 0.50 y 0.75 en la recta numérica como escala de referencia. Explica cómo decidiste dónde marcar la recta numérica.

5. Haz una estimación para decidir dónde se ubican 0.3 y 0.85 en relación con los otros puntos. Marca los puntos 0.3 y 0.85. Explica cómo hiciste la estimación.

Resolución de problemas

Tarea de rendimiento

Cómo crecen los ahorros

Tomás deposita dinero en su cuenta de ahorros todos los meses. Si sigue ahorrando $3.50 por mes, ¿cuánto dinero tendrá a los 6 meses? ¿Y a los 12 meses? Usa la tabla y los Ejercicios 6 a 11 para resolver el problema.

Mes	Dinero en la cuenta de ahorros
0	$10.00
1	$13.50
2	$17.00
3	$20.50

6. **Razonar** ¿Qué cantidades se dan en el problema y qué significan los números?

7. **Entender y perseverar** ¿Qué tienes que hallar?

8. **Usar la estructura** ¿Cuál es la relación entre la cantidad de dinero que tendrá Tomás en su cuenta de ahorros en el cuarto mes y en el tercer mes?

Cuando buscas y usas la estructura, descompones el problema en partes más sencillas.

9. **Representar con modelos matemáticos** Escribe una expresión que se pueda usar para hallar la cantidad ahorrada al cabo de 6 meses.

10. **Representar con modelos matemáticos** Completa la tabla para hallar cuánto habrá ahorrado Tomás en 6 meses.

11. **Hacerlo con precisión** Usa las respuestas de la tabla para hallar cuánto dinero tendrá Tomás al cabo de 12 meses. Muestra tu trabajo.

Nombre ____________________

Actividad de práctica de fluidez

Sigue la ruta

Sombrea una ruta que vaya desde la **SALIDA** hasta la **META**. Sigue las sumas y las diferencias que se redondeen a 2,000 cuando se redondean al millar más cercano. Solo te puedes mover hacia arriba, hacia abajo, hacia la derecha o hacia la izquierda.

Puedo...
sumar y restar números enteros de varios dígitos.

También puedo hacer mi trabajo con precisión.

Salida

954 + 871	2,000 − 1,876	3,887 + 369	2,195 − 737	2,698 + 400
8,998 − 7,399	1,810 + 789	8,917 − 5,252	6,295 − 3,290	8,506 − 3,282
1,789 + 210	1,340 − 771	2,615 + 347	9,000 − 6,233	5,896 + 5,601
6,726 − 4,309	1,199 + 468	3,300 − 298	9,444 + 9,444	3,922 − 923
3,856 + 1,144	4,239 − 2,239	5,999 − 4,370	5,607 − 3,605	2,203 + 122

Meta

TEMA 12 Repaso del vocabulario

A-Z Glosario

Lista de palabras

- centésimo
- décimo
- equivalentes
- fracción
- número decimal
- punto decimal
- símbolo de mayor que (>)
- símbolo de menor que (<)

Comprender el vocabulario

Escoge el mejor término del recuadro. Escríbelo en el espacio en blanco.

1. El punto que se usa para separar los dólares de los centavos o las unidades de las décimas en un número se llama

________________________.

2. Una parte de 100 partes iguales de un entero se llama

________________________.

3. Los números que nombran la misma cantidad son

________________________.

4. El símbolo, como $\frac{2}{3}$, $\frac{5}{1}$ u $\frac{8}{5}$, que se usa para representar parte de un entero, parte de un conjunto o una ubicación en una recta numérica se llama ________________________.

5. Una de diez partes iguales de un entero se llama ________________________.

Da un ejemplo y un contraejemplo para los siguientes términos.

	Ejemplo	Contraejemplo
6. símbolo de mayor que (>)	____________	____________
7. símbolo de menor que (<)	____________	____________
8. número decimal	____________	____________

Usar el vocabulario al escribir

9. Krista escribió $\frac{75}{100}$ y 0.75. Usa al menos 3 términos de la Lista de palabras para describir el trabajo de Krista.

Nombre ____________________

TEMA 12

Refuerzo

Grupo A páginas 445 a 448

El ejercicio de escritura de un ensayo de un examen de 100 puntos vale 40 puntos. Escribe esa cantidad como una fracción y como un número decimal.

Hay 100 puntos; por tanto, cada punto es $\frac{1}{100}$.

$\frac{40}{100}$ es 0.40.

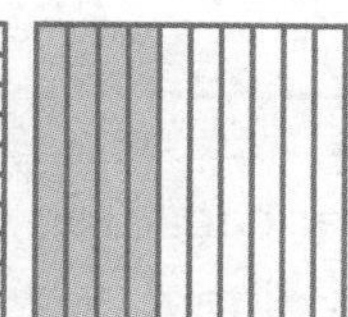

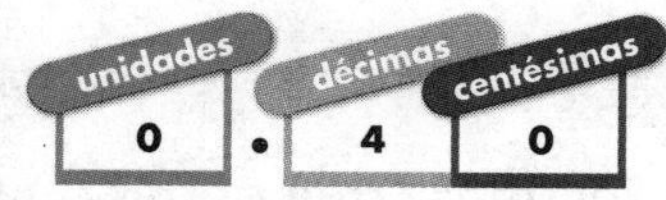

$\frac{40}{100} = \frac{4}{10}$ y $0.40 = 0.4$

Recuerda que el nombre de una fracción te puede ayudar a escribirla como un número decimal.

Escribe un número decimal y una fracción para los modelos.

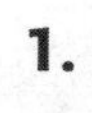

1. 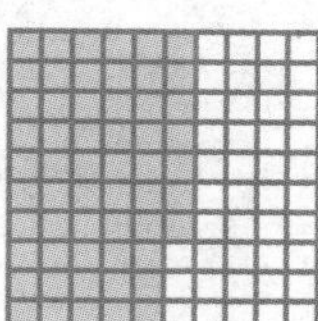

2. 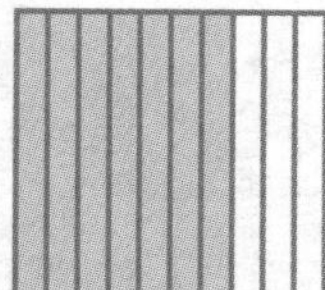

3. Donnie tiene 4 dólares, 6 monedas de 1¢ y 9 monedas de 10¢. Escribe un número decimal para la cantidad de dinero que tiene Donnie.

Grupo B páginas 449 a 452

Ubica 0.8 y 0.62 en una recta numérica.

La distancia de 0 a 0.8 es ocho décimas de la distancia de 0 a 1.

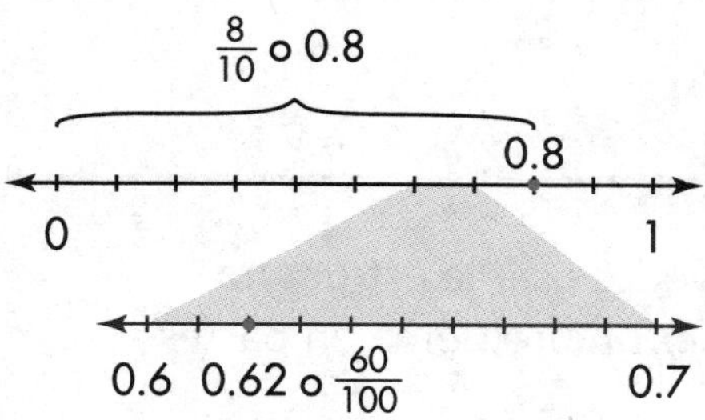

Dibuja una recta numérica que muestre centésimas. 0.62 está entre 0.6 y 0.7.

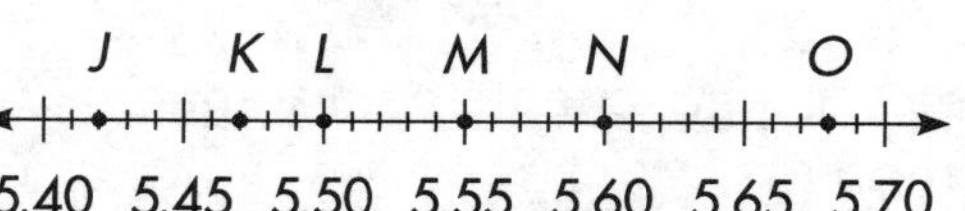

Identifica los números decimales y las fracciones que representa cada punto.

1. *K* **2.** *M* **3.** *O*

4. *N* **5.** *L* **6.** *J*

Grupo C páginas 453 a 456

Compara 1.74 y 1.08.

Los dígitos del lugar de las unidades son iguales; por tanto, debes mirar los dígitos que están después del punto decimal para comparar.

1.74 1.08
7 décimas > 0 décimas
1.74 > 1.08

Recuerda que puedes usar herramientas, como bloques de valor de posición, rectas numéricas o cuadrículas, para comparar las cantidades decimales.

Escribe >, < o = en cada ◯.

1. \$4.13 ◯ \$4.32 **2.** 0.6 ◯ 0.60

3. 5.29 ◯ 52.9 **4.** 12.91 ◯ 12.19

Grupo D páginas 457 a 460

Halla $\frac{9}{10} + \frac{49}{100}$.

Escribe $\frac{9}{10}$ como una fracción equivalente que tenga 100 como denominador.

$\frac{9 \times 10}{10 \times 10} = \frac{90}{100}$

$\frac{90}{100} + \frac{49}{100} = \frac{139}{100}$ o $1\frac{39}{100}$

Recuerda que puedes hallar fracciones con un común denominador para ayudarte a sumar.

Suma. Usa cuadrículas o bloques de valor de posición como ayuda si es necesario.

1. $\frac{8}{10} + \frac{40}{100}$
2. $\frac{24}{100} + \frac{6}{10}$

Grupo E páginas 461 a 464

Halla \$5.21 + \$1.52.

Suma los billetes. Luego, cuenta para sumar cada tipo de moneda.

\$6.00 + \$0.50 + \$0.20 + \$0.03 = \$6.73

Recuerda que debes quitar cada tipo de billete y de moneda cuando restas dinero.

1. Chelsea tenía \$71.18. Compró un par de gafas por \$59.95. ¿Puede comprar un estuche que cuesta \$12.95? Explícalo.

2. Eddie compró 3 boletos de tren a \$17.00 cada uno. Si pagó con tres billetes de \$20, ¿cuánto cambio recibió Eddie?

Grupo F páginas 465 a 468

Piensa en tus respuestas a estas preguntas para ayudarte a **buscar y usar la estructura**.

Hábitos de razonamiento

- ¿Qué patrones puedo ver y describir?
- ¿Cómo puedo usar los patrones para resolver el problema?
- ¿Puedo ver las expresiones y los objetos de una manera diferente?

Recuerda que puedes usar la estructura para descomponer un problema en partes más sencillas.

Raven participó en un maratón de caminata. El punto rojo muestra la distancia que Raven caminó en una hora.

1. Completa la siguiente recta numérica.

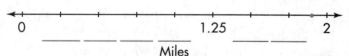

0 ____ ____ ____ ____ 1.25 ____ ____ 2

Miles

2. Estima la distancia que caminó Raven en la primera hora. Explícalo.

Nombre ______________________________

TEMA 12

Práctica para la evaluación

1. ¿Qué opción representa el número decimal 0.7? Selecciona todas las que apliquen.

- ☐ 0.07
- ☐ 7.00
- ☐ $\frac{7}{10}$
- ☐ $\frac{70}{10}$
- ☐ $\frac{70}{100}$

2. Selecciona todos los enunciados que comparan correctamente dos números.

- ☐ 29.48 > 29.69
- ☐ 29.48 < 29.69
- ☐ 15.36 > 15.39
- ☐ 16.99 < 17.99
- ☐ 21.30 = 21.03

3. Lucy compra un rompecabezas por $3.89, un avión de juguete por $12.75 y un animal de peluche por $2.50. ¿Cuánto dinero gastó en total? Dibuja o usa billetes y monedas para resolver.

Ⓐ $19.14 Ⓒ $19.00

Ⓑ $16.64 Ⓓ $16.00

4. ¿Qué punto está rotulado incorrectamente? Explícalo.

A (3.75) B (4.5) C (4.9)

3 4 5

5. Catalina va a la librería con el dinero que se muestra.

DATOS

Nuevos lanzamientos	
Una historia de dos ciudades	$14.95
Buenos días, Sol	$16.55
La historia de Italia	$16.00

A. ¿Tiene Catalina dinero suficiente para los tres libros? Si no es así, ¿cuánto dinero más necesita Catalina? Explícalo. Dibuja o usa billetes y monedas para resolver.

B. Catalina decide comprar solo 2 de los libros. Escoge dos libros para Catalina y, luego, halla cuánto dinero le sobrará. Dibuja o usa billetes y monedas para resolver.

6. Escribe una fracción y un número decimal que representen la parte de la cuadrícula pintada de verde.

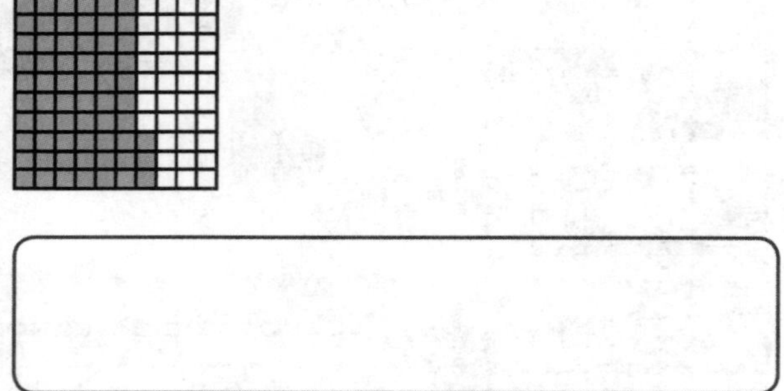

7. Empareja cada número decimal con su fracción equivalente.

	$\frac{200}{100}$	$\frac{200}{10}$	$\frac{20}{100}$	$\frac{2}{100}$
20	❑	❑	❑	❑
2	❑	❑	❑	❑
0.02	❑	❑	❑	❑
0.20	❑	❑	❑	❑

8. Selecciona todos los enunciados que comparan correctamente dos números.

- ☐ 7.27 > 74.7
- ☐ 1.24 < 1.42
- ☐ 58.64 > 48.64
- ☐ 138.5 < 13.85
- ☐ 12.56 > 12.65

9. ¿Qué fracción es equivalente a 0.4?

10. Explica cómo se halla la suma de $\frac{3}{10} + \frac{4}{100}$.

11. Usa la siguiente tabla.

DATOS

A	6.89
B	6.95
C	7.09
D	6.98

Crea una recta numérica y marca el valor de cada letra.

12. ¿Qué número decimal representa $\frac{44}{100}$?

Nombre ____

Club de la vida silvestre

El club de la vida silvestre de la escuela dedicó un mes a aprender sobre las diferentes aves locales. Las fotos rotuladas **Características de las aves** muestran información sobre varias aves observadas.

Características de las aves

halcón de cola roja
masa: 0.78 kg
envergadura: 1.2 m

búho americano
masa: 1.8 kg
envergadura: 1.3 m

urraca azul
masa: 0.08 kg
envergadura: 0.28 m

correlimos
masa: 0.06 kg
envergadura: 0.2 m

1. El líder del club les pidió a los estudiantes que analizaran y compararan las medidas de las fotos **Características de las aves**.

Parte A

La tarea de Randall fue escribir la masa de un halcón de cola roja como una fracción. Rotula la masa en la recta numérica y escribe la fracción equivalente.

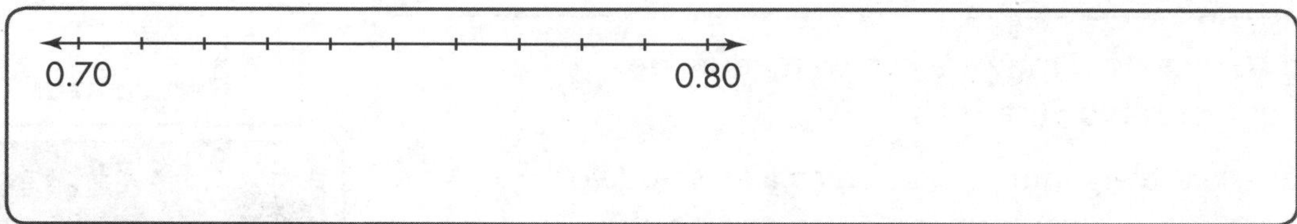

Parte B

La tarea de Melanie fue comparar las envergaduras de la urraca azul y del correlimos. ¿Qué ave tiene la mayor envergadura? Muestra los números decimales en las cuadrículas y escribe la comparación con símbolos.

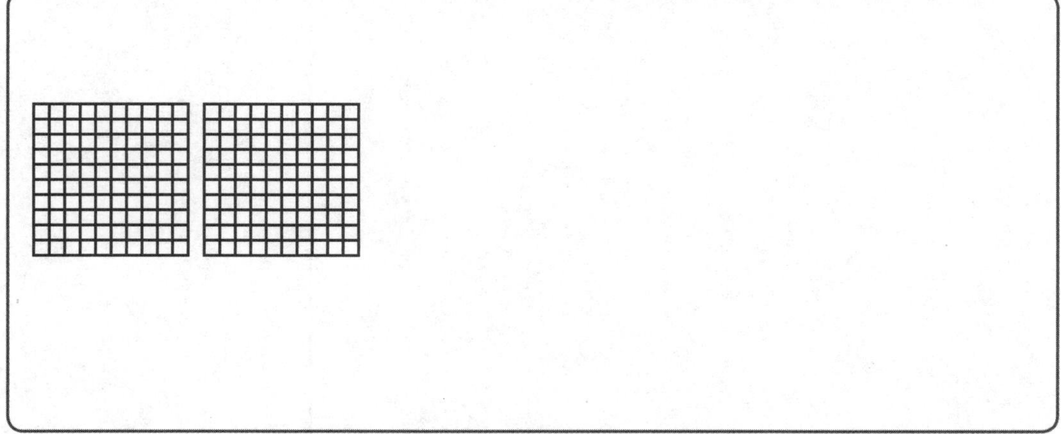

Parte C

Mila comparó las envergaduras del halcón de cola roja y del búho americano. Explica cómo se puede usar el valor de posición para hallar cuál es la envergadura mayor. Muestra la comparación con símbolos.

2. Gerald halló la suma de las masas de un búho americano y un correlimos. Muestra cómo se escriben las masas como fracciones y, luego, escribe y resuelve una ecuación de suma.

3. La foto rotulada **Urraca azul** muestra la envergadura de una urraca azul que observó Susannah.

Susannah dijo que la envergadura de la urraca azul es mayor que la envergadura del búho americano, porque $1.4 > 1.3$. ¿Estás de acuerdo? Explícalo.

Urraca azul

envergadura: 1.4 pies

Medición: Hallar equivalencias en las unidades de medida

Preguntas esenciales: ¿Cómo se convierte de una unidad a otra? ¿Cómo se pueden resolver problemas matemáticos con precisión?

Recursos digitales

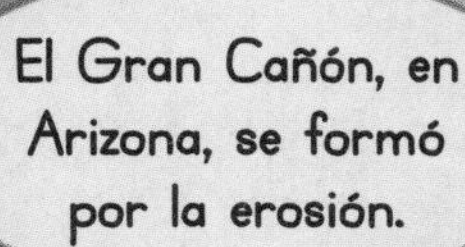

El Gran Cañón, en Arizona, se formó por la erosión.
El río Colorado atravesó las capas de roca. ¡En algunos lugares, el cañón tiene más de una milla de profundidad!
¡Imagina cómo se verá en el futuro! Este es un proyecto sobre erosión y medición.

Proyecto de enVision® STEM: Erosión y medición

Investigar El río Colorado ha sido muy importante en la formación de América del Norte. Usa la Internet y otros recursos para investigar los estados por los que pasa el río.

Diario: Escribir un informe Incluye lo que averiguaste. En tu informe, también:

- busca *geología* y *geometría* en el diccionario. Escribe las definiciones y explica cómo están relacionadas las palabras. ¿Qué significa el prefijo "geo" en ambas palabras?
- Explica cómo convertir de millas a pies la longitud de la excursión que hace A.J. al Gran Cañón. Ten en cuenta que su excursión es de 4 millas.

Nombre ____

Repasa lo que sabes

Vocabulario

Escoge el mejor término del recuadro. Escríbelo en el espacio en blanco.

- capacidad
- gramo
- litro
- masa

1. La cantidad de líquido que puede contener un recipiente se llama ______________.

2. El/La ______________ es la cantidad de materia que contiene una cosa.

3. Una unidad métrica de capacidad es el/la ______________.

Perímetro

Halla el perímetro de las figuras.

4.

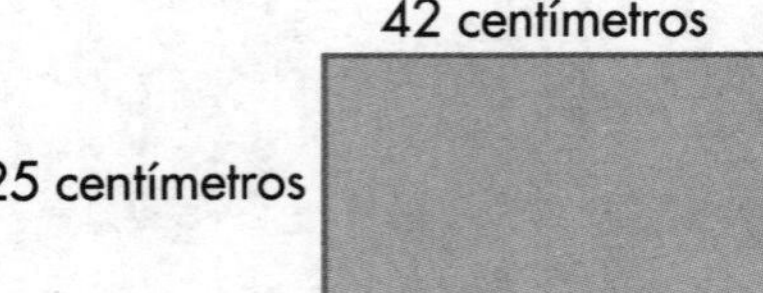

5.

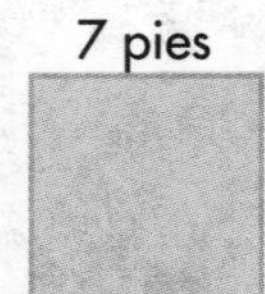

6.

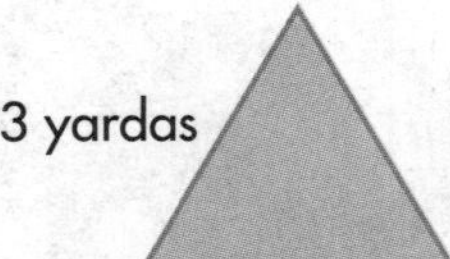

7.

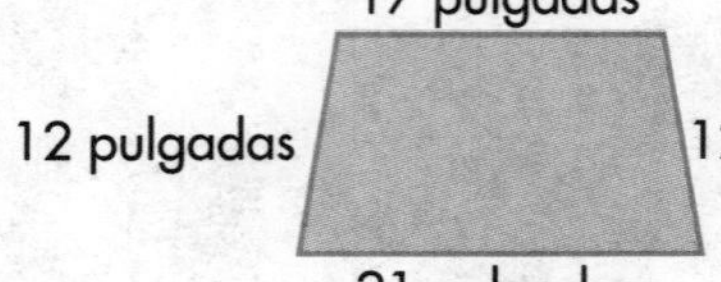

8.

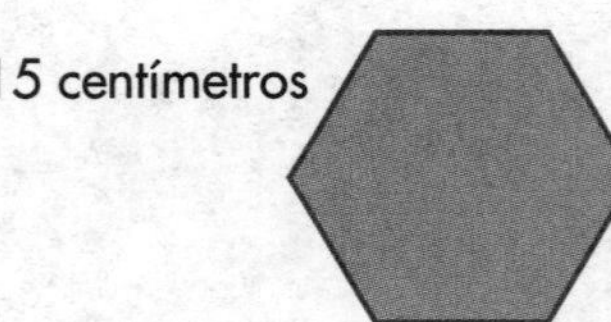

9. $19\frac{11}{12}$ pies; $7\frac{5}{12}$ pies

Área

Halla el área de cada figura.

10.

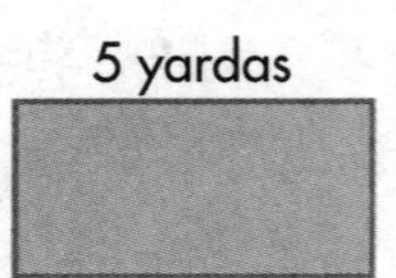

11. 2 pulgadas; $\frac{1}{4}$ de pulgada

12. 7 centímetros; 3 centímetros

Resolución de problemas

13. Entender y perseverar Una legua es una medida náutica que equivale a aproximadamente 3 millas. Si un barco recorre 2,000 leguas, ¿aproximadamente cuántas millas recorre el barco?

Nombre ____________________

¿Por qué es especial el río St. Johns?

Proyecto: Haz un folleto de viaje sobre los ríos que hay en el estado donde vives

¿Para qué son útiles las latas?

Proyecto: Cocina según un presupuesto

¿Quién inventó el rompecabezas?

Proyecto: Haz tu propio rompecabezas

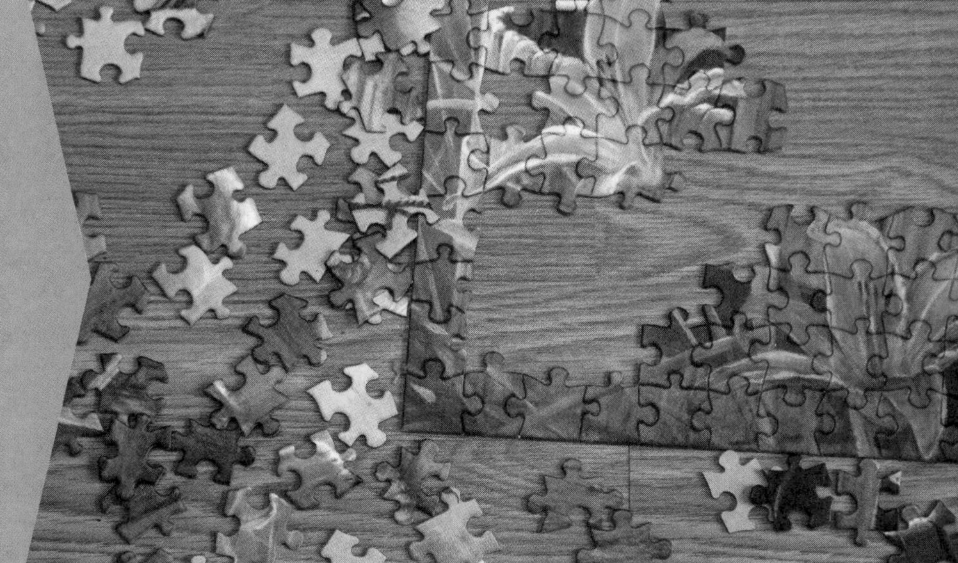

MATEMÁTICAS EN 3 ACTOS: VISTAZO

Video

Representación matemática

Una pinta es una libra

Antes de ver el video, piensa:

La mayoría de las torres de agua contienen 50 veces lo que contiene una piscina. Ya estoy preparado, ¡pero no me doy cuenta de cómo entrar!

Puedo...

representar con modelos matemáticos para resolver problemas que incluyen estimar y calcular con unidades de peso y capacidad.

Nombre ______________________

Lección 13-1
Equivalencia de las unidades usuales de longitud

Resuélvelo y coméntalo Jeremy trotó 75 yardas desde su casa hasta la escuela. ¿Cuántos pies trotó Jeremy? ***Resuelve este problema de la manera que prefieras.***

Puedo...
convertir unidades usuales de longitud de una unidad a otra y reconocer el tamaño relativo de diferentes unidades.

También puedo hacer mi trabajo con precisión.

Asegúrate de calcular correctamente y usar las unidades correctas. *¡Muestra tu trabajo en el espacio que sigue!*

3 pies = 1 yarda

50 yd 60 yd 70 yd 80 yd

¡Vuelve atrás! Buscar relaciones ¿Qué observas sobre la relación entre la cantidad de yardas y la cantidad de pies que trotó Jeremy?

Aprendizaje visual | A-Z Glosario

¿Cómo se puede convertir de una unidad de longitud a otra?

Puente de aprendizaje visual

A

Maggie tiene un columpio en un árbol. ¿Cuántas pulgadas de longitud mide cada cuerda desde la base de la rama hasta el columpio?

Esta tabla muestra los tamaños relativos de las unidades usuales de longitud. 1 pie es 12 veces la longitud de una pulgada.

rama: 10 pies desde el suelo

DATOS

Unidades usuales de longitud
1 pie = 12 pulgadas (pulgs.)
1 yarda (yd) = 3 pies = 36 pulgs.
1 milla (mi) = 1,760 yd = 5,280 pies

columpio: $2\frac{1}{4}$ pies desde el suelo

B

Paso 1

Halla la longitud de la cuerda en pies.

$c = 10 - 2\frac{1}{4}$

10 pies

c	$2\frac{1}{4}$ pies

$$\begin{array}{rcr} 10 & = & 9\frac{4}{4} \\ -\ 2\frac{1}{4} & = & -\ 2\frac{1}{4} \\ \hline & & 7\frac{3}{4} \end{array}$$

Cada cuerda mide $7\frac{3}{4}$ pies de longitud.

C

Paso 2

Convierte la longitud de la cuerda a pulgadas.

DATOS

Pies	Pulgadas
1	12
2	24
3	36
4	48
5	60
6	72
7	84
$7\frac{3}{4}$	93

Hay 12 pulgadas en un pie.

Halla 7×12.

$7 \times 12 = 84$ pulgadas

Halla $\frac{3}{4} \times 12$.

$\frac{3}{4} \times 12 = \frac{3 \times 12}{4}$

$= \frac{36}{4}$ o 9 pulgadas

$84 + 9 = 93$

Cada cuerda mide 93 pulgadas de longitud.

¡Convénceme! **Generalizar** ¿Cómo sabes que la respuesta es razonable cuando conviertes de una unidad más grande a una más pequeña?

Nombre ______________________________

Otro ejemplo

Mark se desplazó hacia adelante $\frac{5}{6}$ de yarda al hacer una voltereta hacia atrás. Daisy se desplazó hacia adelante $3\frac{1}{6}$ pies. ¿Cuánto más que Mark se desplazó hacia adelante Daisy? Una yarda es 3 veces la longitud de un pie.

$$\frac{5}{6} \times 3 = \frac{15}{6} = \frac{6}{6} + \frac{6}{6} + \frac{3}{6} = 2\frac{3}{6}$$

↑ cantidad de yardas ↑ pies por yarda

Puedes usar un modelo lineal para representar el problema.

Mark se desplazó hacia adelante $2\frac{3}{6}$ pies.

$3\frac{1}{6} - 2\frac{3}{6} = 2\frac{7}{6} - 2\frac{3}{6} = \frac{4}{6}$

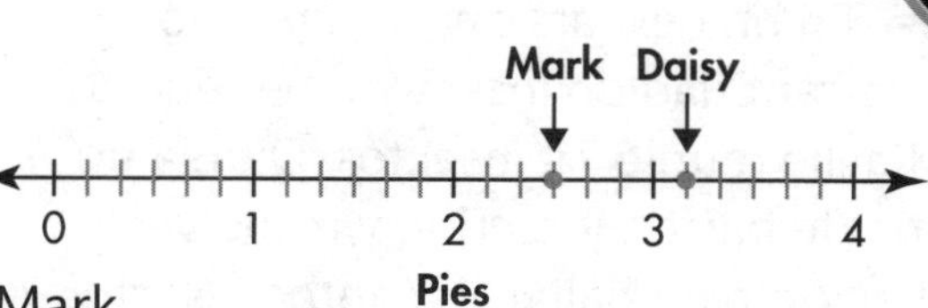

Daisy se desplazó hacia adelante $\frac{4}{6}$ de pie más que Mark.

Práctica guiada

¿Lo entiendes?

1. ¿Se necesitan más pulgadas o más pies para que sean equivalentes a una longitud dada? Explícalo.

2. ¿Qué distancia es mayor: 9 yardas o 9 millas?

¿Cómo hacerlo?

Para **3** y **4**, convierte cada unidad.

3. 2 millas = __________ yardas

4. $\frac{2}{3}$ de yarda = __________ pies

Práctica independiente

Para **5** a **7**, escribe > o < en cada ◯ para comparar las medidas.

5. 6 pulgadas ◯ 6 pies

6. 2 yardas ◯ 7 pies

7. 4 yardas ◯ 100 pulgadas

Para **8** a **11**, convierte las unidades.

8. 8 yardas = __________ pulgadas

9. 28 yardas = __________ pies

10. 18 pies = __________ pulgadas

11. 7 millas = __________ yardas

Resolución de problemas

12. Hacerlo con precisión Lou corta 3 yardas de un rollo de tela de 9 yardas. Luego, corta 4 pies del rollo. ¿Cuántos pies de tela quedan en el rollo?

13. ¿Qué unidad usual de medida usarías para medir la longitud de una mantis religiosa? Explícalo.

14. Álgebra En una excursión, Toni reunió 4 veces la cantidad de insectos que reunió Kaylie. Kaylie reunió 14 insectos. Dibuja un diagrama de barras, y escribe y resuelve una ecuación para hallar *i*, cuántos insectos reunió Toni.

15. ¿Qué distancia es mayor: 3 millas o 5,000 yardas? ¿Cuánto mayor? Explícalo.

16. Razonamiento de orden superior Jenna usa $\frac{1}{2}$ yarda de cinta para cada caja que envuelve. ¿Cuántas yardas de cinta necesita para envolver 4 cajas? Usa el modelo lineal como ayuda para resolver el problema.

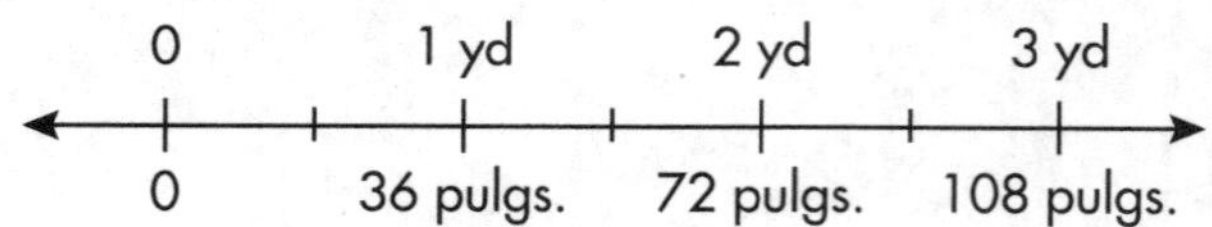

Práctica para la evaluación

17. Connor tiene $3\frac{3}{4}$ pies de tela café y $\frac{3}{4}$ de yarda de tela verde para hacer un disfraz para la obra de la escuela. ¿Cuántos pies de tela café más que de tela verde tiene Connor? Muestra ambas medidas con puntos en la recta numérica.

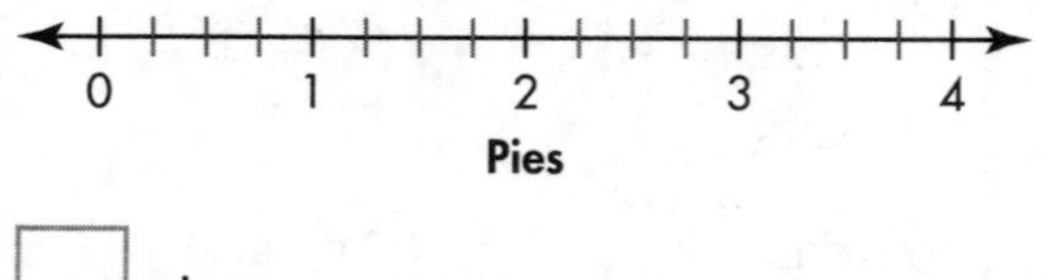

☐ pies

18. Charlotte hizo $\frac{11}{12}$ de yarda de una cadena de papel para el baile de la escuela. Josh hizo $4\frac{1}{12}$ pies y Mika hizo $3\frac{4}{12}$ pies. ¿Cuántos pies de cadena hicieron en total?

Ⓐ $8\frac{4}{12}$ pies

Ⓑ $9\frac{4}{12}$ pies

Ⓒ $10\frac{2}{12}$ pies

Ⓓ $10\frac{4}{12}$ pies

Nombre ______________________________

Lección 13-2

Equivalencia de las unidades usuales de capacidad

Puedo...
convertir unidades usuales de capacidad de una unidad a otra y reconocer el tamaño relativo de diferentes unidades.

También puedo generalizar a partir de ejemplos.

Resuélvelo y coméntalo Casey tiene $\frac{1}{2}$ galón de jugo. ¿Cuántos recipientes de 1 pinta puede llenar? ***Resuelve este problema de la manera que prefieras.***

Usa lo que sabes sobre convertir de una unidad más grande a una más pequeña. *¡Muestra tu trabajo en el espacio que sigue!*

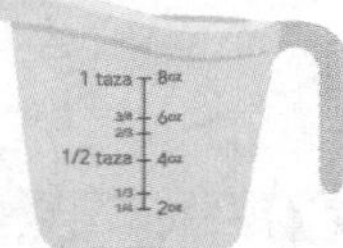

8 Onzas líquidas (oz líq.)
8 oz líq. = 1 t

1 taza (t)

1 pinta (pt)
1 pt = 2 t

1 cuarto (cto.)
1 cto. = 2 pt = 4 t

1 galón (gal.)
1 gal. = 4 ctos. = 8 pt

¡Vuelve atrás! **Generalizar** ¿Cómo convertiste de una unidad de capacidad más grande a una unidad de capacidad más pequeña? ¿Usaste el mismo proceso que para convertir de una unidad de longitud más grande a una más pequeña? Explícalo.

¿Cómo se puede convertir de una unidad de capacidad a otra?

A

La clase de la Sra. Nealy necesita 5 galones de refresco de frutas para una noche de matemáticas en familia. ¿Qué cantidad de cada ingrediente se necesita para hacer suficiente refresco con la siguiente receta?

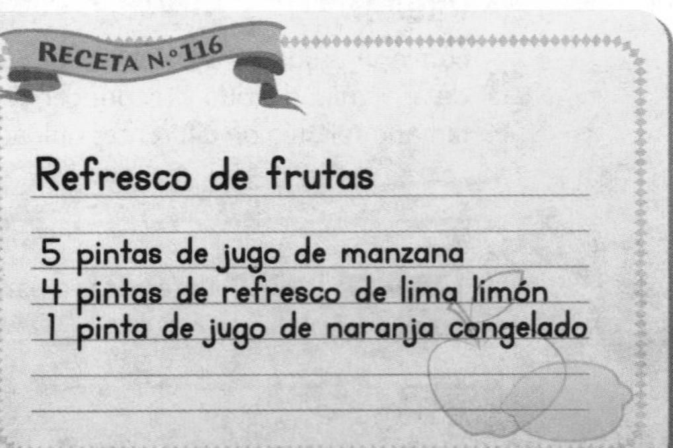

RECETA N.º 116
Refresco de frutas
5 pintas de jugo de manzana
4 pintas de refresco de lima limón
1 pinta de jugo de naranja congelado

Algunas unidades de capacidad son los galones, los cuartos, las pintas, las tazas y las onzas líquidas.

La capacidad es cuánto líquido puede contener un recipiente. Este diagrama muestra los tamaños relativos de algunas unidades de capacidad. 1 galón es 4 veces la cantidad de 1 cuarto.

1 gal.															
1 cto.				1 cto.				1 cto.				1 cto.			
1 pt		1 pt		1 pt		1 pt		1 pt		1 pt		1 pt		1 pt	
1 t	1 t	1 t	1 t	1 t	1 t	1 t	1 t	1 t	1 t	1 t	1 t	1 t	1 t	1 t	1 t

B

Paso 1

Convierte 5 galones a pintas.

DATOS

Galones	Cuartos	Pintas
1	4	8
2	8	16
3	12	24
4	16	32
5	20	40

5 galones = 40 pintas

C

Paso 2

Suma la cantidad de pintas de la receta para hallar cuántas tandas tiene que hacer la clase.

$5 + 4 + 1 = 10$

$10 \times n = 40$

$n = 4$

La clase tiene que hacer 4 tandas de la receta.

D

Paso 3

Halla cuánto de cada ingrediente hay en 4 tandas.

$4 \times 5 = 20$ pintas
$4 \times 4 = 16$ pintas
$4 \times 1 = 4$ pintas

Se necesitan 20 pintas de jugo de manzana, 16 pintas de jugo de lima limón y 4 pintas de jugo de naranja congelado.

¡Convénceme! **Razonar** Completa la siguiente oración.

Un galón es igual a _____ cuartos, _____ pintas o _____ tazas.

Nombre ___________________________

Práctica guiada

¿Lo entiendes?

1. ¿Cuántas tazas de refresco de frutas hacen 5 galones del refresco de la página anterior?

2. ¿Qué recipiente contiene más: uno de 3 pintas o uno de 3 cuartos?

¿Cómo hacerlo?

Para **3** a **5**, convierte cada unidad.

3. 2 tazas = _______ onzas líquidas

4. $\frac{1}{2}$ galón = _______ pintas

5. 5 pintas = _______ tazas

Práctica independiente

Para **6** a **8**, escribe > o < en cada ◯ para comparar las medidas.

6. 2 pintas ◯ 2 galones

7. 5 cuartos ◯ 8 pintas

8. 10 tazas ◯ 2 cuartos

Para **9** a **12**, convierte cada unidad.

9. 7 cuartos = _______ tazas

10. 12 galones = _______ cuartos

11. 7 pintas = _______ onzas líquidas

12. $\frac{3}{4}$ de galón = _______ pintas

Para **13** a **14**, convierte cada unidad.

13.

Pintas	Onzas líquidas
$\frac{1}{2}$	
1	
2	
4	

14.

Galones	Tazas
1	
2	
3	
4	

Resolución de problemas

15. enVision® STEM Un grupo de científicos midió la cantidad de agua y desechos que pasan por una estación fluvial en diferentes momentos del año. El agua y los desechos se llaman descarga. La tabla muestra el promedio de descarga en la estación Campo Verde del río Verde en dos meses. ¿Cuántos cuartos de descarga por segundo más que en noviembre hay en diciembre?

DATOS

Descarga del río Verde en Campo Verde, Arizona

Mes	Promedio de galones por segundo
Noviembre	1,619
Diciembre	2,285

16. ¿Cuántos cuartos de descarga por segundo fueron registrados en noviembre y diciembre?

17. Entender y perseverar Annabelle tenía las siguientes cantidades de pintura en recipientes: $\frac{1}{2}$ galón, $\frac{3}{4}$ de cuarto y $\frac{1}{4}$ de galón. ¿Cuántos cuartos de pintura tiene Annabelle? Explícalo.

18. Razonamiento de orden superior Un servicio de comidas combina 3 cuartos de jugo de naranja, 5 pintas de leche y 5 tazas de jugo de piña para hacer batidos. ¿Cuántas tazas pueden llenarse con batidos? Explícalo.

Práctica para la evaluación

19. ¿Qué opción es igual a 3 cuartos?

Ⓐ 6 tazas
Ⓑ 12 tazas
Ⓒ 12 pintas
Ⓓ 3 galones

20. Selecciona todas las comparaciones que sean verdaderas.

☐ 4 tazas $<$ 4 pintas
☐ 7 pintas $>$ 7 onzas líquidas
☐ 2 galones $>$ 9 cuartos
☐ 3 cuartos $<$ 14 tazas
☐ 3 galones $<$ 18 pintas

Nombre ______________________________

Lección 13-3
Equivalencia de las unidades usuales de peso

Resuélvelo y coméntalo Cuando nació, Bay, el perrito de Lori, pesó $\frac{3}{8}$ de libra. ¿Cuánto pesó Bay en onzas? ***Resuelve este problema de la manera que prefieras.***

Puedo...
convertir unidades usuales de peso de una unidad a otra y reconocer el tamaño relativo de diferentes unidades.

También puedo hacer mi trabajo con precisión.

Usas lo que sabes sobre convertir de una unidad de medida más grande a una unidad más pequeña para convertir de libras a onzas.

Un colibrí puede pesar 1 onza (oz).

Un gatito puede pesar 1 libra (lb).
1 lb = 16 oz

Un caballo puede pesar 1 tonelada (T).
1 T = 2,000 lb

¡Vuelve atrás! **Hacerlo con precisión** ¿Cómo supiste que debías convertir unidades para resolver el problema?

¿Cómo se puede convertir de una unidad de peso a otra?

A

Mark hizo la cena para su familia con los ingredientes que se muestran. ¿Cuántas porciones de 6 onzas hizo Mark?

El peso es la medida de lo que pesa un objeto. Algunas unidades de peso son las onzas, las libras y las toneladas.
Esta tabla muestra los tamaños relativos de las unidades usuales de peso. 1 libra es 16 veces el peso de 1 onza.

DATOS

Unidades usuales de peso
1 libra (lb) = 16 onzas (oz)
1 tonelada (T) = 2,000 lb

B

Para convertir el peso de los fideos y las albóndigas a onzas, multiplica cada peso por 16.

Fideos:

$\frac{2}{5} \times 16 = \frac{32}{5}$

$= 6\frac{2}{5}$ onzas

Albóndigas:

$\frac{3}{5} \times 16 = \frac{48}{5}$

$= 9\frac{3}{5}$ onzas

C

Suma el peso de todos los ingredientes para hallar el total de onzas.

$6\frac{2}{5}$ fideos

$9\frac{3}{5}$ albóndigas

$+ 8$ salsa de tomate

$23\frac{5}{5} = 24$

El peso de todos los ingredientes es 24 onzas.

D

Divide para hallar p, la cantidad de porciones.

24 oz

6 oz | p

$24 \div 6 = p$

$p = 4$

Mark hizo cuatro porciones de 6 onzas.

¡Convénceme! **Generalizar** ¿Cómo conviertes de una unidad de peso más grande a una unidad de peso más pequeña?

Nombre ______________________________

Práctica guiada

¿Lo entiendes?

1. ¿Tendría sentido describir en toneladas el peso total de la cena de Mark? ¿Por qué?

¿Cómo hacerlo?

Para **2** a **4**, convierte cada unidad.

2. 9 toneladas = ________ libras

3. $\frac{3}{4}$ de libra = ________ onzas

4. 17 libras = ________ onzas

Práctica independiente

Para **5** a **7**, escribe > o < en cada ◯ para comparar las medidas.

5. 6 onzas ◯ 6 libras

6. 3 libras ◯ 40 onzas

7. 5,000 libras ◯ 2 toneladas

Para **8** a **13**, convierte cada unidad.

8. 15 libras = ________ onzas

9. 7 toneladas = ________ libras

10. 46 libras = ________ onzas

11. $\frac{1}{8}$ de libra = ________ onzas

12. 6 toneladas = ________ libras

13. 3 libras = ________ onzas

Para **14** y **15**, completa cada tabla.

14.

Toneladas	Libras
1	2,000
2	
3	

15.

Libras	Onzas
$\frac{1}{2}$	
1	
2	

Resolución de problemas

Para **16** a **19**, usa el diagrama de puntos de la derecha.

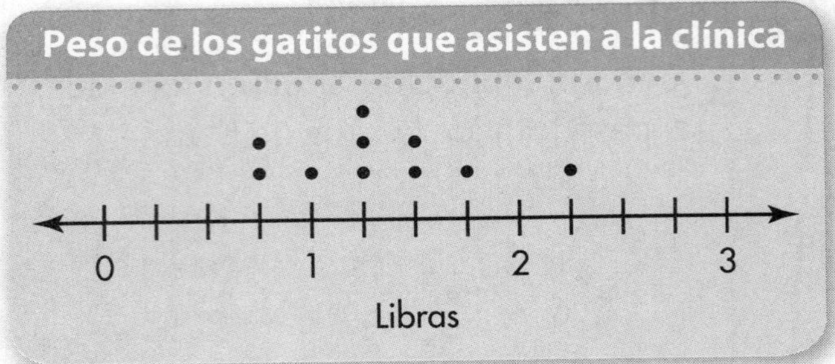

16. Hacerlo con precisión ¿Cuál es el peso total en onzas de los tres gatitos que pesan menos?

17. Razonamiento de orden superior Dos gatitos pesan $3\frac{1}{4}$ libras en total. ¿Cuál podría ser el peso de cada gatito?

18. Álgebra ¿Cuántas libras más que el gatito más liviano pesa el gatito más pesado?

19. ¿Cuántas libras pesan los gatitos de los que hay mayor cantidad?

---

20. ¿Aproximadamente cuántas libras pesa el elefante africano? Completa la tabla para resolverlo.

Toneladas	$\frac{1}{2}$	1	2	3	4	5
Libras		2,000				

El elefante africano macho pesa aproximadamente 5 toneladas.

Práctica para la evaluación

21. ¿Qué opción es más probable que pese 3 onzas?

Ⓐ Un zapato
Ⓑ Una araña grande
Ⓒ Una caja de cereal
Ⓓ Una camioneta cargada

22. ¿Cuál de las comparaciones es verdadera?

Ⓐ 7,000 libras $<$ 3 toneladas
Ⓑ 5 libras $>$ 85 onzas
Ⓒ 50 onzas $>$ 3 libras
Ⓓ 4 libras $<$ 60 onzas

Nombre ______________________________

Resuélvelo y coméntalo Halla la longitud del marcador que se muestra en centímetros y en milímetros. Describe la relación entre las dos unidades.

Lección 13-4
Equivalencia de las unidades métricas de longitud

Puedo...
convertir unidades métricas de longitud de una unidad a otra y reconocer el tamaño relativo de diferentes unidades.

También puedo escoger y usar una herramienta matemática para resolver problemas.

1 2 3 4 5 6 7 8 9 10 11 12 13 14 15
centímetros

Usa herramientas apropiadas **estratégicamente**. Una regla o una cinta de medir te pueden ayudar a hallar la longitud de un objeto.

¡Vuelve atrás! La longitud del lápiz gigante de Toby es 25 centímetros. ¿Cómo puedes hallar la longitud del lápiz en milímetros?

Pregunta esencial

¿Cómo se puede convertir de una unidad métrica de longitud a otra?

A

En la competencia de salto largo, Corey saltó 2 metros y Gary saltó 175 centímetros. ¿Quién saltó más lejos?

DATOS

Unidades métricas de longitud
1 centímetro (cm) = 10 milímetros (mm)
1 metro (m) = 100 cm = 1,000 mm
1 kilómetro (km) = 1,000 m

Algunas unidades métricas de longitud son los metros, los kilómetros, los centímetros y los milímetros.

Esta tabla muestra los tamaños relativos de las unidades métricas de longitud. 1 metro es 100 veces la longitud de 1 centímetro.

B

Paso 1

Convierte 2 metros a centímetros.

1 metro = 100 centímetros

$2 \times 100 = 200$ centímetros

↑ cantidad de metros ↑ centímetros por metro

Corey saltó 200 centímetros.

C

Paso 2

Compara la longitud de los saltos.

200 centímetros es más que 175 centímetros.

Corey saltó más lejos que Gary.

¡Convénceme! Evaluar el razonamiento Shayla dice que 5 kilómetros es igual a 500 metros. ¿Estás de acuerdo? Explícalo.

Nombre ____________________

Otro ejemplo

Kendra y Lili midieron la longitud de varios brotes de rosales. El más largo que midió Kendra tenía 2.4 centímetros de longitud. El más largo que midió Lili tenía 1.8 centímetros. ¿Quién midió el brote más largo? Usa un modelo lineal como ayuda para explicarlo.

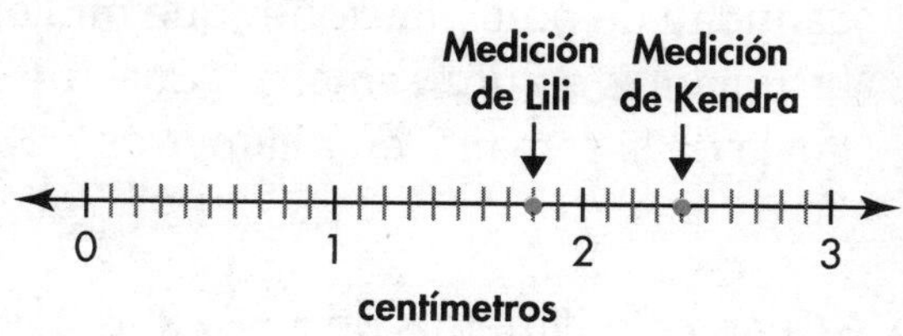

Dado que 2.4 cm > 1.8 cm, Kendra midió el brote más largo.

Práctica guiada

¿Lo entiendes?

1. ¿Qué unidad de medida usarías para medir la longitud de un campo?

¿Cómo hacerlo?

Para **2** y **3**, convierte cada unidad.

2. 5 kilómetros = ________ metros

3. 75 centímetros = ________ milímetros

Práctica independiente

Para **4** a **6**, di qué unidad métrica usarías para medir cada uno.

4. La longitud de tu libro de matemáticas

5. La distancia entre dos ciudades

6. La longitud de una mosca

Para **7** y **8** , completa cada tabla.

7.

Metros	Milímetros
1	1,000
2	
3	

8.

Centímetros	Milímetros
1	10
2	
3	

Resolución de problemas

Para **9** y **10**, usa la tabla de la derecha.

9. Hacerlo con precisión La tabla muestra la cantidad de precipitaciones que midieron los estudiantes en una semana. ¿Cuál fue el total de lluvia de la semana, en milímetros?

10. ¿Cuántos milímetros de lluvia más que el lunes y miércoles cayeron el jueves?

DATOS

Precipitaciones: Medición de los estudiantes	
Lunes	3 cm
Martes	0 cm
Miércoles	1 cm
Jueves	5 cm
Viernes	2 cm

11. ¿Cuál es mayor: 2,670 metros o 2 kilómetros? Explícalo.

12. Evaluar el razonamiento Milo cree que 8 horas es más que 520 minutos. ¿Tiene razón? Recuerda que 1 hora es igual a 60 minutos.

13. Álgebra Lía dio 8 vueltas a la pista corriendo. Corrió un total de 2,000 metros. ¿A cuántos metros equivale 1 vuelta? Usa el diagrama de barras para escribir una ecuación que se pueda usar para resolver el problema.

2,000 m							
m	*m*	*m*	*m*	*m*	*m*	*m*	*m*

14. Razonamiento de orden superior Se colocan carteles al comienzo y al final de un camino de 3 kilómetros. También se colocan carteles cada 500 metros a lo largo del camino. ¿Cuántos carteles hay a lo largo del camino? Explícalo.

Práctica para la evaluación

15. Selecciona todos los enunciados verdaderos.

- ☐ 14 metros = 1,400 centímetros
- ☐ 10 centímetros = 1,000 milímetros
- ☐ 55 kilómetros = 5,500 metros
- ☐ 3 metros = 3,000 milímetros
- ☐ 5 metros = 500 centímetros

16. Selecciona todos los enunciados verdaderos.

- ☐ 3 metros $>$ 3,000 centímetros
- ☐ 2 kilómetros $<$ 2,500 metros
- ☐ 4 centímetros $>$ 38 milímetros
- ☐ 3.5 metros $<$ 3.2 metros
- ☐ 5 kilómetros $<$ 5,200 metros

Nombre ______________________________

Lección 13-5
Equivalencia de las unidades métricas de capacidad y masa

Resuélvelo y coméntalo Jenny tiene 3 litros de agua. ¿Cuántos mililitros de agua tiene Jenny y cuál es la masa del agua en gramos? ***Resuelve este problema de la manera que prefieras.***

Puedo...
convertir unidades métricas de capacidad y masa de una unidad a otra y reconocer el tamaño relativo de diferentes unidades.

También puedo generalizar a partir de ejemplos.

Puedes generalizar sobre cómo convertir unidades más grandes a unidades más pequeñas cuando trabajas con unidades usuales o métricas de capacidad o masa.

Algunas botellas de agua contienen 1 litro, o 1,000 mililitros de agua. 1 litro de agua tiene una masa de 1 kilogramo, o 1,000 gramos.

¡Vuelve atrás! ¿Por qué tuviste que convertir unidades para resolver el problema anterior?

¿Cómo se puede convertir de una unidad métrica de capacidad o masa a otra?

Puente de aprendizaje visual

A

Louis necesita ocho porciones de 1 litro de jugo de manzana. Louis tiene 5,000 mililitros de jugo. ¿Tiene suficiente jugo de manzana?

DATOS

Unidades métricas de capacidad y masa
1 litro (L) = 1,000 mililitros (mL)
1 gramo (g) = 1,000 miligramos (mg)
1 kilogramo (kg) = 1,000 g

Algunas unidades métricas de capacidad son litros y mililitros. Algunas unidades métricas de masa son kilogramos, gramos y miligramos.

La tabla muestra los tamaños relativos de las unidades de medida. 1 litro es 1,000 veces 1 milímetro y 1 kilogramo es 1,000 veces 1 gramo.

B

Paso 1

Halla cuántos mililitros de jugo de manzana necesita Louis.

1 litro = 1,000 mililitros

8 × 1,000 = 8,000 mililitros

↑ cantidad de litros ↑ mililitros por litro

Louis necesita 8,000 mililitros de jugo.

C

Paso 2

Compara para hallar si Louis tiene suficiente jugo de manzana.

8,000 mililitros > 5,000 mililitros

Louis no tiene la cantidad suficiente de jugo de manzana. ¿Cuánto más necesita?

8,000 – 5,000 = 3,000

Louis necesita 3,000 mililitros más.

¡Convénceme! **Hacerlo con precisión** ¿Por qué tuviste que convertir de litros a mililitros?

Nombre ______________________________

Práctica Herramientas Evaluación

Otro ejemplo

¿Cuántos gramos de manzanas se necesitan para hacer 1 litro de jugo de manzana?

1 kilogramo = 1,000 gramos

2 kilogramos = 2 × 1,000 gramos
= 2,000 gramos

2,000 gramos de manzanas rinden 1 litro de jugo de manzana.

La masa es la cantidad de materia que contiene una cosa.

2 kilogramos de manzanas rinden 1 litro de jugo de manzana.

Práctica guiada

¿Lo entiendes?

1. ¿Qué unidad métrica usarías para medir tu masa? ¿Y la cantidad de sangre en tu cuerpo? Explícalo.

¿Cómo hacerlo?

Para **2** y **3**, convierte cada unidad.

2. 6 gramos = ________ miligramos

3. 9 litros = ________ mililitros

Práctica independiente

Para **4** a **6**, di qué unidad métrica usarías para medir cada uno.

4. Medicina en una píldora

5. Tinta en un bolígrafo

6. La masa de un lápiz

Para **7** a **10**, convierte cada unidad.

7. 5 kilogramos = ________ gramos

8. 2 litros = ________ mililitros

9. 4 gramos = ________ miligramos

10. 9 kilogramos = ________ gramos

Resolución de problemas

11. Razonar Una caja de cartón tiene una masa de 800 gramos. Cuando se ponen 4 libros de igual masa dentro de la caja, la caja llena tiene una masa de 8 kilogramos. ¿Cuál es la masa de cada libro en gramos? Explícalo.

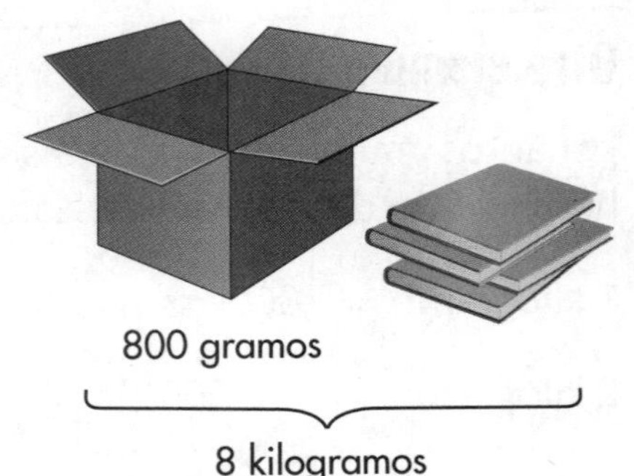

12. enVision® STEM El faro del cabo Hatteras estaba a un kilómetro de la costa en 1870. ¿A qué distancia de la costa estaba el faro en 1970? Explícalo.

La playa cercana al faro del cabo Hatteras, en Carolina del Norte, se erosiona unos 8 metros por año.

13. La masa de 4 calabacitas grandes es aproximadamente 2 kilogramos. ¿Aproximadamente cuántos gramos tendrá 1 calabacita grande?

14. Razonamiento de orden superior Un sofá pequeño tiene una masa de 30 kilogramos. El almohadón del sofá tiene una masa de 300 gramos. ¿Cuántos almohadones se necesitan para igualar la masa del sofá?

Práctica para la evaluación

15. ¿Qué opción muestra una comparación correcta?

Ⓐ 5 mililitros (>) 50 litros

Ⓑ 2 litros (<) 200 mililitros

Ⓒ 100 litros (<) 1,000 mililitros

Ⓓ 3,200 mililitros (>) 3 litros

16. Escribe los números que faltan en la tabla.

Kilogramos	Gramos
1	1,000
2	
	3,000
4	

Nombre ___________________________

Lección 13-6
Resolver problemas sobre perímetro y área

Puedo...
hallar la longitud o el ancho desconocidos de un rectángulo usando un área o un perímetro conocidos.

También puedo razonar sobre las matemáticas.

Resuélvelo y coméntalo

Se usa una lata de pintura para cubrir los 168 pies cuadrados que mide una pared. La pared mide 8 pies de altura. El borde superior, el inferior y los bordes laterales se cubren con cinta adhesiva. ¿Cuál es el ancho de la pared? ¿Cuánta cinta se necesita? ***Resuelve este problema de la manera que prefieras.***

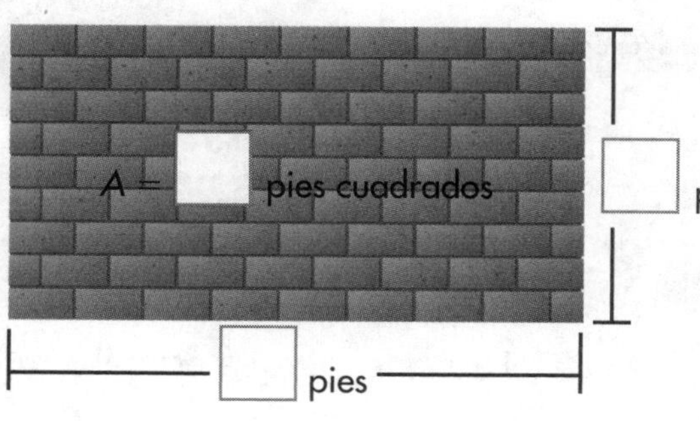

A = ☐ pies cuadrados
☐ pies
☐ pies

Puedes razonar para hallar el ancho y el perímetro de la pared. ¡Muestra tu trabajo en el espacio anterior!

¡Vuelve atrás! Describe los pasos que seguirías para resolver el problema.

¿Cómo se pueden usar el perímetro y el área para resolver problemas?

Puente de aprendizaje visual

A

El parque estatal que se muestra tiene un perímetro de 36 millas. ¿Cuál es el área del parque estatal?

Usa fórmulas o ecuaciones que relacionen dos o más cantidades con signos o símbolos para resolver este problema.

La fórmula del perímetro es $P = (2 \times \ell) + (2 \times a)$. La fórmula del área es $A = \ell \times a$.

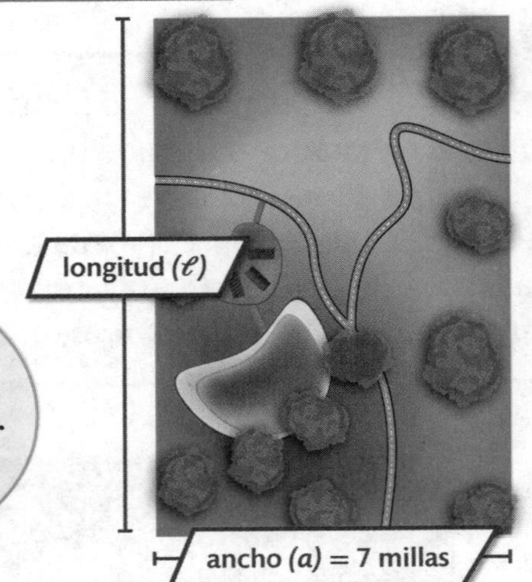

B

Paso 1

Halla la longitud del parque estatal.

Usa el perímetro, 36 millas, y el ancho, 7 millas, para hallar la longitud.

Los lados opuestos de un rectángulo tienen la misma longitud; por tanto, multiplica el ancho por 2. $7 \times 2 = 14$

Resta 14 del perímetro. $36 - 14 = 22$

22 millas es la longitud de dos lados del parque. Divide 22 por 2 para hallar la longitud de un lado. $22 \div 2 = 11$

La longitud del parque es 11 millas.

C

Paso 2

Halla el área del parque estatal.

$a = 7$ millas

$\ell = 11$ millas

$A = \ell \times a$

$= 11 \times 7$

$= 77$

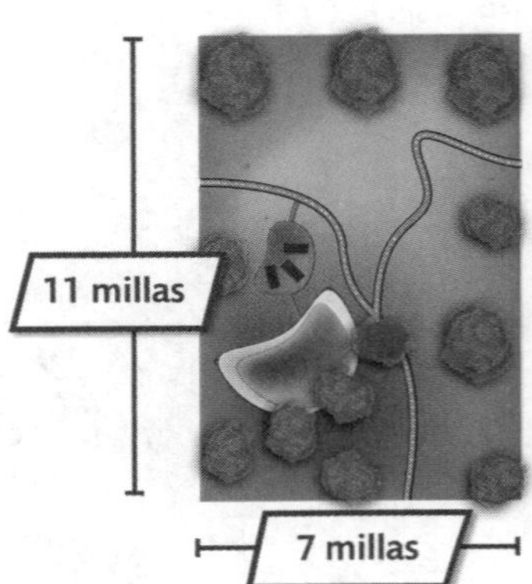

El área del parque estatal es 77 millas cuadradas.

¡Convénceme! **Entender y perseverar** Si el área de otro parque estatal es 216 millas cuadradas y el ancho del parque es 8 millas, ¿cuál es la longitud del parque? ¿Cuál es el perímetro del parque?

Nombre ______________________

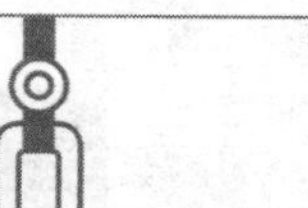

Práctica guiada

¿Lo entiendes?

1. Un arenero tiene forma rectangular. El área es 16 pies cuadrados. Las longitudes de los lados son números enteros. ¿Cuáles son las dimensiones posibles del arenero? ¿Todas las dimensiones posibles tienen sentido?

2. Escribe y resuelve una ecuación para hallar el ancho de una habitación si la longitud del piso es 8 pies y el área de la habitación es 96 pies cuadrados.

¿Cómo hacerlo?

Para **3** a **5**, calcula.

3. Halla n. Perímetro = 46 pulgs.

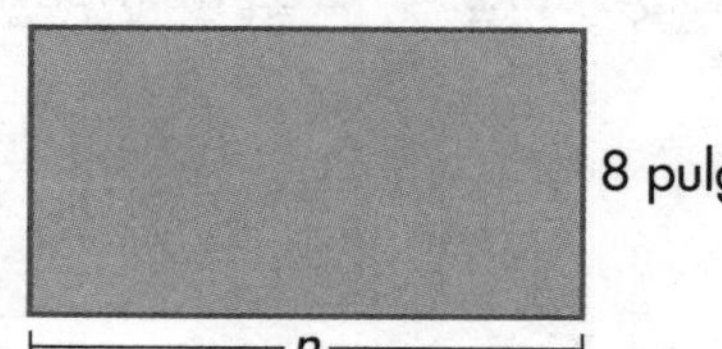

4. Halla n y A. Perímetro = 26 cm

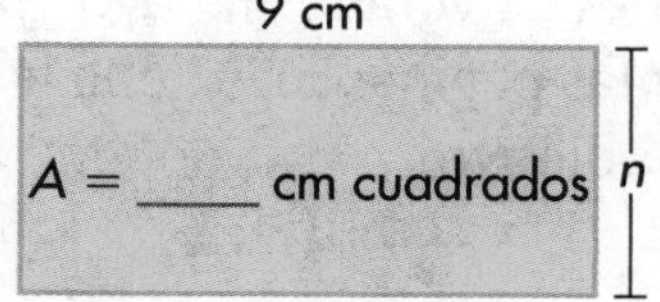

5. Halla el perímetro.

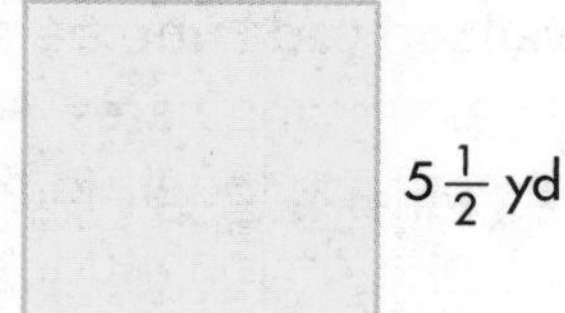

Práctica independiente

Para **6** a **9**, halla la dimensión que falta.

6. Halla n.

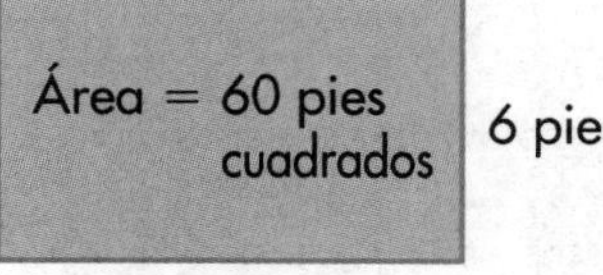

7. Halla n. Perímetro = 65 pulgs.

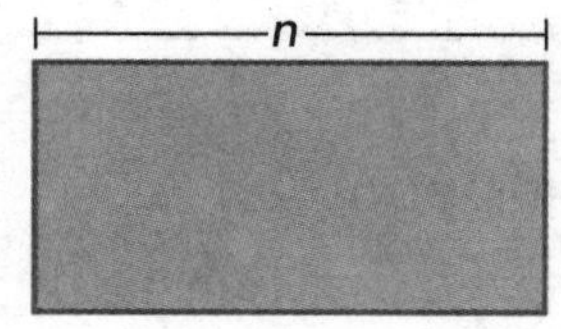

8. Halla n. Perímetro = 84 yd

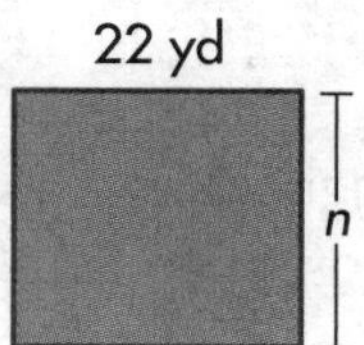

9. Un rectángulo tiene una longitud de 9 milímetros y un área de 270 milímetros cuadrados. ¿Cuál es el ancho? ¿Cuál es el perímetro?

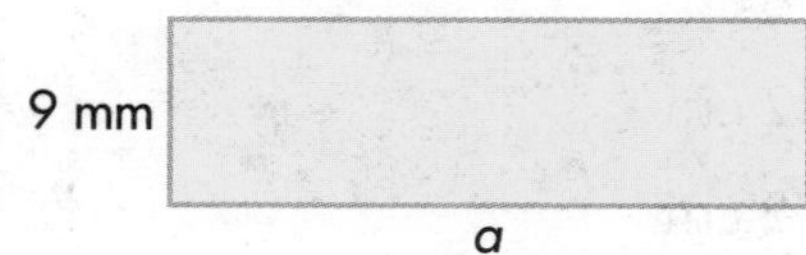

Resolución de problemas

10. Greg hizo el marco para la pintura que se muestra a la derecha. El marco tiene un perímetro de $50\frac{2}{4}$ pulgadas. ¿Cuál es el ancho del marco?

11. Greg cubrió la parte posterior de la pintura con un trozo de fieltro. La pintura mide $1\frac{1}{4}$ pulgadas de longitud menos que el marco y 1 pulgada de ancho menos. ¿Cuál es el área del fieltro?

12. Ale tiene el objetivo de leer 2,000 páginas en las vacaciones de verano. Ya leyó 1,248 páginas. ¿Cuántas páginas más debe leer Ale para lograr su objetivo?

13. El área de la superficie de una mesa es 18 pies cuadrados. El perímetro de la mesa es 18 pies. ¿Cuáles son las dimensiones de la superficie de la mesa?

14. **Construir argumentos** Amy y Zach tienen 24 pies de vallado cada uno para colocar en sus jardines rectangulares. Amy hace un vallado de 6 pies de longitud. Zach hace un vallado de 8 pies de longitud. ¿Qué jardín tiene el área mayor? ¿Cuánto mayor? Explícalo.

15. **Razonamiento de orden superior** Nancy hizo un camino de mesa cuya área es 80 pulgadas cuadradas. La longitud y el ancho del camino de mesa son números enteros. La longitud es 5 veces el ancho. ¿Cuáles son las dimensiones del camino de mesa?

Práctica para la evaluación

16. El rectángulo tiene una área de 144 centímetros cuadrados. ¿Cuál es el perímetro?

Ⓐ 26 cm

Ⓑ 48 cm

Ⓒ 52 cm

Ⓓ 72 cm

Nombre ______________________________

Lección 13-7
Precisión

Puedo...
resolver problemas de matemáticas con precisión.

También puedo resolver problemas de varios pasos.

Resuélvelo y coméntalo La clase de ciencias del Sr. Beasley quiere decorar una pared de la clase con una escena submarina. Usaron hojas de cartulina gruesa azul que miden 2 pies de longitud y 2 pies de ancho. ¿Cuántas hojas de cartulina gruesa azul se usaron para cubrir el área completa de la pared? Usa palabras, signos y símbolos matemáticos para explicar cómo lo resolviste.

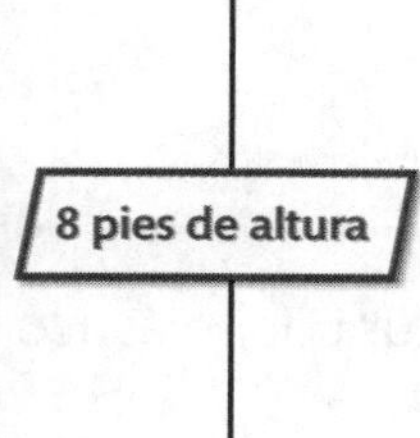

Hábitos de razonamiento

¡Razona correctamente! Estas preguntas te pueden ayudar.

- ¿Estoy usando los números, las unidades, los signos y los símbolos correctamente?
- ¿Estoy usando las definiciones correctas?
- ¿Estoy calculando correctamente?
- ¿Es clara mi respuesta?

¡Vuelve atrás! Hacerlo con precisión ¿De qué manera calcular el área de la pared y el área de una hoja de cartulina te ayuda a hallar la cantidad de hojas de cartulina gruesa que necesitan para cubrir el área completa de la pared?

¿Cómo se pueden resolver problemas de matemáticas con precisión?

A

Piper tiene una pecera y quiere cubrir $\frac{6}{10}$ de cada uno de los cuatro lados con plástico transparente aislante desde la base. Piper mide las dimensiones que se muestran. ¿Cuánto plástico necesita Piper? Usa palabras, signos y símbolos matemáticos para explicar cómo resolver el problema.

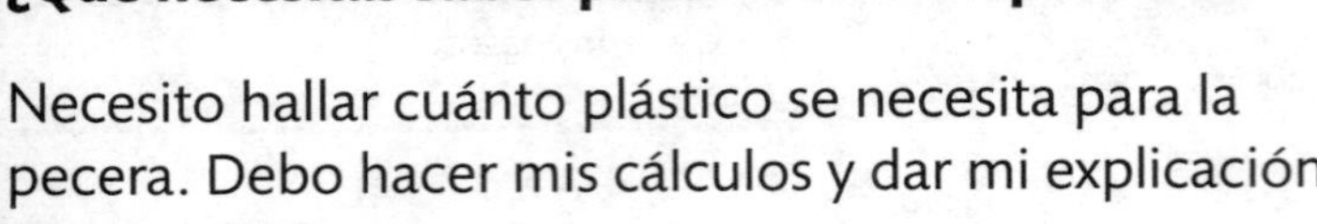

¿Qué necesitas saber para resolver el problema?

Necesito hallar cuánto plástico se necesita para la pecera. Debo hacer mis cálculos y dar mi explicación con precisión.

Este es mi razonamiento.

B

¿Cómo puedo resolver este problema con precisión?

Puedo

- usar correctamente la información dada.
- calcular correctamente.
- decidir si mi respuesta es clara y apropiada.
- usar las unidades correctas.

C

La altura del plástico es $\frac{6}{10}$ por 15 pulgadas.

$\frac{6}{10} \times 15 = \frac{90}{10}$ o 9 El plástico mide 9 pulgadas de altura.

Frente y dorso: $A = 9 \times 24$
$A = 216$ pulgadas cuadradas

Lados: $A = 9 \times 12$
$A = 108$ pulgadas cuadradas

Suma: $216 + 216 + 108 + 108 = 648$ pulgadas cuadradas.

Piper necesita 648 pulgadas cuadradas de plástico.

¡Convénceme! **Hacerlo con precisión** ¿Cómo usaste las palabras de matemáticas y los números para que tu explicación sea clara?

Nombre ____

Práctica Herramientas Evaluación

Práctica guiada

Hacerlo con precisión

Jeremy usa $\frac{2}{3}$ de yarda de cinta para cada caja que envuelve para enviar. ¿Cuántas pulgadas de cinta necesita Jeremy para envolver 3 cajas?

Cuando trabajas con precisión, calculas correctamente.

1. ¿Cómo puedes usar la información dada para resolver el problema?

2. ¿Cuántas pulgadas de cinta necesita Jeremy para envolver 3 cajas? Explícalo.

3. Explica por qué usaste esas unidades en tu respuesta.

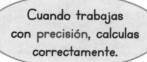

Práctica independiente

Hacerlo con precisión

La Sra. Reed colecciona conchas marinas. Cada concha marina de su colección pesa aproximadamente 4 onzas. La colección pesa aproximadamente 12 libras en total. ¿Aproximadamente cuántas conchas marinas hay en la colección de la Sra. Reed? Usa los Ejercicios 4 a 6 para resolver el problema.

4. ¿Cómo puedes usar la información dada para resolver el problema?

5. ¿Cuál es el peso total en onzas de la colección de conchas marinas de la Sra. Reed?

6. ¿Cuántas conchas marinas hay en la colección de la Sra. Reed?

Resolución de problemas

Tarea de rendimiento

Tarjetas de agradecimiento
Tanesha hace tarjetas con 1 onza de purpurina pegada en el frente de la tarjeta y un borde de cinta. Cada tarjeta tiene las dimensiones que se muestran. ¿Cuánta cinta necesita Tanesha?

7. **Razonar** ¿Qué cantidades se dan en el problema y qué significan los números?

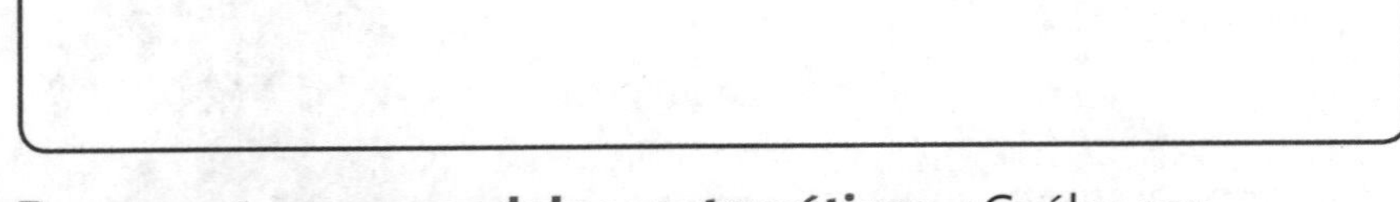

8. **Razonar** ¿Qué necesitas hallar?

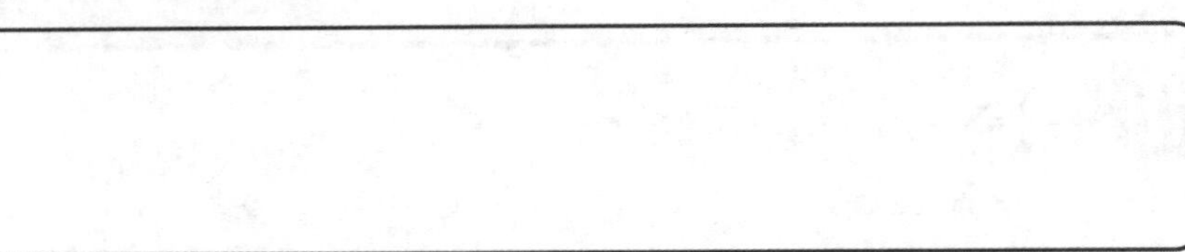

9. **Representar con modelos matemáticos** ¿Cuáles son las preguntas escondidas que hay que responder para resolver el problema? Escribe ecuaciones para mostrar cómo responder a las preguntas escondidas.

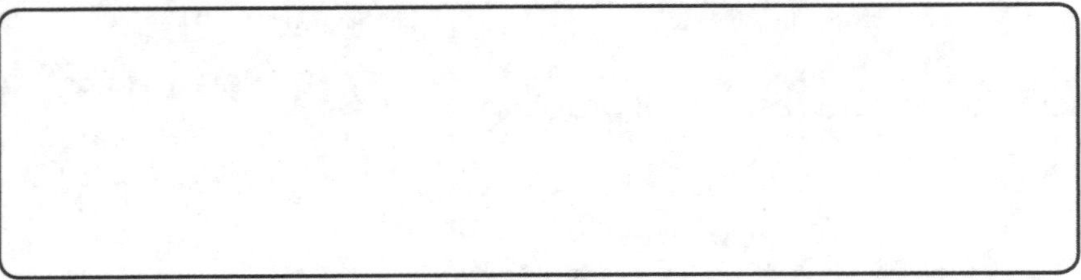

10. **Hacerlo con precisión** ¿Cuánta cinta necesita Tanesha? Usa lenguaje, signos y símbolos matemáticos para explicar cómo resolviste el problema y calculaste correctamente.

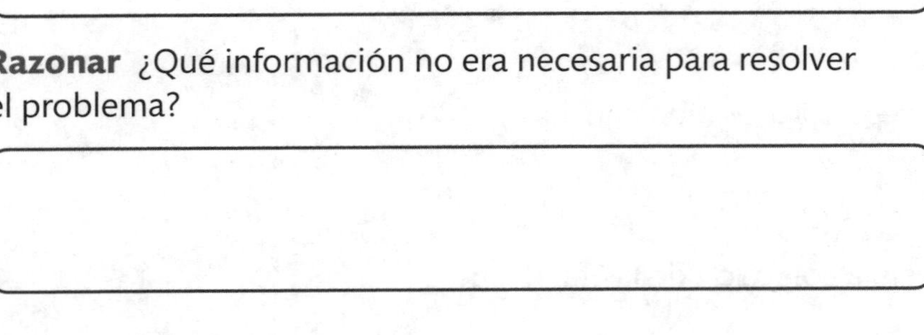

11. **Razonar** ¿Qué información no era necesaria para resolver el problema?

Cuando trabajas con precisión, especificas las unidades de medición y las usas apropiadamente.

Nombre ____________________

Actividad de práctica de fluidez

Emparéjalo

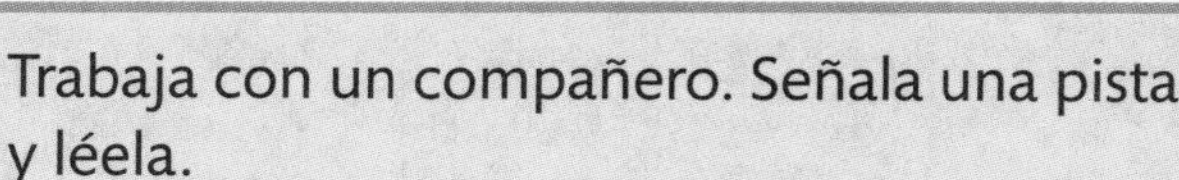

Trabaja con un compañero. Señala una pista y léela.

Mira la tabla de la parte de abajo de la página y busca la pareja de esa pista. Escribe la letra de la pista en la casilla que corresponde.

Halla una pareja para cada pista.

Puedo...
sumar y restar números enteros de varios dígitos.

También puedo crear argumentos matemáticos.

Pistas

A La suma está entre 2,000 y 2,500.

B La diferencia es exactamente 10,000.

C La suma es exactamente 6,000.

D La diferencia es exactamente 4,500.

E La suma es exactamente 16,477.

F La suma está entre 5,500 y 5,600.

G La diferencia está entre 1,000 y 2,000.

H La diferencia está entre 8,000 y 9,000.

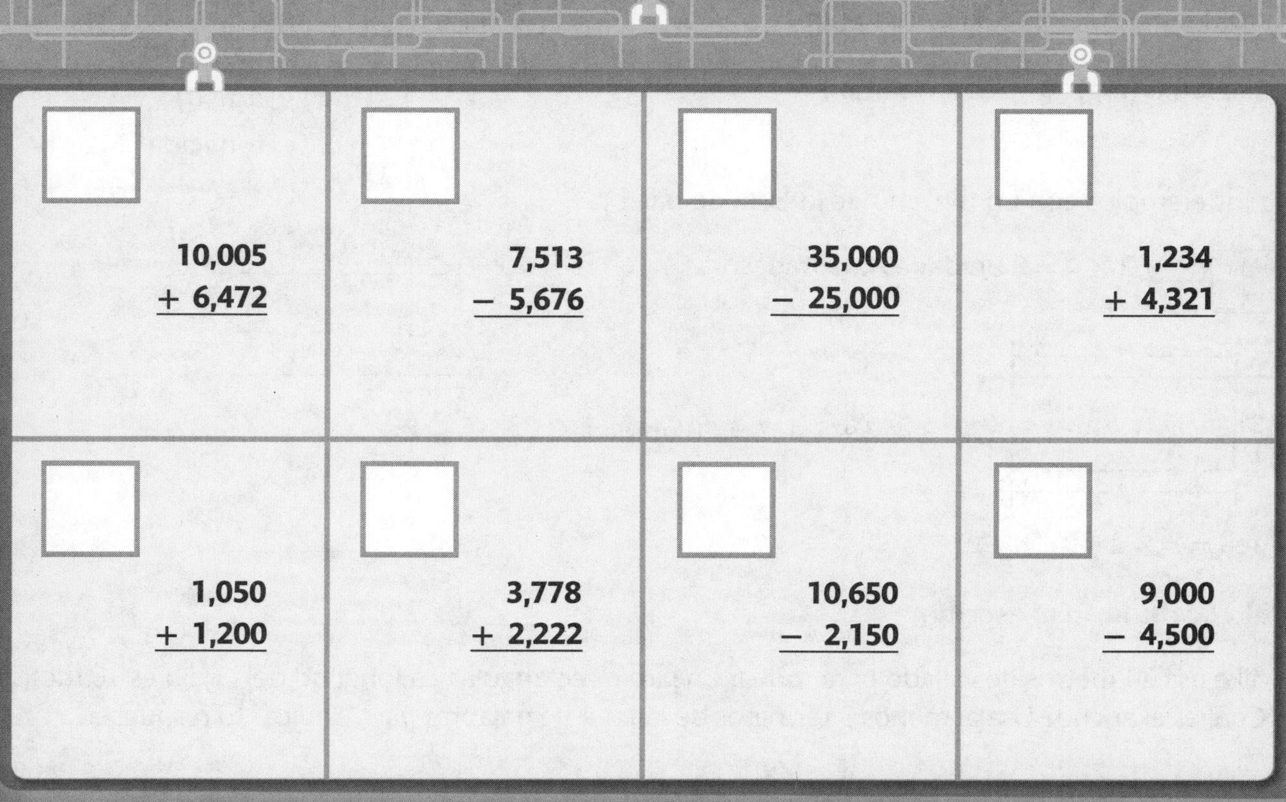

☐	☐	☐	☐
10,005 + 6,472	7,513 − 5,676	35,000 − 25,000	1,234 + 4,321
☐	☐	☐	☐
1,050 + 1,200	3,778 + 2,222	10,650 − 2,150	9,000 − 4,500

Repaso del vocabulario

Lista de palabras

- área
- capacidad
- centímetro (cm)
- cuarto (cto.)
- fórmula
- galón (gal.)
- gramo (g)
- kilogramo (kg)
- kilómetro (km)
- libra (lb)
- litro
- masa
- metro (m)
- miligramo (mg)
- mililitro (mL)
- milímetro (mm)
- onza (oz)
- onza líquida (oz líq.)
- perímetro
- peso
- pinta (pt)
- taza (t)
- tonelada (T)

Comprender el vocabulario

1. Tacha las unidades que **NO** se usan para medir la longitud.

centímetro (cm) pinta (pt)

libra (lb) kilogramo (kg)

2. Tacha las unidades que **NO** se usan para medir la capacidad.

milímetro (mm) onza (oz)

galón (gal.) mililitro (mL)

3. Tacha las unidades que **NO** se usan para medir el peso.

taza (t) litro (L)

metro (m) tonelada (T)

4. Tacha las unidades que **NO** se usan para medir la masa.

litro (L) kilómetro (km)

miligramo (mg) cuarto (cto.)

Rotula los ejemplos con un término de la Lista de palabras.

5. $2 \times 4 = 8$ unidades cuadradas ____________

6. ____________

7, 3, 3, 7

$3 + 7 + 3 + 7 = 20$ unidades

7. Área $= \ell \times a$ ____________

Usar el vocabulario al escribir

8. Mike usa 24 metros de vallado para rodear un jardín rectangular. La longitud del jardín es 10 metros. ¿Cuál es el ancho? Usa al menos 3 términos de la Lista de palabras para explicar tu respuesta.

Nombre ______________________________

TEMA 13

Refuerzo

Grupo A páginas 481 a 492

Las unidades usuales se pueden usar para medir la longitud, la capacidad y el peso.

DATOS	
Longitud	1 pie = 12 pulgadas (pulgs.)
	1 yarda (yd) = 3 pies = 36 pulgs.
	1 milla (mi) = 1,760 yardas = 5,280 pies

DATOS	
Capacidad	1 taza (t) = 8 onzas líquidas (oz líq.)
	1 pinta (pt) = 2 t = 16 oz líq.
	1 cuarto (cto.) = 2 pt = 4 t
	1 galón (gal.) = 4 ctos. = 8 pt

DATOS	
Peso	1 libra (lb) = 16 onzas (oz)
	1 tonelada (T) = 2,000 lb

Convierte 26 cuartos a tazas.

Cantidad de cuartos	×	Tazas por cuarto		
26	×	4 tazas	=	104 tazas

Recuerda que debes multiplicar para convertir de una unidad más grande a una más pequeña. Usa las tablas de conversiones como ayuda.

1. 9 yardas = __________ pulgadas
2. 5 millas = __________ yardas
3. 215 yardas = __________ pies
4. 9 pintas = __________ onzas líquidas
5. 372 cuartos = __________ tazas
6. 1,620 galones = __________ pintas
7. 9 libras = __________ onzas
8. 5 toneladas = __________ libras
9. 12 pies = __________ pulgadas

Grupo B páginas 493 a 500

Las unidades métricas se pueden usar para medir la longitud, la capacidad y la masa.

DATOS	
Longitud	1 centímetro (cm) = 10 milímetros (mm)
	1 metro (m) = 100 cm = 1,000 mm
	1 kilómetro (km) = 1,000 m

DATOS	
Capacidad y masa	1 litro (L) = 1,000 mililitros (mL)
	1 gramo (g) = 1,000 miligramos (mg)
	1 kilogramo (kg) = 1,000 g

Convierte 30 centímetros a milímetros.

Cantidad de cm	×	mm por cm		
30	×	10 mm	=	300 mm

Recuerda que las unidades del sistema métrico se pueden convertir usando múltiplos de 10. Usa las tablas de conversiones como ayuda.

1. 9 kilómetros = __________ metros
2. 55 centímetros = __________ milímetros
3. 2 metros = __________ centímetros
4. 9 litros = __________ mililitros
5. 4 gramos = __________ miligramos
6. 5 kilogramos = __________ gramos
7. 8 kilogramos = __________ gramos
8. 5 gramos = __________ miligramos

Grupo C páginas 501 a 504

El perímetro de la piscina de Ted es 16 yardas. La piscina mide 3 yardas de ancho. Ted tiene una cubierta plástica de 150 pies cuadrados. ¿La cubierta plástica es lo suficientemente grande para cubrir la piscina?

Usa la fórmula del perímetro para hallar la longitud. Sustituye las variables por los números que conoces.

$$\text{Perímetro} = (2 \times \ell) + (2 \times a)$$
$$16 = (2 \times \ell) + (2 \times 3)$$
$$\ell = 5$$

La longitud de la piscina es 5 yardas.

3 yardas de ancho $\times$ 3 = 9 pies de ancho

5 yardas de longitud $\times$ 3 = 15 pies de longitud

Halla el área de la piscina.

$$A = 15 \times 9$$
$$A = 135$$

El área de la piscina es 135 pies cuadrados. $135 < 150$; por tanto, la cubierta plástica es lo suficientemente grande para cubrir la piscina.

Recuerda que debes rotular tu respuesta con la unidad apropiada.

1. Halla *n*.
$P = 108$ pulgadas

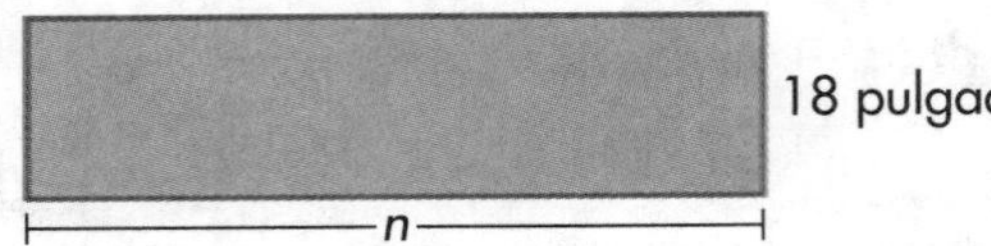

2. Halla el área.

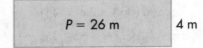

$P = 26$ m

4 m

3. Halla el perímetro del cuadrado.

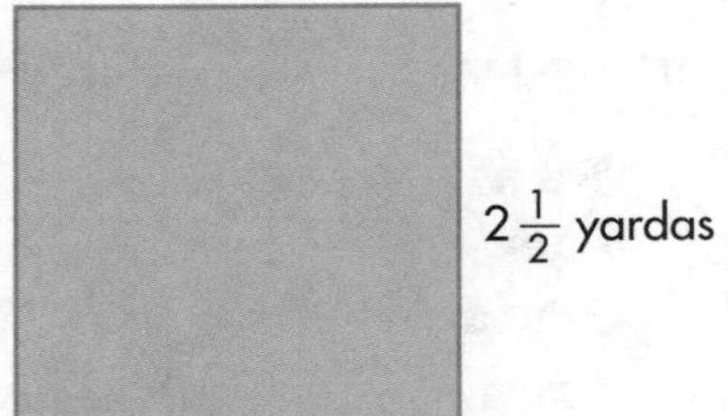

Grupo D páginas 505 a 508

Piensa en tus respuestas a estas preguntas como ayuda para **trabajar con precisión.**

Hábitos de razonamiento

- ¿Estoy usando los números, las unidades, los signos y los símbolos correctamente?
- ¿Estoy usando las definiciones correctas?
- ¿Estoy calculando correctamente?
- ¿Es clara mi respuesta?

Recuerda que tu explicación debe ser clara y apropiada.

Un corral para perros mide 4 pies de ancho y 5 pies de longitud.

1. ¿Son suficientes 21 pies cuadrados de tela para hacer un tapete para el corral? Explícalo.

2. El vallado para los corrales viene en los siguientes tamaños: 12 pies, 24 pies y 30 pies de longitud. ¿Qué longitud sería la mejor para el corral? Si hay que cortar el vallado para que quepa en el corral, ¿cuánto habrá que cortar?

Nombre ______________________________

TEMA 13

Práctica para la evaluación

1. Una ventana mide 5 pies de longitud. ¿Cuál es la longitud de la ventana en pulgadas?

2. La Sra. Warren compró 6 litros de limonada para una fiesta. ¿Cuántos mililitros de limonada compró?

Ⓐ 9,000 mililitros

Ⓑ 6,000 mililitros

Ⓒ 3,000 mililitros

Ⓓ 1,200 mililitros

3. Seleccionas las medidas equivalentes para cada medida de la izquierda.

	72 oz líq.	144 pulgs.	108 pulgs.	8,000 lb
9 pies	❑	❑	❑	❑
9 t	❑	❑	❑	❑
4 T	❑	❑	❑	❑
4 yd	❑	❑	❑	❑

4. Una mesa de picnic mide 9 pies de longitud y 3 pies de ancho. Escribe y resuelve una ecuación para hallar el área de la superficie rectangular de la mesa.

5. El club de niñas preparará pastelitos. La receta de Mindy lleva 3 tazas de suero de leche. La receta de Josie lleva 20 onzas líquidas de suero de leche. La receta de Georgia lleva 1 pinta de suero de leche. ¿Qué receta lleva más suero de leche? Explícalo.

6. Andrea corrió 4 kilómetros durante el fin de semana. ¿Cuántos metros corrió Andrea?

7. Escoge números del recuadro para completar la tabla. Algunos números no se usarán.

Libras	Onzas
$1\frac{1}{2}$	
2	
$2\frac{1}{2}$	
3	
$3\frac{1}{2}$	

8	12
16	24
32	40
45	48
56	160

8. Selecciona las ecuaciones que son correctas.

- ☐ 1 L = 100 mL
- ☐ 1 kg = 1,000 g
- ☐ 4 yd = 14 pies
- ☐ 15 cm = 150 mm
- ☐ 1 gal. = 13 tazas

---

9. Morgan montó 2 kilómetros en bicicleta desde su casa hasta la casa de un amigo. Desde la casa de su amigo, montó 600 metros en total para ir a la biblioteca y volver. Luego, volvió a casa en bicicleta. ¿Cuántos metros recorrió Morgan en total?

---

10. ¿Qué enunciado sobre los dormitorios de los dibujos es verdadero?

Dormitorio de Steve: 9 pies, 8 pies

Dormitorio de Erin: 10 pies, 7 pies

Ⓐ El área del dormitorio de Erin es mayor que la del dormitorio de Steve.

Ⓑ El perímetro del dormitorio de Steve es mayor que el del dormitorio de Erin.

Ⓒ Ambos dormitorios tienen el mismo perímetro.

Ⓓ Ninguno es correcto.

---

11. Tim tiene 3 metros de hilo. ¿Cuántos centímetros de hilo tiene Tim?

---

12. La clase de la Sra. Li mide 34 pies de ancho y 42 pies de longitud.

Objetos de la clase	Área de los objetos (pies cuadrados)
Escritorio de la Sra. Li	8
Pecera	6
Centro de matemáticas	100
Centro de lectura	120

A. ¿Cuál es el área de la clase?

B. ¿Qué área ocupan los objetos de la clase? ¿Qué área queda libre para los escritorios de los estudiantes? Escribe ecuaciones para hallar el área y resuélvelas.

---

13. Seleccionas las medidas equivalentes para cada medida de la izquierda.

	3,000 mL	3,000 g	3,000 mm	3,000 mg
3 g	☐	☐	☐	☐
3 m	☐	☐	☐	☐
3 L	☐	☐	☐	☐
3 kg	☐	☐	☐	☐

Nombre ____________________

Sandías

Kasia cultiva sandías.

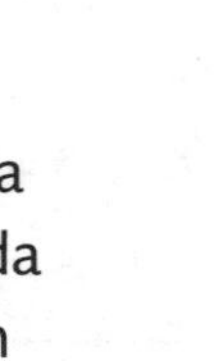

1. Kasia planta las sandías en filas. La plantación de sandías de Kasia tiene un perímetro de $71\frac{1}{3}$ yardas y mide $14\frac{2}{3}$ pies de ancho. Cada fila tiene $\frac{2}{3}$ de yarda de ancho y las filas estarán separadas por un espacio de 2 yardas.

Plantación de sandías

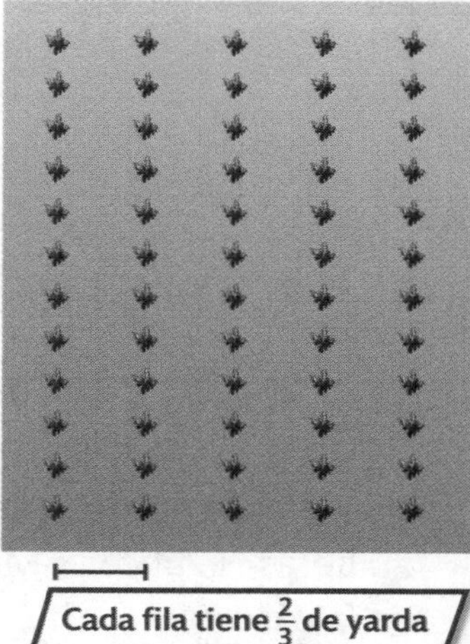

Cada fila tiene $\frac{2}{3}$ de yarda de ancho.

ancho = $14\frac{2}{3}$ yardas o 44 pies

La primera fila mide 4 pies desde el borde.

Parte A

¿Cuál es la longitud del campo de Kasia? Explícalo.

Parte B

¿Cuál es el área de la plantación de Kasia? Completa la tabla para convertir la longitud a pies. Asegúrate de usar las unidades correctas en tu respuesta. Explícalo.

Yardas	Pies
1	3
10	
20	
21	

Parte C

¿Cuántas filas puede plantar Kasia? Explícalo.

2. Usa la información de la tabla de la **Sandía**.

Sandía

DATOS
sandía de 20 libras
28 porciones de 8 onzas
1 libra = $\frac{3}{4}$ de cuarto de fruta

Parte A

Si hay veintiocho porciones de 8 onzas en una sandía de 20 libras, ¿cuántas libras pesa la cáscara? Explícalo.

La parte de la sandía que no se come es la cáscara.

Parte B

¿Cuántas tazas de fruta obtiene Kasia de una sandía de 20 libras? Explícalo. Muestra tus cálculos. No incluyas el peso de la cáscara.

3. Usa la información de la ilustración **Sandía y nutrición** para responder a la pregunta.

¿Cuántos miligramos de fibra más que de potasio hay en una porción de sandía?

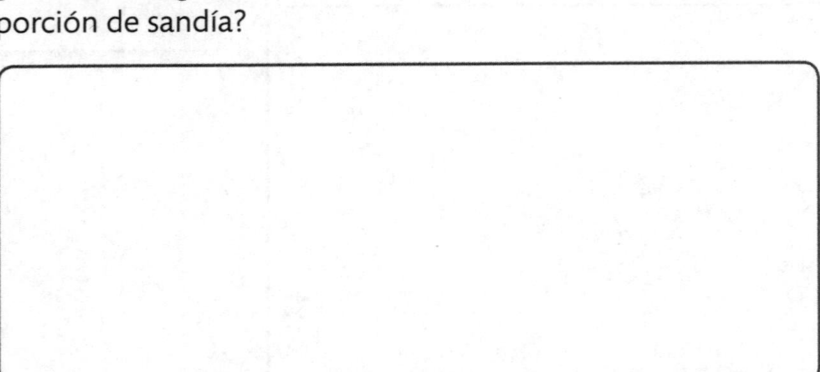

Sandía y nutrición

Cada porción tiene 1 gramo de fibra y 270 mg de potasio.

TEMA 14

Álgebra: Generar y analizar patrones

Preguntas esenciales: ¿Cómo se puede usar una regla para continuar un patrón? ¿Cómo se puede usar una tabla para ampliar un patrón? ¿Cómo usas un patrón repetido para predecir una figura?

Recursos digitales

Libro del estudiante

Aprendizaje visual

Práctica

Evaluación

Herramientas

Glosario

Para ver los sonidos como ondas, los científicos pueden usar un instrumento llamado osciloscopio.

Los sonidos más agudos tienen longitudes de onda más cortas.

Veo lo que dices sobre el osciloscopio. Este es un proyecto sobre patrones y ondas.

Proyecto de enVision® STEM: Patrones y ondas

Investigar Usa la Internet u otros recursos para investigar sobre 2 industrias en las que se puede usar un osciloscopio. Nombra la industria y qué se puede observar con el osciloscopio.

Diario: Escribir un informe Incluye lo que averiguaste. En tu informe, también:

- resuelve el siguiente problema. Los osciloscopios también se usan para observar patrones en las ondas. Supón que un científico creó un patrón con tres niveles de sonidos: bajo, fuerte, mediano. Si el científico repite el patrón de sonidos, ¿cuál será el 41.° sonido del patrón? Explícalo.

Nombre ______________________________

Repasa lo que sabes

Vocabulario

Escoge el mejor término del recuadro. Escríbelo en el espacio en blanco.

- número impar
- número par
- operaciones inversas
- variable

1. Un/una ____________ se puede dividir en grupos de 2 sin que quede residuo.

2. Un símbolo o una letra que representa un número se llama ____________.

3. Las operaciones que se deshacen una a la otra se llaman ____________.

Patrones de suma y resta

Suma o resta para hallar el número que falta en los patrones.

4. 3, 6, 9, 12, ____, 18

5. 4, 8, 12, ____, 20, 24

6. 8, 7, 6, ____, 4, 3

7. 30, 25, 20, 15, ____, 5

8. 1, 5, 9, ____, 17, 21

9. 12, 10, 8, 6, ____, 2

Patrones de multiplicación y división

Multiplica o divide para hallar el número que falta en los patrones.

10. 1, 3, 9, 27, ____, 243

11. 64, 32, 16, ____, 4, 2

12. 1, 5, 25, ____, 625

13. 1, 2, 4, 8, ____, 32

14. 1, 4, 16, ____, 256

15. 729, 243, 81, 27, 9, ____

Resolución de problemas

16. **Buscar relaciones** James pone 1 ficha en la primera casilla. Pone 2 fichas en la segunda casilla, 4 fichas en la tercera casilla, 8 fichas en la cuarta casilla y continúa el patrón hasta que llega a la décima casilla. ¿Cuántas fichas puso James en la décima casilla?

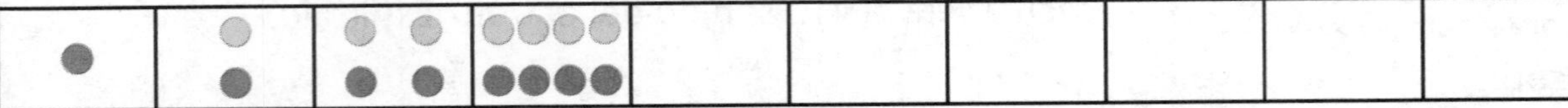

Nombre ______________________________

PROYECTO
14A

¿Cómo han cambiado las montañas rusas con los años?

Proyecto: Haz un modelo de carrito de montaña rusa

¿Cómo puedes usar las monedas de los diferentes países?

Proyecto: Crea tu propia moneda

¿Cómo se pueden usar los patrones en las aceras?

Proyecto: Diseña tu propia acera

PROYECTO
14D

¿Cuántos estadios de los Estados Unidos tienen un techo retráctil?

Proyecto: Haz un diagrama de los asientos

Nombre ______________________________

Lección 14-1
Progresiones numéricas

Puedo...
usar una regla para crear y ampliar un patrón numérico e identificar atributos del patrón numérico que la regla no describe.

También puedo buscar patrones para resolver problemas.

Resuélvelo y coméntalo Mira las reglas y los números iniciales siguientes. ¿Cuáles son los 6 números que siguen en cada patrón? Indica cómo lo decidiste. Describe atributos de los patrones. ***Resuelve este problema de la manera que prefieras.***

Luego de aplicar una regla, observa los resultados para hallar atributos del patrón.

Número inicial	Regla	6 números que siguen
18	Sumar 3	
17	Sumar 2	
40	Restar 4	

¡Vuelve atrás! **Buscar relaciones** Crea dos patrones que tengan la misma regla pero que comiencen con números diferentes. Identifica un atributo de cada patrón. Por ejemplo, identifica si todos los números son pares, impares o si alternan entre pares e impares.

Pregunta esencial ¿Cómo se puede usar una regla para continuar un patrón?

A

Los números de las casas de una calle siguen la regla "Sumar 4". Si el patrón continúa, ¿cuáles son los números de las tres casas que siguen? Describe un atributo del patrón.

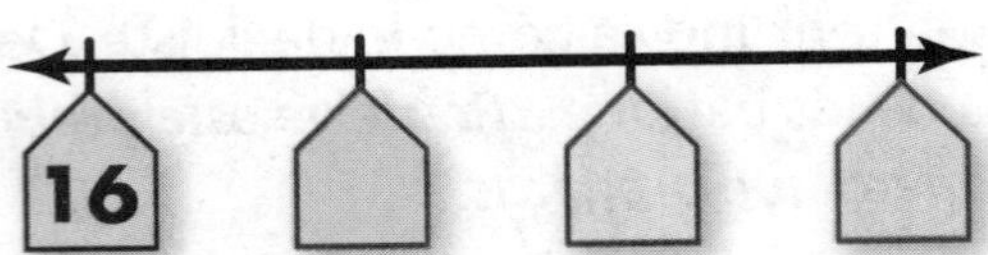

Puedes usar una recta numérica como ayuda para entender el problema y hallar los números de las tres casas que siguen.

B

Usa una recta numérica para continuar el patrón.

Una regla es una frase matemática que indica cómo se relacionan los números o las figuras de un patrón. La regla para los números de las casas es "Sumar 4".

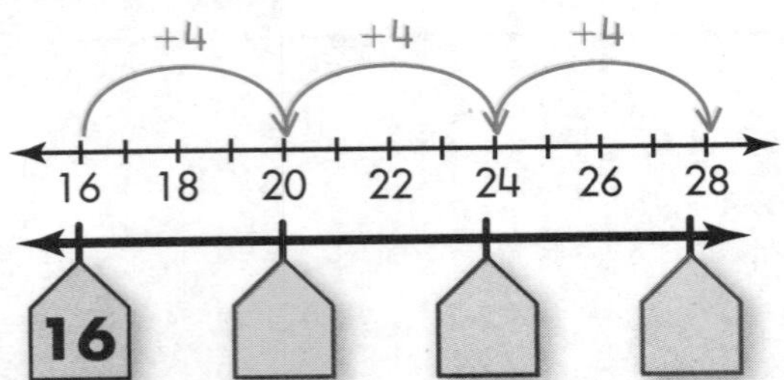

Los números de las tres casas que siguen son 20, 24 y 28.

C

Describe atributos del patrón.

Algunos patrones tienen atributos que la regla no indica.

16, 20, 24, 28

Uno de los atributos de este patrón es que todas las casas tienen números pares.

Otro atributo es que todos los números de las casas son múltiplos de 4.

¡Convénceme! Generalizar ¿Puedes usar la regla "Sumar 4" para crear un patrón diferente con números impares solamente? Explícalo.

Nombre ____

Práctica Herramientas Evaluación

Otro ejemplo

En otra calle, los números de las casas siguen la regla "Restar 5". ¿Cuáles son los números de las tres casas que siguen luego de 825? Describe un atributo del patrón.

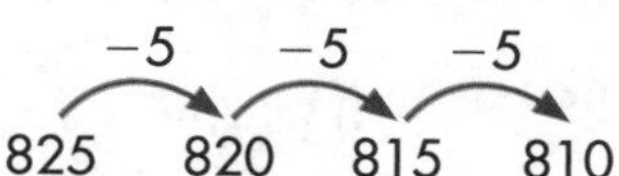

Los números de las tres casas que siguen son 820, 815 y 810. Todos los números de las casas son múltiplos de 5.

Algunos patrones tienen reglas con sumas, mientras que otros tienen reglas con restas.

Práctica guiada

¿Lo entiendes?

1. La regla de Rudy es "Sumar 2". Rudy empezó con 4 y escribió los siguientes números. ¿Qué número **NO** pertenece al patrón de Rudy? Explícalo.

4, 6, 8, 9, 10, 12

¿Cómo hacerlo?

Continúa el patrón. Describe un atributo del patrón.

2. Restar 6

48, 42, 36, 30, 24, ____, ____, ____

Práctica independiente

Para **3** a **6**, continúa los patrones. Describe un atributo de cada patrón.

3. Restar 3: 63, 60, 57, ____, ____

4. Sumar 7: 444, 451, 458, ____, ____

5. Sumar 25: 85, 110, 135, ____, ____

6. Restar 4: 75, 71, 67, ____, ____

Para **7** a **12**, usa la regla para generar los patrones.

7. Regla: Restar 10

90, ____, ____

8. Regla: Sumar 51

16, ____, ____

9. Regla: Sumar 5

96, ____, ____

10. Regla: Sumar 107

43, ____, ____

11. Regla: Restar 15

120, ____, ____

12. Regla: Restar 19

99, ____, ____

Resolución de problemas

13. Razonar Orlando entrega correspondencia. En uno de los buzones no está el número de la casa. Si los números siguen un patrón, ¿cuál es el número que falta?

14. Un autobús de turismo hace su recorrido 9 veces por día, 6 días por semana. El autobús puede llevar a 30 pasajeros. Halla la mayor cantidad de pasajeros que pueden viajar en el autobús por semana.

15. El año 2017 fue el año del gallo en el calendario chino. El siguiente año del gallo será el 2029. La regla es "Sumar 12". ¿Cuáles son los cinco años del gallo que siguen?

16. Describe un atributo del patrón del año del gallo.

El patrón de animales se repite cada 12 años.

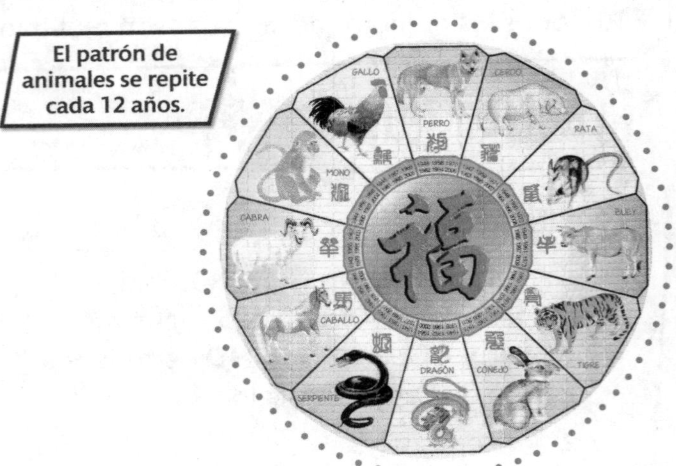

17. **Vocabulario** Define *regla*. Crea un patrón numérico con la regla "Restar 7".

18. Razonamiento de orden superior Algunos patrones tienen suma y resta en la misma regla. La regla es "Sumar 3, restar 2". Halla los tres números que siguen en el patrón.

1, 4, 2, 5, 3, 6, 4, 7, _____, _____, _____

Práctica para la evaluación

19. Rita usó la regla "Restar 3" para hacer un patrón. Comenzó en 60 y escribió los 6 números que siguen en su patrón. ¿Qué número **NO** pertenece al patrón de Rita?

Ⓐ 57
Ⓑ 54
Ⓒ 45
Ⓓ 26

20. Iván contó todos los frijoles que había en un frasco. Si contó los frijoles en grupos de 7, ¿qué lista muestra los números que puede haber contado Iván?

Ⓐ 77, 84, 91, 99
Ⓑ 301, 308, 324, 331
Ⓒ 574, 581, 588, 595
Ⓓ 14, 24, 34, 44

Nombre ____________________

Lección 14-2

Patrones: Reglas numéricas

Puedo...
usar una regla para ampliar un patrón numérico, identificar atributos del patrón numérico y usar el patrón numérico para resolver un problema.

También puedo buscar patrones para resolver problemas.

Resuélvelo y coméntalo Hay 6 envases de jugo en 1 caja, 12 en 2 cajas y 18 en 3 cajas. ¿Cuántos envases de jugo hay en 4 cajas? ¿Y en 5 cajas? ¿Y en 6? Usa la regla para completar la tabla. Describe atributos del patrón. Luego, halla cuántos envases de jugo hay en 10 cajas y en 100 cajas.

Regla: Multiplicar por 6

Cantidad de cajas	Cantidad de envases de jugo
1	6
2	12
3	18
4	
5	
6	

Puedes usar lo que aprendiste sobre multiplicación para ampliar el patrón y hallar la cantidad de envases de jugo en cualquier cantidad de cajas.

¡Vuelve atrás! **Razonar** Haz una tabla para mostrar la relación entre la cantidad de bicicletas y la cantidad de ruedas de las bicicletas. Comienza con 1 bicicleta. Completa 5 filas de la tabla siguiendo la regla "Multiplicar por 2". Describe atributos del patrón.

Pregunta esencial ¿Cuál es el patrón?

A

Hay 3 folíolos en 1 hoja de trébol.
Hay 6 folíolos en 2 hojas de trébol.
Hay 9 folíolos en 3 hojas de trébol.
¿Cuántos folíolos hay en 4 hojas de trébol?
¿Cuántas hojas de trébol hay si hay 12 folíolos?

Una hoja de trébol tiene 3 folíolos.

Puedes usar una tabla para crear y ampliar un patrón, y para identificar los atributos del patrón.

B **¿Cuántos folíolos hay en 4 hojas de trébol?**

Regla: Multiplicar por 3

Cantidad de hojas de trébol	Cantidad de folíolos
1	3
2	6
3	9
4	$\times 3$ → 12

Hay 12 folíolos en 4 hojas de trébol. La cantidad de folíolos es un múltiplo de la cantidad de hojas de trébol.

C **¿Cuántas hojas de trébol hay si hay 12 folíolos?**

Regla: Dividir por 3

Cantidad de folíolos	Cantidad de hojas de trébol
3	1
6	2
9	3
12	$\div 3$ → 4

Hay 4 hojas de trébol si hay 12 folíolos. La cantidad de hojas de trébol es un factor de la cantidad de folíolos.

¡Convénceme! **Representar con modelos matemáticos** Si conoces la cantidad de folíolos, *f*, ¿qué expresión puedes usar para hallar la cantidad de hojas de trébol, *t*? Si conoces la cantidad de hojas de trébol, ¿qué expresión puedes usar para hallar la cantidad de folíolos?

Nombre ______________________________

Práctica guiada

¿Lo entiendes?

1. La regla de la siguiente tabla es "Multiplicar por 4". ¿Qué número no pertenece?

Mis canicas	Canicas de John
1	4
2	8
3	12
4	15

¿Cómo hacerlo?

Completa la tabla. Describe un atributo del patrón.

2. Regla: Dividir por 4

Cantidad de ruedas	8	12	16	20
Cantidad de carros	2	3	4	

Práctica independiente

Para **3** a **6**, usa la regla para completar las tablas. Describe un atributo de cada patrón.

Puedes multiplicar o dividir para hallar los patrones de estas tablas.

3. Regla: Multiplicar por 8

Cantidad de arañas	1	2	3	4	5
Cantidad de patas	8		24	32	

4. Regla: Dividir por 5

Cantidad de dedos	Cantidad de manos
5	1
10	2
15	
20	

5. Regla: Multiplicar por 16

Cantidad de libros	1	2	3	4
Peso en onzas	16	32		

6. Regla: Dividir por 2

Cantidad de zapatos	100	234	500	730
Cantidad de pares	50	117		

Resolución de problemas

7. La tabla muestra cuánto dinero gana Joe pintando. ¿Cuánto dinero ganará Joe si pinta durante 6 horas?

Regla: Multiplicar por 45

Horas pintando	Cantidad ganada
3	$135
4	$180
5	$225
6	

8. La tabla muestra la cantidad de libras de papas que hay en diferentes cantidades de bolsas. ¿Cuántas bolsas se necesitan para embolsar 96 libras de papas?

Regla: Dividir por 8

Cantidad de libras	Cantidad de bolsas
72	9
80	10
88	11
96	

9. Sentido numérico ¿Cuál es el número más grande que puedes formar usando los dígitos 1, 7, 0 y 6 una vez cada uno?

10. Álgebra Un pingüino puede nadar 11 millas por hora. A esa velocidad, ¿cuánto puede nadar en 13 horas? Usa *n* como variable. Escribe y resuelve una ecuación.

Para **11** y **12**, la regla es "Multiplicar por 3".

11. Razonar Según la regla, ¿cuántas pilas se necesitan para 8 linternas? ¿Y para 10 linternas?

12. Razonamiento de orden superior ¿Cuántas pilas más se necesitan para 20 linternas que para 15 linternas? Explícalo.

DATOS

Pilas para linternas	
Cantidad de linternas	Cantidad de pilas
1	3
2	6
3	9

Práctica para la evaluación

13. Hay 6 panecillos en cada paquete. Usa la regla "Dividir por 6" para mostrar la relación entre la cantidad de panecillos y la cantidad de paquetes. Usa los dígitos del recuadro una vez para completar la tabla.

Cantidad de panecillos	522	528	534	540	546	552
Cantidad de paquetes	☐☐	88	89	☐☐	9☐	9☐

0	1
2	7
8	9

Nombre ______________________________

Resuélvelo y coméntalo

La regla del siguiente patrón que se repite es "Cuadrado, triángulo". ¿Cuál será la 37.ª figura del patrón? Explícalo. ***Resuelve este problema de la manera que prefieras.***

Lección 14-3
Patrones: Figuras que se repiten

Puedo...
usar una regla para predecir un número o una figura en un patrón.

También puedo crear argumentos matemáticos.

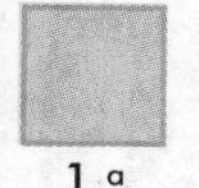 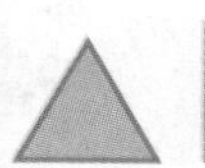 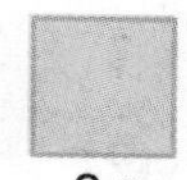 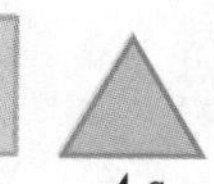 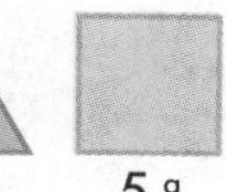 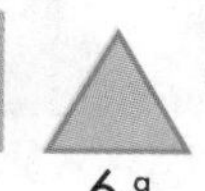 ?

1.ª 2.ª 3.ª 4.ª 5.ª 6.ª . . . 37.ª

Puedes construir argumentos para convencer a un compañero de que tu respuesta es correcta.

¡Vuelve atrás! Si el patrón tiene 37 figuras, ¿cuántas son triángulos?

¿Cómo se puede usar un patrón que se repite para predecir una figura?

Puente de aprendizaje visual

A

Rashad está haciendo un patrón que se repite con la regla "Triángulo, cuadrado, trapecio". ¿Cuál será la 49.ª figura del patrón?

Un patrón que se repite está compuesto por figuras o números que forman una parte que se repite.

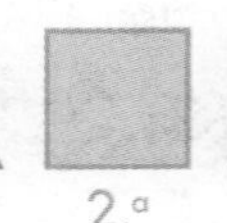
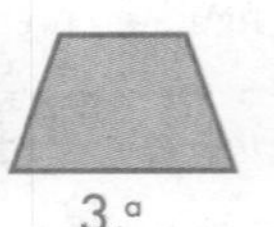
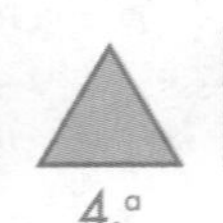
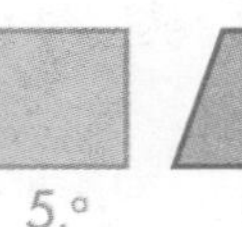
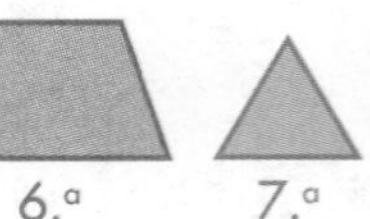
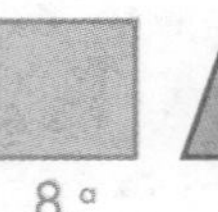
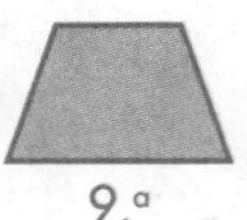

1.ª 2.ª 3.ª 4.ª 5.ª 6.ª 7.ª 8.ª 9.ª ... ? 49.ª

B

Buscar atributos del patrón que se repite

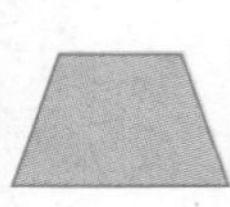

El trapecio es la 3.ª, la 6.ª y la 9.ª figura del patrón. Las posiciones de los trapecios son múltiplos de 3.

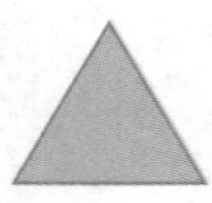

El triángulo es la 1.ª, la 4.ª y la 7.ª figura del patrón. Las posiciones de los triángulos son 1 más que un múltiplo de 3.

El cuadrado es la 2.ª, la 5.ª y la 8.ª figura del patrón. Las posiciones de los cuadrados son 1 menos que un múltiplo de 3.

C

Usar el patrón que se repite para resolver un problema

Cuando divides 49 por 3, el cociente es 16 R1. El patrón se repite 16 veces. Luego, aparece la 1.ª figura del patrón que se repite, un triángulo.

$$3\overline{)49} = 16 \text{ R}1$$

Se divide por 3 porque hay 3 elementos en el patrón que se repite.

49 es un múltiplo de 3 más uno.

La 49.ª figura es un triángulo.

¡Convénceme! **Hacerlo con precisión** Supón que la regla de un patrón que se repite es "Cuadrado, triángulo, cuadrado, trapecio". ¿Cuál es la 26.ª figura del patrón? Describe atributos del patrón que se repite. Haz tu descripción con precisión.

Nombre ______________________________

Otro ejemplo

Escribe los tres números que siguen en el patrón que se repite. Luego, nombra el 100.º número del patrón.

Regla: 1, 3, 5, 7

1, 3, 5, 7, 1, 3, 5, 7, 1, 3, 5, 7, 1, 3, 5 ...

Hay 4 elementos en el patrón que se repite.
Para hallar el 100.º número, divide por 4.
El patrón se repite 25 veces. El 100.º número es 7.

$$\begin{array}{r} 25 \\ 4\overline{)100} \\ -100 \\ \hline 0 \end{array}$$

Un patrón que se repite se puede hacer con figuras o con números.

Práctica guiada

¿Lo entiendes?

1. En el ejemplo de la página anterior de la regla "Triángulo, cuadrado, trapecio", ¿cuál será la 48.ª figura? ¿Y la 50.ª figura? Explícalo.

¿Cómo hacerlo?

2. ¿Cuál es la 20.ª figura? La regla es "Triángulo, círculo, círculo".

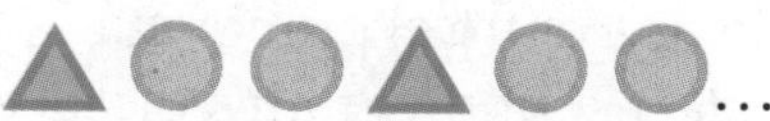

3. Escribe los tres números que siguen. La regla es "9, 2, 7, 6".

   9, 2, 7, 6, 9, 2, 7, 6, ____, ____, ____

Práctica independiente

Para **4** a **7**, dibuja o escribe los tres elementos que siguen para continuar los patrones que se repiten.

4. La regla es "Cuadrado, triángulo, cuadrado".

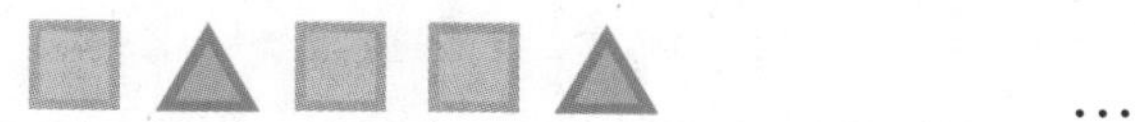

5. La regla es "Arriba, abajo, izquierda, derecha".

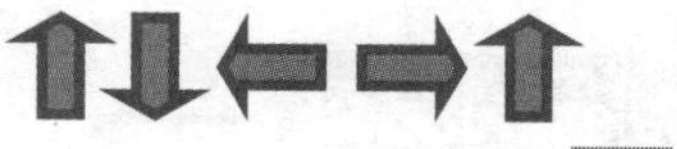

6. La regla es "1, 1, 2".

   1, 1, 2, 1, 1, 2, ____, ____, ____ ...

7. La regla es "5, 7, 4, 8".

   5, 7, 4, 8, 5, 7, 4, 8, 5, 7, ____, ____, ____ ...

Para **8** y **9**, halla la figura o el número que se pide en los patrones que se repiten.

8. La regla es "Árbol, manzana, manzana". ¿Cuál es la 19.ª figura?

9. La regla es "1, 2". ¿Cuál es el 42.º número?

   1, 2, 1, 2, 1, 2, ...

Resolución de problemas

10. Crea un patrón que se repite con la regla "Triángulo, cuadrado, cuadrado".

11. **enVision®** STEM Margot midió la distancia de 6 longitudes de onda de luz visible y obtuvo 2,400 nanómetros. ¿Cuál es la distancia de 1 longitud de onda?

12. **Buscar relaciones** Hilda está haciendo un patrón que se repite con las figuras de la ilustración. La regla es "Corazón, cuadrado, triángulo". Si Hilda continúa el patrón, ¿cuál será la 11.ª figura?

13. **Buscar relaciones** Josie pone cuentas en un hilo formando un patrón que se repite. La regla es "Azul, verde, amarillo, anaranjado". Hay 88 cuentas en el hilo. ¿Cuántas veces repitió Josie el patrón?

14. ¿Cuántos años más pasaron entre la primera locomotora a vapor y el primer automóvil a combustible que entre el primer automóvil a combustible y el primer tren a diesel en los Estados Unidos?

DATOS

Año	Invento
1804	Locomotora a vapor
1885	Automóvil a combustible
1912	Tren a diesel en EE. UU.

15. Luisa usó la regla "Azul, verde, verde, verde" para hacer una pulsera con un patrón que se repite. Luisa usó 18 cuentas verdes. ¿Cuántas cuentas usó Luisa para hacer la pulsera? ¿Cuántas cuentas **NO** eran verdes?

16. **Razonamiento de orden superior** Marcus usa figuras para hacer un patrón que se repite. Marcus tiene dos veces la cantidad de círculos que de cuadrados. Haz un patrón que se repite que siga esa regla.

Práctica para la evaluación

17. ¿Qué regla da un patrón que se repite cuya 15.ª figura es un cuadrado? Selecciona todas las que apliquen.

- ☐ Cuadrado, círculo
- ☐ Círculo, cuadrado, triángulo
- ☐ Cuadrado, círculo, triángulo
- ☐ Círculo, triángulo, cuadrado
- ☐ Trapecio, círculo, cuadrado

18. ¿Qué regla da un patrón que se repite cuyo 15.ª número es un 7? Selecciona todas las que apliquen.

- ☐ 1, 7
- ☐ 1, 7, 9
- ☐ 1, 9, 7
- ☐ 1, 7, 7
- ☐ 7, 1, 9

Nombre ______________________________

Resuélvelo y coméntalo El hermano menor de Evan está apilando bloques. Según la regla "Sumar 1 bloque a la cantidad de bloques de la pila anterior", ¿cuántos bloques habrá en la 6.ª pila? Explícalo. Justifica tu respuesta.

Resolución de problemas

Lección 14-4

Buscar y usar la estructura

Puedo...
usar patrones como ayuda para resolver problemas.

También puedo hacer y completar tablas para resolver problemas.

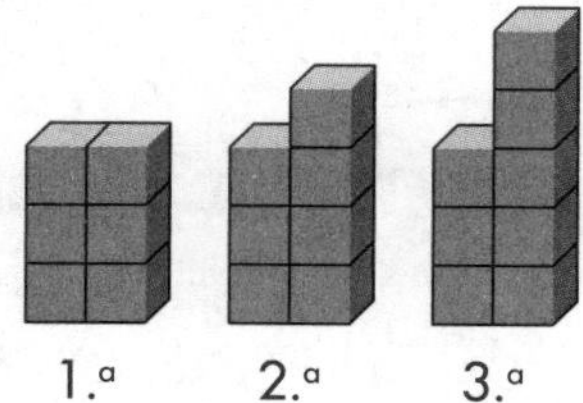

Hábitos de razonamiento

- ¿Qué patrones puedo ver y describir?
- ¿Cómo puedo usar los patrones para resolver el problema?
- ¿Puedo ver las expresiones y los objetos de una manera diferente?

¡Vuelve atrás! **Buscar relaciones** ¿Cuántos bloques hay en la 10.ª pila? Explícalo.

¿Cómo se puede buscar y usar la estructura?

Puente de aprendizaje visual

A

Alicia hizo tres paredes con cubos y anotó el patrón. Si continúa el patrón, ¿cuántos cubos habrá en una pared de 10 capas? ¿Y en una pared de 100 capas?

Regla: Cada capa tiene 4 cubos.

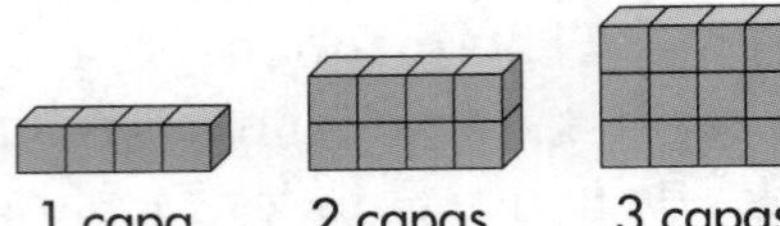

¿Qué tienes que hacer para hallar la cantidad de cubos que hay en una pared de 10 capas y en una de 100 capas?

Tengo que continuar el patrón usando la regla y analizar el patrón para hallar atributos que no estén dados en la regla.

Este es mi razonamiento.

B

¿Cómo puedo usar la estructura para resolver este problema?

Puedo

- buscar patrones en las figuras tridimensionales y describirlos.
- usar la regla que describe cómo se relacionan los objetos o los valores del patrón.
- usar atributos del patrón que no se den en la regla para generar o ampliar el patrón.

C

Haz una tabla y busca patrones.

Cantidad de capas	1	2	3	4	5
Cantidad de cubos	4	8	12	16	20

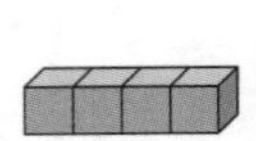
1 capa
4 cubos

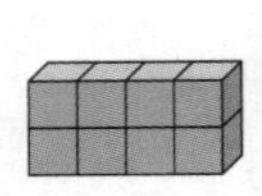
2 capas
8 cubos

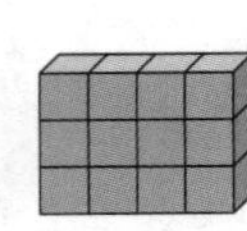
3 capas
12 cubos

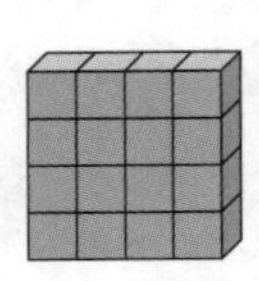
4 capas
16 cubos

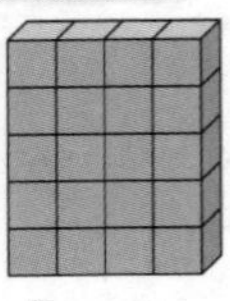
5 capas
20 cubos

Hay 4 cubos en cada capa. Multiplica la cantidad de capas por 4 para calcular la cantidad de cubos.

Una pared de 10 capas contiene $10 \times 4 = 40$ cubos.

Una pared de 100 capas contiene $100 \times 4 = 400$ cubos.

¡Convénceme! **Buscar relaciones** ¿Cómo puedes usar múltiplos para describir el patrón de Alicia?

Nombre ______________________________

Práctica guiada

Usar la estructura

Lía acomodó fichas triangulares en un patrón como el que se muestra. Usó la regla "Multiplicar la cantidad de filas por sí misma para obtener la cantidad de triángulos pequeños". ¿Cuántos triángulos pequeños habrá en el patrón si hay 10 filas?

1 fila
$1 \times 1 = 1$

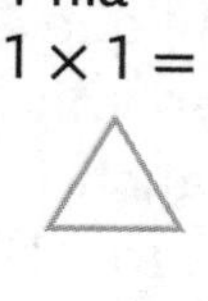

2 filas
$2 \times 2 = 4$

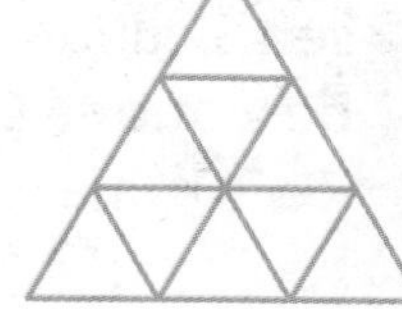

3 filas
$3 \times 3 = 9$

1. Completa la tabla como ayuda para describir el patrón.

Cantidad de filas	1	2	3	4	5
Cantidad de triángulos pequeños	1	4	9		

Cuando buscas relaciones, usas atributos del patrón que no se dan en la regla para ampliar el patrón.

2. Describe el patrón de otra manera.

3. ¿Cuántos triángulos habrá en 10 filas?

Práctica independiente

Buscar relaciones

Alan construyó las torres de la ilustración siguiendo la regla "Cada piso tiene 2 bloques". ¿Cuántos bloques habrá en una torre de 10 pisos? Usa los Ejercicios 4 a 6 para responder a la pregunta.

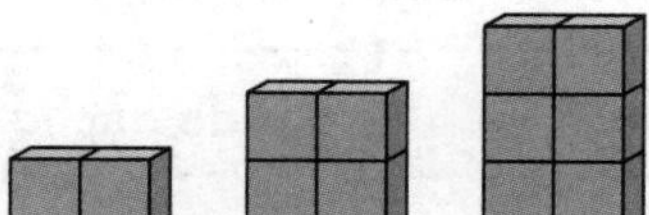

4. Completa la tabla como ayuda para describir el patrón.

Cantidad de pisos	1	2	3	4	5
Cantidad de bloques	2	4	6		

5. ¿De qué otra manera se puede describir el patrón que la regla no describe?

6. ¿Cuántos bloques hay en una torre de 10 pisos? Explícalo.

Resolución de problemas

Tarea de rendimiento

Escaleras de vidrio

La escalera de una galería de arte está hecha de cubos de vidrio. El siguiente diagrama muestra que 4 peldaños miden 4 cubos de altura y 4 cubos de ancho. Cinco peldaños son 5 cubos de altura y 5 cubos de ancho. ¿Cuántos cubos de vidrio se usan para hacer 7 peldaños? Usa los Ejercicios 7 a 10 para responder a la pregunta.

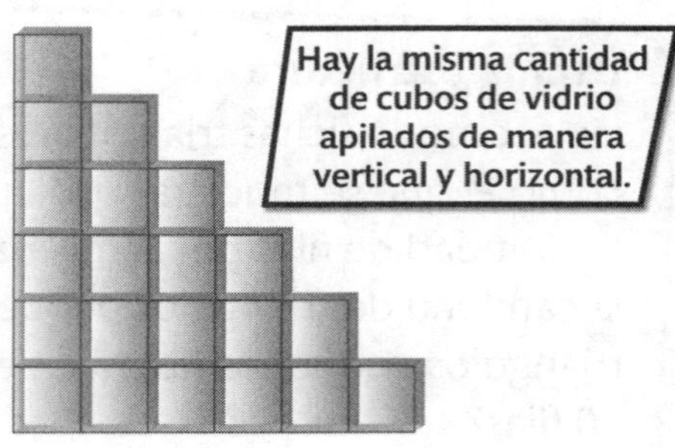

Hay la misma cantidad de cubos de vidrio apilados de manera vertical y horizontal.

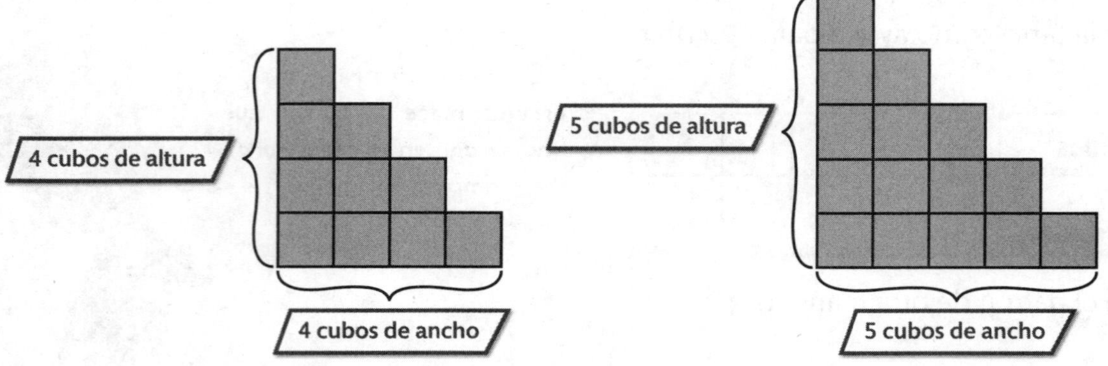

7. Entender y perseverar ¿Qué sabes y qué tienes que hallar?

Cuando buscas relaciones, usas la regla que describe cómo se relacionan los objetos o los valores de un patrón.

8. Razonar Completa la tabla.

Cubos de altura o de ancho	2	3	4	5	6
Total de cubos necesarios	3	6			

9. Buscar relaciones ¿Qué patrón puedes hallar a partir de la tabla?

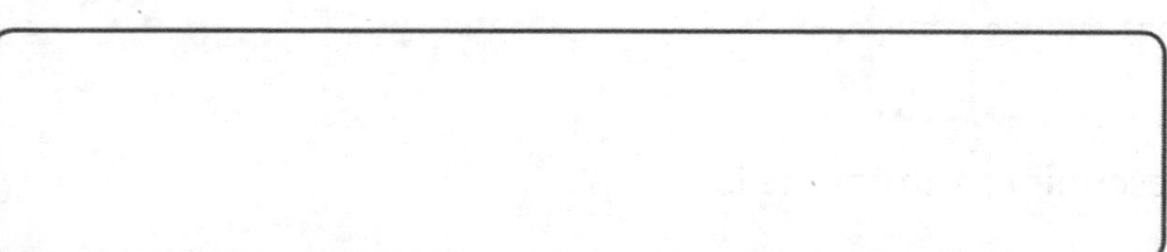

10. Razonar ¿Cuántos cubos se necesitan para 7 peldaños? Escribe y resuelve una ecuación.

Nombre ______________________________

TEMA 14

Actividad de práctica de fluidez

Trabaja con un compañero. Necesitan papel y lápiz. Cada uno escoge un color diferente: celeste o azul.

El compañero 1 y el compañero 2 apuntan a uno de los números negros al mismo tiempo. Ambos suman esos números.

Si la respuesta está en el color que escogiste, puedes anotar una marca de conteo. Sigan la actividad hasta que uno de los compañeros tenga doce marcas de conteo.

Puedo...
sumar números enteros de varios dígitos.

También puedo crear argumentos matemáticos.

Compañero 1
5,150
10,101
11,000
23,231
40,400

49,495	14,245	47,250	30,081
32,326	17,850	40,900	12,000
8,650	11,500	16,951	42,399
26,731	12,100	23,731	7,149
13,601	10,601	19,196	43,900
14,500	20,095	5,650	12,999

Compañero 2
500
1,999
3,500
6,850
9,095

Marcas de conteo del compañero 1	Marcas de conteo del compañero 2

Repaso del vocabulario

Lista de palabras

- ecuación
- factor
- incógnita
- múltiplo
- número impar
- número par
- patrón que se repite
- regla

Comprender el vocabulario

1. Encierra en un círculo el término que mejor describe el número 28.

par impar ecuación incógnita

2. Encierra en un círculo el término que completa mejor esta oración:
4 es un __________ de 16.

par impar factor múltiplo

3. Encierra en un círculo el término que mejor describe al número 17.

par impar ecuación incógnita

4. Encierra en un círculo el término que completa mejor esta oración:
9 es un __________ de 3.

par impar factor múltiplo

5. Traza líneas para unir los términos con su ejemplo.

ecuación	multiplicar por 3
patrón que se repite	n en $14 \div 2 = n$
regla	▲■▲■
incógnita	$4 + 7 = 11$

Usar el vocabulario al escribir

6. Usa al menos 3 términos de la Lista de palabras para describir el patrón.

50, 48, 46, 44, 42 ...

Nombre ____________________

TEMA 14

Refuerzo

Grupo A páginas 521 a 524

Puedes usar la regla "Restar 3" para continuar el patrón.

Los tres números que siguen en el patrón son 9, 6 y 3.

Un atributo del patrón es que todos los números son múltiplos de 3.

Otro atributo es que todos los números del patrón alternan entre pares e impares.

Recuerda que debes comprobar que los números de tu patrón sigan la regla.

Usa la regla para continuar los patrones. Describe un atributo del patrón.

1. Regla: Sumar 20
   771, 791, 811, ____, ____, ____

2. Regla: Restar 12
   122, 110, 98, ____, ____, ____

Grupo B páginas 525 a 528

El precio normal es dos veces el precio de oferta. Puedes usar la regla "Dividir por 2" para continuar el patrón.

DATOS

Precio normal	Precio de oferta
$44	$22
$42	$21
$40	$20
$38	$19
$36	$18
$34	$17

El precio normal es un múltiplo del precio de oferta, y el precio de oferta es un factor del precio normal.

Recuerda que puedes buscar atributos del patrón que no describe la regla.

Usa la regla para continuar los patrones. Describe un atributo del patrón.

1. Regla: Multiplicar por 18

Camiones	3	5	7	9
Ruedas	54	90	126	

2. Regla: Dividir por 9

Ganado	$81	$207	$540	$900
Ahorrado	$9	$23	$60	

3. Regla: Multiplicar por 24

Días	5	10	15	20
Horas	120	240	360	

Grupo C páginas 529 a 532

Puedes usar la regla "Círculo, triángulo, cuadrado" para continuar el patrón que se repite.

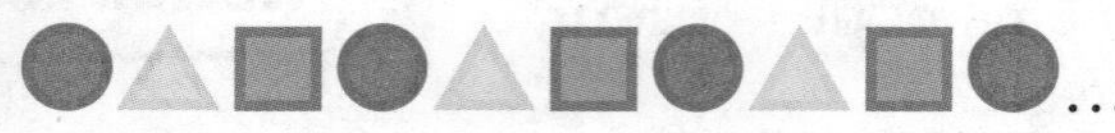

Puedes usar la regla para hallar la 25.ª figura del patrón.

25 ÷ 3 = 8 R1.

El patrón se repetirá 8 veces y, luego, aparecerá la 1.ª figura.

El círculo es la 25.ª figura del patrón.

Recuerda que debes usar la regla para continuar el patrón.

1. **a.** Dibuja las tres figuras que siguen en el patrón que se repite. La regla es "Derecha, arriba, arriba".

   ⇒⇑⇑⇒⇑⇑⇒⇑⇑⇒ __ __ __

   b. Dibuja la 50.ª figura del patrón.

2. **a.** Escribe los tres números que siguen en el patrón que se repite. La regla es "3, 5, 7, 9".

   3, 5, 7, 9, 3, 5, 7, ____, ____, ____

   b. ¿Cuál será el 100.º número del patrón?

Grupo D páginas 533 a 536

Piensa en estas preguntas como ayuda para **Buscar y usar la estructura**.

Hábitos de razonamiento

- ¿Qué patrones puedo ver y describir?
- ¿Cómo puedo usar los patrones para resolver el problema?
- ¿Puedo ver las expresiones y los objetos de una manera diferente?

Recuerda que debes usar la regla que describe cómo se relacionan los objetos o los valores de un patrón.

Sam creó un patrón con la regla "Cada capa tiene 3 cubos".

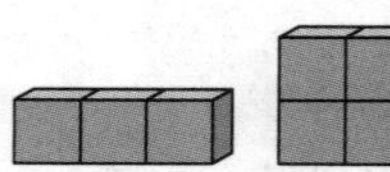
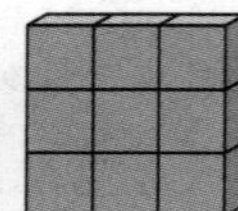

1. Dibuja la figura que sigue en el patrón de Sam.

2. Usa la regla para continuar el patrón de Sam.

Pisos	1	2	3	4
Bloques	3	6	9	

3. ¿Cuántos bloques hay en la 10.ª figura del patrón de Sam?

Nombre ______________________________

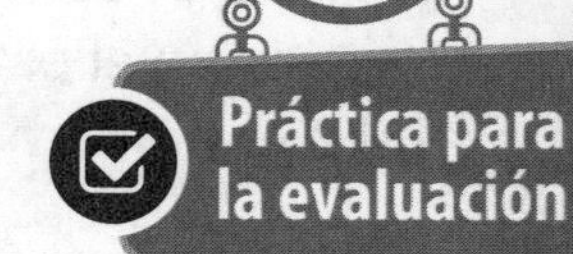

1. Los jugadores de fútbol americano van saliendo del túnel y las camisetas tienen el patrón que se muestra abajo. Las camisetas siguen la regla "Sumar 4".

12 16 20 [ ]

A. ¿Qué número va en la camiseta en blanco? Explícalo.

B. Describe dos atributos del patrón.

2. Una docena de huevos son 12 huevos. Dos docenas de huevos son 24 huevos. Relaciona la cantidad de docenas con la cantidad de huevos. La regla es "Multiplicar por 12".

	168 huevos	60 huevos	96 huevos	120 huevos
8 docenas	❑	❑	❑	❑
10 docenas	❑	❑	❑	❑
14 docenas	❑	❑	❑	❑
5 docenas	❑	❑	❑	❑

3. Usa la regla "Multiplicar por 6" para continuar el patrón. Luego describe un atributo del patrón.

Cantidad de saltamontes	3	5	7	9
Cantidad de patas	18	30	42	

4. Usa la regla de "Dividir por 3" para continuar el patrón. Luego, escribe 4 términos de un patrón diferente que siga la misma regla.

729, 243, 81, ____, ____

5. Nicole organiza sus compras por precio. Cada objeto cuesta $6 más que el anterior. El primer objeto cuesta $13. El último objeto cuesta $61. Su hermano, John, dice que el precio de cada objeto es un número impar. ¿Tiene razón John? Halla el costo de cada objeto para explicarlo.

6. La regla para el patrón que se repite es "5, 7, 2, 8". Escribe los tres números que siguen en el patrón. Luego, indica cuál será el 25.º número del patrón. Explícalo.

5, 7, 2, 8, 5, 7, 2, 8, 5, ____, ____, ____

7. Jackson escribió diferentes patrones para la regla "Restar 5". Selecciona todos los patrones que pudo haber escrito. Luego, escribe 4 términos de un patrón diferente que siga la misma regla.

- ☐ 27, 22, 17, 12, 7
- ☐ 5, 10, 15, 20, 25
- ☐ 55, 50, 35, 30, 25
- ☐ 100, 95, 90, 85, 80
- ☐ 75, 65, 55, 45, 35

8. La regla es "Restar 7". ¿Cuáles son los 3 números que siguen en el patrón? Describe dos atributos del patrón.

70, 63, 56, 49, 42, 35

9. La tabla muestra diferentes cantidades de equipos formados por diferentes cantidades de jugadores. La regla es "Dividir por 8".

Jugadores	24	32	40	72
Equipos	3	4	*e*	9

A. ¿Cuántos equipos se pueden formar con 40 jugadores?

____ equipos

B. ¿Cuántos jugadores hay en 13 equipos? ¿Cómo lo sabes?

10. A. Selecciona todos los enunciados verdaderos para el patrón que se repite. La regla es "Círculo, corazón, triángulo".

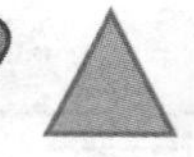  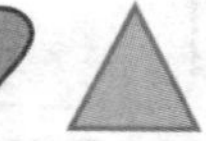 ...

- ☐ La figura que sigue es el círculo.
- ☐ El círculo solo se repite dos veces.
- ☐ La 10.ª figura es el corazón.
- ☐ La 12.ª figura es el triángulo.
- ☐ El círculo es la 1.ª, 4.ª, 7.ª, etc. figura.

B. ¿Cuántos triángulos hay entre las primeras 22 figuras?

____

Nombre ______________________________

TEMA 14

Tarea de rendimiento

Adornos colgantes

Michael hace adornos colgantes con nudos para vender.

1. La imagen **Adorno colgante básico** muestra un adorno colgante simple que hace Michael repitiendo las figuras que se muestran. ¿Cuál es la 16.ª figura del patrón que se repite? La regla es "Círculo, triángulo, cuadrado". Explícalo.

Adorno colgante básico

2. La imagen **Diseño de copo de nieve** muestra uno de los nudos que usa Michael.

Diseño de copo de nieve

Lleva 11 nudos.

Parte A

Escribe la cantidad de nudos que usa Michael para hacer de 1 a 6 diseños de copo de nieve. La regla es "Sumar 11".

Parte B

Describe un atributo del patrón que escribiste en la Parte A que no esté en la regla. Explica por qué funciona.

3. La imagen **Adorno colgante de Michael** muestra el diseño de un adorno colgante que hace Michael usando el **Diseño de copo de nieve**. Responde lo siguiente para hallar cuántos nudos hace Michael para hacer un adorno colgante con 28 copos de nieve.

Adorno colgante de Michael

Cada conector lleva 3 nudos.

Parte A

Cada fila de 4 copos de nieve en zigzag tiene 4 conectores. También hay 4 conectores entre columnas. Completa la tabla **Conectores** usando la regla "Sumar 8 conectores para cada columna". Describe un atributo del patrón.

Conectores

Columnas	1	2	3	4	5
Conectores	4	12			

Parte B

Completa la tabla **Total de nudos** usando las siguientes reglas.

Regla de los nudos de los copos de nieve: Multiplicar la cantidad de copos de nieve por 11.

Regla de los nudos de los conectores: Multiplicar por 3 la cantidad de conectores de la tabla **Conectores**.

Regla del total de nudos: Sumar la cantidad de nudos de los copos de nieve y la cantidad de nudos de los conectores.

Total de nudos

Columnas	Copos de nieve	Nudos de los copos de nieve	Nudos de los conectores	Total de nudos
1	4	44	12	56
2	8			
3	12			
4	16			
5	20			

TEMA 15 Medición geométrica: Conceptos y medición de ángulos

Preguntas esenciales: ¿Cuáles son algunos términos geométricos comunes? ¿Cómo se miden los ángulos?

Recursos digitales

 Libro del estudiante
 Aprendizaje visual
 Práctica
 Evaluación
 Herramientas
 Glosario

¡Ajústense los cinturones! Este es un proyecto sobre rectas y ángulos.

Los choques hacen que los carros cambien de dirección, se detengan o comiencen a moverse.

Los carros chocones transfieren energía cuando chocan.

Proyecto de enVision STEM: Rectas y ángulos

Investigar Usa la Internet u otros recursos para investigar el área de la pista de carros chocones más grande del mundo. Halla dónde está ubicada y cuándo se construyó.

Diario: Escribir un informe Incluye lo que averiguaste. En tu informe, también:

- dibuja un diagrama de un choque de carros chocones. Usa un ángulo para mostrar cómo podría cambiar de dirección el carro después de chocar contra algo. Mide y rotula el ángulo que dibujaste.
- describe tu ángulo usando términos del vocabulario de este tema.

Nombre ______________________________

Repasa lo que sabes

Vocabulario

Escoge el mejor término del recuadro. Escríbelo en el espacio en blanco.

- ángulo
- recta
- ángulo recto
- sexto

1. Un/Una __________ es una de 6 partes iguales de un entero, y se escribe $\frac{1}{6}$.

2. Un/Una __________ es una figura formada por dos semirrectas con un extremo común.

3. Un/Una __________ es un ángulo que forma una esquina recta.

Sumar y restar

Halla la suma o la diferencia.

4. 45 + 90 **5.** 120 − 45 **6.** 30 + 150

7. 180 − 135 **8.** 60 + 120 **9.** 90 − 45

Partes de un entero

Indica la fracción que representa la parte coloreada del entero.

10. $\frac{\square}{\square}$ 

11. $\frac{\square}{\square}$ 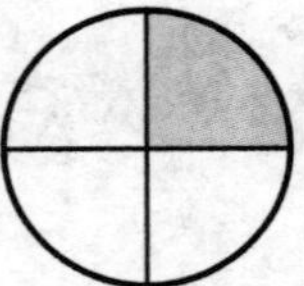

12. $\frac{\square}{\square}$ 

Dividir

Halla el cociente.

13. 360 ÷ 6 **14.** 180 ÷ 9 **15.** 360 ÷ 4

Resolución de problemas

16. **Entender y perseverar** Gary tiene $4. Mary tiene el doble de dólares que Gary. Larry tiene 4 dólares menos que Mary. ¿Cuánto dinero tienen Gary, Mary y Larry en total?

Nombre ______________________

Escoge un proyecto

PROYECTO
15A

¿Puedes hallar ángulos en instrumentos de cuerda?

Proyecto: Haz un instrumento de cuerda

PROYECTO
15B

¿Por qué son importantes los ángulos cuando hacemos origami?

Proyecto: Haz un animal de origami

PROYECTO
15C

¿Cómo se forman ángulos con las trayectorias de los aviones?

Proyecto: Traza un plan de vuelo

MATEMÁTICAS EN 3 ACTOS: VISTAZO

Representación matemática

Juego con ángulos

Antes de ver el video, piensa:

Se llama "hoyo en uno" cuando los golfistas meten la bola en el hoyo de un solo golpe con el palo de golf. Nunca hice un hoyo en uno, ¡pero siempre lo intento!

Puedo...

representar con modelos matemáticos para resolver problemas que incluyen la medición de ángulos y el cálculo con mediciones de ángulos.

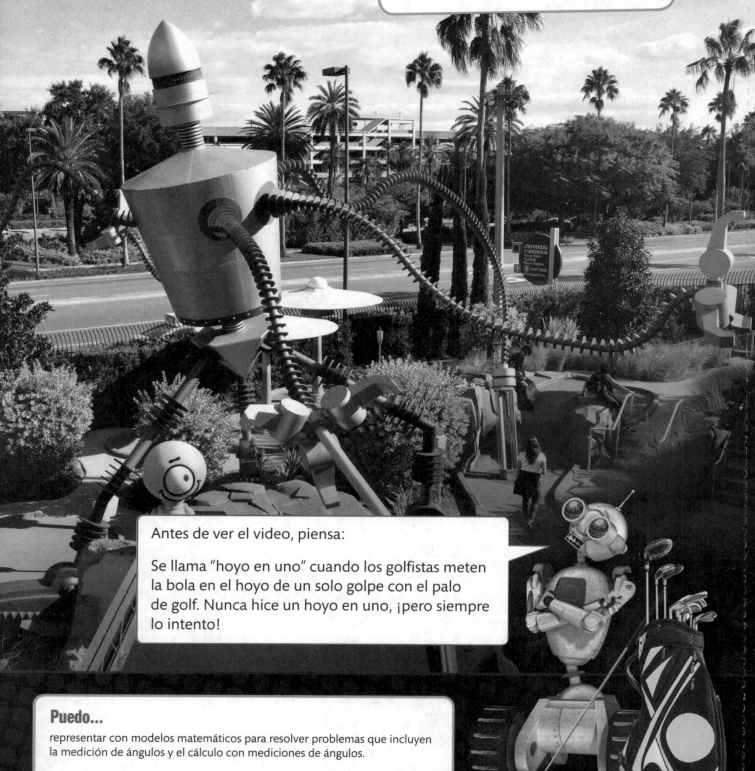

Nombre ______________________________

Lección 15-1
Rectas, semirrectas y ángulos

Puedo...
reconocer y trazar rectas, semirrectas y diferentes tipos de ángulos.

También puedo razonar sobre las matemáticas.

Resuélvelo y coméntalo Un ángulo recto forma una esquina recta, como la que se ve en el dibujo. Halla ejemplos de ángulos rectos en la clase. Traza dos ángulos que tengan una abertura menor que la de un ángulo recto. ***Resuelve este problema de la manera que prefieras.***

Cuanto más cerca están los lados de un ángulo, menor es su medida. *¡Muestra tu trabajo en el espacio que sigue!*

¡Vuelve atrás! **Razonar** Traza un ángulo que sea más abierto que un ángulo recto.

Pregunta esencial ¿Cuáles son algunos términos geométricos comunes?

A

Punto, recta, segmento de recta, semirrecta, ángulo recto, ángulo agudo, ángulo obtuso y ángulo llano son términos geométricos comunes.

Las rectas y las partes de las rectas se nombran según sus puntos. Una semirrecta recibe el nombre según su primer extremo.

Término geométrico	Ejemplo	Rótulo	Lo que dices
Un punto es una ubicación exacta en el espacio.	Z	Punto *Z*	Punto *Z*
Una recta es una línea derecha de puntos que se extiende indefinidamente en direcciones opuestas.	A B	$\overleftrightarrow{AB}$	Recta *AB*
Un segmento de recta es una parte de una recta que tiene dos extremos.	G R	$\overline{GR}$	Segmento de recta *GR*
Una semirrecta es una parte de una recta que tiene un extremo y continúa indefinidamente en una dirección.	N O	$\overrightarrow{NP}$	Semirrecta *NO*

B

Un ángulo está formado por dos semirrectas que tienen el mismo extremo.

Los ángulos generalmente se nombran con 3 letras. El extremo compartido de las semirrectas es la letra central. Las otras letras representan puntos de cada semirrecta.

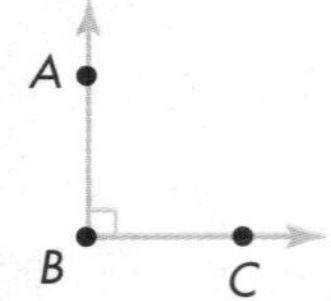

∠*ABC* es un ángulo recto. Un ángulo recto forma una esquina recta.

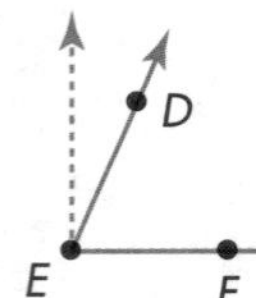

∠*DEF* es un ángulo agudo. Un ángulo agudo es menos abierto que un ángulo recto.

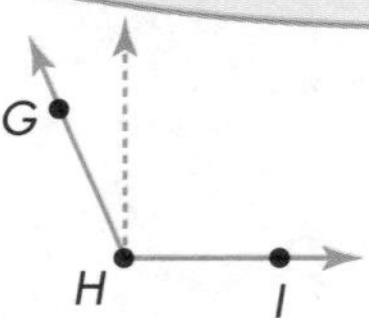

∠*GHI* es un ángulo obtuso. Un ángulo obtuso es más abierto que un ángulo recto pero menos abierto que un ángulo llano.

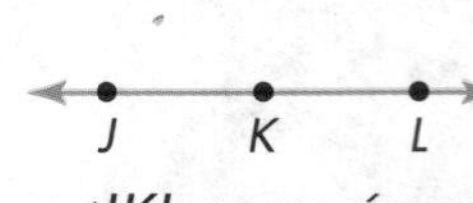

∠*JKL* es un ángulo llano. Un ángulo llano forma una línea recta.

¡Convénceme! **Buscar relaciones** Completa las imágenes para mostrar el ángulo dado.

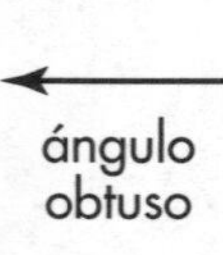

ángulo llano

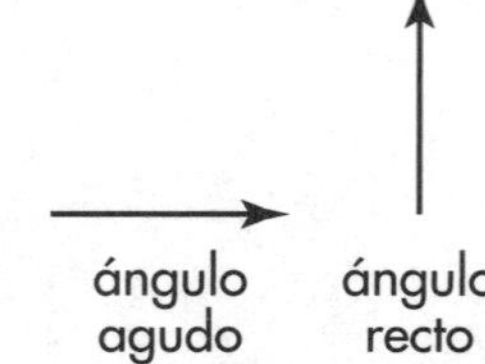

Nombre ___________

Práctica guiada

¿Lo entiendes?

1. ¿Qué término geométrico describe una parte de una recta que tiene un extremo? Dibuja un ejemplo.

2. ¿Qué término geométrico describe una parte de una recta que tiene dos extremos? Dibuja un ejemplo.

3. ¿Qué término geométrico describe un ángulo que forma una esquina recta? Dibuja un ejemplo.

¿Cómo hacerlo?

Para **4** a **7**, usa términos geométricos para describir lo que se muestra.

4. P X

5.

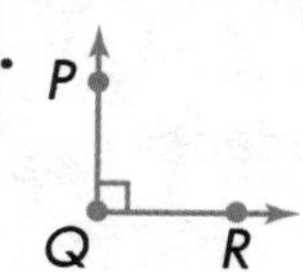

6. B Y

7.

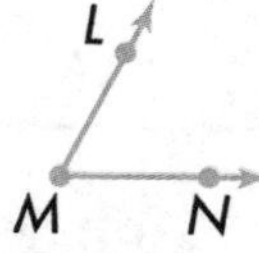

Práctica independiente

Para **8** a **11**, usa términos geométricos para describir lo que se muestra.

8. H O S

9. B D

10. X Y

11. P S T

Para **12** a **15**, dibuja la figura geométrica para cada término.

12. Segmento de recta

13. Punto

14. Semirrecta

15. Recta

Resolución de problemas

Para **16** a **18**, usa el mapa de Nevada. Escribe el término geométrico que mejor se ajuste a las descripciones. Dibuja un ejemplo.

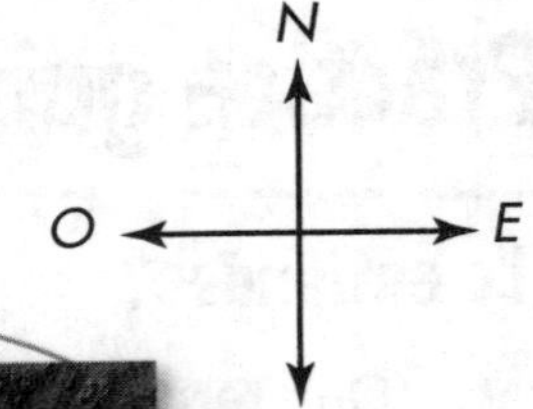

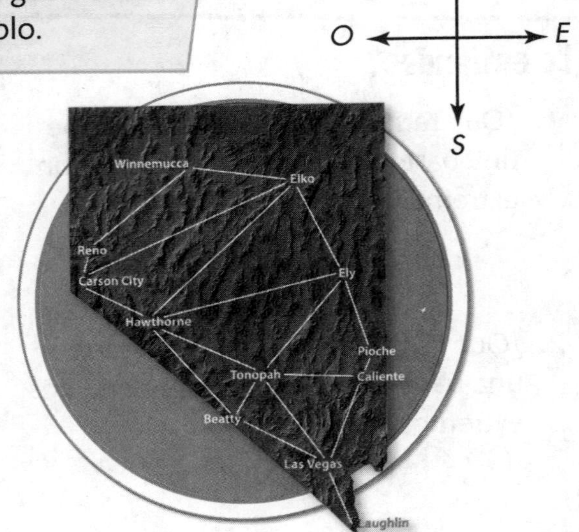

16. Hacerlo con precisión La ruta entre dos ciudades

17. Las ciudades

18. El lugar donde se unen los límites norte y oeste.

19. Vocabulario Escribe una definición para *ángulo recto*. Traza un ángulo recto. Da 3 ejemplos de ángulos rectos que veas en la clase.

20. Razonamiento de orden superior Nina dice que puede hacer un ángulo recto usando un ángulo agudo y un ángulo obtuso que tengan una semirrecta en común. ¿Tiene razón? Haz un dibujo y explícalo.

Práctica para la evaluación

21. ¿Qué término geométrico describe a $\angle HJK$?

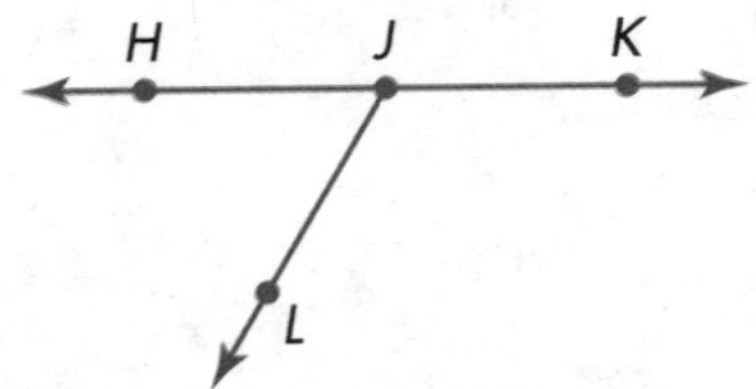

Ⓐ Ángulo agudo
Ⓑ Ángulo obtuso
Ⓒ Ángulo recto
Ⓓ Ángulo llano

22. Lisa trazó 2 semirrectas con un extremo en común. ¿Cuál de los siguientes dibujos es el de Lisa?

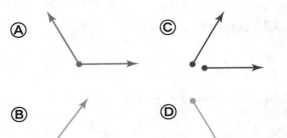

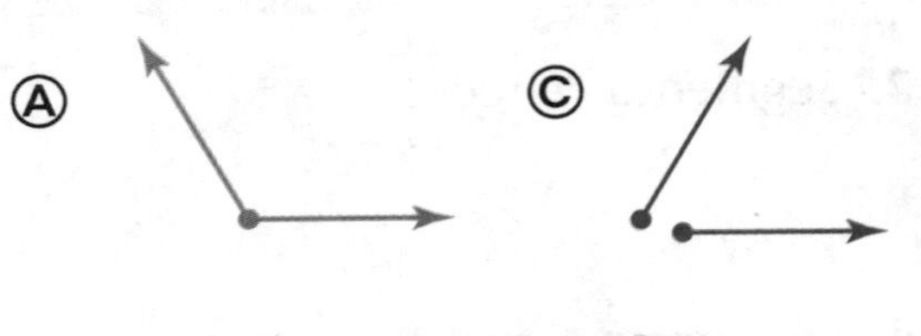

Nombre ________________________________

Resuélvelo y coméntalo Un reloj muestra que son las 3 en punto. ¿Cómo puedes describir el ángulo más pequeño que forman las dos manecillas del reloj? ***Resuelve este problema de la manera que prefieras.***

Lección 15-2
Ángulos y ángulos de un grado sexagesimal

Puedo...
usar lo que sé sobre fracciones para medir ángulos.

También puedo razonar sobre las matemáticas.

Puedes **entender** el problema usando lo que sabes sobre ángulos agudos, rectos y obtusos. *¡Muestra tu trabajo en el espacio que sigue!*

¡Vuelve atrás! A las 3, ¿en qué dos fracciones dividen el reloj las manecillas?

¿Qué unidad se puede usar para medir ángulos?

Puente de aprendizaje visual

A

Los ángulos se miden en unidades llamadas grados. Un ángulo que da un giro de $\frac{1}{360}$ de un círculo se llama ángulo de un grado sexagesimal. ¿Cómo puedes determinar la medida del ángulo de un ángulo recto y de los ángulos que dan un giro de $\frac{1}{6}$ y de $\frac{2}{6}$ de un círculo?

Puedes medir la longitud en pulgadas, el área en centímetros cuadrados y la capacidad en onzas. Mides un ángulo en grados, °. Un círculo tiene una medida de ángulo de 360°.

$1° = \frac{1}{360}$ de un círculo

B Divide para hallar la medida de un ángulo recto.

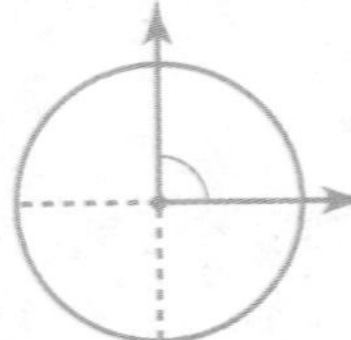

Los ángulos rectos dividen un círculo en 4 partes iguales.

$360° \div 4 = 90°$

La medida de un ángulo recto es 90°.

C Divide para hallar la medida de un ángulo que da un giro de $\frac{1}{6}$ de un círculo.

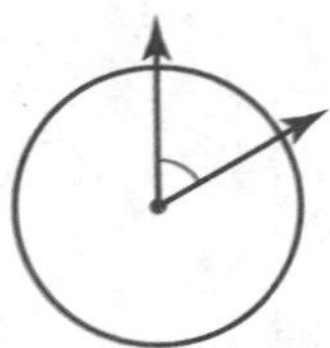

$\frac{1}{6}$ de un círculo es una parte del círculo que está dividida en 6 partes iguales.

$360° \div 6 = 60°$

La medida del ángulo es 60°.

D Suma para hallar la medida de un ángulo que da un giro de $\frac{2}{6}$ de un círculo.

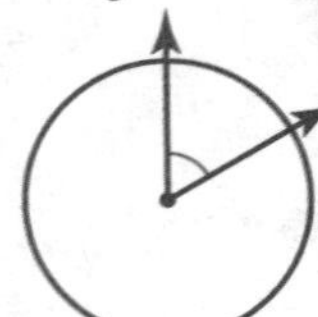

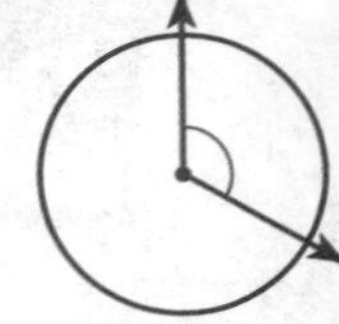

$\frac{1}{6} = 60°$ $\frac{2}{6} = ?$

Recuerda que $\frac{2}{6} = \frac{1}{6} + \frac{1}{6}$. Suma para calcular la medida de $\frac{2}{6}$ de un círculo.

$60° + 60° = 120°$

La medida de un ángulo que ocupa $\frac{2}{6}$ de un círculo es 120°.

¡Convénceme! Evaluar el razonamiento Susan piensa que la medida del ángulo B es mayor que la medida del ángulo A. ¿Estás de acuerdo? Explícalo.

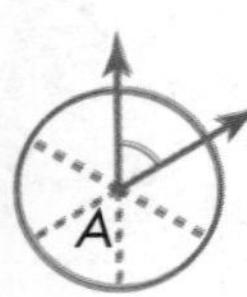

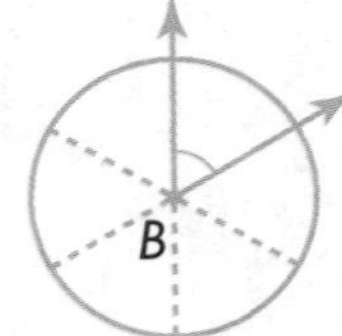

Nombre ____________________

Práctica Herramientas Evaluación

Otro ejemplo

Halla la fracción de círculo que ocupa un ángulo cuya medida es 45°.

Un ángulo de 45° da un giro de $\frac{45}{360}$ de un círculo.

$45° \times 8 = 360°$; por tanto, 45° es $\frac{1}{8}$ de 360°.

Un ángulo de 45° ocupa $\frac{1}{8}$ de círculo.

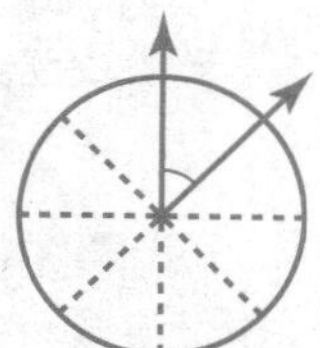

$45° = \frac{1}{8}$ de un círculo de 360°

Práctica guiada

¿Lo entiendes?

1. ¿Qué fracción de círculo ocupa un ángulo de 120°?

2. Mike corta un pastel en 4 porciones iguales. ¿Cuál es la medida del ángulo de cada porción? Escribe y resuelve una ecuación.

¿Cómo hacerlo?

3. Un círculo se divide en 9 partes iguales. ¿Cuál es la medida del ángulo de cada una de las partes?

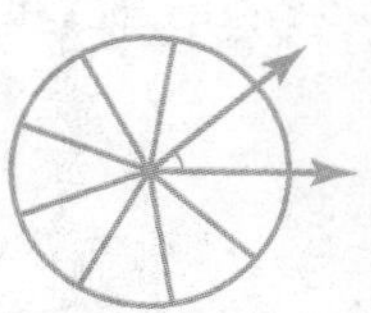

4. Un ángulo da un giro de $\frac{2}{8}$ de círculo. ¿Cuál es la medida del ángulo?

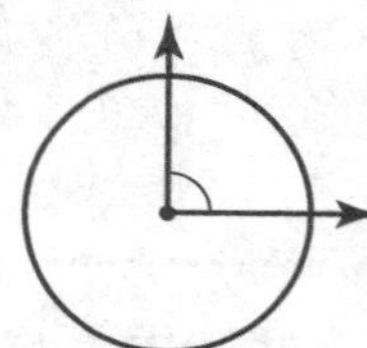

Práctica independiente

Para **5** a **8**, halla la medida de los ángulos.

5. El ángulo da un giro de $\frac{1}{5}$ de círculo.

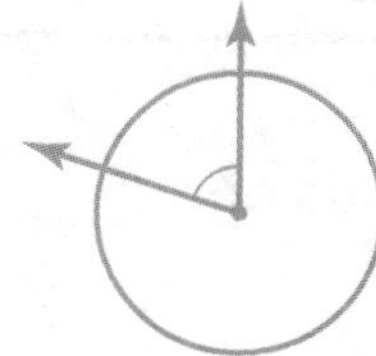

6. El ángulo da un giro de $\frac{3}{8}$ de círculo.

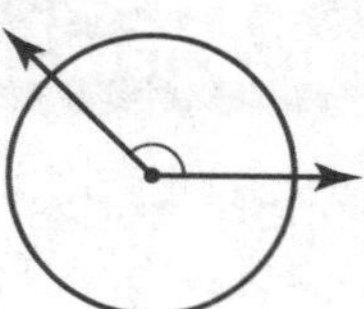

7. El ángulo da un giro de $\frac{2}{5}$ de círculo.

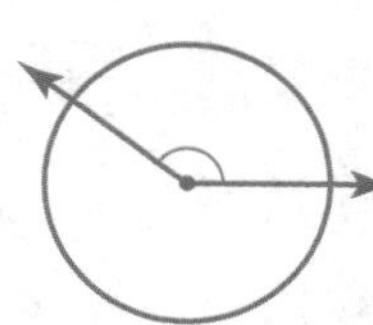

8. El ángulo da un giro de $\frac{2}{6}$ de círculo.

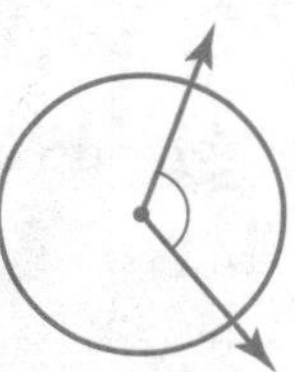

Resolución de problemas

9. Usa el reloj para hallar la medida del ángulo más pequeño que forman las manecillas a las horas dadas.

a. 3:00

b. 11:00

c. 2:00

10. **Álgebra** Jacey escribió una ecuación para hallar una medida de ángulo. ¿Qué representan las variables a y b en la ecuación de Jacey? $360° \div a = b$

11. **enVision®** STEM Se puede usar un espejo para reflejar un rayo de luz a un ángulo determinado. ¿Qué fracción de círculo ocuparía el ángulo que se muestra?

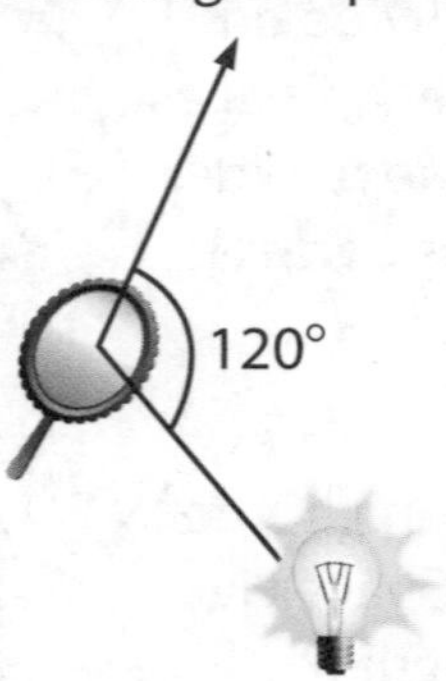

12. Mike pagó $32.37 por tres libros. Un libro costó $16.59. El segundo libro costó $4.27. ¿Cuánto costó el tercer libro? Usa monedas y billetes para resolverlo.

$32.37

$16.59	**$4.27**	**/**

13. **Entender y perseverar** Se cortó un pastel en porciones iguales. Se comieron cuatro porciones del pastel. Las 5 porciones que quedaron forman un ángulo que mide 200°. ¿Cuál era la medida del ángulo de una sola porción?

14. **Razonamiento de orden superior** Jake cortó un postre redondo de gelatina en 8 porciones iguales. Se comieron 5 porciones. ¿Cuál es la medida del ángulo del postre que quedó?

Práctica para la evaluación

15. Selecciona todas las opciones que muestran una medida de ángulo de 120°. Usa el reloj como ayuda para resolver.

- ☐ 10:00
- ☐ $\frac{2}{6}$ de una tarta
- ☐ $\frac{2}{3}$ de un círculo
- ☐ 4:00
- ☐ 8:00

Nombre ___________________________________

Lección 15-3

Medir con ángulos de un grado sexagesimal

Resuélvelo y coméntalo

Los ángulos más pequeños del bloque de patrón color canela miden 30° cada uno. ¿Cómo puedes usar los ángulos del bloque de patrón para determinar la medida del siguiente ángulo? ***Resuelve este problema de la manera que prefieras.***

Puedo...
usar los ángulos que conozco para medir los ángulos que no conozco.

También puedo entender bien los problemas.

Puedes entender y perseverar cuando resuelves problemas. ¡Muestra tu trabajo en el espacio que sigue!

?

¡Vuelve atrás! Dos ángulos rectos forman un ángulo llano. ¿Cuántos ángulos de 45° forman un ángulo llano? Explícalo.

Pregunta esencial ¿Cómo se pueden medir los ángulos?

A

Holly dibujó el contorno alrededor de un bloque de patrón con forma de trapecio. Quiere hallar la medida del ángulo formado que se ve a la derecha. ¿Qué puede usar Holly para medir el ángulo?

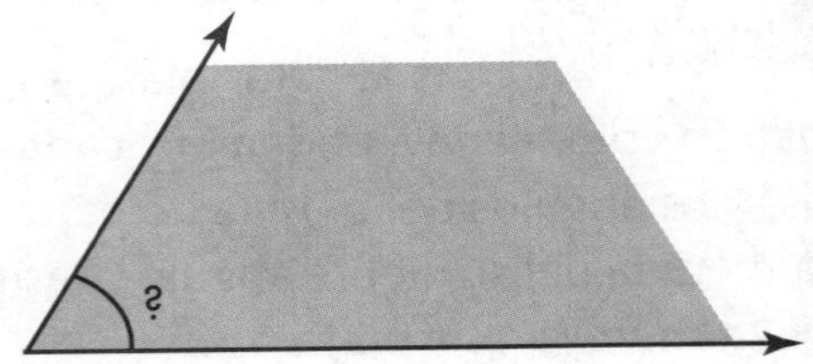

La medida de un ángulo de un grado sexagesimal es 1 grado. Así como puedes sumar pulgadas + pulgadas, también puedes sumar grados + grados. Por tanto, $5° = 1° + 1° + 1° + 1° + 1°$ o $5 \times 1°$.

B

Usa un ángulo que conozcas para hallar la medida de otro ángulo.

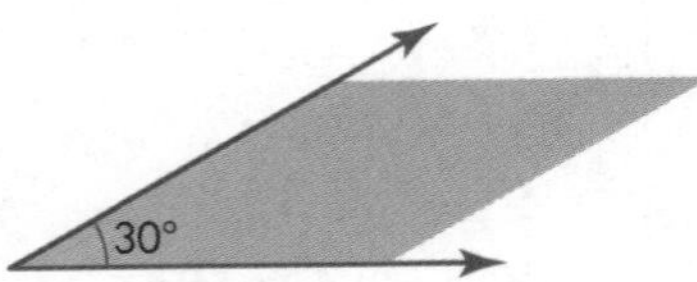

El ángulo más pequeño del bloque de patrón color canela mide 30°.

Un ángulo de 30 grados da un giro de 30 ángulos de un grado.

C

El ángulo del bloque de patrón con forma de trapecio es igual a 2 de los ángulos más pequeños del bloque color canela. Cada ángulo más pequeño mide 30°.

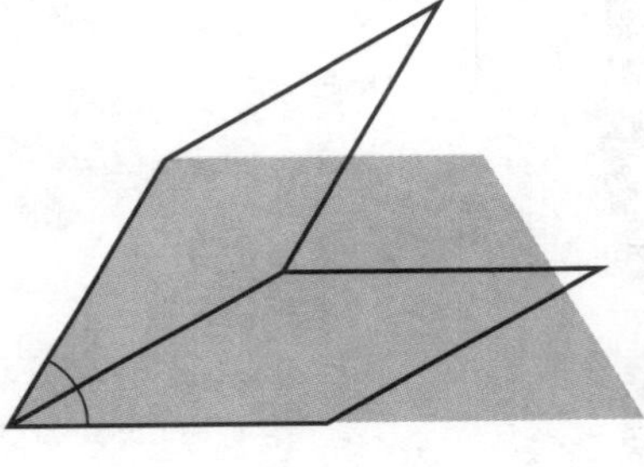

$2 \times 30° = 60°$

La medida del ángulo del trapecio es 60°.

Un ángulo de 60 grados da un giro de 60 ángulos de un grado.

¡Convénceme! Generalizar ¿Qué observas sobre la cantidad de ángulos de un grado en la medida del ángulo?

Nombre ______________________________

Práctica guiada

¿Lo entiendes?

1. ¿Cuántos ángulos de 30° hay en un ángulo de 180°? Explícalo.

2. ¿Cuántos ángulos de 15° hay en un ángulo de 180°? Usa tu respuesta al Ejercicio 1 para explicarlo.

¿Cómo hacerlo?

Para **3** y **4**, usa ángulos que conozcas para hallar la medida de los ángulos. Explica cómo te pueden ayudar los ángulos de los cuadrados.

3. 

4. 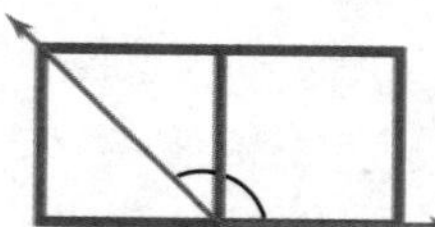

Práctica independiente

Para **5** a **13**, halla la medida de los ángulos. Usa bloques de patrón como ayuda para resolver los problemas.

5. 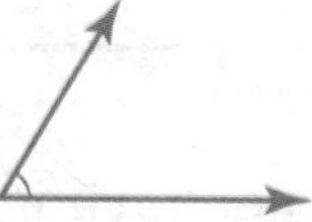

6. 

7. 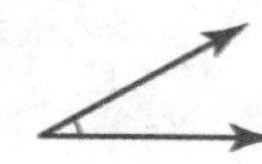

8. 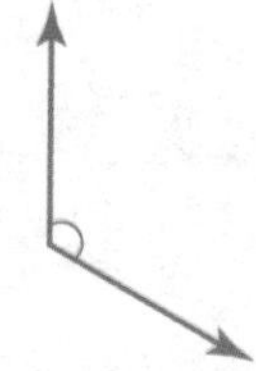

9. 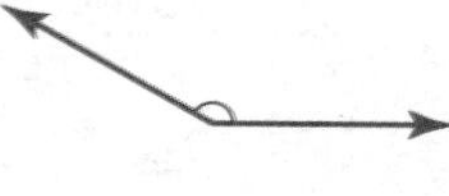

10. 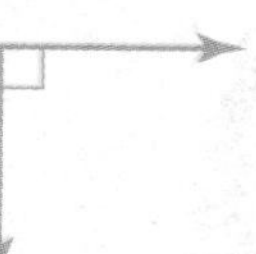

11. 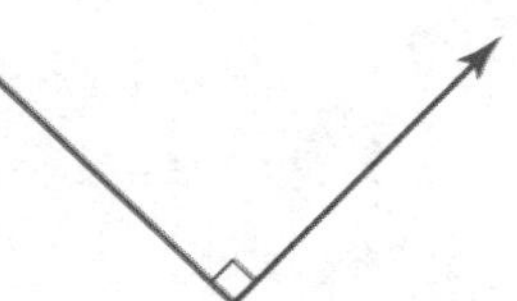

12. 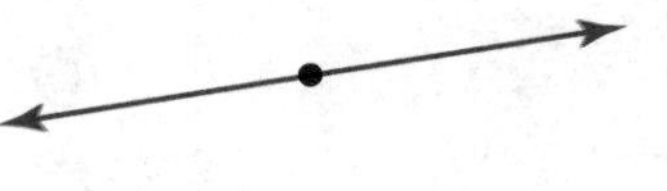

13. 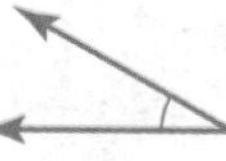

Resolución de problemas

14. Usar herramientas apropiadas ¿Cuál es la medida del ángulo del bloque de patrón hexagonal de color amarillo?

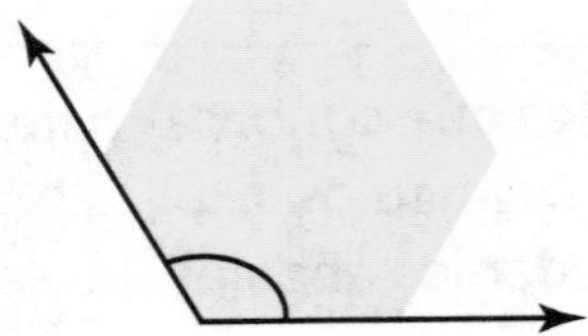

15. ¿Cuál es la medida del ángulo que forman las manecillas del reloj cuando son las 5:00?

16. ¿Cuántos ángulos de 30° hay en un círculo? Escribe y resuelve una ecuación de multiplicación para explicarlo.

17. ¿Cuántos ángulos de un grado sexagesimal componen el ángulo más pequeño formado por las manecillas de un reloj cuando son las 3:00? Explícalo.

18. Verónica compra un tapete que mide 16 pies de longitud y 4 pies de ancho. Un cuarto del tapete es morado y el resto es azul. ¿Cuál es el área de la parte azul del tapete?

19. Razonamiento de orden superior Las manecillas de un reloj forman un ángulo de 120°. Nombra dos horas posibles que sean diferentes.

Práctica para la evaluación

20. El reloj da las 9:00. ¿Cuál es la medida del ángulo?

Ⓐ 90°
Ⓑ 180°
Ⓒ 270°
Ⓓ 360°

21. ¿Cuántos ángulos de 60° hay en un ángulo de 360°?

Ⓐ 3
Ⓑ 6
Ⓒ 10
Ⓓ 12

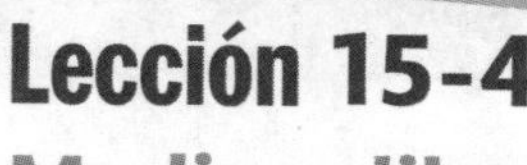

Nombre ______________________________

Lección 15-4
Medir y dibujar ángulos

Puedo...
usar un transportador para medir y dibujar ángulos.

También puedo usar una herramienta matemática para resolver problemas.

Resuélvelo y coméntalo Halla la medida de ∠*ABC*. ***Resuelve este problema de la manera que prefieras.***

Un transportador te puede ayudar a medir y trazar ángulos. Las medidas de los ángulos están ubicadas alrededor del borde curvo en una recta numérica doble. ¿Qué recta numérica debería leerse para entender este problema?

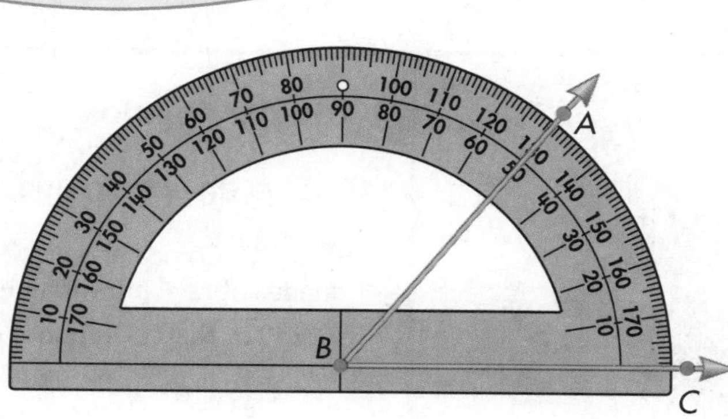

¡Vuelve atrás! Usar herramientas apropiadas Usa el transportador para dibujar un ángulo que mida 110°.

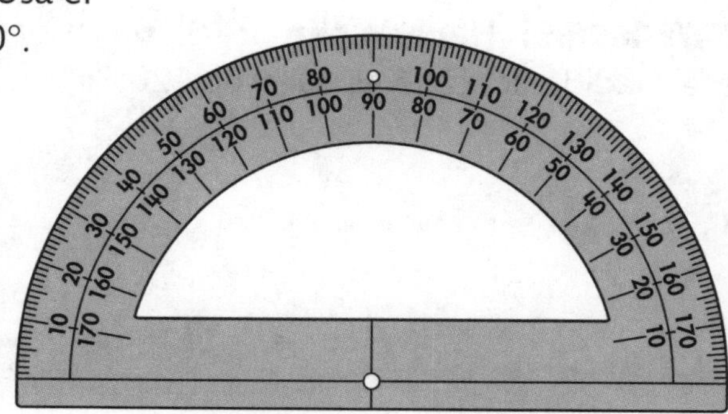

Aprendizaje visual A-Z Glosario

Pregunta esencial

¿Cómo se puede usar el transportador?

Puente de aprendizaje visual

A

Un transportador es una herramienta que se usa para medir y dibujar ángulos. A la derecha se muestra una grulla parcialmente plegada. Mide ∠PQR.

El ángulo, ∠PQR, también se puede anotar como ∠RQP.

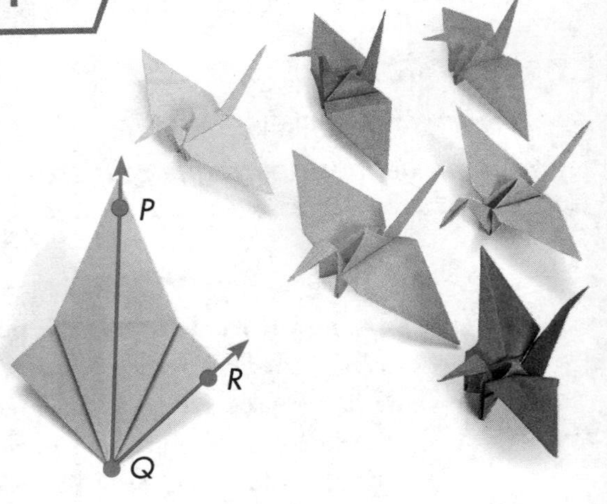

B

Medir ángulos

Mide ∠PQR.

Coloca el transportador en el centro del vértice del ángulo, Q. Coloca una de las marcas de 0° en $\overrightarrow{QR}$. Lee la medida en la que $\overrightarrow{QP}$ cruza el transportador. Si el ángulo es agudo, usa el número menor. Si el ángulo es obtuso, usa el número mayor.

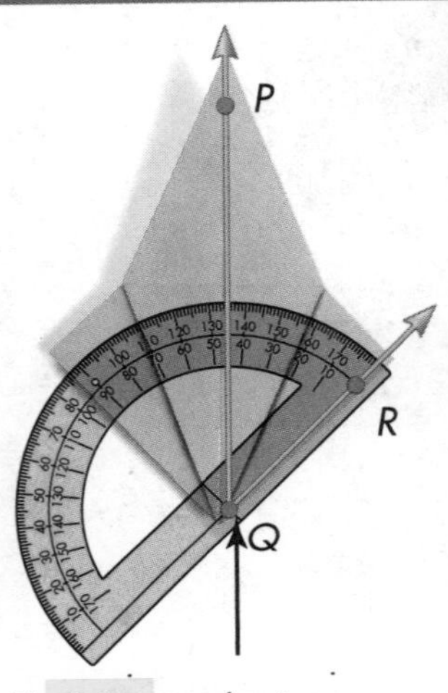

El vértice es el extremo común de las semirrectas que forman el ángulo.

La medida de ∠PQR es 45°.

C

Dibujar ángulos

Dibuja un ángulo que mida 130°.

Traza $\overrightarrow{TU}$. Coloca el transportador de modo que el centro quede sobre el punto T, y una de las marcas de 0° quede sobre $\overrightarrow{TU}$. Marca un punto en 130°. Rotúlalo W. Traza $\overrightarrow{TW}$.

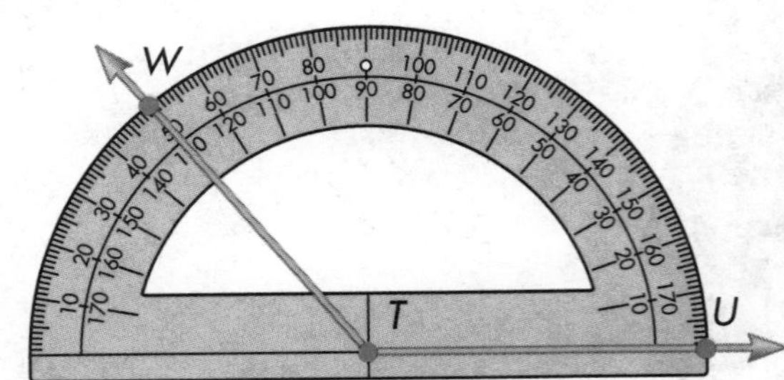

La medida de ∠WTU es 130°.

¡Convénceme! Hacerlo con precisión ¿Cómo sabes que la medida de ∠UTS es 60° y no 120°?

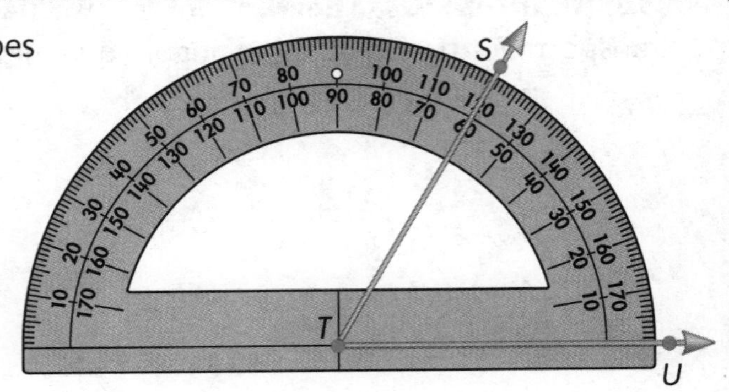

Nombre ______________________________

Práctica guiada

¿Lo entiendes?

1. ¿Cuál es la medida del ángulo de una línea recta?

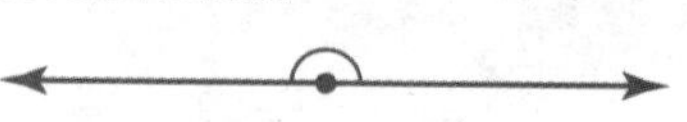

2. ¿Cuál es el vértice y cuáles son las semirrectas del ángulo $\angle ABC$? Explícalo.

¿Cómo hacerlo?

Para **3** y **4**, usa un transportador para medir los ángulos.

3. 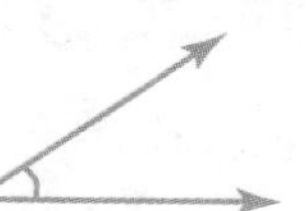

4.

Para **5** y **6**, usa un transportador para dibujar los ángulos.

5. 110°

6. 50°

Práctica independiente

Para **7** a **14**, mide los ángulos. Indica si el ángulo es agudo, recto u obtuso.

Recuerda que un ángulo agudo mide menos de 90° y un ángulo obtuso mide más de 90° pero menos de 180°.

7. 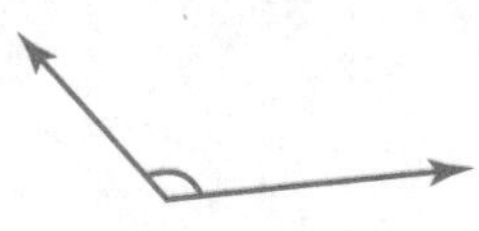

8. 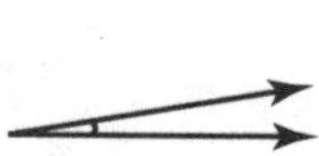

9. 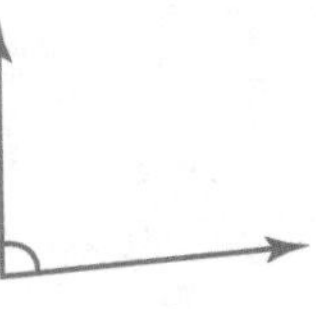

10. 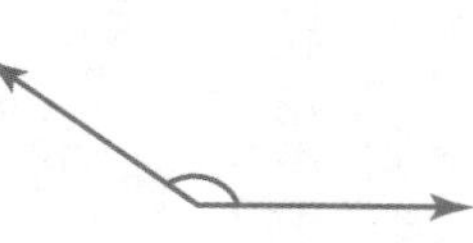

11. 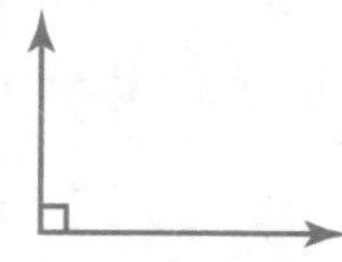

12. 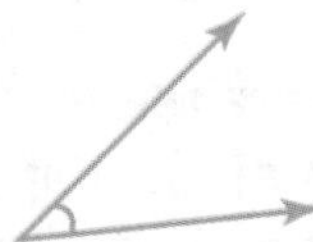

13. 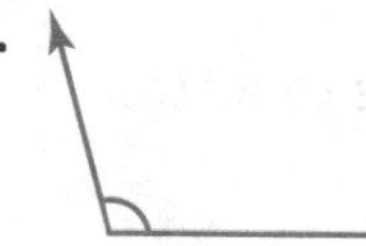

14. 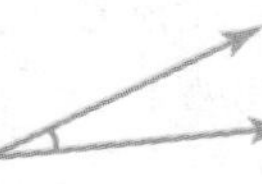

Para **15** a **18**, usa un transportador para dibujar ángulos según las medidas que se dan.

15. 140°

16. 180°

17. 65°

18. 25°

Resolución de problemas

19. Mide todos los ángulos que se forman en la intersección de la calle Main y la calle Pleasant. Explica cómo los mediste.

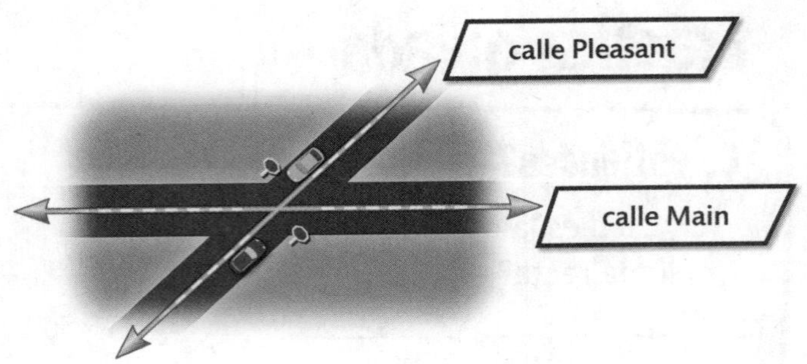

20. Usa un transportador para hallar la medida del ángulo y, luego, usa una de las semirrectas del ángulo para trazar un ángulo recto. Halla la medida del ángulo que **NO** es un ángulo recto.

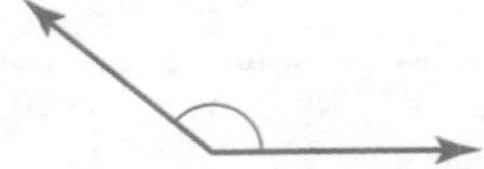

21. Evaluar el razonamiento Gail y 3 amigos comparten medio pastel. Cada porción de pastel tiene el mismo tamaño. Gail cree que cada porción tiene una medida de ángulo de 25°. ¿Tiene razón? Explícalo.

22. Janet anotó 5 tiros de tres puntos en su primer partido y 3 en el segundo. También anotó 4 tiros de dos puntos en cada partido. ¿Cuántos puntos anotó Janet en total entre los dos partidos?

23. Razonamiento de orden superior María diseñó dos carreteras que se intersecan. Dibujó las carreteras para que uno de los ángulos de la intersección midiera 35°. ¿Cuáles son las otras tres medidas de los ángulos formados por la intersección?

Práctica para la evaluación

24. Halla la medida del ángulo que se muestra a continuación.

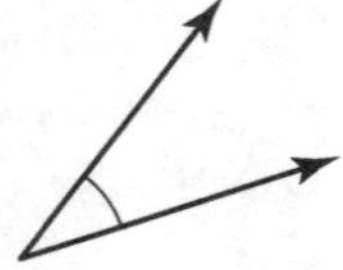

25. Halla la medida del ángulo que se muestra a continuación.

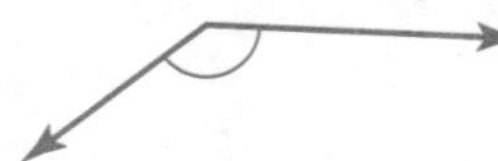

Nombre ______________________________

Dibuja $\overrightarrow{BC}$ de manera que divida a $\angle ABD$ en dos ángulos más pequeños. Mide los ángulos. ***Resuelve este problema de la manera que prefieras.***

Lección 15-5
Sumar y restar medidas de ángulos

Puedo...
usar la suma y la resta para resolver problemas con medidas de ángulos desconocidas.

También puedo buscar patrones para resolver problemas.

Puedes buscar relaciones entre los tres ángulos que mediste. ¿Cómo se relaciona la suma de las medidas de los dos ángulos más pequeños con la medida del ángulo más grande?

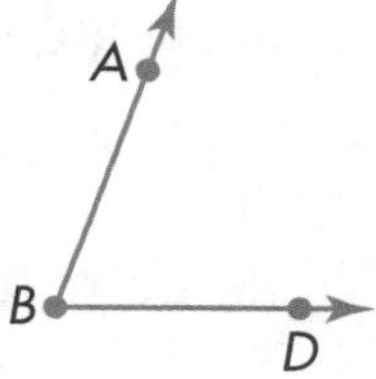

¡Vuelve atrás! En el problema anterior, ¿cómo puedes relacionar las medidas de los dos ángulos más pequeños con la medida del ángulo más grande usando una ecuación?

Puente de aprendizaje visual

¿Cómo se puede sumar y restar para hallar medidas de ángulo desconocidas?

A

Elinor diseña alas para biplanos. Primero, dibuja un ángulo recto, $\angle ABC$. Luego, dibuja $\overrightarrow{BE}$. Elinor calcula que $\angle EBC$ mide 30°. ¿Cómo puede hallar la medida de $\angle ABE$ sin usar transportador?

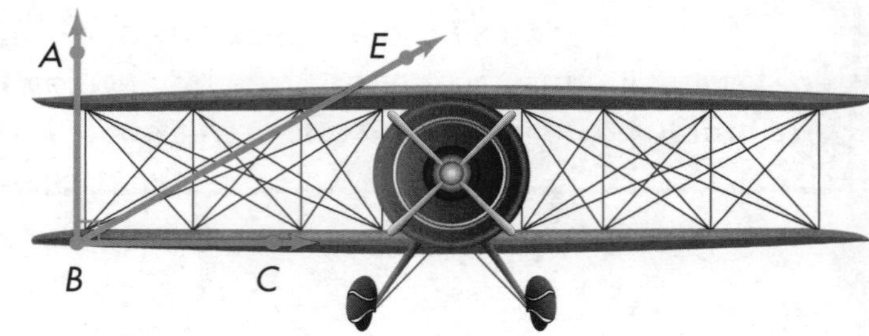

∠ABC se descompone en dos partes que no se superponen.

B

$\angle EBC$ y $\angle ABE$ no se superponen; por tanto, la medida del ángulo recto llamado $\angle ABC$ es igual a la suma de las medidas de sus partes.

La medida de $\angle ABC$ es igual a la medida de $\angle ABE$ más la medida de $\angle EBC$.

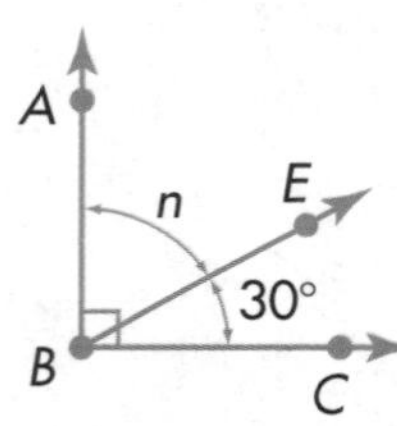

C

Escribe una ecuación para determinar la medida del ángulo que falta.

$n + 30° = 90°$

Resuelve la ecuación.

$n = 90° - 30°$
$n = 60°$

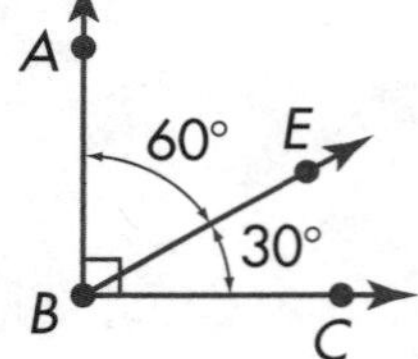

Todos los ángulos rectos miden 90°.

La medida de $\angle ABE$ es 60°.

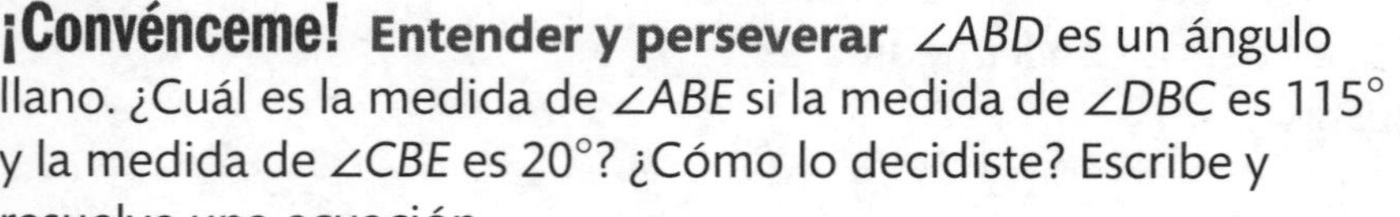

¡Convénceme! Entender y perseverar $\angle ABD$ es un ángulo llano. ¿Cuál es la medida de $\angle ABE$ si la medida de $\angle DBC$ es 115° y la medida de $\angle CBE$ es 20°? ¿Cómo lo decidiste? Escribe y resuelve una ecuación.

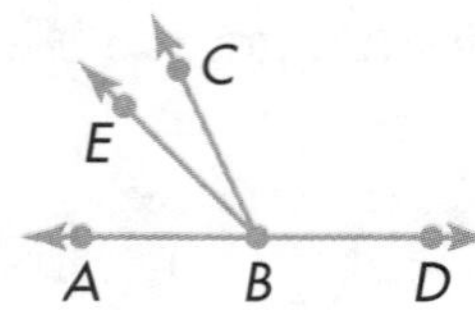

Nombre ___

Práctica guiada

¿Lo entiendes?

1. Usa la siguiente información para dibujar y rotular un diagrama.
   $\angle PQR$ mide 45°.
   $\angle RQS$ mide 40°.
   $\angle RQR$ y $\angle RQS$ no se superponen.
   Escribe y resuelve una ecuación para hallar la medida de $\angle PQS$.

¿Cómo hacerlo?

Para **2** y **3**, usa el diagrama de la derecha. Escribe y resuelve una ecuación para hallar la medida de ángulo que falta.

2. ¿Cuál es la medida de $\angle EBC$ si $\angle ABE$ mide 20°?

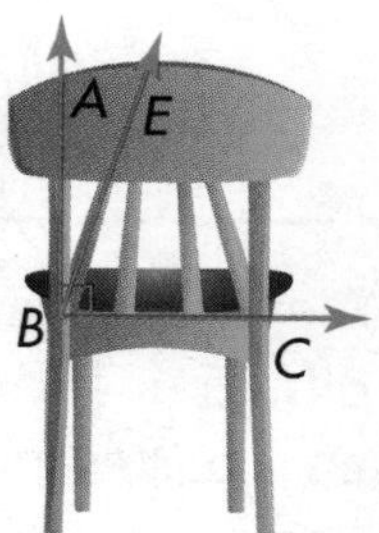

3. ¿Cuál es la medida de $\angle AEB$ si $\angle CEB$ mide 68°?

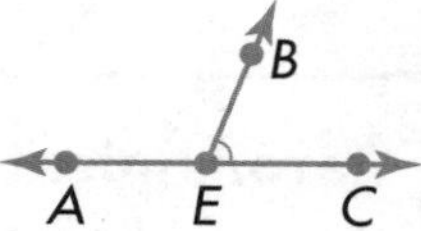

Práctica independiente

Para **4** a **7**, usa el diagrama de la derecha. Escribe y resuelve una ecuación de suma o de resta para hallar la medida de ángulo que falta.

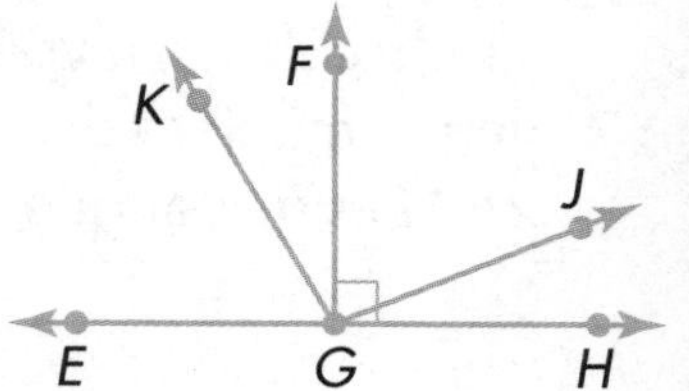

4. ¿Cuál es la medida de $\angle FGJ$ si $\angle JGH$ mide 22°?

5. ¿Cuál es la medida de $\angle KGF$ si $\angle EGK$ mide 59°?

6. Usa las medidas de ángulo que conoces para escribir una ecuación para hallar la medida de $\angle EGH$. ¿Qué tipo de ángulo es $\angle EGH$?

7. ¿Qué dos ángulos que no se superponen y que comparten una semirrecta forman un ángulo obtuso? Usa la suma para explicar.

Resolución de problemas

8. Shane dice que un ángulo llano siempre mide 180°. ¿Tiene razón Shane? Explícalo.

9. Representar con modelos matemáticos Tali ganó 85¢ reciclando latas. Si obtiene una moneda de 5¢ por cada lata, ¿cuántas latas recicla Tali? Dibuja un diagrama de barras para representar cómo resolver el problema.

10. Alex dibujó un ángulo que mide 110°. Luego, dibujó una semirrecta que divide el ángulo en 2 partes iguales. ¿Cuál es la medida de los ángulos más pequeños?

11. Seis ángulos comparten un vértice. Todos los ángulos tienen la misma medida. La suma de las medidas de los ángulos es 330°. ¿Cuál es la medida de un ángulo?

12. Razonamiento de orden superior Li usa bloques de patrón para hacer un diseño. Pone 5 bloques de patrón juntos, como muestra el diagrama. La medida de $\angle LJK$ es 30°. Identifica todos los ángulos de 60° que tengan el punto J como vértice.

Práctica para la evaluación

13. Carla dibujó dos ángulos agudos que no se superponen y comparten una semirrecta, y los rotuló $\angle JLK$ y $\angle KLM$. Los dos ángulos tienen medidas diferentes. Carla dice que $\angle JLM$ es mayor que un ángulo recto.

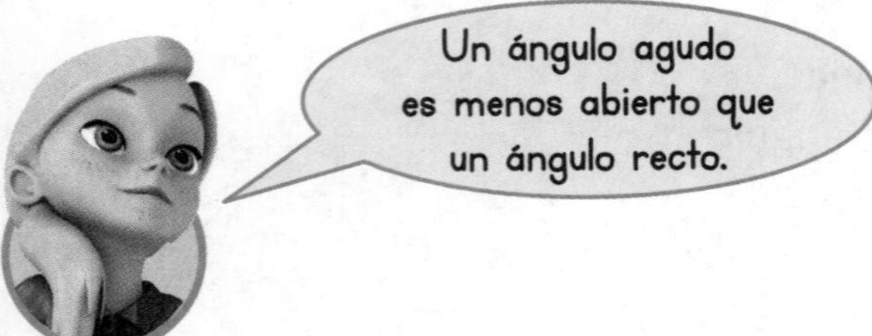

Un ángulo agudo es menos abierto que un ángulo recto.

Parte A

¿Es posible que Carla tenga razón? Escribe para explicarlo.

Parte B

Escribe una ecuación que muestre una posible suma para los ángulos de Carla.

Nombre ___________________________

Resuélvelo y coméntalo Caleb está de pie junto al edificio más alto de la ciudad. Determina la medida de los 3 ángulos que tienen el vértice en el edificio más alto y las semirrectas en la sala de conciertos, el teatro al aire libre y el museo de arte. Indica qué herramientas usaste y explica por qué las medidas tienen sentido en relación con las otras.

Resolución de problemas

Lección 15-6

Usar herramientas apropiadas

Puedo...
usar herramientas apropiadas estratégicamente para resolver problemas.

También puedo medir los ángulos y los lados de los polígonos.

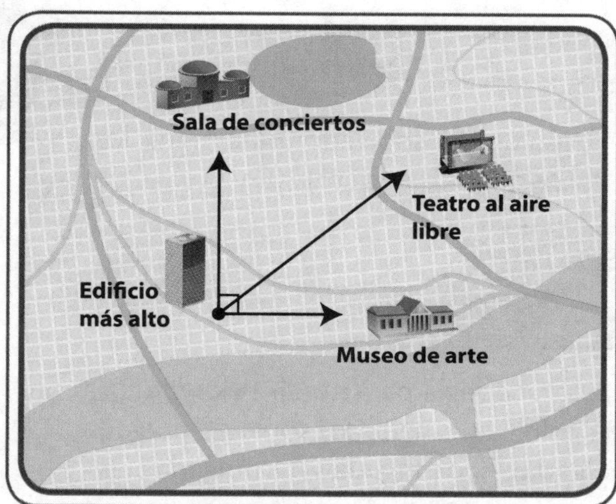

Hábitos de razonamiento

¡Razona correctamente! Estas preguntas te pueden ayudar.

- ¿Qué herramientas puedo usar?
- ¿Por qué debo usar esta herramienta como ayuda para resolver el problema?
- ¿Hay alguna otra herramienta que podría usar?
- ¿Estoy usando la herramienta correctamente?

¡Vuelve atrás! **Usar herramientas apropiadas** ¿Puedes usar una regla para hallar las medidas de ángulo? Explícalo.

¿Cómo se pueden seleccionar y usar herramientas para resolver problemas?

Puente de aprendizaje visual

A

Trevor y Holly dibujan trapecios grandes para hacer un diseño. Deben hallar la medida de los ángulos que forman los lados del trapecio y la longitud de cada lado del trapecio. ¿Qué herramientas se necesitan para hallar la medida de los ángulos y la longitud de los lados?

¿Qué tienes que hacer para copiar el trapecio?

Tengo que medir los ángulos y, luego, medir los lados.

Este es mi razonamiento.

B

¿Qué herramienta puedo usar para resolver este problema?

Puedo

- decidir qué herramienta es apropiada.
- explicar por qué es la mejor herramienta para la tarea.
- usar la herramienta correctamente.

C

Primero, usa un transportador para medir los ángulos. Los ángulos miden 120° y 60°.

Luego, usa una regla para medir la longitud de cada lado. Las longitudes son $\frac{3}{4}$ de pulgada, $\frac{3}{4}$ de pulgada, $\frac{3}{4}$ de pulgada y $1\frac{1}{2}$ pulgadas.

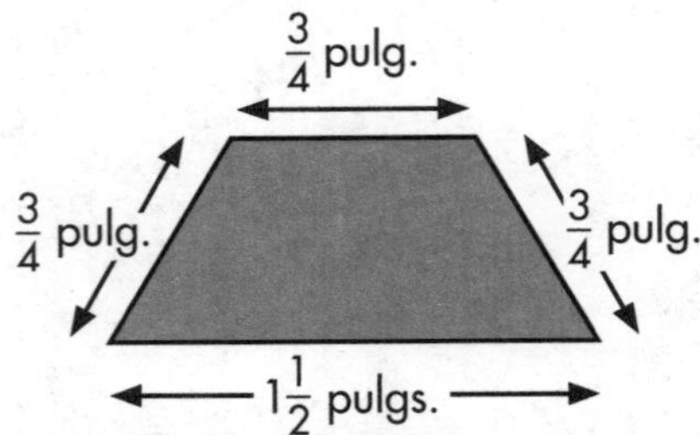

¡Convénceme! Usar herramientas apropiadas ¿Qué otras herramientas podrías usar para resolver el problema? ¿Por qué el transportador y la regla son herramientas más apropiadas que otras?

Nombre ______________________

Práctica Herramientas Evaluación

Práctica guiada

Luis compró $1\frac{3}{5}$ libras de manzanas para llevar al picnic. Hannah compró $\frac{4}{5}$ de libra de naranjas. Luis dijo que entre los dos llevaron $2\frac{2}{5}$ libras de fruta. Luis debe justificar que $1\frac{3}{5} + \frac{4}{5} = 2\frac{2}{5}$.

1. ¿Qué herramienta puede usar Luis para justificar la suma?

Cuando usas herramientas apropiadas, escoges la mejor herramienta para la tarea.

2. ¿Cómo puede justificar Luis la suma usando una herramienta? Haz dibujos de la herramienta que usaste para explicarlo.

Herramientas disponibles
Bloques de valor de posición
Tiras de fracciones
Reglas hasta $\frac{1}{8}$ pulg.
Papel cuadriculado
Fichas

Práctica independiente

Usar herramientas apropiadas

¿Cuáles son las medidas de los lados y los ángulos del paralelogramo de la derecha? Usa los Ejercicios 3 a 5 como ayuda para resolver el problema.

3. ¿Qué herramientas puedes usar para resolver el problema?

4. Explica cómo se usa la herramienta que escogiste para hallar la medida de los ángulos. Rotula la figura con las medidas que hallaste.

5. Explica cómo usaste la herramienta que escogiste para hallar la longitud de los lados. Rotula la figura con las medidas que hallaste.

Resolución de problemas

Tarea de rendimiento

Mural
Antes de pintar un mural, Nadia planea lo que va a pintar. Hace el diagrama de la derecha y quiere saber las medidas de los ángulos $\angle WVX$, $\angle WVY$, $\angle XVY$ y $\angle YVZ$.

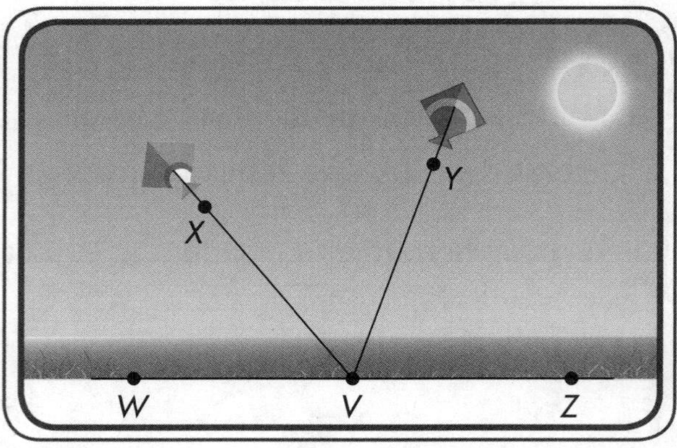

6. **Razonar** ¿Qué cantidades se dan en el problema y qué significan los números? ¿Qué sabes al mirar el diagrama?

7. **Entender y perseverar** ¿Qué tienes que hallar?

8. **Usar herramientas apropiadas** Mide los ángulos $\angle WVX$, $\angle WVY$ y $\angle YVZ$. ¿Cuál es la mejor herramienta para la tarea?

9. **Representar con modelos matemáticos** Escribe y resuelve una ecuación que se pueda usar para hallar la medida de $\angle XVY$. ¿Cuál es la medida del ángulo?

Cuando usas herramientas apropiadas, decides si los resultados que obtienes con la herramienta tienen sentido.

Nombre ______________________________

Actividad de práctica de fluidez

Sombrea una ruta que vaya desde la **SALIDA** hasta la **META**. Sigue las sumas y las diferencias que están entre 20,000 y 25,000.

Solo te puedes mover hacia arriba, hacia abajo, hacia la derecha o hacia la izquierda.

Puedo...
sumar y restar números enteros de varios dígitos.

También puedo hacer mi trabajo con precisión.

Salida				
66,149 − 44,297	13,000 + 13,000	11,407 + 13,493	35,900 − 12,605	30,000 − 9,825
40,350 − 20,149	18,890 + 190	13,050 + 11,150	60,000 − 33,900	41,776 − 18,950
89,000 − 68,900	12,175 + 18,125	12,910 + 12,089	67,010 − 42,009	42,082 − 19,582
56,111 − 32,523	22,009 + 991	11,725 + 11,450	75,000 − 45,350	65,508 − 42,158
99,000 − 81,750	9,125 + 9,725	18,517 + 8,588	38,000 − 19,001	37,520 − 16,215
				Meta

Repaso del vocabulario

Lista de palabras

- ángulo agudo
- ángulo de un grado sexagesimal
- ángulo llano
- ángulo obtuso
- ángulo recto
- grado (°)
- medida de ángulo
- punto
- recta
- segmento de recta
- semirrecta
- transportador
- vértice

Comprender el vocabulario

1. Tacha los términos que **NO** describan un ángulo con una esquina recta.

ángulo agudo　　ángulo recto

ángulo obtuso　　ángulo llano

2. Tacha los términos que **NO** describan un ángulo menos abierto que un ángulo recto.

ángulo agudo　　ángulo recto

ángulo obtuso　　ángulo llano

3. Tacha los términos que **NO** describan un ángulo que forma una línea recta.

ángulo agudo　　ángulo recto　　ángulo obtuso　　ángulo llano

4. Tacha los términos que **NO** describan un ángulo más abierto que un ángulo recto pero menos abierto que un ángulo llano.

ángulo agudo　　ángulo recto　　ángulo obtuso　　ángulo llano

Rotula los ejemplos con términos de la Lista de palabras.

5. ←——→ ____________________

6. •——• ____________________

7. •——→ ____________________

8. ____________________

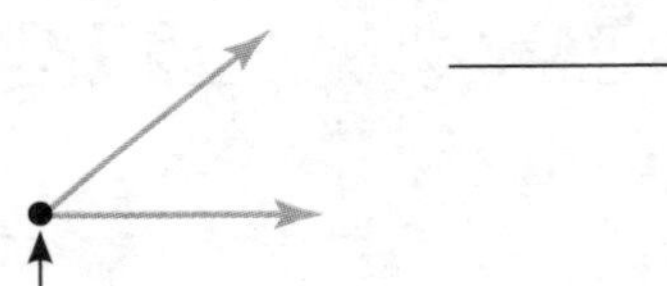

Usar el vocabulario al escribir

9. Describe cómo se mide un ángulo. Usa al menos 3 términos de la Lista de palabras en tu explicación.

Nombre ____________________

TEMA 15

Refuerzo

Grupo A páginas 549 a 552

Una semirrecta tiene un extremo y continúa indefinidamente en una dirección.

Un segmento de recta es una parte de una recta con dos extremos.

Un ángulo está formado por dos semirrectas con un extremo común.

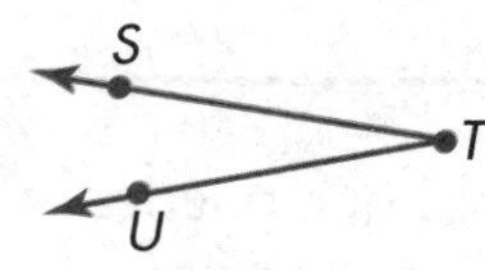

Recuerda que un segmento de recta es una parte de una recta.

Usa términos geométricos para describir lo que se muestra.

1. 

2. 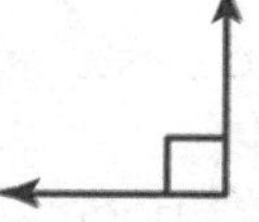

3. 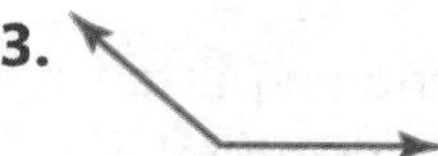

4.

Grupo B páginas 553 a 556

El siguiente ángulo ocupa $\frac{1}{3}$ del círculo.

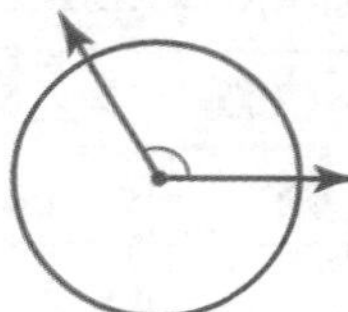

$\frac{1}{3}$ significa 1 de 3 partes iguales.

$360° \div 3 = 120°$

La medida del ángulo es 120°.

Recuerda que en un círculo hay 360°.

Un círculo está dividido en octavos. ¿Cuál es la medida de ángulo de cada sección?

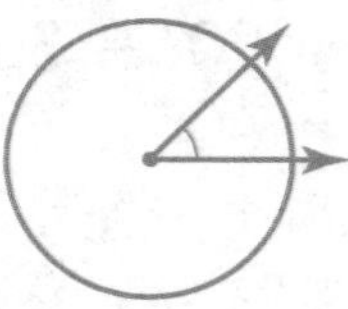

1. Divide para resolverlo.

2. Multiplica para resolverlo.

Grupo C páginas 557 a 560

Puedes usar un ángulo que conoces para hallar la medida de otros ángulos. El ángulo más pequeño del bloque de patrón color anaranjado mide 30°.

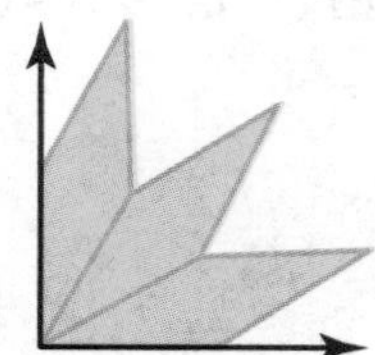

Dentro del ángulo caben tres de los ángulos de 30°.
Suma: $30° + 30° + 30° = 90°$

La medida del ángulo es 90°.

Recuerda que puedes usar cualquier ángulo cuya medida conozcas para hallar la medida de otros ángulos.

Halla la medida de los ángulos. Usa bloques de patrón.

1. 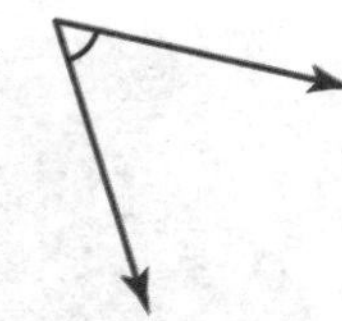

2. 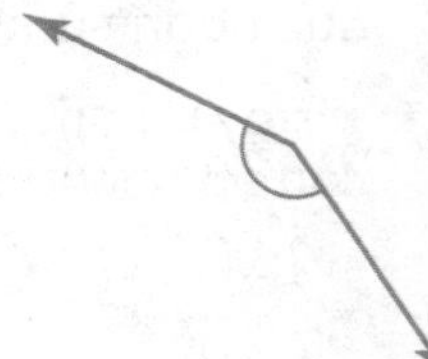

Grupo D páginas 561 a 564

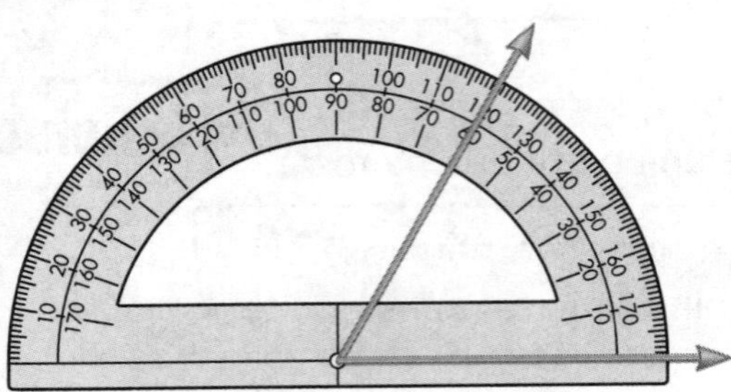

La medida de este ángulo es 60°.

Recuerda que un ángulo llano mide 180°.

Mide los ángulos.

1.

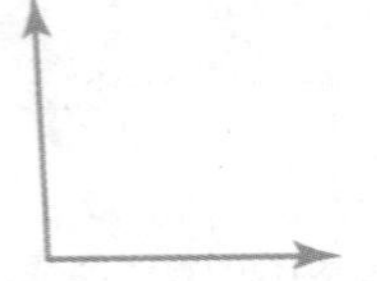

2.

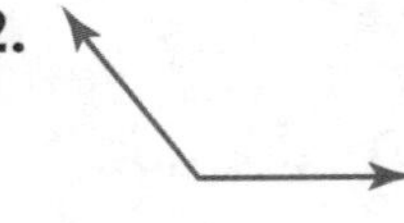

Grupo E páginas 565 a 568

Cuando un ángulo se descompone en partes que no se superponen, la medida de ángulo del entero es la suma de la medida de ángulo de las partes.

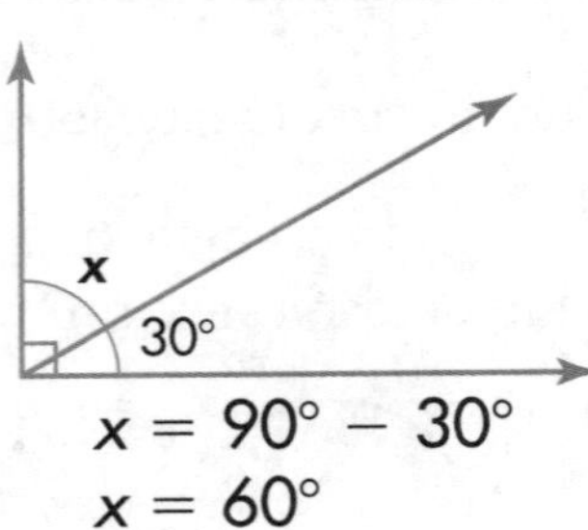

$x = 90° - 30°$
$x = 60°$

Recuerda que puedes restar para hallar medidas de ángulos.

El ángulo $\angle ABD$ se descompone en dos ángulos que no se superponen, $\angle ABC$ y $\angle CBD$. Completa la tabla.

Medida de ángulo (grados)		
$\angle ABC$	$\angle CBD$	$\angle ABD$
100°	45°	145°
95°		155°
105°		170°
	25°	140°
122°	36°	

Grupo F páginas 569 a 572

Piensa en estas preguntas como ayuda para **usar herramientas apropiadas** estratégicamente.

Hábitos de razonamiento

- ¿Qué herramientas puedo usar?
- ¿Por qué debo usar esta herramienta como ayuda para resolver el problema?
- ¿Hay alguna otra herramienta que podría usar?
- ¿Estoy usando la herramienta correctamente?

Recuerda que puede haber más de una herramienta apropiada para resolver un problema.

Falta un octavo del pastel en el plato.

1. ¿Qué herramientas puede usar Delia para medir el ángulo de la parte que falta?

2. ¿Cómo puedes calcular la medida?

Nombre ______________________________

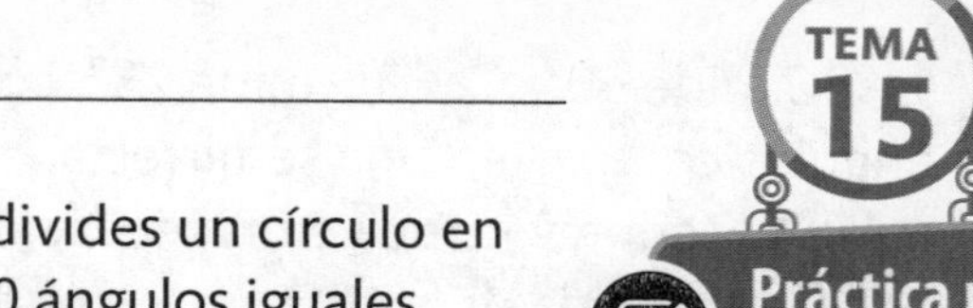

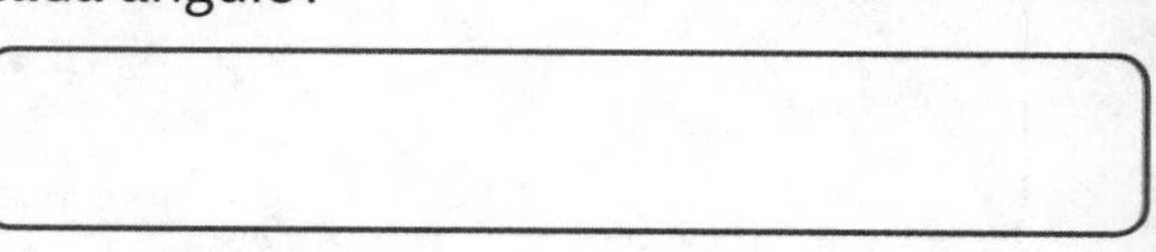

1. ¿Cuál es la medida del siguiente ángulo? Nombra un tipo de ángulo que tenga una medida de ángulo mayor que la del ángulo que se muestra.

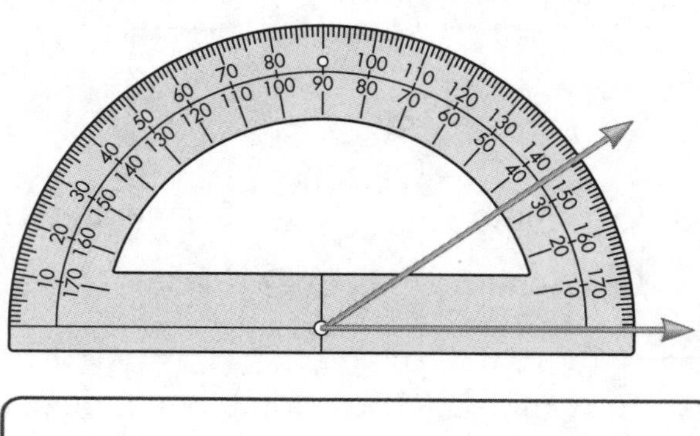

2. Megan debe hallar la medida de los ángulos de un puente.

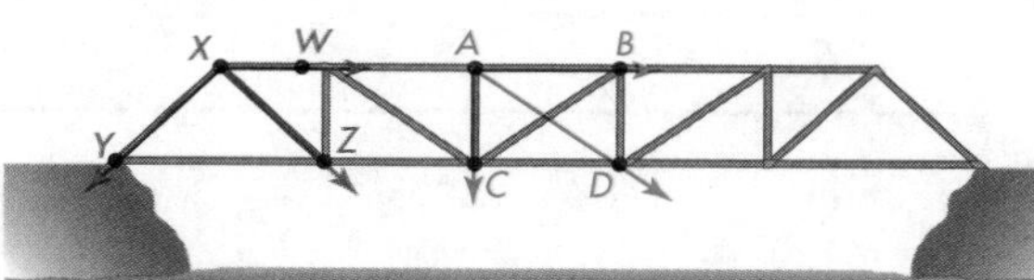

A. Halla la medida de $\angle YXW$ si $\angle YXZ$ mide $85°$ y $\angle ZXW$ mide $40°$. Escribe y resuelve una ecuación de suma.

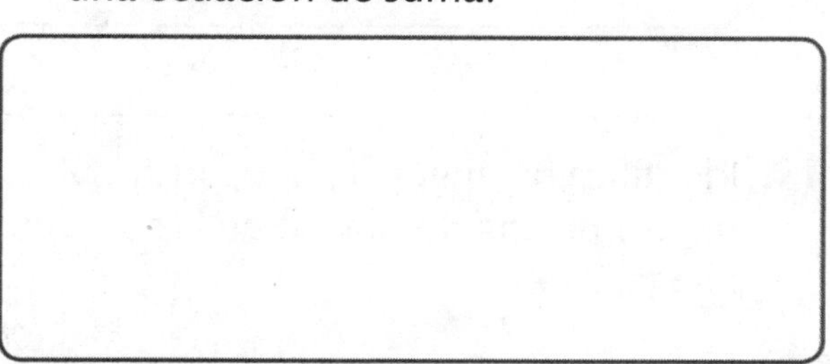

B. Halla la medida de $\angle CAD$ si $\angle CAD$ es un ángulo recto y $\angle DAB$ mide $45°$. Escribe y resuelve una ecuación de resta.

3. Si divides un círculo en 360 ángulos iguales, ¿cuál es la medida de cada ángulo?

4. Escoge el término correcto del recuadro para completar los enunciados.

Segmento de recta	Semirrecta

Un/Una ______ tiene un extremo.

Un/Una ______ tiene dos extremos.

5. Dibuja un ejemplo de $\overleftrightarrow{RS}$. Rotula un punto *T* entre los puntos *R* y *S*. Usando el punto *T*, dibuja $\overrightarrow{TV}$.

6. $\angle JKL$ es un ángulo llano que se descompone en dos ángulos rectos que no se superponen, $\angle JKM$ y $\angle MKL$. Si $\angle MKL$ mide $104°$, ¿qué tipo de ángulo es $\angle JKM$? ¿Cuál es la medida de $\angle JKM$?

7. $\angle ABC$ mide 40° y $\angle CBD$ mide 23°. Los ángulos comparten una semirrecta y forman $\angle ABD$. Escribe y resuelve una ecuación para hallar la medida de $\angle ABD$.

8. Emma cortó porciones de pastel. Une cada fracción con la medida del ángulo correspondiente.

	120°	180°	36°	60°
$\frac{1}{2}$ de pastel	❑	❑	❑	❑
$\frac{1}{3}$ de pastel	❑	❑	❑	❑
$\frac{1}{6}$ de pastel	❑	❑	❑	❑
$\frac{1}{10}$ de pastel	❑	❑	❑	❑

9. Selecciona todos los enunciados verdaderos.

- ☐ Un ángulo agudo es menos abierto que un ángulo recto.
- ☐ Un ángulo obtuso forma una esquina recta.
- ☐ Un ángulo recto es menos abierto que un ángulo obtuso.
- ☐ Un ángulo llano forma una línea recta.
- ☐ Todos los ángulos obtusos tienen la misma medida.

10. Dos vigas de un techo se unen en un ángulo de 60°. Dibuja un ángulo para representar cómo se unen las vigas.

11. ¿Qué término geométrico describe mejor la luz que emite una linterna?

Ⓐ Punto
Ⓑ Semirrecta
Ⓒ Segmento de recta
Ⓓ Recta

12. Terry mide $\angle RST$ usando bloques de patrón. El ángulo más pequeño de cada bloque de patrón que se muestra mide 30°. ¿Cuál es la medida de $\angle RST$? Explícalo.

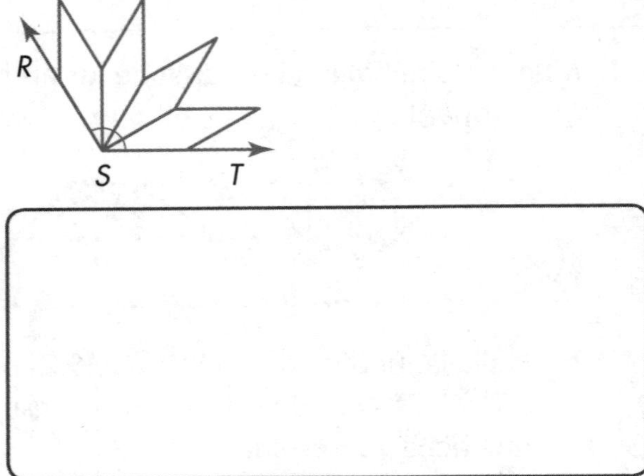

13. Identifica un ángulo agudo, un ángulo recto y un ángulo obtuso en la siguiente imagen.

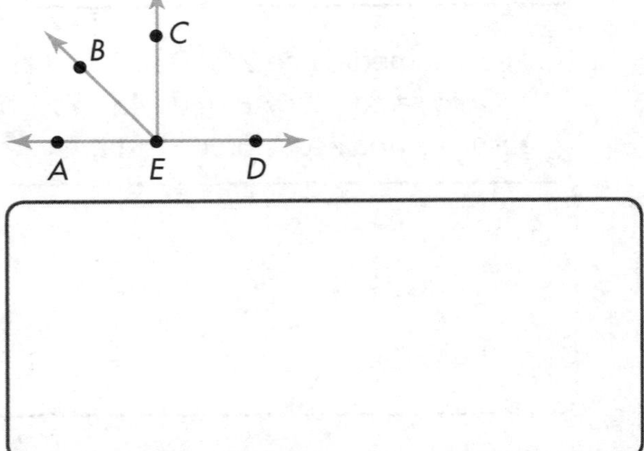

Nombre ____

Caminos antiguos

Los antiguos romanos construyeron caminos por todo el imperio. Muchos caminos estaban pavimentados con piedras unidas. Los espacios que había entre las piedras se llenaban con arena y grava. Muchas de esas vías aún existen, más de 2,000 años después de su construcción.

1. Como se ve en la imagen **Vía romana,** las piedras formaban ángulos y otras figuras geométricas.

Vía romana

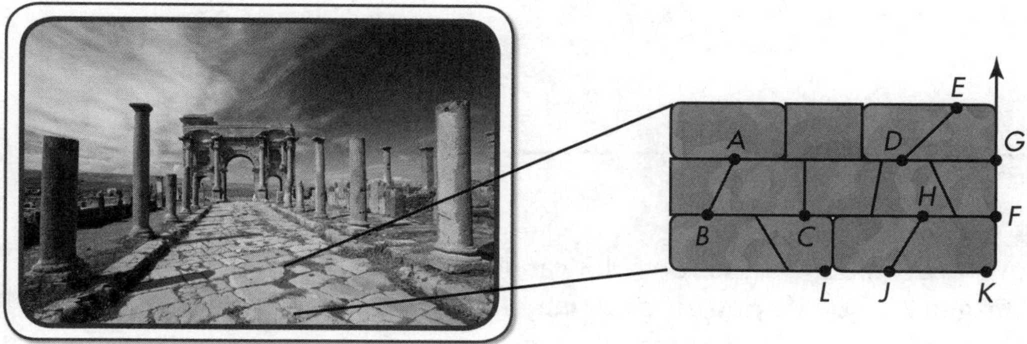

Parte A

¿Qué figura geométrica tiene un extremo en *F* y continúa indefinidamente pasando por el punto *G*?

Parte B

¿El ángulo ∠*EDA* es recto, agudo u obtuso? Explícalo.

Parte C

El ángulo ∠*EDG* da un giro de $\frac{1}{8}$ de círculo. ¿Cuál es la medida del ángulo? Explícalo.

2. Responde lo siguiente para hallar la medida de los ángulos $\angle HJK$ y $\angle HJL$ en la imagen **Medir una vía romana.**

Medir una vía romana

H
L J K

Parte A

Nombra dos herramientas que puedes usar para medir los ángulos.

Parte B

El ángulo más pequeño del bloque de patrón color canela mide 30°, como se ve en la imagen **Bloque de patrón color canela.** Un ángulo de 30 grados es igual a 30 ángulos de un grado. ¿Cuál es la medida de $\angle HJK$ en la imagen **Medir una vía romana**? Explícalo.

Bloque de patrón color canela

30°

Puedes escribir y resolver ecuaciones para hallar medidas de ángulo desconocidas.

Parte C

¿Cuál es la medida de $\angle HJL$ en la imagen **Medir una vía romana**? Escribe y resuelve una ecuación para hallar la medida del ángulo.

TEMA 16

Rectas, ángulos y figuras

Preguntas esenciales: ¿Cómo se clasifican los triángulos y cuadriláteros? ¿Qué es la simetría axial?

Recursos digitales

¡Los camaleones pueden mover los ojos de a uno a la vez!

Cuando lo hacen, pueden ver en dos direcciones al mismo tiempo, lo que los ayuda a hallar alimento y mantenerse seguros.

¡Pueden ver las matemáticas que los rodean! Este es un proyecto sobre los sentidos y la simetría.

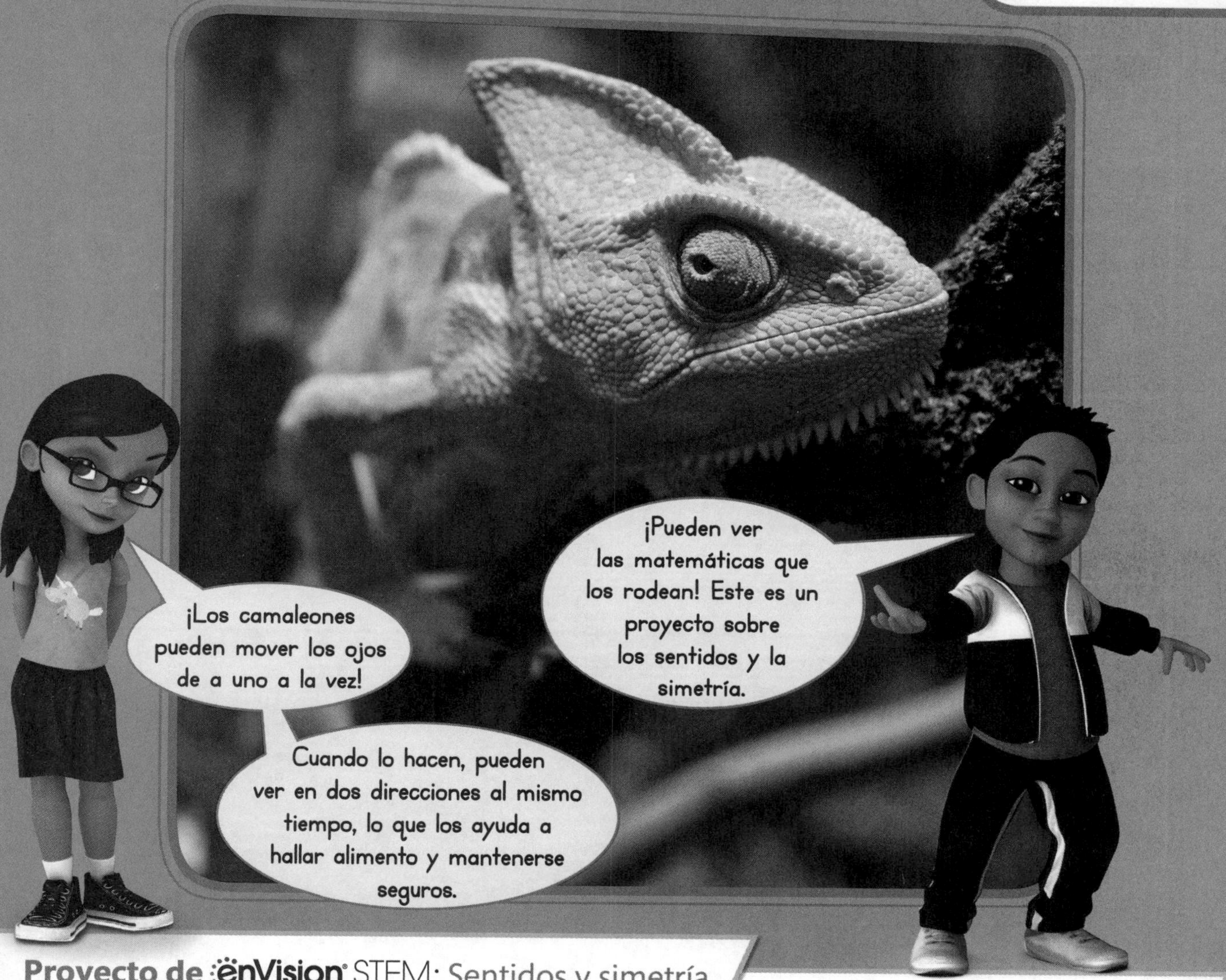

Proyecto de enVision STEM: Sentidos y simetría

Investigar La ubicación de los ojos ayuda a los animales a sobrevivir en la naturaleza. Usa la Internet u otros recursos para investigar por qué algunos animales tienen ojos a ambos lados de la cabeza y otros tienen ojos en la parte de adelante.

Diario: Escribir un informe Incluye lo que averiguaste. En tu informe, también:

- haz un dibujo. La mayoría de los animales son iguales a ambos lados del cuerpo. Usa un eje de simetría para hacer un dibujo simple de la cara de tu animal favorito. Dibuja ambos lados de la cara de la misma manera. Explica cómo sabes que los dos lados que dibujaste son iguales.

Nombre ______________________________

Repasa lo que sabes

Vocabulario

Escoge el mejor término del recuadro. Escríbelo en el espacio en blanco.

- ángulo
- cuadrilátero
- polígono
- triángulo

1. Un ______________ es una figura cerrada hecha de segmentos de recta.
2. Un polígono de tres lados es un ______________.
3. Un ______________ está formado por dos semirrectas que tienen el mismo extremo.

Figuras

Escoge el mejor término para describir las figuras. Usa cada término una sola vez.

Rectángulo   Rombo   Trapecio

4. 

5. 

6. 

Rectas

Usa términos geométricos para describir lo que se muestra.

7. 

8. 

9. 

Resolución de problemas

10. **Generalizar** ¿Qué generalización sobre estas figuras **NO** es verdadera?

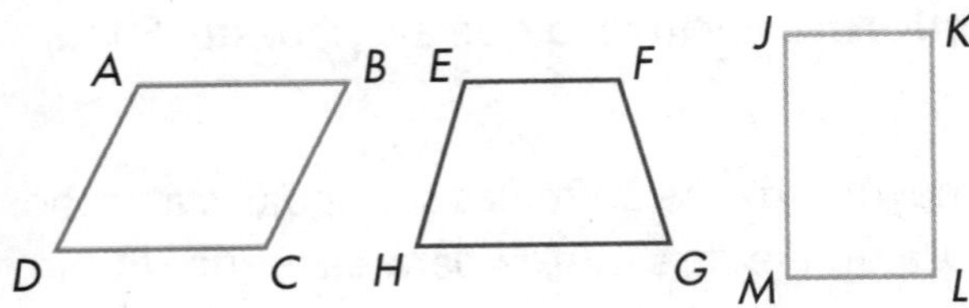

Ⓐ Todas las figuras son cuadriláteros.

Ⓑ Todas las figuras tienen dos pares de lados paralelos.

Ⓒ Todas las figuras tienen al menos dos lados de la misma longitud.

Ⓓ Todas las figuras tienen 4 ángulos.

Nombre ______________________

PROYECTO 16A

¿Por qué son útiles los diccionarios?

Proyecto: Crea un diccionario con dibujos

PROYECTO 16B

¿Cómo se pueden usar las figuras en el arte en el Museo Dalí?

Proyecto: Haz arte cubista

PROYECTO 16C

¿Los copos de nieve tienen eje de simetría?

Proyecto: Haz copos de nieve

PROYECTO 16D

¿Pueden los animales tener simetría?

Proyecto: Dibuja un animal axialmente simétrico

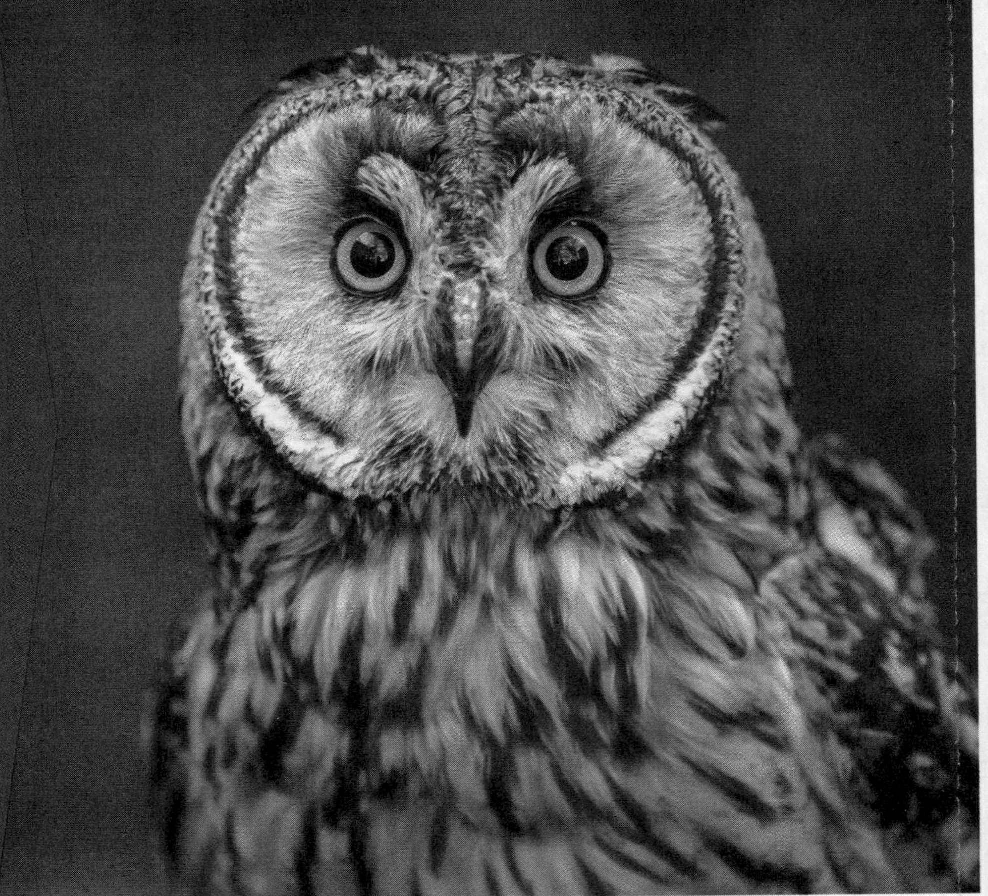

Nombre ______________________________

Lección 16-1
Rectas

Puedo...
dibujar e identificar rectas perpendiculares, paralelas e intersecantes.

También puedo hacer mi trabajo con precisión.

Resuélvelo y coméntalo

La siguiente recta numérica es un ejemplo de recta. Una recta se extiende indefinidamente formando un camino derecho en dos direcciones. Dibuja los siguientes pares de rectas: dos rectas que nunca se cruzarán, dos rectas que se cruzan en un punto y dos rectas que se cruzan en dos puntos. Si no puedes dibujar las rectas, explica por qué.

0 1 2 3 4 5 6 7 8 9

Hazlo con precisión.
Piensa en el lenguaje matemático que conoces y úsalo. *¡Muestra tu trabajo en el espacio que sigue!*

¡Vuelve atrás! Terry dijo: "Las rectas de la imagen se intersecan en tres puntos". ¿Tiene razón Terry? Explícalo.

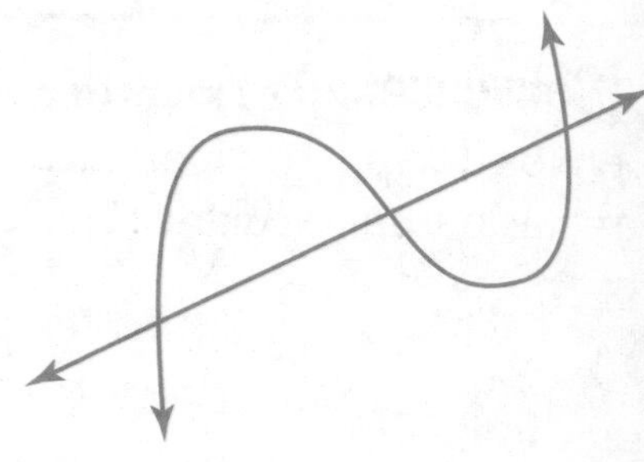

Pregunta esencial ¿Cómo se pueden describir pares de rectas?

A

Una recta es una sucesión de puntos que forman un camino derecho que se extiende indefinidamente en direcciones opuestas. Un par de rectas se puede describir como paralelas, perpendiculares o intersecantes.

Las vías del ferrocarril de la imagen son paralelas porque nunca se cruzan. Los tirantes son perpendiculares a las vías porque se intersecan formando ángulos rectos.

B Los pares de rectas reciben nombres especiales según cómo se relacionan.

Las rectas perpendiculares también son rectas intersecantes, pero las rectas intersecantes no son rectas paralelas.

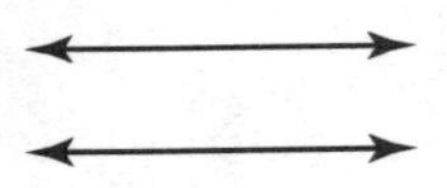

Las rectas paralelas nunca se intersecan.

Las rectas intersecantes pasan por el mismo punto.

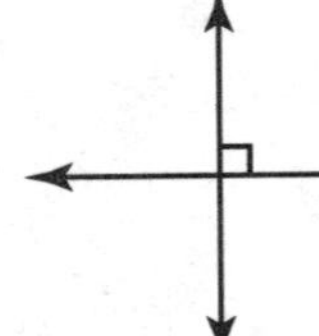

Las rectas perpendiculares son rectas que forman ángulos rectos cuando se intersecan.

¡Convénceme! **Hacerlo con precisión** Halla ejemplos en la clase en los que puedas identificar rectas paralelas, rectas intersecantes y rectas perpendiculares. Explícalo.

Nombre ______________________________

Práctica Herramientas Evaluación

Práctica guiada

¿Lo entiendes?

1. ¿Qué término geométrico puedes usar para describir los bordes superior e inferior de un libro? ¿Por qué?

2. ¿A qué par de rectas se parecen las cuchillas de unas tijeras abiertas? ¿Por qué?

¿Cómo hacerlo?

Para **3** a **6**, usa el diagrama.

3. Nombra cuatro puntos.

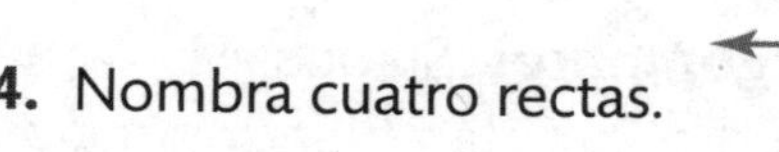

4. Nombra cuatro rectas.

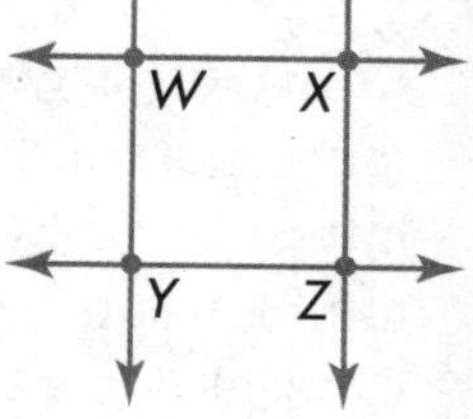

5. Nombra dos pares de rectas paralelas.

6. Nombra dos pares de rectas perpendiculares.

Práctica independiente

Para **7** a **12**, usa términos geométricos para describir lo que se muestra. Sé lo más específico posible.

7.

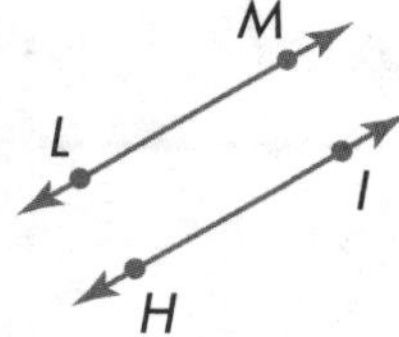

8.

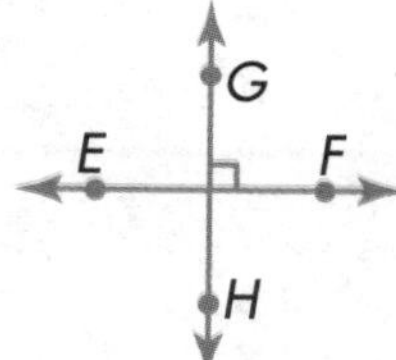

9.

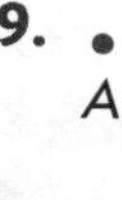

10.

11.

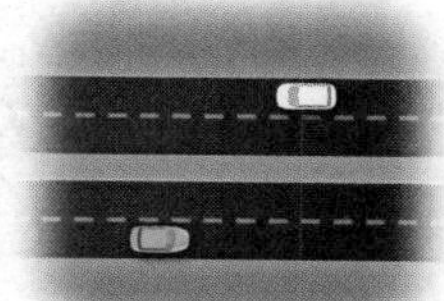

12.

Para **13** a **15**, dibuja lo que describen los términos geométricos.

13. Rectas perpendiculares

14. Rectas intersecantes

15. Rectas paralelas

Resolución de problemas

16. Construir argumentos Berta identificó esta recta como $\overleftrightarrow{LM}$. Miguel la identificó como $\overleftrightarrow{LN}$. ¿Quién tiene razón? Explícalo.

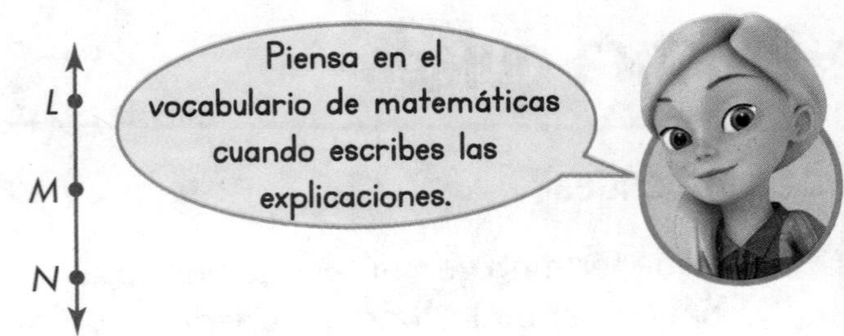

L
M
N
Piensa en el vocabulario de matemáticas cuando escribes las explicaciones.

17. Construir argumentos Si todas las rectas perpendiculares también son rectas intersecantes, ¿todas las rectas intersecantes también son rectas perpendiculares? Explícalo.

18. Dibuja tres rectas de modo que dos rectas sean perpendiculares y la tercera recta se interseque con las rectas perpendiculares exactamente en un punto. Rotula las rectas con puntos.

19. Razonamiento de orden superior $\overleftrightarrow{AB}$ es paralela a $\overleftrightarrow{CD}$, y $\overleftrightarrow{CD}$ es perpendicular a $\overleftrightarrow{EF}$. Si una recta a través de B y D es perpendicular a $\overleftrightarrow{AB}$, ¿cuál es la relación entre $\overleftrightarrow{BD}$ y $\overleftrightarrow{EF}$?

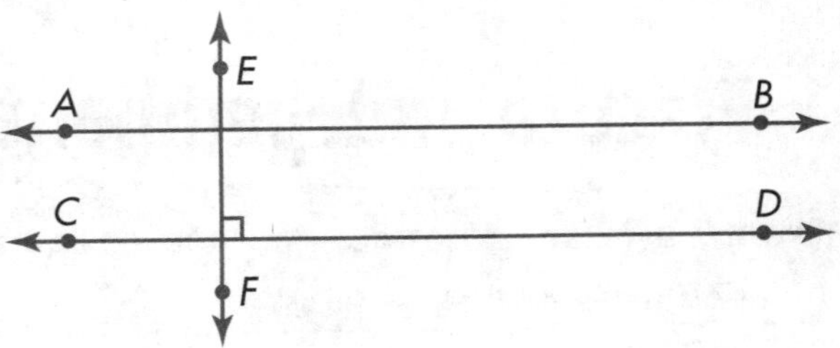

Práctica para la evaluación

20. ¿Qué término geométrico puedes usar para describir los cables de electricidad de la derecha?

Ⓐ Rectas perpendiculares

Ⓑ Rectas paralelas

Ⓒ Rectas intersecantes

Ⓓ Puntos

Nombre ______________________________

Lección 16-2
Clasificar triángulos

Resuélvelo y coméntalo Agrupa los siguientes triángulos en dos o más grupos. ***Resuelve este problema de la manera que prefieras.***

Puedo...
razonar acerca de los segmentos de recta y los ángulos para clasificar triángulos.

También puedo generalizar a partir de ejemplos.

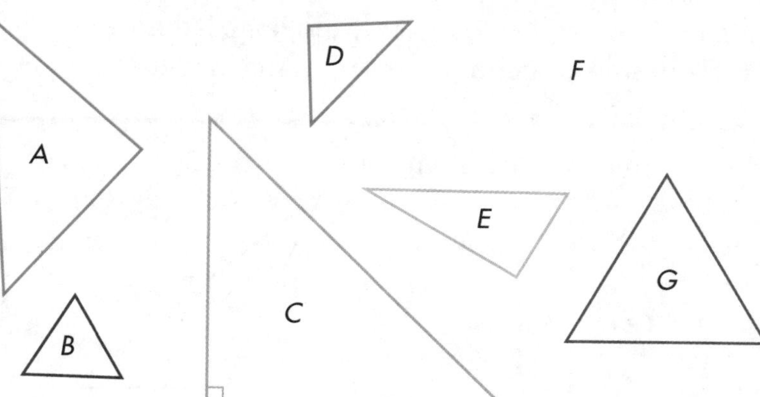

Puedes usar diferentes formas de describir y clasificar triángulos. *¡Muestra tu trabajo en el espacio de arriba!*

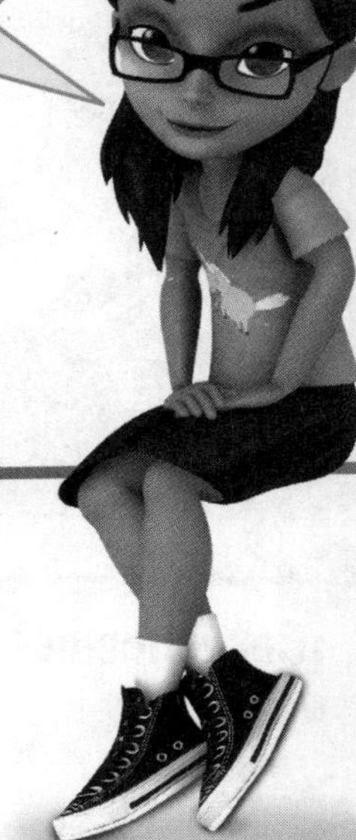

¡Vuelve atrás! Generalizar ¿Qué es verdadero sobre los 7 triángulos que clasificaste?

¿Cómo se pueden clasificar los triángulos?

Puente de aprendizaje visual

A Los triángulos se pueden clasificar según los segmentos de recta que forman los lados.

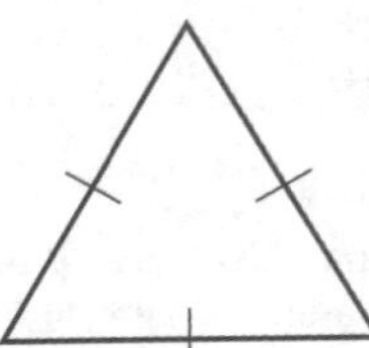

Un **triángulo equilátero** tiene 3 lados de la misma longitud.

Un **triángulo isósceles** tiene al menos 2 lados de la misma longitud.

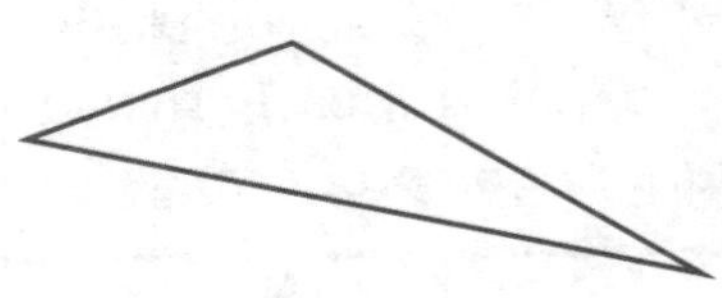

Un **triángulo escaleno** no tiene lados de la misma longitud.

B Los triángulos se pueden clasificar según las medidas de sus ángulos.

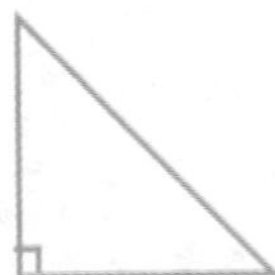

Un **triángulo rectángulo** tiene un ángulo recto.

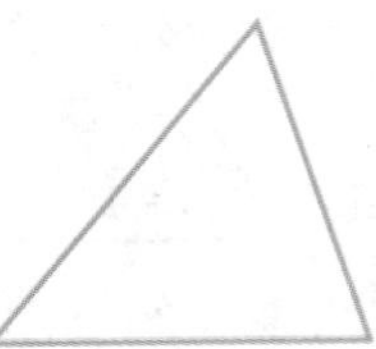

Un **triángulo acutángulo** tiene tres ángulos agudos. Todos sus ángulos miden menos que un ángulo recto.

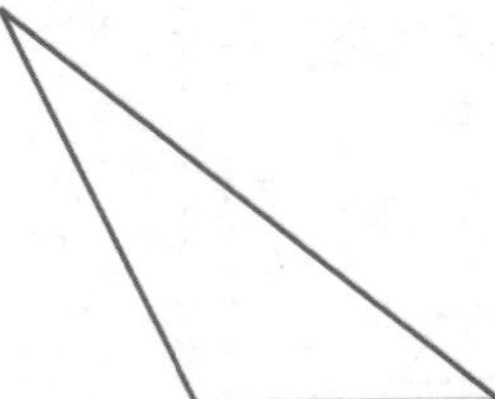

Un **triángulo obtusángulo** tiene un ángulo obtuso. Uno de sus ángulos mide más que un ángulo recto.

Los triángulos se pueden clasificar según la medida de sus ángulos y sus lados. El triángulo rojo es un triángulo obtusángulo escaleno.

¡Convénceme! **Hacerlo con precisión** ¿Puede un triángulo tener más de un ángulo obtuso? Explícalo.

Nombre ___________________________

Práctica Herramientas Evaluación

Otro ejemplo

El patrón sigue la regla "triángulo rectángulo, triángulo acutángulo, triángulo rectángulo, triángulo acutángulo...". También sigue la regla "isósceles, escaleno, isósceles, escaleno...". Dibuja un triángulo que podría ser el siguiente en el patrón y explícalo.

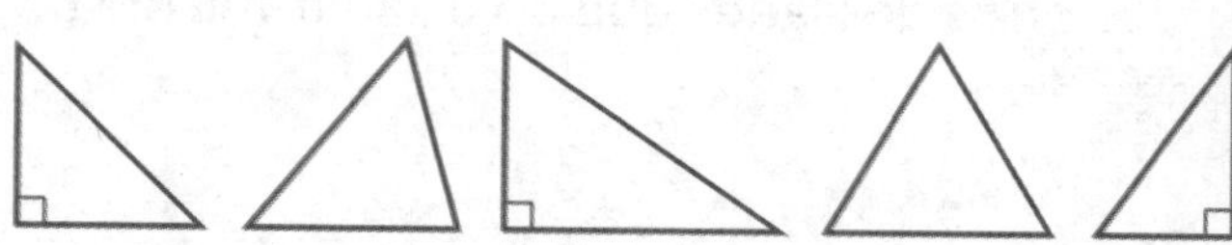

Para la primera regla, el siguiente triángulo es acutángulo. Para la segunda regla, es escaleno. Por tanto, el siguiente triángulo es un triángulo acutángulo escaleno. Puede ser igual al segundo triángulo del patrón o puede ser un triángulo acutángulo escaleno diferente.

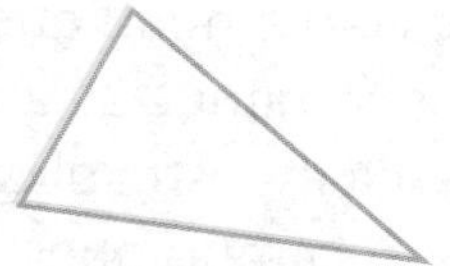

Práctica guiada

¿Lo entiendes?

1. ¿Es posible un triángulo obtusángulo acutángulo? Explícalo.

2. ¿Puede un triángulo tener más de un ángulo recto? Si es así, dibuja un ejemplo.

¿Cómo hacerlo?

Para **3** y **4**, clasifica los triángulos según sus lados y, luego, según sus ángulos.

3. 

4. 

Práctica independiente

Para **5** a **10**, clasifica los triángulos según sus lados y, luego, según sus ángulos.

5. 

6. 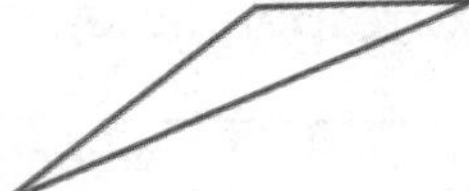

7. 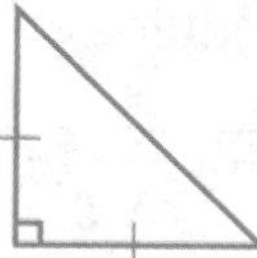

8. 

9. 

10. 

Resolución de problemas

11. Razonar El patio que se muestra a la derecha es un triángulo equilátero. ¿Qué sabes sobre la longitud de los otros dos lados que no están rotulados?

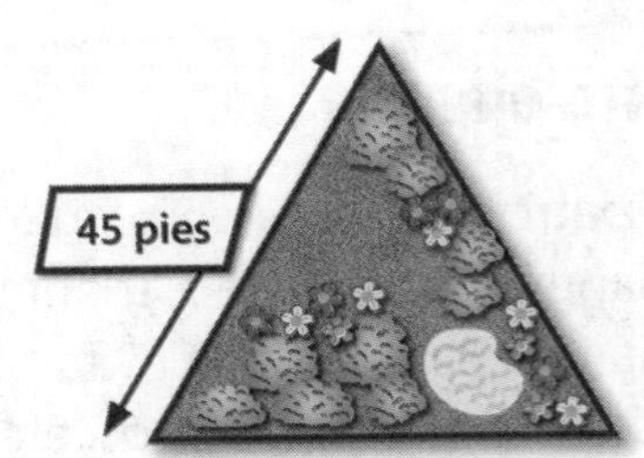

12. enVision® STEM El campo visual de un conejo es tan amplio que puede ver a sus predadores cuando se acercan desde atrás. El diagrama muestra el campo visual de un conejo y el campo que el conejo no puede ver. Clasifica el triángulo según sus lados y según sus ángulos.

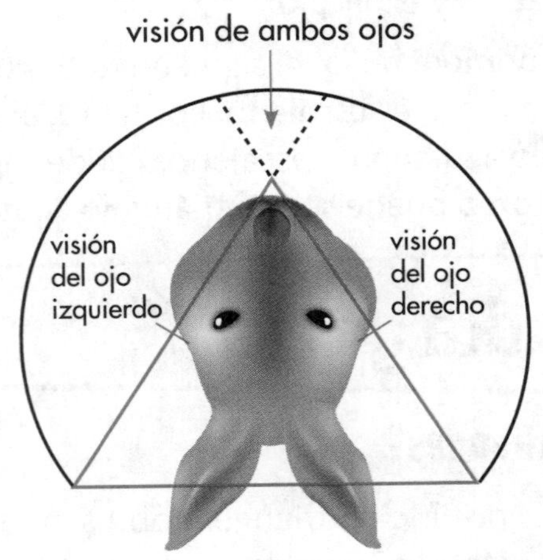

13. Un patrón sigue la siguiente regla "triángulo obtusángulo, triángulo obtusángulo, triángulo rectángulo, triángulo obtusángulo...". También sigue la regla "isósceles, escaleno, isósceles, escaleno...". Dibuja un triángulo que podría ser la quinta figura en el patrón y explícalo.

14. Razonamiento de orden superior Mitch dibujó un triángulo con un ángulo obtuso. ¿Cuáles son todas las maneras posibles de clasificar el triángulo según la medida de sus ángulos y la longitud de sus lados? Explícalo.

Práctica para la evaluación

15. Dibuja los triángulos en la columna que corresponda según sus ángulos.

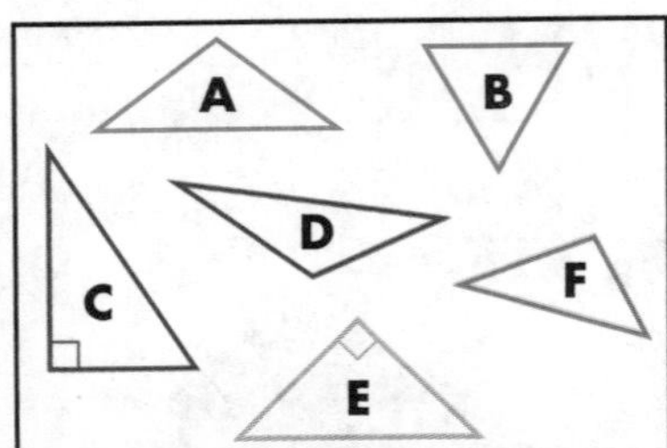

Acutángulo	Obtusángulo	Rectángulo

Nombre ______________________________

Lección 16-3
Clasificar cuadriláteros

Resuélvelo y coméntalo Dibuja tres figuras diferentes que tengan cuatro lados y lados opuestos paralelos. Explica en qué se parecen y en qué se diferencian las figuras. ***Resuelve este problema de la manera que prefieras.***

Puedo...
razonar acerca de los segmentos de recta y los ángulos para clasificar cuadriláteros.

También puedo buscar patrones para resolver problemas.

Puedes generalizar y usar lo que sabes sobre rectas paralelas y ángulos para dibujar cuadriláteros. *¡Muestra tu trabajo en el espacio que sigue!*

¡Vuelve atrás! ¿Qué atributos en común tienen las figuras que dibujaste?

¿Cómo se pueden clasificar los cuadriláteros?

Puente de aprendizaje visual

A

Los cuadriláteros se pueden clasificar según sus ángulos o según los segmentos de recta que forman los lados. ¿Cuál de los siguientes cuadriláteros tiene solo un par de lados paralelos? ¿Cuál tiene dos pares de lados paralelos?

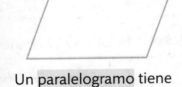

Un paralelogramo tiene 2 pares de lados paralelos.

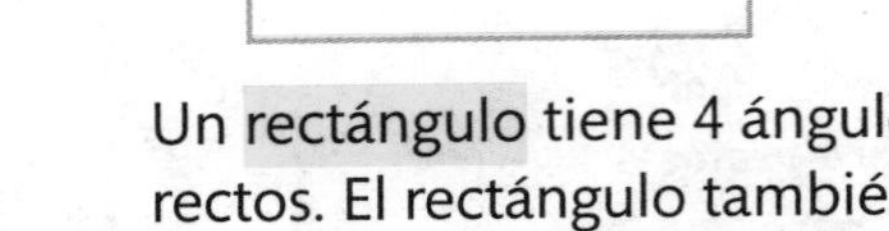

Un rectángulo tiene 4 ángulos rectos. El rectángulo también es un paralelogramo.

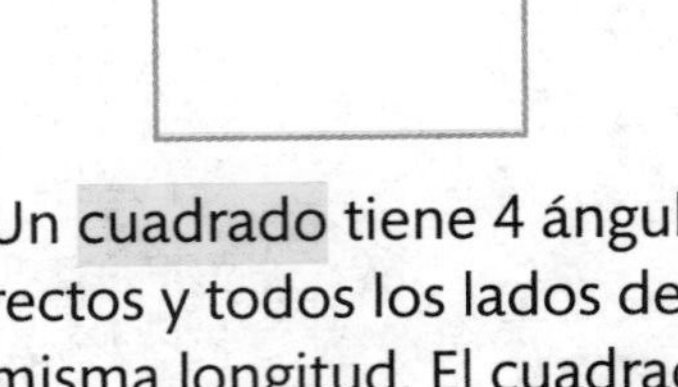

Un cuadrado tiene 4 ángulos rectos y todos los lados de la misma longitud. El cuadrado es un paralelogramo, un rectángulo y un rombo.

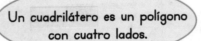

Un cuadrilátero es un polígono con cuatro lados.

B

Un rombo es un cuadrilátero que tiene lados opuestos paralelos y todos los lados de la misma longitud. El rombo también es un paralelogramo.

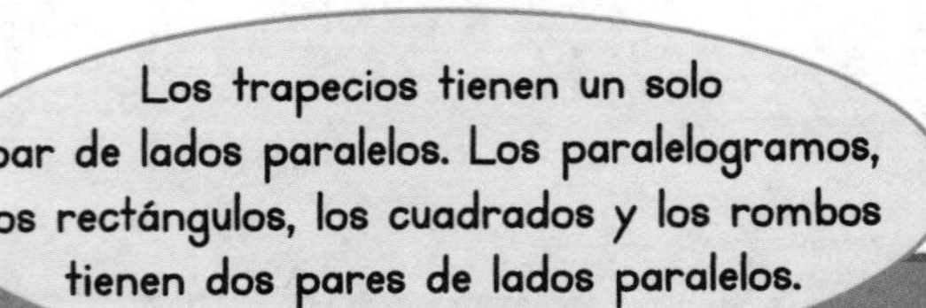

Un trapecio es un cuadrilátero que tiene un solo par de lados paralelos.

Los trapecios tienen un solo par de lados paralelos. Los paralelogramos, los rectángulos, los cuadrados y los rombos tienen dos pares de lados paralelos.

¡Convénceme! Usar la estructura ¿En qué se parecen los paralelogramos y los rectángulos? ¿En qué se diferencian?

Nombre ______________________________

Práctica Herramientas Evaluación

Otro ejemplo

Los lados perpendiculares forman ángulos rectos. ¿Puede un trapecio tener lados perpendiculares?

Un trapecio puede tener dos ángulos rectos que forman lados perpendiculares.

Un trapecio que tiene dos ángulos rectos se llama trapecio rectángulo.

Práctica guiada

¿Lo entiendes?

1. ¿Qué es verdadero para todos los cuadriláteros?

2. ¿Cuál es la diferencia entre un cuadrado y un rombo?

3. Shane dibujó un cuadrilátero que tiene al menos 2 ángulos rectos y al menos 1 par de lados paralelos. Nombra tres cuadriláteros que podría haber dibujado Shane.

¿Cómo hacerlo?

Para **4** a **7**, escribe todos los nombres posibles para los cuadriláteros.

4. 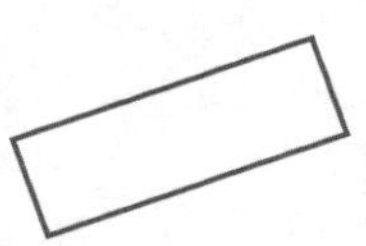

5. 

6.

7. 

Práctica independiente

Para **8** a **11**, escribe todos los nombres posibles para los cuadriláteros.

8. 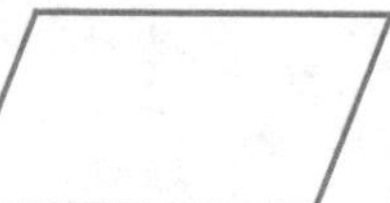

9. 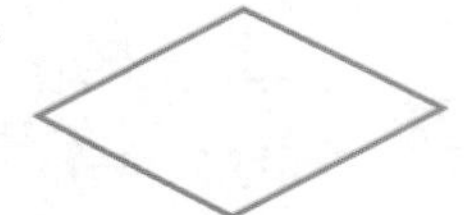

10. 

11. 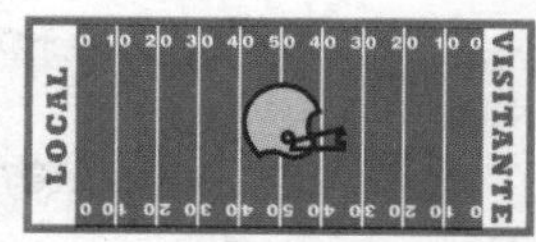

Resolución de problemas

12. El patrón sigue la regla "cuadrilátero sin lados paralelos, cuadrilátero con dos grupos de lados paralelos, cuadrilátero con dos grupos de lados paralelos, cuadrilátero sin grupo, cuadrilátero con dos grupos de lados paralelos...". Dibuja cuadriláteros que podrían ser los siguientes tres en el patrón.

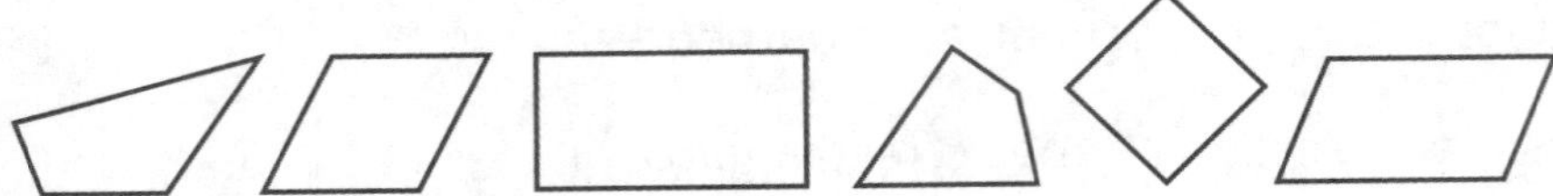

13. Evaluar el razonamiento Nati dice que todos los cuadrados son rectángulos y que todos los cuadrados son rombos; por tanto, todos los rectángulos deben ser rombos. ¿Estás de acuerdo? Explícalo.

14. Sentido numérico ¿Qué número es el siguiente en el patrón? La regla es "Multiplicar la posición del número por sí misma". Describe un atributo del patrón.

1, 4, 9, 16, ☐

15. Razonamiento de orden superior ¿Se puede usar la fórmula del perímetro de un cuadrado para hallar el perímetro de un cuadrilátero? Explícalo.

La fórmula del perímetro de un cuadrado es $P = 4 \times l$.

Práctica para la evaluación

16. Selecciona todos los nombres posibles para la figura que se muestra a continuación.

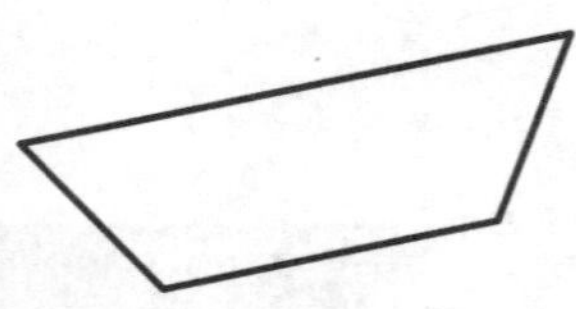

☐ Cuadrilátero
☐ Rombo
☐ Trapecio
☐ Paralelogramo
☐ Rectángulo

17. ¿Qué figura tiene 1 solo par de lados paralelos?

Ⓐ Rombo
Ⓑ Cuadrado
Ⓒ Trapecio rectángulo
Ⓓ Paralelogramo

Nombre ______________________________

Lección 16-4
Simetría axial

Puedo...
reconocer y trazar ejes de simetría e identificar figuras axialmente simétricas.

También puedo crear argumentos matemáticos.

Resuélvelo y coméntalo

¿De cuántas maneras puedes doblar el cuadrado para que una mitad coincida exactamente con la otra mitad? ¿De cuántas maneras puedes doblar la letra para que una mitad coincida exactamente con la otra mitad? ***Resuelve este problema de la manera que prefieras.***

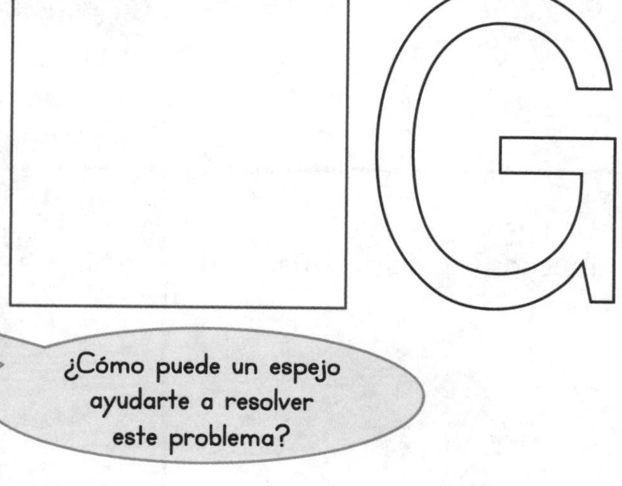

¿Cómo puede un espejo ayudarte a resolver este problema?

¡Vuelve atrás! **Razonar** ¿Qué figuras puedes formar doblando un cuadrado por la mitad? ¿Cómo se relacionan con la simetría las distintas figuras?

Pregunta esencial ¿Qué es la simetría axial?

A

Una figura es axialmente simétrica si se puede doblar sobre una línea para formar dos partes que coinciden exactamente una sobre la otra. La línea sobre la que se dobla la figura se llama eje de simetría. El dibujo del camión tiene trazado un eje de simetría. ¿Cuántos ejes de simetría tienen las figuras de abajo?

Cuenta los ejes de simetría trazados en las siguientes figuras.

B Una figura puede tener más de un eje de simetría.

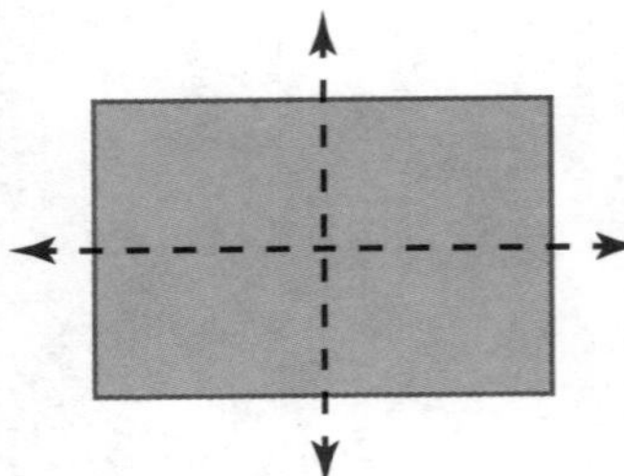

Esta figura es axialmente simétrica. Tiene 2 ejes de simetría. Se puede doblar sobre cada eje para formar partes que coinciden.

C Una figura puede tener muchos ejes de simetría.

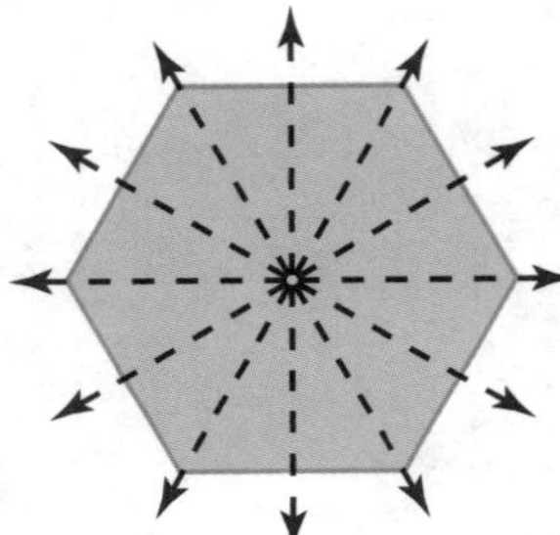

Esta figura es axialmente simétrica. Tiene 6 ejes de simetría. Se puede doblar sobre cada eje para formar partes que coinciden.

D Una figura puede no tener ningún eje de simetría.

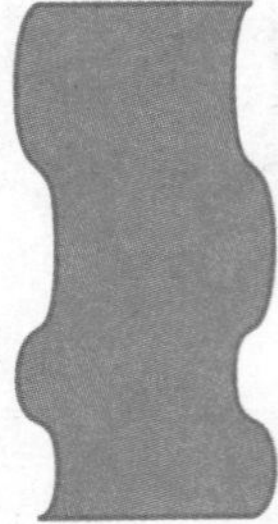

Esta figura **NO** es axialmente simétrica. Tiene 0 ejes de simetría. No se puede doblar para formar partes que coinciden.

¡Convénceme! Buscar relaciones Halla dos letras mayúsculas que tengan exactamente un eje de simetría. Halla dos letras mayúsculas que tengan exactamente dos ejes de simetría.

Nombre ______________________________

Práctica guiada

¿Lo entiendes?

1. ¿Cuántos ejes de simetría tiene la letra R?

2. ¿Cuántos ejes de simetría tiene la siguiente figura?

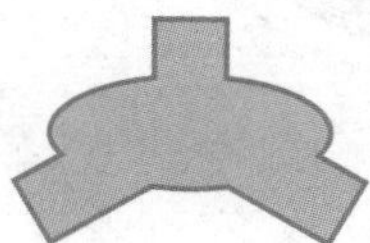

3. ¿Cuántos ejes de simetría puedes hallar en un círculo? ¿Crees que se pueden contar?

¿Cómo hacerlo?

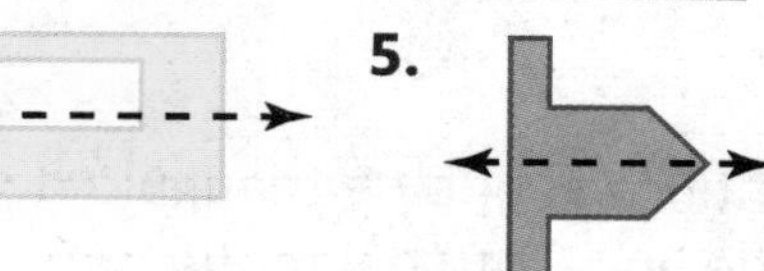

Para **4** y **5**, indica si las líneas son ejes de simetría.

4. 

5. 

Para **6** y **7**, indica cuántos ejes de simetría tienen las figuras.

6.

7.

Práctica independiente

Para **8** a **11**, indica si las líneas son ejes de simetría.

8. 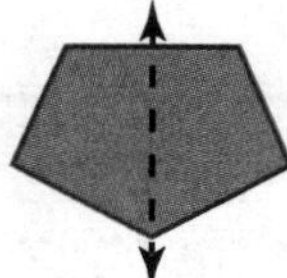

9. 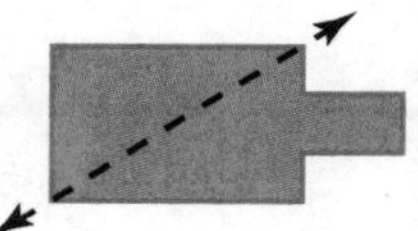

10. 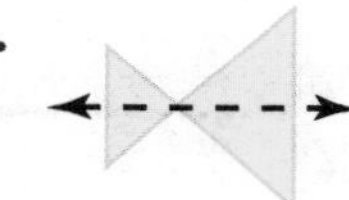

11. 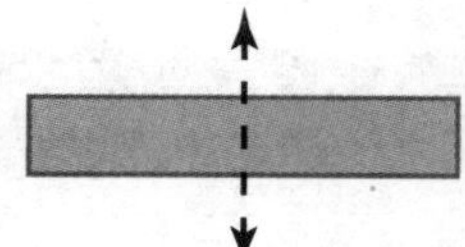

Para **12** a **19**, decide si las figuras son axialmente simétricas. Dibuja los ejes de simetría de las figuras e indica cuántos son.

12. 

13. 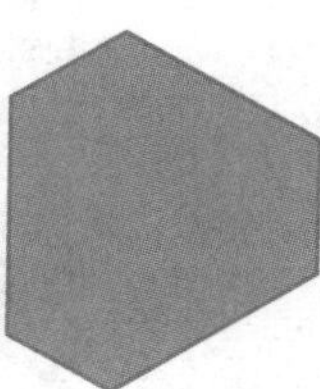

14. 

15. 

16. 

17. 

18. 

19. 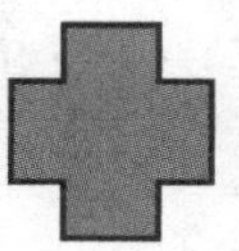

Resolución de problemas

20. El Monumento a Thomas Jefferson está ubicado en Washington, D.C. Usa la foto del monumento de la derecha para decidir si el edificio es axialmente simétrico. Si es así, describe dónde está el eje de simetría.

21. Identifica el tipo de triángulo delineado en verde en la foto del monumento.

22. **Construir argumentos** ¿Cómo puedes saber si una línea **NO** es un eje de simetría?

23. **Razonamiento de orden superior** ¿Cuántos ejes de simetría puede tener un paralelogramo? Explícalo.

Práctica para la evaluación

24. ¿Qué figura tiene seis ejes de simetría? Traza líneas, si es necesario.

Ⓐ 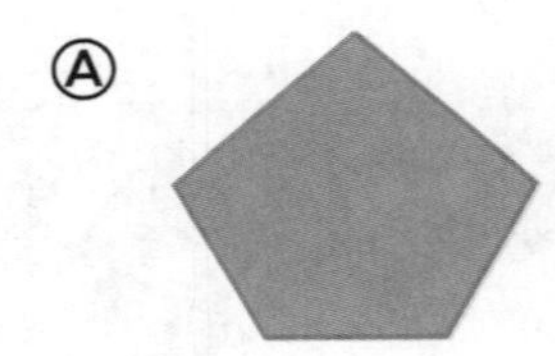

Ⓒ 

Ⓑ

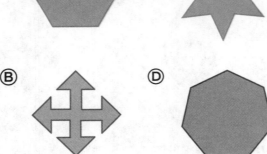

Ⓓ 

25. ¿Qué figura **NO** es axialmente simétrica?

Ⓐ 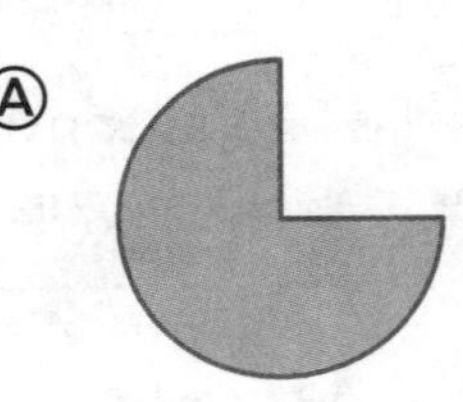

Ⓒ 

Ⓑ 

Ⓓ  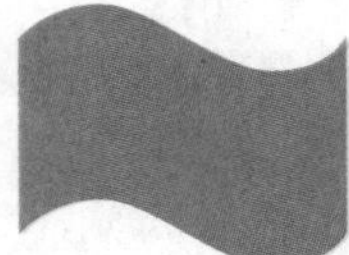

Nombre ______________________________

Resuélvelo y coméntalo

Craig y Julia diseñan cometas. Una cometa volará bien si tiene simetría axial. ¿Tienen simetría axial las cometas de Craig y Julia? Explícalo. Luego, diseña tus propias cometas. Diseña una cometa con 2 ejes de simetría y otra con 3 ejes de simetría. ***Resuelve este problema de la manera que prefieras.***

Lección 16-5

Dibujar figuras que tengan simetría axial

Puedo...
dibujar una figura que tenga simetría axial.

También puedo crear argumentos matemáticos.

diseño de Craig
diseño de Julia
Puedes construir argumentos. ¿Qué vocabulario de matemáticas puedes usar para explicar por qué volarán bien las cometas de Craig y Julia?

¡Vuelve atrás! ¿Las cometas de Craig y Julia se pueden doblar en partes que coincidan? Si una de las cometas no es axialmente simétrica, ¿se puede modificar para que lo sea? Explícalo.

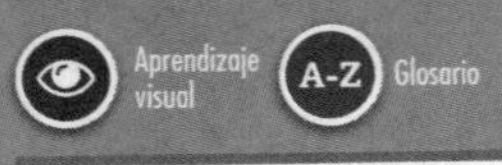

¿Cómo se pueden dibujar figuras que tengan simetría axial?

Puente de aprendizaje visual

A

Sarah quiere diseñar una superficie de mesa que tenga simetría axial. Hizo un dibujo de la mitad de la superficie. ¿De qué dos maneras puede Sarah completar el diseño?

La superficie de la mesa es axialmente simétrica si el diseño se puede doblar a lo largo de un eje de simetría en partes que coinciden.

B

Una manera

Traza un eje de simetría.

Completa el diseño de Sarah del otro lado del eje de simetría.

El diseño de la superficie de mesa ahora es axialmente simétrico.

C

Otra manera

Traza otro eje de simetría.

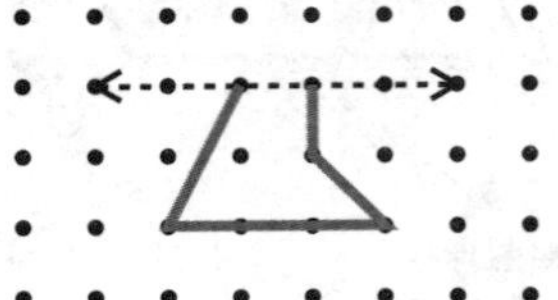

Completa el diseño de Sarah del otro lado del eje de simetría.

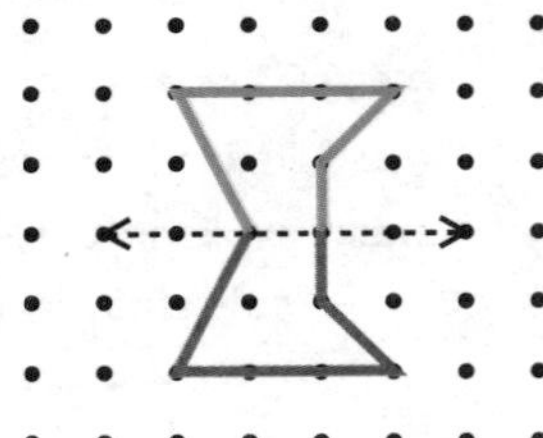

El diseño de la superficie de mesa ahora es axialmente simétrico.

¡Convénceme! Representar con modelos matemáticos Sarah dibujó otro diseño para una superficie de una mesa más pequeña. Usa los ejes de simetría para dibujar dos maneras en que Sarah puede completar su diseño.

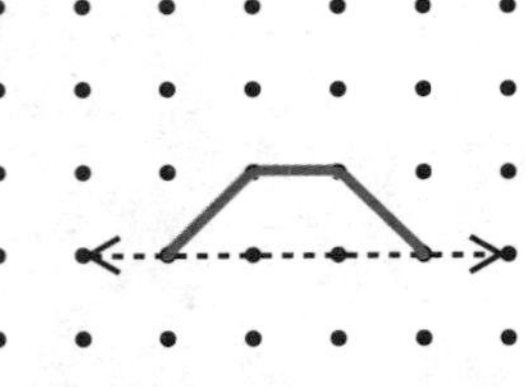

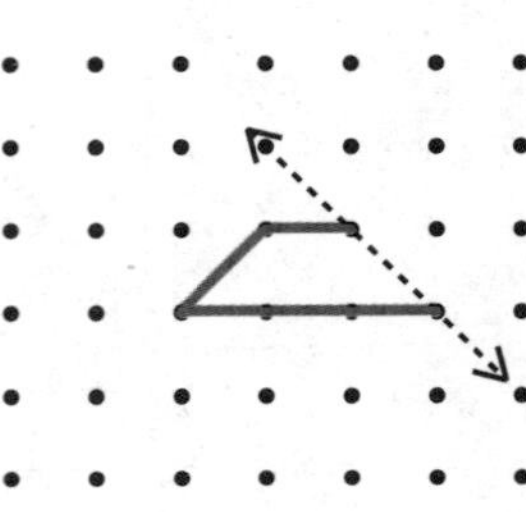

Nombre ___

Práctica guiada

¿Lo entiendes?

1. Chandler intentó completar el diseño de Sarah de la página anterior. Describe el error que cometió Chandler.

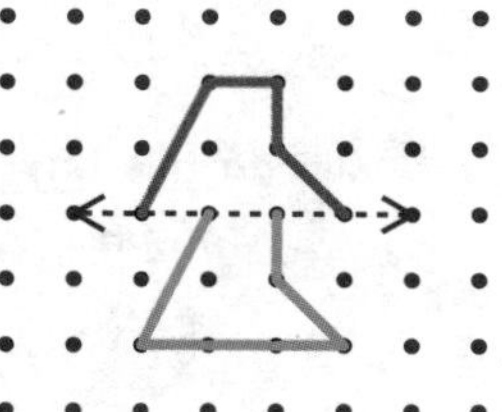

2. ¿Cómo puede ayudar doblar un trozo de papel a determinar si la línea de una figura es un eje de simetría?

¿Cómo hacerlo?

Para **3** y **4**, usa el eje de simetría para dibujar una figura axialmente simétrica.

3.

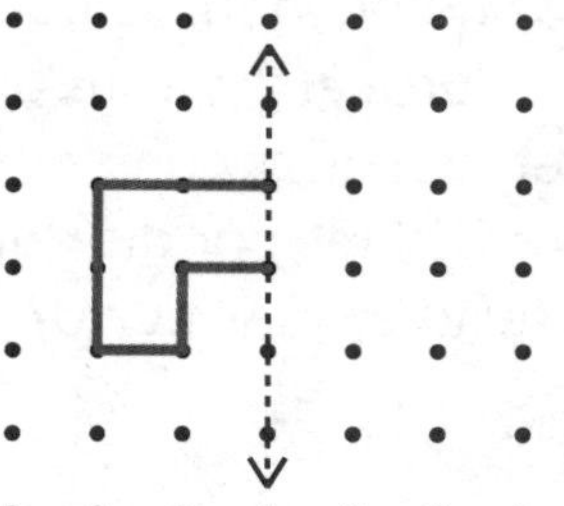

4.

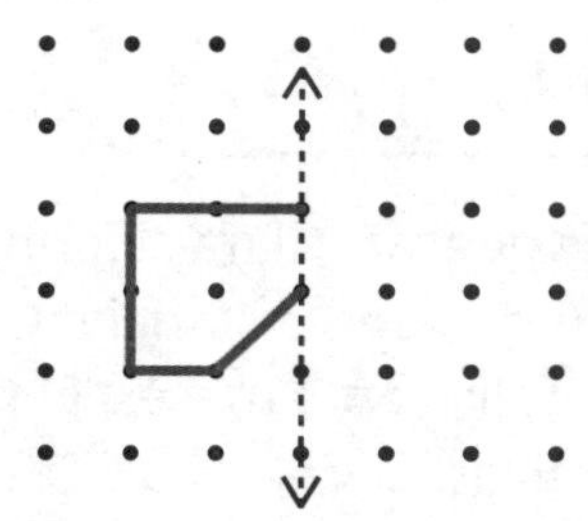

Práctica independiente

Para **5** a **10**, usa el eje de simetría para dibujar una figura axialmente simétrica.

5.

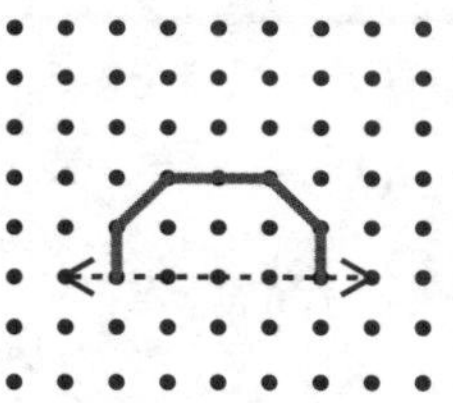

6.

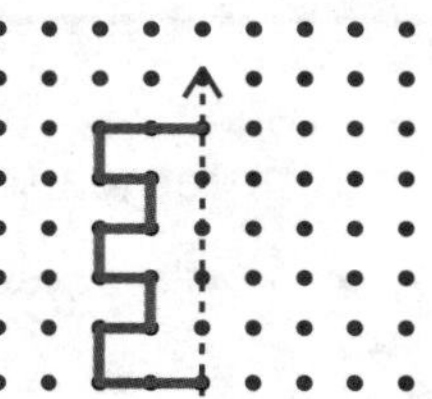

7.

8.

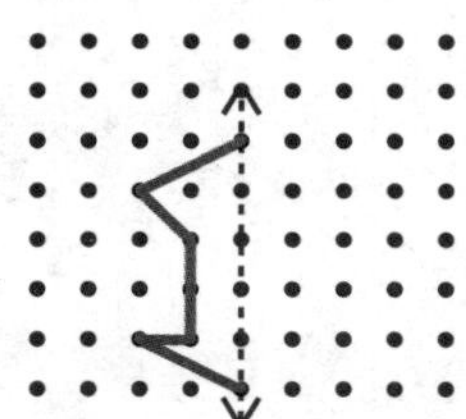

9.

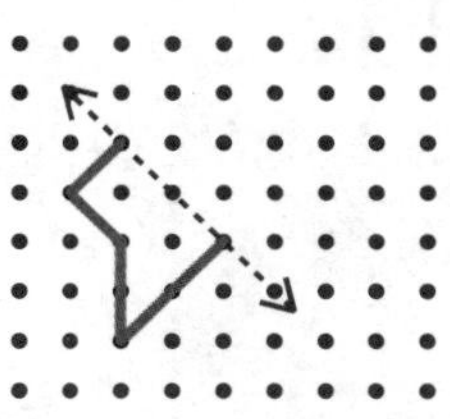

10.

Resolución de problemas

11. Dibuja una figura que no tenga ejes de simetría.

12. Vanesa dibujó una figura que tiene infinitos ejes de simetría. ¿Qué figura pudo haber dibujado Vanesa?

13. **enVision® STEM** Los perros pueden sentir olores que los humanos no pueden. Se puede adiestrar a los perros para que alerten a sus dueños cuando huelen olores relacionados con enfermedades. Si se adiestra un perro 2 horas por día durante 1 semana, ¿cuántas horas se adiestra el perro?

Recuerda que hay 365 días en un año.

14. **Entender y perseverar** Clara se entrenó para un maratón de larga distancia. Corrió un total de 225 millas en 3 meses. El primer mes, corrió 50 millas. Si Clare corrió 25 millas más cada mes, ¿cuántas millas corrió en el tercer mes de entrenamiento?

15. **Razonamiento de orden superior** ¿Puedes dibujar una línea que divida una figura por la mitad pero que **NO** sea un eje de simetría? Usa las siguientes figuras para explicarlo.

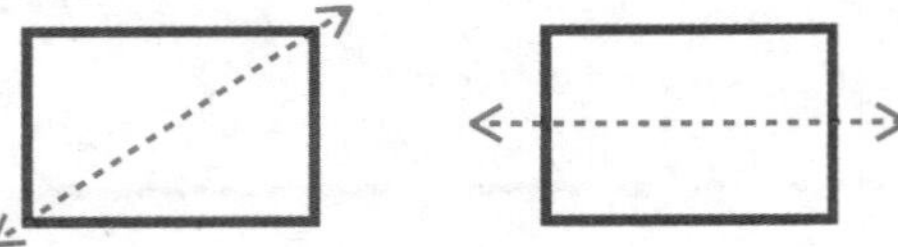

Práctica para la evaluación

16. ¿Cuál de las siguientes figuras es axialmente simétrica sobre la línea punteada?

Ⓐ Ⓑ Ⓒ Ⓓ

Nombre ______________________________

Resuélvelo y coméntalo Nathan dio la respuesta que se muestra a la siguiente pregunta: ¿Verdadero o falso? Todos los triángulos rectángulos tienen dos lados de la misma longitud. ¿Qué respondes al razonamiento de Nathan?

Resolución de problemas

Lección 16-6

Evaluar el razonamiento

Puedo...
evaluar el razonamiento de otros usando lo que sé sobre las figuras bidimensionales.

También puedo clasificar polígonos según sus lados y ángulos.

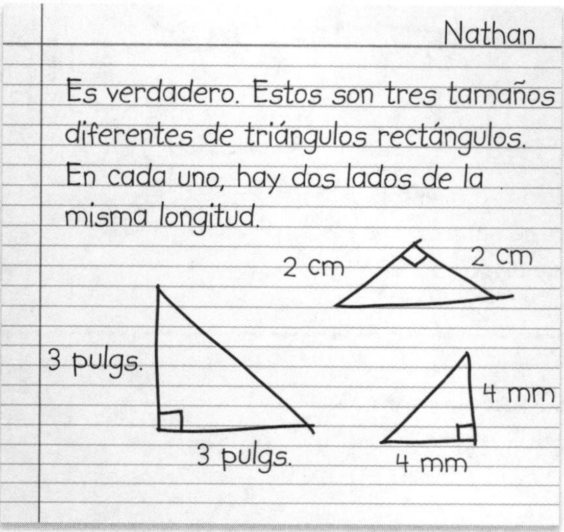

Nathan
Es verdadero. Estos son tres tamaños diferentes de triángulos rectángulos. En cada uno, hay dos lados de la misma longitud.
2 cm
2 cm
3 pulgs.
3 pulgs.
4 mm
4 mm

Hábitos de razonamiento

¡Razona correctamente! Estas preguntas te pueden ayudar.

- ¿Qué preguntas puedo hacer para entender el razonamiento de otros?
- ¿Hay errores en el razonamiento de otros?
- ¿Puedo mejorar el razonamiento de otros?

¡Vuelve atrás! Evaluar el razonamiento Nathan respondió otra pregunta. Verdadero o falso: Un triángulo puede tener dos ángulos rectos. Nathan dice que no es posible. ¿Estás de acuerdo? Explícalo.

¿Cómo se puede evaluar el razonamiento de otros?

Puente de aprendizaje visual

A

Abby dio la respuesta que se muestra a la siguiente pregunta.

¿Verdadero o falso? Todos los cuadriláteros tienen al menos un ángulo recto.

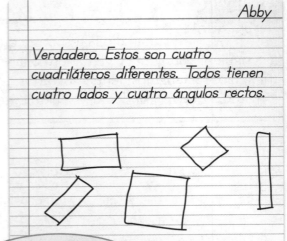

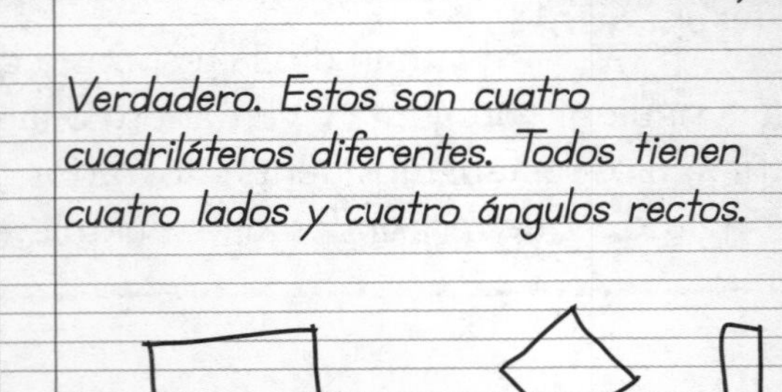

Abby
Verdadero. Estos son cuatro cuadriláteros diferentes. Todos tienen cuatro lados y cuatro ángulos rectos.

¿Cuál es el razonamiento que apoya el enunciado de Abby?

Abby dibujó cuadriláteros que tienen ángulos rectos.

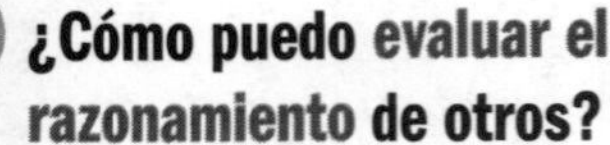

Basta un ejemplo para demostrar que el enunciado es falso.

B

¿Cómo puedo evaluar el razonamiento de otros?

Puedo

- hacer preguntas sobre el razonamiento de Abby.
- buscar errores en su razonamiento.
- decidir si se consideraron todos los casos.

C

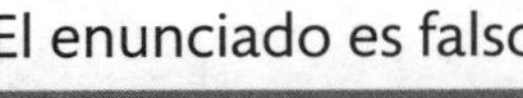

El razonamiento de Abby tiene errores.

Abby solo usó clases especiales de cuadriláteros en su argumento. Para esos casos especiales, el enunciado es verdadero.

Este es un cuadrilátero que no tiene ángulos rectos. Demuestra que el enunciado no es verdadero para ***todos*** los cuadriláteros.

El enunciado es falso.

¡Convénceme! **Hacerlo con precisión** Indica si el razonamiento de Abby sería correcto si se reemplazara la pregunta anterior por la siguiente: ¿Verdadero o falso? Algunos cuadriláteros tienen al menos un ángulo recto. Explícalo.

Nombre ______

Práctica guiada

Evaluar el razonamiento

Anthony dijo que todos los múltiplos de 4 terminan en 2, 4 u 8. Como ejemplos, Anthony dio 4, 8, 12, 24 y 28.

1. ¿Cuál es el argumento de Anthony? ¿Cómo lo apoya?

2. Describe al menos una cosa que podrías hacer para evaluar el razonamiento de Anthony.

3. ¿Tiene sentido el razonamiento de Anthony? Explícalo.

Práctica independiente

Evaluar el razonamiento

María dijo que los polígonos de la derecha tienen la misma cantidad de ángulos que de lados.

4. Describe al menos una cosa que podrías hacer para evaluar el razonamiento de María.

5. ¿Tiene sentido el razonamiento de María? Explícalo.

Cuando evalúas el razonamiento, decides si la conclusión de otro estudiante es lógica o no.

6. ¿Se te ocurre algún ejemplo que demuestre que todos los polígonos no tienen la misma cantidad de lados que de ángulos? Explícalo.

Resolución de problemas

Tarea de rendimiento

Corrales para perros

Caleb diseña un corral para perros para el refugio de animales. Tiene 16 pies de vallado incluida la entrada. El diseño y la explicación se muestran a la derecha. Evalúa el razonamiento de Caleb.

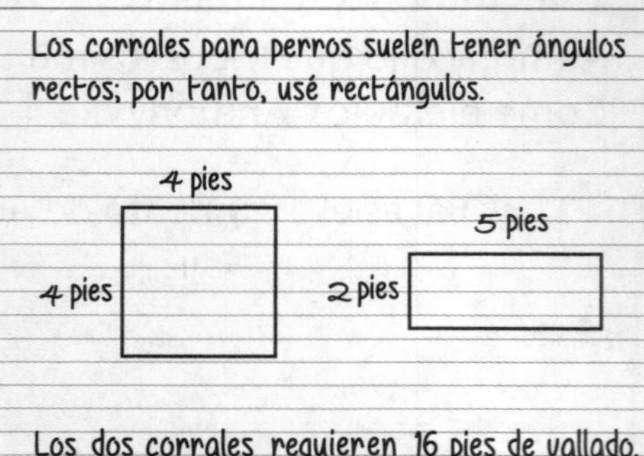

Los corrales para perros suelen tener ángulos rectos; por tanto, usé rectángulos.
4 pies
4 pies
5 pies
2 pies
Los dos corrales requieren 16 pies de vallado. Creo que el cuadrado es mejor porque tiene mayor área.

7. **Razonar** ¿Qué cantidades se dan en el problema y qué significan los números?

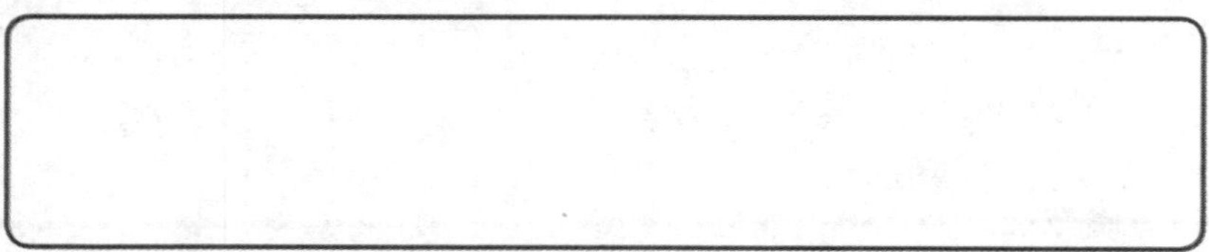

8. **Evaluar el razonamiento** ¿Qué puedes hacer para evaluar el razonamiento de Caleb?

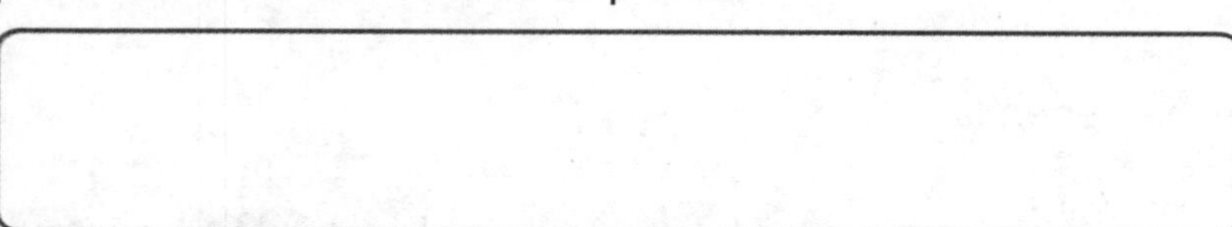

9. **Hacerlo con precisión** ¿Caleb calculó correctamente el perímetro de cada vallado? Explícalo.

10. **Evaluar el razonamiento** ¿Tiene sentido el razonamiento de Caleb? Explícalo.

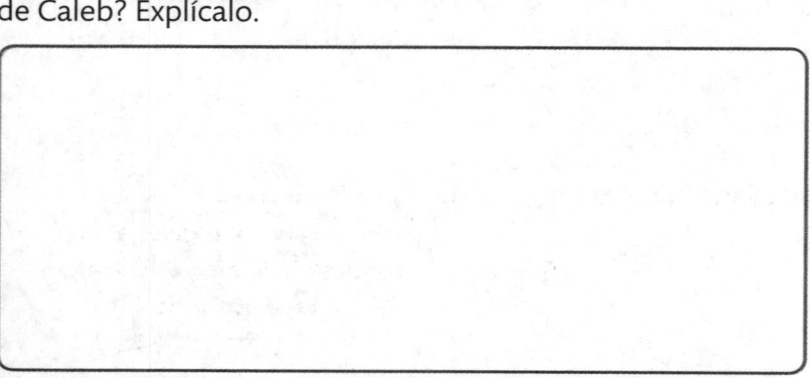

11. **Hacerlo con precisión** Explica cómo sabes qué unidades debes usar en la explicación.

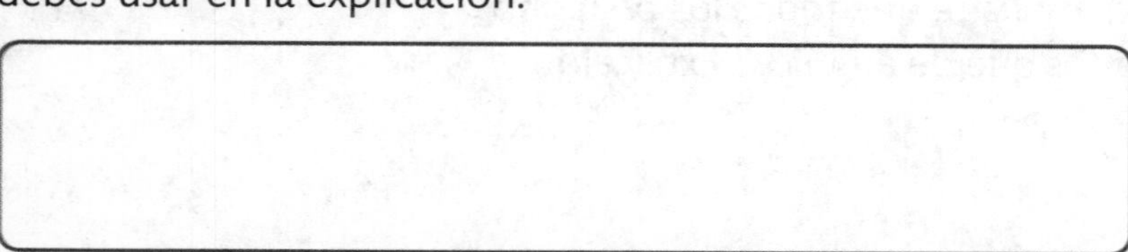

Cuando evalúas el razonamiento, haces preguntas para ayudarte a entender el razonamiento de otra persona.

Nombre ______________________________

Actividad de práctica de fluidez

Emparéjalo

Trabaja con un compañero. Señala una pista y léela.

Mira la tabla de la parte de abajo de la página y busca la pareja de esa pista. Escribe la letra de la pista en la casilla que corresponde.

Halla una pareja para cada pista.

Puedo...
sumar números enteros de varios dígitos.

También puedo crear argumentos matemáticos.

Pistas

A La suma está entre 650 y 750.

B La suma está entre 1,470 y 1,480.

C La suma es exactamente 1,550.

D La suma está entre 1,350 y 1,450.

E La suma es exactamente 790.

F La suma es exactamente 1,068.

G La suma está entre 1,100 y 1,225.

H La suma es exactamente 1,300.

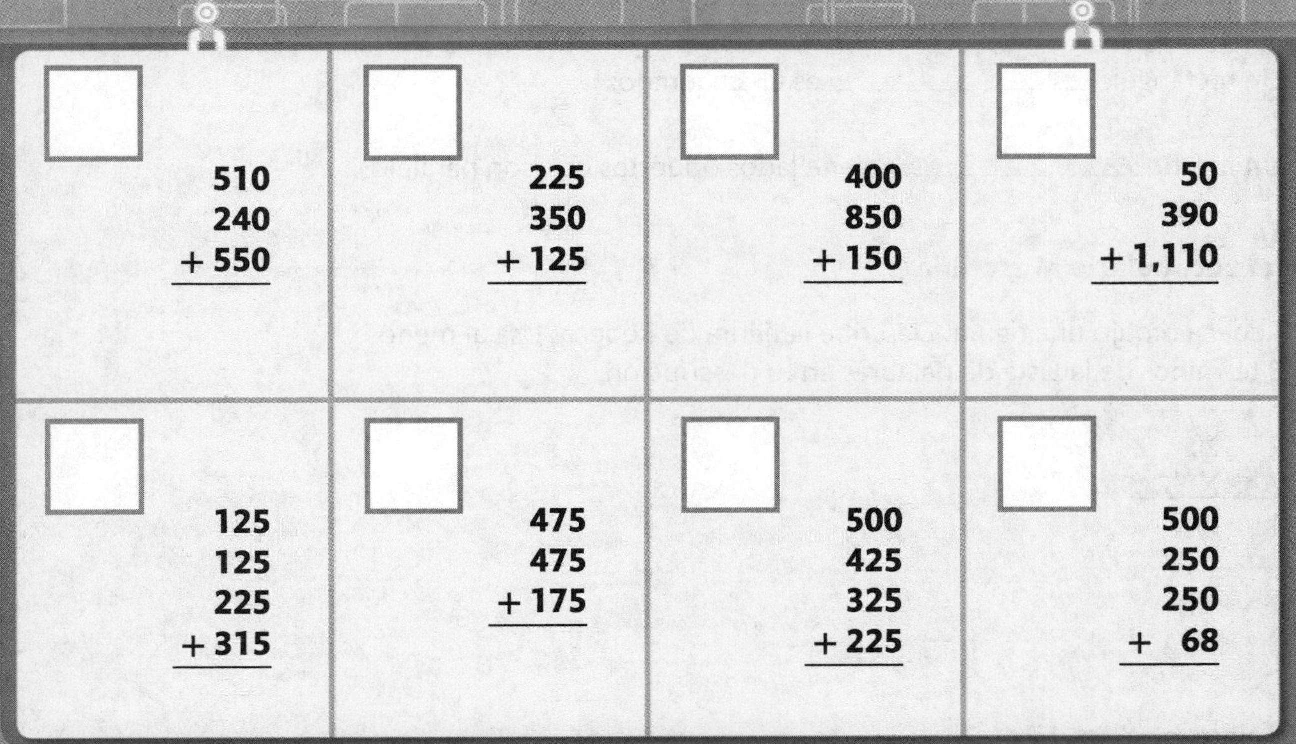

510 240 + 550	225 350 + 125	400 850 + 150	50 390 + 1,110
125 125 225 + 315	475 475 + 175	500 425 325 + 225	500 250 250 + 68

Repaso del vocabulario

Lista de palabras

- axialmente simétrico
- cuadrado
- eje de simetría
- paralelogramo
- rectángulo
- rectas intersecantes
- rectas paralelas
- rectas perpendiculares
- rombo
- trapecio
- triángulo acutángulo
- triángulo equilátero
- triángulo escaleno
- triángulo isósceles
- triángulo obtusángulo
- triángulo rectángulo

Comprender el vocabulario

Escribe V si es *verdadero* y F si es *falso*.

1. ______ Un triángulo acutángulo es un triángulo que tiene un ángulo agudo.

2. ______ Un triángulo isósceles tiene al menos dos lados iguales.

3. ______ Una figura es axialmente simétrica si tiene al menos un eje de simetría.

4. ______ Las rectas perpendiculares forman ángulos obtusos donde se intersecan.

5. ______ Un trapecio tiene dos pares de lados paralelos.

Escribe *siempre, a veces* o *nunca.*

6. Un triángulo equilátero ________________ tiene tres lados iguales.

7. Las rectas paralelas ________________ se intersecan.

8. Un triángulo escaleno ________________ tiene lados iguales.

9. Un rectángulo ________________ es un cuadrado.

10. Un rombo ________________ tiene lados opuestos que son paralelos.

Usar el vocabulario al escribir

11. Rebeca dibujó una figura. Describe la figura de Rebeca. Usa al menos 3 términos de la Lista de palabras en tu descripción.

Nombre ______________________________

TEMA 16

Refuerzo

Grupo A páginas 585 a 588

Los pares de rectas tienen nombres especiales: paralelas, intersecantes o perpendiculares.

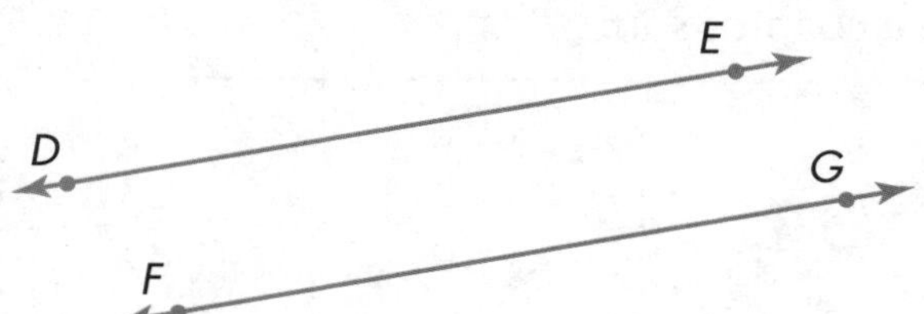

$\overleftrightarrow{DE}$ y $\overleftrightarrow{FG}$ son rectas paralelas.

Recuerda que debes usar términos geométricos cuando describes lo que se muestra.

1. 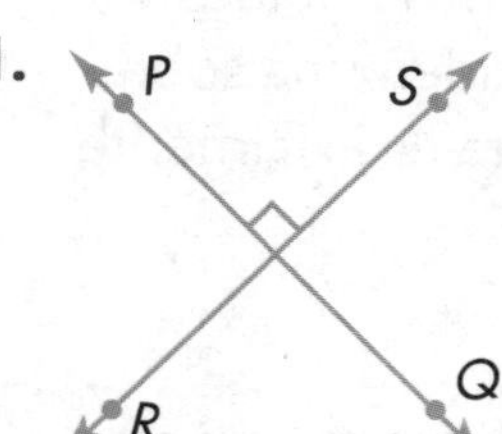

2.

Grupo B páginas 589 a 592

Los triángulos se pueden clasificar según sus lados y sus ángulos.

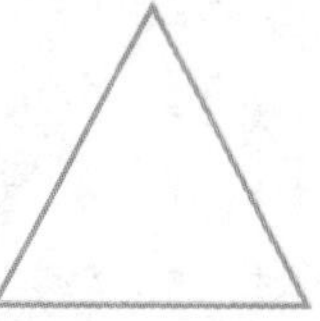

Dos lados tienen la misma longitud y cada ángulo mide menos que un ángulo recto. Este triángulo es un triángulo isósceles acutángulo.

Recuerda que debes clasificar los triángulos según sus lados y, luego, según sus ángulos.

1. 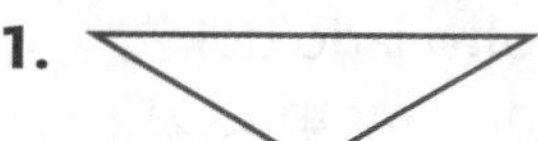

2. 

Grupo C páginas 593 a 596

Identifica el cuadrilátero.

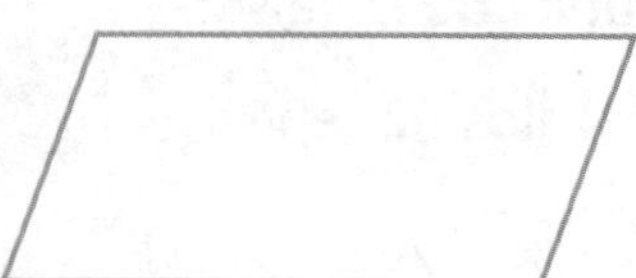

Los lados opuestos son paralelos. No hay ángulos rectos. Los lados no tienen la misma longitud. Este cuadrilátero es un paralelogramo, pero no es ni un rectángulo, ni un rombo, ni un cuadrado.

Recuerda que un cuadrilátero puede ser un rectángulo, un cuadrado, un trapecio, un paralelogramo o un rombo.

Escribe todos los nombres posibles de los cuadriláteros.

1. 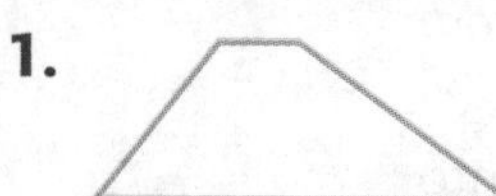

2. 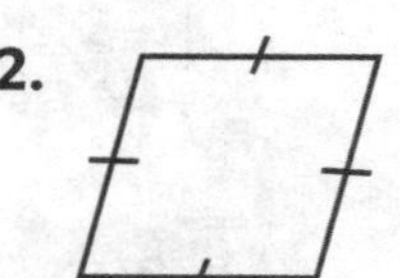

Grupo D páginas 597 a 600

¿Cuántos ejes de simetría tiene la figura?

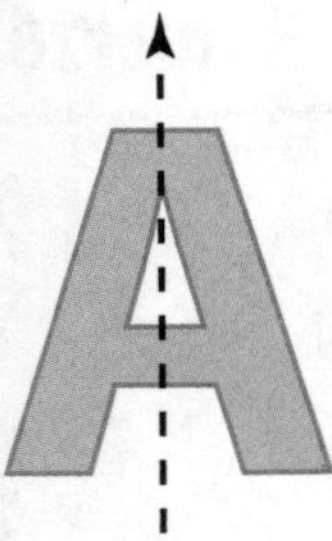

Dobla la figura sobre la línea punteada. Las dos mitades son iguales y coinciden una sobre la otra. La figura es axialmente simétrica.

No puede doblarse en otra línea; por tanto, tiene 1 eje de simetría.

Recuerda que las figuras pueden tener varios ejes de simetría.

Dibuja los ejes de simetría de las figuras e indica cuántos son.

1.

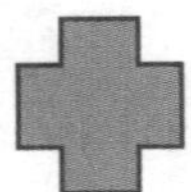

2.

Grupo E páginas 601 a 604

Completa un diseño con un eje de simetría.

Traza un eje de simetría en la figura.

Completa el diseño del otro lado del eje de simetría.

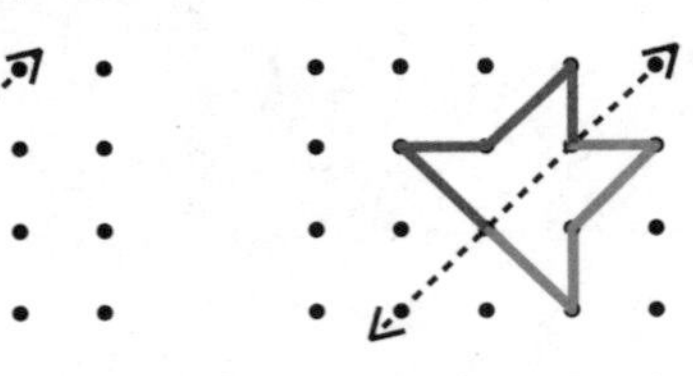

Recuerda que una figura debe tener un eje de simetría para ser axialmente simétrica.

Completa los diseños.

1.

2.

Grupo F páginas 605 a 608

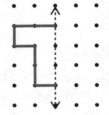

Piensa en estas preguntas como ayuda para **evaluar el razonamiento** de otros.

Hábitos de razonamiento

¡Razona correctamente! Estas preguntas te pueden ayudar.

- ¿Qué preguntas puedo hacer para entender el razonamiento de otros?
- ¿Hay errores en el razonamiento de otros?
- ¿Puedo mejorar el razonamiento de otros?

Recuerda que solo se necesita un ejemplo para demostrar que un enunciado es falso.

Derek dice: "Todos los triángulos tienen 1 ángulo recto".

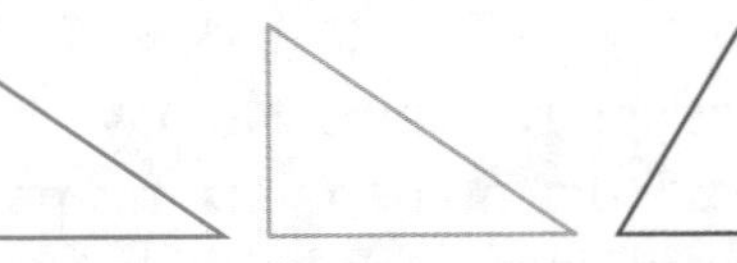

1. Usa las figuras para evaluar el razonamiento de Derek.

2. ¿Qué tipos de triángulo **NUNCA** tienen ángulos rectos?

Nombre ______________________________

1. De entre un paralelogramo, un rectángulo, un rombo y un trapecio, ¿cuál no es un cuadrado? Explícalo.

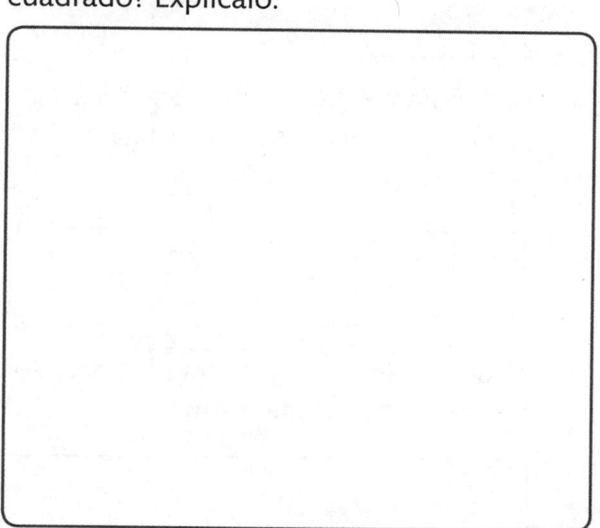

2. ¿Cuántos ángulos agudos hay en un triángulo equilátero?

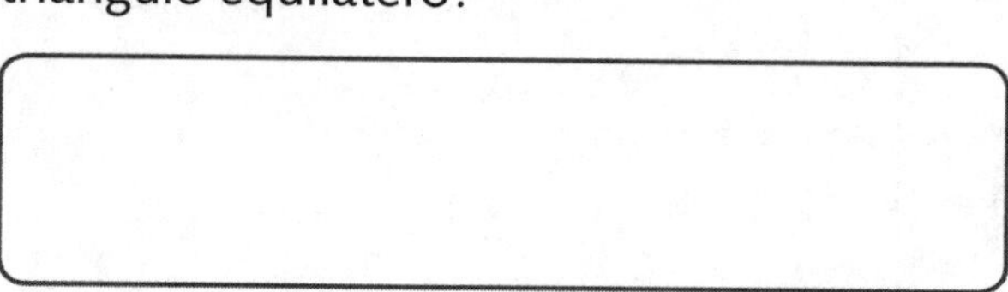

3. Gavin trazó rectas de varios colores. Traza una recta que sea paralela a $\overleftrightarrow{SR}$.

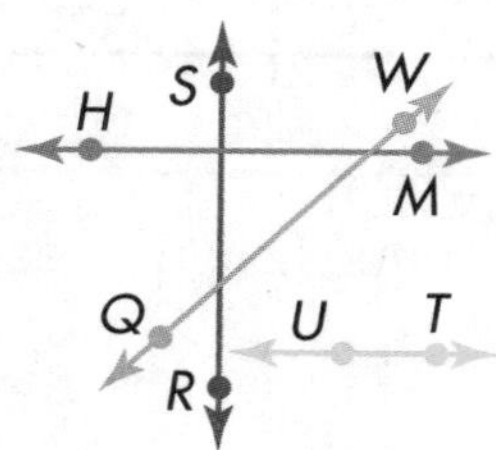

4. Marci describió la luz del sol como una recta que comienza en el sol y continúa indefinidamente. ¿Qué término geométrico se ajusta mejor a la descripción de Marci?

Práctica para la evaluación

5. Cuatro de los estudiantes de la Sra. Cromwell decoraron el tablero de anuncios con las figuras que se muestran. Ordena las figuras de los estudiantes de las que tienen menos ejes de simetría a las que tienen más ejes de simetría.

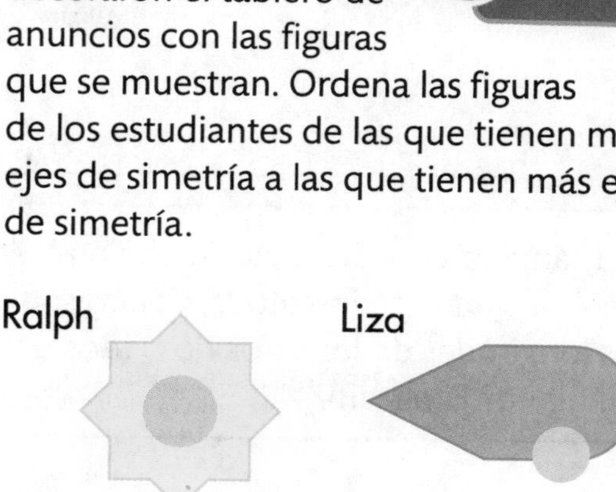

Ralph Liza

Patricia Dan

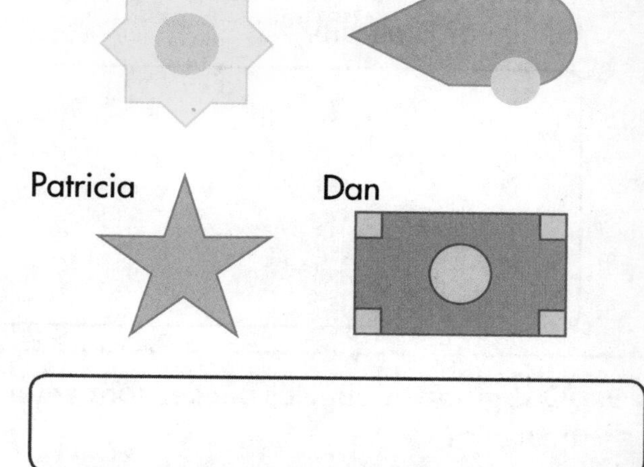

6. ¿Todas las rectas intersecantes son perpendiculares? Haz un dibujo para explicar tu respuesta.

7. ¿Una figura de 4 lados con dos pares de lados paralelos no puede ser qué tipo de cuadrilátero? Explícalo.

8. El triángulo equilátero *ABC* tiene un lado de 4 pulgadas de longitud. ¿Cuáles son las longitudes de los otros dos lados del triángulo? Explícalo.

9. ¿Qué grupo de ángulos pueden formar un triángulo?

Ⓐ Dos ángulos rectos, un ángulo agudo

Ⓑ Un ángulo obtuso, un ángulo recto, un ángulo agudo

Ⓒ Dos ángulos obtusos, un ángulo agudo

Ⓓ Un ángulo recto, dos ángulos agudos

10. Una figura tiene un ángulo formado por un par de rectas perpendiculares, un par de rectas paralelas y ningún lado de la misma longitud. ¿Qué término geométrico se puede usar para rotular la figura?

11. La maestra de Dina le pidió que describiera los bordes superior e inferior de su regla usando un término geométrico. ¿Qué término podría usar Dina?

12. Las figuras están divididas en dos grupos. Estas son las figuras del primer grupo.

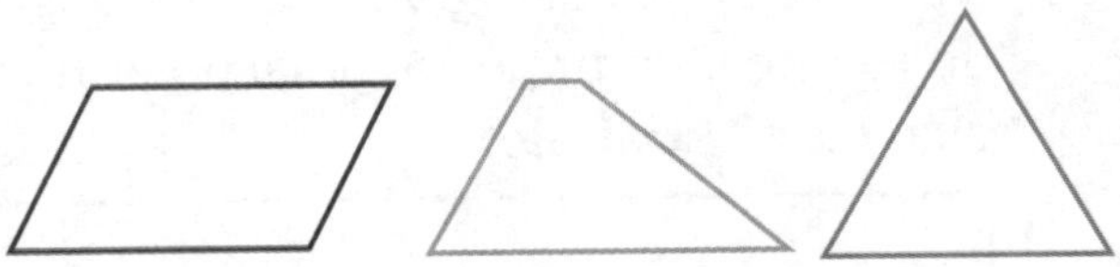

Las siguientes figuras no pertenecen al grupo anterior. Estas son las figuras del segundo grupo.

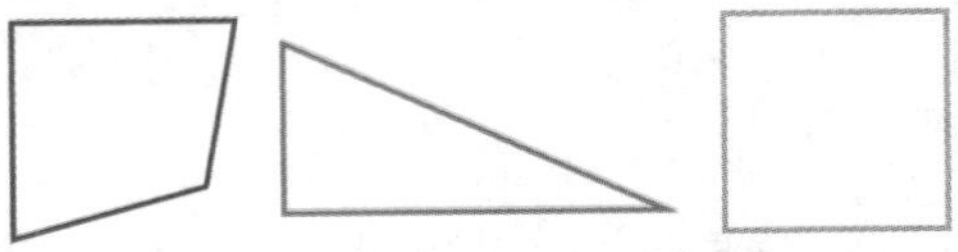

¿Qué generalización se puede hacer sobre las figuras del primer grupo?

13. Completa el dibujo para que la figura sea axialmente simétrica.

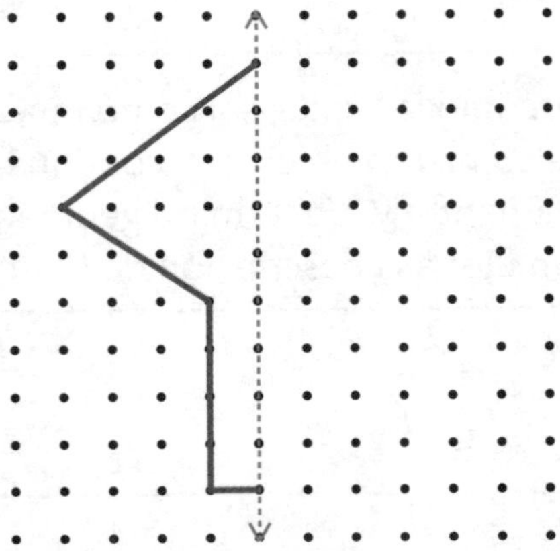

Nombre ____________________

TEMA 16

Tarea de rendimiento

Arte otomano

El Imperio Otomano existió entre 1299 y 1922. La mayoría del arte de ese período contiene figuras geométricas.

1. Usa la imagen **Imperio Otomano** para responder lo siguiente.

Imperio Otomano

A C B D

Parte A

Identifica un par de rectas paralelas y explica por qué las rectas son paralelas.

Parte B

La parte ampliada de la imagen muestra 4 triángulos del mismo tipo. Clasifica esos triángulos según sus lados y según sus ángulos. Explícalo.

Parte C

Olivia dijo que los 4 triángulos estaban dentro de un cuadrado. Cuando le preguntaron otros nombres posibles para el cuadrado, Olivia dijo que el cuadrado era un cuadrilátero, un paralelogramo y un rectángulo. Evalúa el razonamiento de Olivia.

2. La figura básica usada en la **Pañoleta otomana** es un cuadrilátero. Responde lo siguiente sobre la figura.

Parte A

¿Cuáles son todos los nombres que puedes usar para este cuadrilátero? Explícalo.

Pañoleta otomana

W X Z Y

Parte B

Corbin dibujó un triángulo uniendo los puntos *W*, *X* y *Y*. Dijo que es el triángulo es acutángulo porque tiene ángulos agudos. Evalúa el razonamiento de Corbin.

Parte C

Traza todos los ejes de simetría del **Plato decorativo**. ¿Cuántos ejes de simetría tiene el plato? Explícalo.

Plato decorativo

Fotografías

Every effort has been made to secure permission and provide appropriate credit for photographic material. The publisher deeply regrets any omission and pledges to correct errors called to its attention in subsequent editions.

Unless otherwise acknowledged, all photographs are the property of Savvas Learning Company LLC.

Photo locators denoted as follows: Top (T), Center (C), Bottom (B), Left (L), Right (R), Background (Bkgd)

1 MarclSchauer/Shutterstock; **3** (T) Cowardlion/Shutterstock, (C) Dabarti CGI/Shutterstock, (B) Birgit Tyrrell/Alamy Stock Photo; **4** (Bkgrd) Monkey Business Images/Shutterstock; Ajt/Shutterstock, 24 Petr84/Fotolia
33 forkART Photography/Fotolia; **35** (T) Sean Pavone/Shutterstock, 35 (B) North Wind Picture Archives/Alamy Stock Photo; **36** (T) Naeblys/Alamy Stock Photo; **36** (B) Beata Bar/Shutterstock; **38** Richard Cavalleri/Shutterstock; **50** Alexey Usachev/Fotolia; **54** Pavel L Photo and Video/Shutterstock; **60** Digital Vision/Thinkstock; **66** WaterFrame_mus/Alamy Stock Photo
77 John Hoffman/Shutterstock; **79** (T) Vm2002/Shutterstock, (C) DenGuy/E+/Getty Images, (B) Viju Jose/Shutterstock; **80** (Bkgrd) Ivonne Wierink/Shutterstock; AlexLMX/Shutterstock, **98** Stevanzz/Fotolia; **112** Andrew Breeden/Fotolia
125 Majeczka/Shutterstock; **127** (T) RosaIreneBetancourt 5/Alamy Stock Photo, (B) Rolf Nussbaumer Photography/Bill Draker/Rolfnp/Alamy Stock Photo; **128** (T) John Green/Cal Sport Media/Alamy Stock Photo, (B) Christophe Petit Tesson/Epa/REX/Shutterstock; **148** Steve Byland/Shutterstock; **152** 2011/Photos To Go
165 Mark McClare/Shutterstock; **166** CristinaMuraca/Shutterstock; **167** (T) Stephen Vincent/Alamy Stock Photo, (C) Colors and shapes of underwater world/Moment/Getty Images, (B) Tierfotoagentur/A. Mirsberger/Alamy Stock Photo; **168** (Bkgrd) Konstantin Gushcha/Shutterstock, Andrey Armyagov/Shutterstock
221 ShutterStock; **223** (T) Itsik Marom/Alamy Stock Photo, (B) David Fleetham/Alamy Stock Photo; **224** (T) Brian Lasenby/Shutterstock, (B) Willyam Bradberry/Shutterstock; **236** (L) JackF/Fotolia; (R) Smileus/Shutterstock
257 ShutterStock; **259** (T) Danita Delimont/Alamy Stock Photo, (C) Keith Birmingham/Pasadena Star-News/San Gabriel Valley Tribune/ZUMA Wire/Alamy Live News/Alamy Stock Photo, (B) Nikola Obradovic/Shutterstock; **260** (Bkgrd) Simon Belcher/Alamy Stock Photo; Ivonne Wierink/Shutterstock, 268 Comstock Images/Jupiter Images; **270** Womue/Fotolia
289 Kletr/Shutterstock; **291** (T) Robert Stainforth/Alamy Stock Photo, (B) T.W. van Urk/Shutterstock; **292** (T) Oksana Mizina/Shutterstock, (B) Elnur/Shutterstock; **296** Hamik/Fotolia
329 Adrio Communications Ltd/Shutterstock; **331** (T) Goodluz/Shutterstock, (C) Everett Collection Inc/Alamy Stock Photo, (B) Xuanhuongho/Shutterstock; **332** (Bkgrd) Rattiya Thongdumhyu/Shutterstock; AlenKadr/Shutterstock, 336 Oleksii Sagitov/Shutterstock; **364** Werner Dreblow/Fotolia
381 Pk7comcastnet/Fotolia; **383** (T) 123RF, (B) Monkey Business Images/Shutterstock; **384** (T) Hxdyl/Shutterstock, (B) Realy Easy Star/Caterina Soprana/Alamy Stock Photo; **394** JLV Image Works/Fotolia
413 NASA; **415** (T) Oliveromg/Shutterstock, (C) Radius Images/Alamy Stock Photo, (B) Tuasiwatn/Shutterstock; **416** (Bkgrd) Tom Wang/Shutterstock, (T) Yuliya Evstratenko/Shutterstock, (B) KK Tan/Shutterstock
441 Bork/Shutterstock; **443** (T) Lynn Y/Shutterstock, (B) Evren Kalin Bacak/Shutterstock; **444** (T) Narin Nonthamand/Shutterstock, (B) Richard Brown/Alamy Stock Photo; **448** Hemera Technologies/ThinkStock; **461** StockPhotosArt/Fotolia; **475** (L) Proedding/Fotolia, (CL) Donfink/Fotolia (CR) Tim elliott/Fotolia, (R) Petergyure/Fotolia; **476** Redwood/Fotolia
477 Katrina Brown/Fotolia; **479** (T) Mark Winfrey/Shutterstock, (C) Borisov Studio/Shutterstock, (B) Fototaras/Shutterstock; **480** (Bkgrd) John Dorado/Shutterstock, (T) Poznyakov/Shutterstock, (B) Billion Photos/Shutterstock; **489** (L) Glass and Nature/Shutterstock, (C) Fesus Robert/Shutterstock, (R) Kseniya Abramova/123RF; **492** Duncan Noakes/Fotolia; **500** Sergio Martínez/Fotolia; **513** (T) Margouillat photo/Shutterstock, (B) LittleMiss/Shutterstock; **516** (T) Margouillat photo/Shutterstock, (B) Little Miss/Shutterstock
517 Iuchschen/Shutterstock; **519** (T) David McGill71/Shutterstock, (B) Catarena/123RF; **520** (T) Homo Cosmicos/Shutterstock, (B) Matthew Wilkinson/Alamy Stock Photo; **524** Chinatown/Alamy Stock Photo; **526** Photo24/Stockbyte/Getty Images
545 James Kingman/Shutterstock; **547** (T) Oleksiy Avtomonov/Shutterstock, (C) Jules_Kitano/Shutterstock, (B) Petruk Viktor/Shutterstock; **548** (Bkgrd) Peter Etchells/Shutterstock, Sarapon/Shutterstock; **579** WitR/Shutterstock
581 Dja65/Shutterstock; **583** (T) Mukul Gupchup/Ephotocorp/Alamy Stock Photo, (B) Sean Pavone/Shutterstock; **584** (T) Mariia Tagirova/Shutterstock, (B) Edwin Godinho/Shutterstock; **586** Arina P Habich/Shutterstock; **600** Gary Blakeley/Fotolia; **616** (T) Thampapon/Shutterstock, (B) Orhan Cam/Shutterstock